マルクスの遺産

アルチュセールから複雑系まで

塩沢由典

藤原書店

まえがき

マルクス主義は、二〇世紀を捉えた最大の思想であった。それは高い理想を掲げていた。しかし、そこには社会や経済の働きや発展にかんする多くの誤り・誤解・無知があった。その誤りや誤解や無知のゆえに、スターリン下の共産主義から一九七〇年代アフリカの独裁政権まで、多くの悲惨な状況が生まれた。マルクスとその思想潮流についていま試みなければならないことは、このような思想になぜわれわれがあれほどまでに捉えられてしまったのか反省することである。そうすることによってのみ、わたしたちが将来おなじような過ちを犯さない保証をもつことができる。その反省の中から、現在の思想に対し、われわれがいかなる態度をとらなければならないか、教訓を得ることもできよう。

現在、わたしは、マルクスとマルクス主義についてこのように考えている。わたしが思想史家なら、多くの文献を渉猟し、時代の精神を描きだし、そこに見られた思考上の特徴（思想の文体）を抽出して、総体としてのマルクス主義について反省・解剖を試みるだろう。思想史家ではないわたしにはそのようなことはできそうもない。しかし、そうした思想史家たちの作業とは別に、マルクスとマルクス主義にかつてかかわりをもった個人がそれぞれ自己の思考をたどりなおし反省することは必要であろう。本書は、そのような反省作業のひとつとしてある。

本書には、わたしが折りに触れて発表したもののうち、マルクスとマルクス経済学および社会主義と社会思想に関するものを集めた。上のように考えていても、このような論文集をいま公刊することの意義については、いささか疑問がないわけではない。一九九〇年前後の激動の後、人びとの関心はすでにマルクスをも計画経済をも離れている。商業的にも成功する可能性はほんどない。そんな古証文をもちだして、いまさらどうしようというのか。こう疑問をもたれる方が多いであろう。それにもかかわらず、本書をまとめてみたのは、みっつの理由による。

第一に、負の遺産であれ、マルクスとマルクス主義とは、人類にとって大きな遺産である。それがいかに誤りであったのか考えなおすことから、われわれは自らの理論を鍛えなおすことができるし、ほんものの思想をもつことができるのではないだろうか。第二に、自由な市場と企業の意義について、正しい重みをもって理解してもらいたいということがある。われわれは大きな回り道をしてこの結論にたどりついた。若い世代はその結論から出発することができる。しかし、その結論を正当な重みをもって知ってもらうためには、そこにたどりつくまでの思考過程が重要な手掛かりになると考える。第三に、マルクス主義が市場の意義について誤った判断をもっていたとしても、市場の働きを理解する手掛かりは、なお、マルクスを含む古典経済学の伝統にあるからである。現在、新古典派経済学は市場主義のイデオロギーとして機能しているが、それは市場の働きを十分に解明するものではない。わたしにとってマルクスは新古典派経済学に代替する経済学の手掛かりとして示唆的であった。マルクスとマルクス経済学は、そのような意義をいまだもっているとわたしは考えている。

誤りから学ぶ

第一点について。マルクス主義の全盛時代にも、わたしは護教的な議論から比較的自由であったと考えている。本書に収録した諸論文を読んでもらえれば、それは証明されるだろう。イデオロギーを守るためにわたしはマルクスを読んできたのではない。そのような議論から自由でありながらも、マルクスやその思想系列から、学ぶべき多くのものがあった。マルクスの中に大きな誤りがあることが明らかになった現在においても、わたしはなおそこに学ぶべきものがあると考えている。

本書一五章でとりあげたオットー・ノイラートの発明のひとつに「船のたとえ」がある。科学は、みずからを改造することによって進歩する。誤りが発見されたとき、科学は危機におちいるが、それを乗り越えることで発展する。そのために、科学は、それまでの概念や原理、観測装置を作りかえ、理論そのものを改造する。その際、使えるものは、それまでの科学のなかにしかない。それは、大海に乗り出した船の上で、それ自身の部材を使って船を改造するのとおなじ企てだというのである。

ノイラートの船のたとえは、個々の科学だけでなく、思想にも当てはまろう。マルクス主義の思想には、大きな誤りがあった。しかし、だからといってそれを捨て去り、新しい無垢の思想を輸入すればよいのではない。明治期以降の世界的な知識状況の結果として、日本の社会思想と社会理論の多くは、輸入品である。当初は仕方なかったとはいえ、これからもそれでいいとはいえない。輸出元のヨーロッパやアメリカにあっても、その思想や理論はなにもない白地の上に新しく創造されたわけではない。それらに先立つ思想や理論を踏み台として、それらを改造することによって新しい思想・新しい理論が生まれてきた。思想を自前のものにするには、思想の改造に立ちあう以外にない。

マルクスとマルクス主義は、日本人をふかく捉えた思想である。いま、われわれはその改造に取り掛からなければならない。そこにはじめて本物の思想が生まれる可能性がある。思想としてのマルクス主義には、大きな誤りが含まれていた。その誤りを正し、理論を作りなおす機会がいま開かれている。それはまたとない機会である。それには、マルクスの思想に基づいて、その思想のどこに問題があったのかを考えなければならない。そのようにして初めて、われわれはひとつの思想を自分たちのものとすることができる。いま、マルクスとマルクス主義について考える意義はそこにあろう。

回り道から学ぶ

第二点。時代の大きな流れの中では、自分がどこに位置しているのか、自覚することはむずかしい。経済学におけるわたしの歩みも、思想の大きな流れの中で形作られている。経済学を始めた当時、わたしの出発点がある特殊な一点であったことには気づかなかった。いまから反省すれば、それは計画と制御と組織に過大な期待が掛けられた時代であった。時代の変化とともに、人びともわたしもそのことにすこしずつ気づき、経済の考え方がすこしずつ変わった。市場や企業家の働きにかんするわたし自身の評価は、ほぼ反対にまで変わった。

二〇世紀の中間点では、政治家も経営者も経済学者も、そして普通の人びとも、多くは市場に疑問をもち、国家と計画の力によって、よりよい社会・経済を実現できるし、実現できると考えていた。半世紀後のこんにち、国家と計画への信頼は地に落ち、人びとは市場に過剰な期待を寄せている。国家の非効率性と計画の無効とを知った後では、市場を信じる以外にないのであろうか。五〇年前の思想が行き過ぎであり、誤りであったと同じように、現在の市場への信頼は、過去への反動に過ぎないのかもしれない。市場にたいする現在の期待は、二〇年・三〇年後には、どのように見られるのであろうか。

こうした展望のためにも、過去に生きた人びとにとって世界と政策とがどのように見えていたのか、見えていなかったのか、知ってほしい。現在は逆に、世界の思想は「市場主義」に大きく振れている。かつてのわれわれが計画と社会主義に大きな期待を寄せたように、現在は市場に過大な期待がかけられてる。こうした中で、ただ時代の思想に流されるのでなく、みずからの思考を維持し続けるために、逆の時代に生きた人間の思考の跡をたどることはひとつの手助けになるだろう。

社会については、正しい結論を知っているだけでは十分でない。自由な市場経済が経済の発展と民主的な社会のための基礎的条件であることは現在では常識である。しかし、このことを本当に理解してもらうためには、それなりの迂回が必要である。今後、市場経済に対するどのような反動がこようとも、自由な市場と企業活動の意義が忘れられてはならないだろう。それがわれわれの世代が学んだ苦い教訓である。この結論が空気のように存在している現在では、この結論の正しさを十分な重みをもって知ってもらうことは容易ではない。そのために、われわれの世代がたどった道を追体験してもらうことは、むだではない。大きな回り道をした世代が残せる知恵というものもあるであろう。

もうひとつの経済学のために

第三の点。新古典派の経済学は、現在、市場の効率性を証明するイデオロギーとしては機能している。しかし、それは市場の働きを十分に解明するものではけっしてない。新古典派の経済学は、基本的には市場を最適化する主体の行動の結果として、ある種の最適性が保証されるという理論構造をもっている。しかし、複雑系経済学が明らかにしてきたように、現実の人間は、そのような行動原理によって動いてはいない。市場経済の効率性は、そこでパレート最適性が保証されているからではない。市場経済が経済活動を活発化させる働きをもつのは、そこが多くの自主的な判断が独立に試される場だからである。

この活動の中心的な担い手は、企業家ないし起業家である。資本主義の初期には、どの程度の資本を調達できるかが、ある個人が企業家でありうるかどうかを決定する一番の要因であった。二〇世紀の前半にも、この事態は続いた。機械装置・工場システムが巨大化し、新しい企業を立ちあげるには、巨額の資金を集めなければならなかった。資本主義が成熟した諸国では、この事態は変化しつつある。一部の国では、資金不足経済から資金過剰経済へとモード転換が起こっている。資金余剰経済においては、資本はもはや最重要な制約ではない。ベンチャーの世界では、いまや資金の持ち手が有望な投資先を求めて営業活動をしている。市場経済の展開を妨げてきた資本の制約は、いま取り払われつつある。資本主義自体が変化してきている。

新古典派の経済学は、このような重要な議題について、理論的な解明を行っていない。新古典派が仮定する「完全な市場」があるとすれば、「完全な計画」もありうる。しかし、それらを比較しても、ふたつの経済体制の優劣などは導けない。新古典派の経済学は、市場経済を守るという護教的イデオロギー装置としては機能したが、肝心の市場経済そのものの働きはほとんど明らかにしてこなかった。

わたしは、アルチュセールを介してマルクスを読み、スラッファを通して古典経済学を読み直すところから経済学を始めた。これは粗削りながら、当時において、いわば「もうひとつの経済学」への試みであった。そのような経済学を模索・構想しながら、わたしは近代経済学の理論的枠組みを繰り返し問いなおしてきた。複雑系経済学は、このような問いを深め、新古典派経済学に対抗する視点を得ようとする苦闘のなかから生まれた。現在は、もっとひろく進化経済学という枠組みで考えている。それは、経済を構成する基本的な単位を複製子と捉え、それらの進化のメカニズムを解明しようとする立場である。「複製子」とは、自分自身を複製して増殖するとともに、ときに突然変異を引き起こして進化するものをいう。商品・技術・行動・制度は、ともに経済を構成する重要な要素であるが、これらはすべて複製子と考えることができる。

わたしは、複雑系経済学が進化経済学の原理論を提供するものと考えている。なぜこの社会の重要な諸要素が複製子の形を取るのか。この疑問に説明を与えるのが、複雑系経済学だからである。進化経済学は、しかし、複雑系によってのみ立つものではない。それはさまざまな源泉と方法とをもっている。その中に、マルクスも正当な位置を占めるべきである。それは、進化経済学を構成するひとつの豊かな遺産である。もうひとつの経済学が形成されるとき、それはかならずその源泉のひとつに数えられるであろう。本書がそのような方向へひとつの示唆を与えるものであれば幸いである。

本書の構成と凡例

最後に、本書の構成について説明しておこう。

第一部には、思想としてのマルクス主義や社会主義を扱ったものを収めた。その多くは、アルチュセールを通して読んだマルクスを基盤としている（第二章から第四章）。第一章は、藤田省三との対談であるが、一九九一年当時のわたしの気分をよく表している。第五章は、経営の思想と自主管理とを結び付けて論じたものである。当然のつながりではあるが、このような主題が多く取り上げられてこなかったということ自体、社会主義にとって不幸なことだとおもわれる。第六章は、短いながらも、戦後日本のマルクス主義に対するわたしの総括である。

第二部の最初の三章（第七章から第九章）は、市場経済を分析する現代理論として、マルクス経済学および古典経済学を再構築する提案である。後半の三章（第一〇章から第一二章）は、計画経済の市場経済化という希有の機会を理論経済学にいかに生かすべきかを論じた。

第三部は、広義のマルクス主義者たちを取り上げている。社会主義に関心をもっていても、ソ連型社会主義に懐疑的であった人物が多い。第一三章と第一七章は短い評伝であり、第一五章もそれに近い。第一四章は、わたしの出発点となったアルチュセールを当時どのように読んでいたかの一例である。第二章と対比して読んでもらえれば幸いである。補足としてほぼ一〇年後のアルチュセールに対するわたしの態度を示すものを置いた。第一六章は、スラッフィアンの一人であるロンカッリアの本の長い書評である。書評の形を借りて、わたしとロンカッリアの理解の違いを明確にした。

第四部では、わたし自身の思想の流れをたどってみた。この部のふたつの章は、本書自身のためにかかれた。第一八章では、アルチュセールとスラッフアから始まったわたしの思考の流れを現時点にたって回顧してみた。第一九章では、わたしの現在の活動と思想とを整理してみた。うまく関連づけられているとは言えないが、マルクスと複雑系とベンチャーとがわたしの中でどう位置つけられているか、いくらか理解してもらう手掛かりにはなろう。「反歌」として、『大学への数学』に連載された吉永良正によるインタビュー構成を収めた。第一八章と内容の一部に重複があるが、覆っている時代が違い、語られているエピソードも違うので、より立体的に本書の背景を明らかにするものと考える。

序章には、関曠野の論文に対するわたしのコメントを置いた。マルクスが巨大な負の遺産であれ、それを受け継ぐ必要と義務があるとわたしは考えている。これが本書をまとめさせた基本的なモチーフである。本書の表題もここから取られた。

本書に収録した論文の執筆年代は、一九七五年から二〇〇〇年までの四半世紀にわたっている。それらが書かれた経緯もちがい、その後の思想もことなる。それらの事情と、これら論文について現在わたしがどう考えているか明らかにする必要があろう。そのために各章にわたし自身の解題を付けた。当該の論文がその後、社会でどう読まれたかについて触れたものもあるが、多くは記憶を蘇らせるに終わっている。私的な回顧もおおいが、文章の性格上、お許しいただきたい。これらは、すくなくとも公的な場ではいままで意識して語らなかったことである。

論文の収録にあたって、かなづかいと句読点は、この本全体を通して統一されるよう努めた。あまりに特殊なことばづかいは、文意を変えないかぎりでより普通の表現に修正した。論文は時代の証言であるので、文意を改変することはしていない。論文執筆時点の注で、現在読んで不適切なものは、現時点からの注に改めた。章により、原文にはない小見出しを付け加えたものがある。この点は、各章の解題に断った。

論文のほとんどは、機会に応じて編集者から提示された問題に応えて書かれた。一人ひとり名を挙げることはできないが、かれらは本書を成立させた重要な媒介者である。記して感謝する。本書をまとめる機会を与えてくれた藤原書店社長の藤原良雄氏、原稿段階から本書を読み、感想を聞かせてくれた大学院生の松永桂子・植木潤吾・道上真有の三人、そして章構成から索引作りまで付き合ってくれた清藤洋氏に感謝する。

二〇〇二年一月

著者

マルクスの遺産／目　次

まえがき　1

第一部　マルクスの遺産と構想

第二部　経済学の方法

第三部　マルクス主義者の肖像と主張

マルクスの遺産

アルチュセールから複雑系まで

序　負の遺産を受け継ぐこと

これは関曠野の論文「左翼の滅び方について」(『思想の科学』一九九〇年一一月号、のち関曠野著『左翼の滅び方について』窓社〔窓社ブックレット5〕一九九二年二月の主論文として収録)に対する「批評」として書かれた。窓社が『思想の科学』に書かれた関の論文に注目し、一冊のブックレットを編集するとともに、何人かの書き手に呼びかけて、この論文への「批評」を集め、別に一冊のブックレットを作った。そのひとりとしてなぜかわたしにも話があり、よろこんで引き受けた。『思想の科学』に初出したときの強い印象があり、関氏の呼びかけになんとかわたしなりの反応をすべきだと考えていたからである。

内容を繰り返す必要はないだろう。関の主張にほとんど同感しながら、わたしは関の追及の仕方そのものに違和感を覚えた。それは、関よりもわたしの方がマルクスとマルクス主義に近しい感じをもっていたからに違いない。そうした立場から、関の叱責の仕方には、かつてのマルクス主義の「文体」と共通するものがあるのではないかと感じ、そのことを書いた。

マルクス主義の反省は多次元的であらざるを得ない。そのひとつとして「思想の文体」という切り口がある。本文では、文面上の「文体」についてしか触れていないが、この論文を書きながら考えていたことはマルクス主義の

「思想の文体」について反省することだった。わたしがそれを十分に行っているとはいえない。しかし、それが小さな問題であるとも思わない。わたしが同伴者でありながらも、マルクス主義者そのものにならなかったのも、そのあたりが関係している。

現在では、マルクス主義の名においてものをいう人は少なくなってしまった。しかし、いまでも、自分は昔から（たとえば、一九七〇年代から）マルクスを正しく読んでいたなどと主張するかつてのマルクス主義者がいる。現在の解釈に合わせて、自分の過去の解釈を「正しい」ものに修正してしまうひとがいるかぎり、マルクス主義の文体には危険なものが宿っている。そうした「思想の文体」に対抗するもうひとつの「文体」をわたしたちはどうしたら自分たちの伝統とすることができるだろうか。負の遺産を負の遺産として受け継ぐ。そうした「思想の文体」にわたしは立ちたいと願っている。

いまブックレットを読み直してみると、関曠野も、結局はおなじことをいっていたように感じる。マルクス主義の批判をポパーやハイエクに頼るな、マルクス主義とソ連型社会主義をきちんと歴史的に総括できるのは、「マルクシストだったひとたち」たちだ、と関氏は指摘している（ブックレット『左翼の滅び方について』四二頁）。

ひとつの思想が流行でなくなったからといって、新しい思想の輸入に励む人たちがいる。みずからの思想の核としたものをすてて新しい思想に飛び付くことからは本物の思想は生まれない。それでは、思想はつねに借り物に止まる。たとえ遅くとも、みずからの思考によって歩むのでなければならない。誤りを犯したなら、その理由を明らかにしなければならない。この反省なくして、将来を照らす思想は生まれないであろう。

共産主義は二〇世紀における人類最大の実験であった。それは一九八九年の東ヨーロッパの「民主化革命」と一九九一年のソ連崩壊によって、ほぼ完全に終結した。もちろん、まだ、共産主義の旗を降ろしていない国がいくつかある。一一億の人口を抱える中国がそうであるし、ベトナム・キューバ・北朝鮮といった国もある。しかし、文化大革命の失敗によって、中国は改革・開放という「資本主義の道」を歩んでいるし、他の諸国もそれぞれ手探りで出口を探している。

この事態に直面して、マルクス主義者は、どうすべきであろうか。果たすべき義務がひとつある、とわたしは考える。それは七〇年以上にのぼる共産主義の歴史を人類共通の経験・遺産にすることである。いうまでもなく、それは負の遺産であるが、負の遺産は正の遺産とおなじようにわれわれにとって貴重である。共産主義の経験は、旧ソ連や東欧のひとびとにとって骨身に滲みたものに違いない。日本人の大多数にとって、共産主義はみずからの経験ではなかった。過去の事実としては、それは幸いなことであった。だが、未来のことを考えれば、それは人類の貴重な遺産を引き継げないことを意味する。日本人が共産主義とおなじ悲劇をふたたび繰り返さないためには、共産主義をわれわれの経験として整理し記憶する必要がある。ただ、普通の日本人にそれを求めても無理であろう。みずからの経験として共産主義の失敗を受け止めることができるのは、マルクス主義者か、あるいはかつてのマルクス主義者とその同伴者たちだけであろう。かれらにはひとつの特別な可能性が開かれている。その可能性を生かすことが、マルクス主義者にとっての現在の義務であり、責任である。わたしはこう考えている。

［じつは、わたしは自分をいわゆるマルクス主義者とは規定していない。わたしはマルクスの原典ないしマルクス主義の公式を根拠に自分の主張を正当化したことはない。しかし、マルクスはわたしが社会を考えるにあたってもっとも大きな刺激を与えてくれた思想家である。わたしはながくマルクス主義の伴走者であった。この広い意味においてわたしはマルクスの徒である。うえで簡単にマルクス主義者と呼んでいるのはこうした伴走者たちをも含めた広い意味のマルクス主義者であり、わたし自身をふくめた表現である。］

関曠野氏が『左翼の滅び方について』でマルクス主義者に呼びかけたことも、ほぼ同様のことと思われる。関氏は、そこで、マルクス主義者に「見事に滅びよ」と呼びかけている。見事であることがきちんと責任をとることであるなら、わたしはその趣旨に賛成である。「マルクス主義とは何だったのか、ソ連型社会主義とは何だったのか、ソ連とは何だったのかを、きちんと歴史的に総括できるのは、やはりマルクシストだった人たちだろう」と氏はいう。この考えはわたしのものでもある。関は続けて、「思想というものが深い挫折や絶望からこそ生まれてくる」ものとすれば、「マルクシストが今非常な挫折感を感じている」のは、むしろ「ひとつのジャンピングボード」になりうる、という。わたしはそれに賛成する。

しかし、わたしは関氏の論文にいくらか違和感を感ずる。それは関氏の文体にかんすることである。マルクスおよびマルクス主義者について語るとき、氏は必要以上に断定的であり、粗っぽい。それはかつての多くのマルクス主義者が、みずからを真理の高みにおいて、他のあらゆる思想潮流をののしったのに似ている。その文体はけっしてマルクス主義の必然ではなかったが（たとえば、古在由重のようなマルクス主義者がいたのだから）、マルクス主義の本質に近いところに派生した態度の取り方ではなかったか。関曠野氏の文体がおなじような偏狭さを感じさせるのは残念なことだ。その狭さは、マルクス主義について考えるとき、関氏が対象のマルクス主義と同質のものを持ちつづけていることを示している。

たとえば、関氏はマルクスの思想形成について、つぎのようにいう。「〈大思想家〉になるためにかれ「マルクス」が使った手は、ライバルたちの定評あるテキストを頭の中でつき混ぜて論理的操作によって〈偉大なテキスト〉をでっちあげることだった」。なぜこのような物言いになるのだろうか。確かにマルクスについて多くの誤解があり、それを正すことには意義がある。マルクスの文章のうちの魅力的な部分のおおくがフーリエやプルードンの口まね（例えば、生産者の自由な連合）であることを指摘するのは大切だ。しかし、そのためにこのような表現をあえて選ぶ必要はあるまい。この文は大思想家はテキストのつぎ混ぜでないテキストを書くはずだという前提にたっていると推定される。それはある種のマルクス主義者がマルクスのテキストを聖典化しているのと裏腹の発想に立っていないだろうか。いかなる偉大な思想も先人の肩のうえに立って開花する。それはテキストをつき混ぜて論理操作をすることではないだろうか。とすれば、「 」のなかにいかなる思想家を入れてもおなじことになる。だが、関氏はマルクスをそのように相対化するためにこう表現したのではなく、マルクスの実態はこんなものだという本質暴露の戦術にでている。これこそ多くのマルクス主義の文献に満ちていた表現方法だった。

わたしには関氏が不必要にいらだっているように思われる。氏がいう「見事に滅びる」ための作業は、少数者であるとはいえ、マルクス主義者および元マルクス主義者の間ですでに考えられ、はじめられている。例えば、『思想の科学』の特集

「マルクス主義のバランスシートⅠ、Ⅱ、Ⅲ」の中の中岡論文・星野論文は、関の「マルクス主義とは何だったのか」という問いかけに十分応えるものであろう。

『思想の科学』一九九一年九月号において中岡哲郎氏は、マルクス主義を二〇世紀の「時代の思想」と捉え、「この時代を生きた大衆のひとりとして、私［中岡］の心をマルクス主義がどのようにとらえたかを検討」しようとしている。中岡はそこで、氏がいかにしてマルクス主義に入っていったか、を自己分析し、「マルクスの論理の中にひそんでいる宗教的といってよい構造」を指摘する。「理論が大衆を捉えるときの巨大な力」の分析としては、それは関の説明よりも具体的であり深いと思われる。関氏は「あれほど多くのひとびとを惹きつけた理由」として、マルクス主義が近代大衆社会を衝き動かしている巨大な生物学的過程に人間的意味を与えてくれるように見えるからだという。これは中岡のいう「世界史の法則の実感」ないし「世界との一体化」と同様のことであろう。しかし、関はそのあと「この自動的で生物学的な過程は、どんな思想にも関係はない」と説明と考察を中断させてしまう。関係ないのではなくて、それはあらゆる思想の重要な背景ではないだろうか。状況から独立にわれわれは思想を維持できない。みずからの思想を反省的に考えようとするとき、思想がわれわれを捉える構造は重要であり、マルクス主義に立たないひとびとにとってもその分析は意義のあるものである。関が中途で引き返した道を中岡はすこし先まで進んだ。これはマルクス主義にかかわったもののみできることであり、中岡は関のいう「歴史を総括する」ことをはじめているといえる。

星野中論文「歴史としてのマルクス主義」(『思想の科学』一九九二年六月号）は、マルクス主義が「科学」を独占しようとしたことの帰結として、独裁と強権発動を特徴とする現実の共産主義を説明しようとするものである。関氏とおなじく、星野氏も、「マルクス主義の全体を歴史として総括するべきだ」と考えている。「マルクス主義は人類にとってかなり強烈な毒を含んだ思想であった。それが歴史にはたした作用を客観的に明らかにすること、その思想と理論のどの要素が、社会のいかなる条件とむすびついて、特定の作用をおよぼしたのか、そうしてそうなったのは何故か、といったことを解明することが、マルクス主義にかかわりをもったものの責務だとかんがえている」。こういう判断から、星野はコミンテルンの歴史、日本における共産主義の歴史を思想史的に研究している。

星野が「賛同者があらわれない」といっているように、こう考えているひとはまだ少数かもしれない。しかし、関の非難はマルクス主義者の大多数に向けられたものであろうか。そうとすれば、それは過大な要求である。いかなる思想潮流であれ、伝統的多数者はわずかな修正でことを済まそうとする。あたらしい方向はつねに創造的少数者によって切り開かれる。少数ではあるが、見事に責任を取ろうとしているマルクス主義者・元マルクス主義者がいる。思想的にはそのことが重要であろう。科学的社会主義は依然として正しいと叫んでいる多くの学者がいるとしても、そのことは思想としてそう重要なことではない。

文体の問題を離れて内容についていえば、関曠野氏の考えには得るものが多かった。関の基本的立場は、啓蒙の遺産を守ろうというものである。その立場から、挫折した革命であるフランス革命の理想とその堕落形態とを区別しようとされている。関によれば、マルクスが自由や平等や友愛をブルジョア的価値であるとして貶めたのは、革命の性格を捉え損ねたからである。マルクスは革命を内戦に取り違えて、そこから社会発展の原動力としての階級闘争というテーゼを導いた。たしかにこのテーゼは再検討されなければならない。ただ、社会主義革命に対立するものとしての市民革命にどのくらいの可能性があるか、わたしにはよく分からない。その点に留保を置くとしても、氏が「啓蒙主義の悟性的立場の超克」に抗して、啓蒙の遺産を守ろうとされるのには賛成である。主知主義・デザイン主義的傾向の強いマルクス主義が失敗して、現在はロマン主義・反合理主義への反動がみられる。われわれの抱えている困難は巨大であるが、それに立ち向かうには幾何学的であると同時に繊細なる精神を要する。「知の概念をさらに深くデリケートなものにしてゆくこと」が必要である、と関曠野はいう。わたしはそれに同意する。

関氏がマルクス主義を問題にするのは、日本においてマルクス主義がはじめて天皇制を思想上の対象としたからである。たしかにそれは日本のわれわれにとって重要な観点であろう。この観点から、関は、日本の左翼にはふたつの大きな功績があるという。ひとつは西洋思想の意味するものを真摯に受け止めようとしたこと、もうひとつは自己中心主義と対立し、日本および日本人を国際社会の文脈のなかに位置付けたことである。このような功績をもつ思想が日本のなかに他になかったとすれば、それがきちんと整理されることは大切である。そのような思想が現在の大転換にまなんで日本の思想風土に新しい種を蒔く契機になることを関氏とともにわたしは望む。

しかし、わたしがマルクス主義で問題にしたいところはやや異なる。マルクス主義は二〇世紀における巨大な思想的存在だった。その総決算がたとえ負であっても、それがひとびとを捉え、動かしたという意味で、マルクス主義は大きな意義をもっている。思想の運命、とくに運動としての思想の運命をこれほどよく示している事例は他にみつけがたい。二〇世紀のもうひとつの思想運動だったファシズムも、共産主義にくらべれば、一片のエピソードにすぎない。二〇世紀においてマルクス主義は、ひとびとが選びとるというよりも、ひとびとを選びとり、すくいとった思想だった。マルクスやその後継者たちの言語体系によってわれわれが世界を解釈するのではなく、それらの言語と世界解釈とがわれわれを捉えたのである。いっけん呪術から遠く脱却した二〇世紀において、なぜこのような魔法にかけられた世界が出現したのであろうか。これは、マルクス主義を信じた人にも、それを信じられなかった人にも、共通の疑問であり、驚異であろう。思想のそのような巨大な作用を解きほぐすことなく、思想の魔術から自由でありつづける保証はない。

わたしはマルクスがペテン師であったとも、世の中にたいする恨みから世に害悪を撒き散らしたとも考えない。マルクスは近代の思想家たちのなかでも一級の思想家であった。くわえてかれは善意のひとであった。にもかかわらず、その思想が大衆を捉えたとき、それは巨大な悪を含んでいた。旧ソ連・東欧のひとびとにとって、共産主義はいかなる自然災害よりも大きな災害となった。なぜそのようなことが可能だったのか。この疑問を思想一般に問いかけられた問題として考えていかなければならない。そこから学びとったものを今後のわれわれの思想形成のなかに生かしていかねばならない。

この課題に応えるには、マルクス主義・共産主義のあれこれの欠点を数え上げることではたりない。マルクス主義の思想として、理論としての問題点を構造的に明らかにする必要がある。またすべての社会思想が試される場である政治の過程と国家という政治装置とそのなかでひとびとが示す知恵と過ちにたいする理解、いいかえれば人間社会にたいする理解を深めなければならない。旧ソ連・東欧の歴史はこうした問題を考える十分な材料を提供している。日本の左翼の歴史もいくらか参考になるであろう。

共産主義の失敗を考えようとするとき、資本主義国の問題点（たとえばアメリカ合衆国が抱えている社会的困難）を持ち出して、失敗を中和させようとするマルクス主義者たちがいる。そんなことをして、共産主義・マルクス主義の罪一等を減じたところでなんの役に立つだろう。資本主義・市場経済ももちろん問題をかかえている。しかし、それはマルクス主義の失敗とは独立の問題である。現在は、まず、マルクス主義・共産主義の失敗を正面から見つめるときである。マルクスの原典のあちこちにある自由主義的・人間主義的言辞を引いて、マルクスのもっていた別の可能性を語るのも、当面は控えるべきであろう。そんなことでマルクスを救おうとするのは、歴史を無視することであり、共産主義を経験したひとびとを馬鹿にすることである。

資本主義対共産主義の対立のなかではマルクス主義にかんするこのような反省の提案そのものが反共産主義と反・反共産主義のキャンペーンのなかに巻き込まれる必然にあった。共産主義の自壊はこのような対立の磁場からわれわれを解放してくれた。マルクス主義という人類の経験を将来のために純粋に考えられる時期がようやくやってきた。わたしは、いま、こう考えている。

第一部　マルクスの遺産と構想

1　マルクス主義のバランスシート

［対談　藤田省三］

対談の取り持ち役であった鶴見俊輔が冒頭に言っているように、「マルクス主義のバランスシート」という主題は、すでに一九八五〜六年ごろから京都の「思想の科学」グループのテーマとしてあった。これをグループの仕事としてやろうと言い出したのはわたしであるが、もともとの発想は桑原武夫にある。『思想の科学』の編集にかこつけて、わたしはひとりで桑原さんを訪ねたことが何度かある。先生はいつも、「やあ、いらっしゃい」と書斎に招きいれてくれ、二時間・三時間、ごきげんで実にさまざまなことを話された。そのひとつが「マルクス主義の客観的なバランスシートを作る必要がある」という話だった。一定の時間間隔で奥様が紅茶を出され、桑原さんはシュガー・カットのシロップをかなりたっぷりと入れて飲まれていた。

何人かのグループを作り、桑原さんを中心にして何度か研究会をもって、それから特集を組もうということになり、わたしが再度、桑原さんのお宅にお願いにいった。しかし、この話は実現しなかった。趣旨はいいが、定期的な会合の約束はできない、いまは国際日本文化センターの設立のために動いており、中曽根首相から会いたいという話があれば、それを最優先しなければならない。桑原さんの返事はこういったものだった。しばらく時期をみようということになったが、桑原さんはその後体調をくずされて、話をもっていくことができなくなった。

「マルクス主義のバランスシート」は、結局、一九九一年の七月号から九二年の六月号にかけて三回にわたり特集となった。それは東ヨーロッパの民主化革命に先を越され、旧ソ連の崩壊にほぼ立ち会う形で世に出た。対談の冒頭で「出し遅れの詫証文」といっているのは、時代に先を越された特集であるという感覚がわたしにあったからである。

藤田省三とわたしとでは、格に違いがありすぎてこの対談に藤田さんは不満であったにちがいない。わたしの最初の発言のあと、藤田さんが話しはじめるまでに長い沈黙があった。わたしがもう話はされないのかなと思うほどの長い時間ののち、藤田さんは急にしゃべりだされた。場所はお茶の水の学士会館の西日が射す二階の部屋だった。対談は、時代感覚の差を示して、ほぼ並行線をたどっている。ある編集者は、最後まで仲良くならなかったところがよかったと褒めてくれた。始めはわたしが主として質問し、後半では藤田さんがわたしに反問する形になっている。認識として大きな差はなかったであろうが、背後に背負った時代の違いと現在という時代に対する気分の違いがあった。

わたしと藤田さんとの間には一六歳の年齢差がある。それだけの差がこの対談に表れた感覚の違いを生んでいたとするなら、もっと大きな年齢差をもつ若い世代とわたしはどう対話することができるのだろうか。わたしたちは、社会主義やマルクス主義に希望を抱いた最後の世代となってしまった。そうした思い入れのない若い世代は、わたしが藤田さんに感じた以上の距離をわたしに対して感ずるであろう。その人たちに対し、負の遺産としてのマルクス主義と社会主義の経験をどう引き継いでもらうことができるだろうか。

この対談は、藤田省三著『全体主義の時代経験』(みすず書房、一九九五年)に収録されたあと、飯田泰三・宮村治雄編『藤田省三小論集　戦後精神の経験Ⅱ』(影書房、一九九六年)にも収められている。

なってしまった、その当時からの発案者の塩沢さんに口火を切っていただきましょう。

正であれ負であれその遺産をどう受け継ぐか

塩沢由典　これは、ある意味で出し後れた詫証文みたいな感じがある。一九八九年にあれだけ世界が変わったということで、マルクス主義に対する世の中の評価が大きく負の方向へ振れてしまった。バランスシートにはプラス、マイナスを測り比べる意味がありますが、その点では、いま司会の鶴見さんが言ったような、ますます意味があると受取る人は、少ないと思うんですよね（笑）。マルクス主義はもう傾いてしまったと普通は考えられる。しかしあえていま「マルクス主義のバランスシート」を問うとすればひとつだけ意味がある。

バランスシートには総決算の意味もあるので、今この時点で、マルクス以来百何十年、ロシア革命以降七十数年の歴史のあと、われわれがその経験をどう評価するか、正であれ負であれ、マルクス主義の遺産をどう受け継ぐのか。まず、マルクスの構想に踏み込んで問題にしてみましょう。

マルクス理解のひとつの図式として、セルツキーの説を紹介したい。かれはマルクスには経済的構想と政治的構想とがあるという。経済的構想とは中央集権的な計画経済、政治的構想とは、「自由の王国」という表現にあるような、ひとびとの自治を中心とした自由な結合です。

しかし、このふたつの構想は両立させることのできない、矛盾した性質のものではないのか。中央集権的な計画経済を実現するには社会の多くの決定をひとりが、そうでなければヒエラルキーによって行われなければならない。したがってひとびとの分散的な決定は排除せざるを得ない。これに対してマルクスが政治的構想で述べているのは、ひとびとが自由に結びつき、自由に決断する世界だ。このような両立不可能なふたつの構想のうち、歴史的にいえば、経済的構想を中心においてて矛盾を解こうとしたのがレーニンだった。中央集権的な計画経済、それに見合う形としてヒエラルキーをもち独裁力をもった政党をつくって世の中を支配した。これはマルクスの構想の半分といっていいと思いますが、この構想は一九八九年に幕を閉じた。では、自由を中心とする構想に可能性があるのか。マルクスの魅力は、むしろ矛盾した構想の両面がくっついていたところにある。

藤田省三　「構想」ですかぁ……、「構想」というといわゆるブループリントで、「近代」以降は、オークショットが言っているように、全部ブループリントの時代だと思いますねえ。

一九二〇年、ロシア革命のあと、ラッセルがロシアに行き指導者とも会い、農村にも行って、その見聞の結果書いた本で、この革命は、これは根本理念としてはいい。しかしやり方がこれではまずい、うまくいかんだろうと言った。根本理念はいいと言ったのは、ヨーロッパ世界内で旦那衆の議会制が致命的危機にあるという認識が共通にあって、それに対してソビエト、労農評議会というものを評価したからです。労農評議会は地域的に限られているから、それを土台としてやるのは構想としていいとみた。ところが「移行期」に次々と生み出される深刻な困難に対する対処のあり方が、方法としてまずいために、「本当の共産主義者の願い」すなわち根本理念と逆の結果がもたらされるかもしれないとラッセルは言ったのです。最後には全部が国家に収用されてしまったわけですね。農民を収用するのに一二年かけ、スタハノフ運動などにはもうちょっと時間をかけてね。

一方、マルクスの魅力はいろんな面にあるでしょうが、ぼくが凄いと思うのは、世界中の読み手が、河合栄治郎まで含めてすでに言っているように、共産党宣言《マニフェスト》の前半に出てくるブルジョアの画期性の叙述です。あれは予言として今日まで当っている。また資本論第一巻二四章のいわゆる原始的蓄積過程、あそこの社会史過程の叙述と判断には驚く。日本の場合でいうと、戦前で最も大きい功績は哲学的なものとかではなく、歴史叙述と農業問題についてです。人口の六割以上が農民だったが、農業問題の分析にかけては、他の、例えば東畑精一などものの数じゃない。

全体からみて、農業問題ことに地主——小作関係の分析は圧倒的にマルクス主義の学者が強かった。そういう研究の源は、原蓄過程や伝統的な農村社会の崩壊過程がブルジョアの成立によっていかに劇的に行われたかを明らかにしたマルクスにある。それは今でも続いていますよ。鎌田慧に『死に絶えた風景』という名著がある。日本の高度成長の「原蓄」期、新日鉄が鉄鋼生産の新しい急成長を作り出す。その時期、鎌田氏はかつての納屋制度みたいな「労働下宿」と称するところに入りこんで、現場目撃者になるために一介の労働下宿人として働く。暴力団におどされながら「格子なき監獄」を経験してそれを書いた。文字通り原蓄の現代版で、その線はずっと続いていると思う。現実の深くにあるいろんな食い違った諸関係を明らかにする点で、鎌田氏の本は今でも魅力あるし、ブルジョアの威力がどんなにすさまじいものかも読めてくる。

こうした例からも、バランスシートを考える場合、構想だけに注目するのでない方がよいと思う。構想だけでいくと、ホッブズなどはどうなるか。国家を構想したホッブズ、これがやっぱりかなりのものですよ。国家というものは初めから死の影を漂わせ、死の影を土台にしているのだと言う。万人が死んじゃうから死ぬよりましじゃないかというのが国家の存在理由で、万人が死ぬるという条件がなければ国家の存在理由のないことをホッブズは初めから言っている。かれのが絶対主義国家のイデオロギーだなんていうのはウソで、国家は死の影の上に立つと言ったところが凄い。とにかく、今まである既存の「国民国家」というものは、大国はとくにそうだが、そのブループリント、構想を提出したのがホッブズで、かれは不吉なものとして国家を描いた。けれども、今はホッブズの思想を忘れて、国家万々歳の気分が強いでしょ、とくに日本で。またアメリカも万々歳の機会を狙って湾岸戦争までやる。ホッブズの構想のいちばん奥にある国家の不吉性というものは全然、想起されないまま続いているわけです。そうすると、ホッブズの構想は予言的に当っている面と――マルクスのマニフェストの冒頭のブルジョアの活気性といった文句が完全に当たっているように――ホッブズも当っている面ともうひとつの面とがある。つまり死の影の上に立つ国家という面は全く受け継がれていないでしょ。こういうのがブループリントの時代の「歴史の皮肉」です。伝統的社会では設計図なんかつくりませんから、それの持っている健康さの部分がおそらくあって、全面的なブループリントの時代とは違う面があると思いますね、

ただ、ぼく個人としては、もっと根本的な、ユニバーサルな問題が新しく自覚されなければならない時代が来ていると思うんです。簡単に言うと、「高度文明」それ自身のもつ原罪といいましょうか。

文明の原罪とマルクス主義

塩沢　マルクスは優れた社会科学者であると同時に革命家でもある。新しい社会が来る、社会を変えよう、という福音のようなものを持っていた。その福音がなければマルクスの資本主義分析が世の中でこれほどの力を持ち得たとは考えられない。日本でも社会科学の歴史の上でマルクス主義の伝統は大きく、例えば有沢広巳さんが定年退官に当って、自分の同僚だった山田盛太郎を取り上げて、「社会科学において、社会をいろいろ掘り下げていったけれど、岩盤にまで届いたのは山田盛太郎がはじめてであった」と語っています。日本の社会科学の歴史を百年位の範囲で考える限り、マルクス主義の分析をそう簡単に放り出すことはできない。そのなかから学んでいく以外に次の発展はないと思う。

しかし、これがなかなか難しい。例えば宇野弘蔵さん。社会科学という面を非常に突き詰めていって、資本主義経済の分析としたらきわめてスッキリした形にした。宇野さんは自身の禁欲として、革命を語らない、イデオロギーについて喋らないという態度をとった。当時としては大変なことだったけれど、マルクス経済学をひとつの学問にするには大いに貢献した。しかし、それで宇野学派はアカデミーのなかの一流派になってしまった。

藤田　つまり、感情を伴わない前頭葉的知性というもので、D・H・ロレンスじゃないけれど、「現代文明」の病気におかされた人間的現象です。学校教育が悪いのもそれで、前頭葉を通してぜんぶ教え込もうとするからいけない。言っていることは間違っていなくても生きものとしての人間の関係の仕方において間違っていると思うから。宇野さんみたいに、自分は科学としてのマルクス主義だというのは学者の自己防衛としてはうまいが、それでは意味がない。

マルクスの場合、ブルジョアが社会的権力を得て産業化が進んで、そこでは社会的不幸が生じるという現実があるわけでしょ。その社会的不幸は大変なものだった。そしてすぐ恐慌、失業がくる。農村からデラシネとなって集まってきた人たちが工場という収容所に入って、労働力として鞭打たれて訓練される。監獄労働ですね。マルクス主義はそういう社会的不幸の解決策として出てきた。社会的不幸を解決しようというその態度をわたしは否定しようとは思わない。日本人としていえば、日本の機構化された社会がもたらしている、かつ自分もその害を蒙っている不幸を解決するという動機なしの純粋学問というのを、ぼくは信じない。純粋学問を取っ払ったところにマルクスの功績のひとつがある。その動機は結果の間違いとは独立のものです。間違う権利は人間には全部あるし、もし間違わない人間があり得るとしたら、人間は神様をつくる必要がなかったはずだ。

なるほど小さな局部的問題に限って「厳密な分析」で行くならば、「科学的真理度」は高くなるでしょうが、眼前の社会的不幸とは無関係になる。だからラッセルが行い、かつ言ったように、複雑な計算をしてみた結果、確実性というのは実は蓋然性だけなのであとはコモンセンスが大事なんだと考える方が、ぼくら普通の人間からみると健康な解決の仕方だと思う。

塩沢　今年の一月、あるシンポジウムで生物学者をも含めて社会科学者が集まったとき、最後にある先生が、「今日の話は判ったところも判らないところもあったが、わたしがいちばん腑に落ちなかったのは、貴方たちの発言のなかには社会問題がないことだ、社会科学は社会問題があって発生するのだ」と、こう言われましてね。

藤田　ぼくは社会科学という概念に否定的です。社会研究でいい。社会科学という概念をつくったのも大体はマルクス主義で、いちばん科学性を強調した。科学的であろうと努力するのと、これが科学だと言い切るのとにはかなりの差がある。そこでこそ自己抑制の態度が要求されるので、社会研究でどうしていけないのか。鎌田慧の『死に絶えた風景』は動かしがたい事実の記録だが、これを社会科学とはかれは言わない。わたしは単なるルポ作家ですという。この方がわたしにとって好ましい。態度として健全だと思う。それとは逆に不健全なのは「科学」の独占。「科学」がなぜ値打ちの高い言葉になったのか。ブループリントの時代でそうなったと思います。

やっぱり、「近代」の歴史過程のあらかたの諸問題を押さえて、その諸問題の地図のなかでマルクスはどういう位置にあったか、というふうにぼくは解釈していくんです。

今日的段階で、より大きな社会的不幸が世界的規模で厳然としてある。それの成立過程をきちんと叙述し、解決に努力する態度が、第二、第三の新しい「マルクス」として出てこなければいけないと思います。しかしそれはもう個人では果たすことの不可能な時代ですから、そういう集団を世界的にどうつくるか、これが課題だとぼくは考えています。

引き受ける

塩沢 いまのお話しで、聞きたい点がふたつある。ひとつは、わたしや、もっと若い世代の社会科学者（笑）、社会研究者の今の関心は既に社会の不幸に駆動されて社会を研究するというのとは違う気がする。日本が後進国で貧しい時代には、藤田さんが言う形の社会科学が成立し、そういう社会科学者が集まったでしょう。ところがいま、日本の社会がこれほど豊かになってしまうと、いったい何をもって自分たちの原点としたらいいのか。人びとがなんとか平穏に暮らしているのに、あなたたちは本当はこんなに不幸なのですよ、とおせっかいなことを言う必要はないのではないか。日本の社会が現実にかなりよくなって、それでかえってどう考えたらよいか分からなくなっている。だからと言って簡単に割り切れるような公式にたよるつもりもないのです。

藤田 依然として、そこが判りません（笑）。何をもってよいとするのか、ぼくは悪くなったと思っている。

塩沢 そうですか。ここは意見が分かれるところかもしれない。

藤田 意見なのか、事実なのかが問題ですね。他人に不幸を押し付けるのが自分にとって不幸なのか、自分が不幸を引き受けているのが自分にとって不幸なのかということ。だからこれには感じ方と生き方についての殆ど決定的な違いが含まれているわけですね。

ぼくは明治以後の日本人としては森鴎外が一番えらいと思いますが、かれがリルケの戯曲「家常茶飯」を翻訳した。雑誌『太陽』の記者が、どうしてあれを訳したのかと尋ねたとき、それに答えて鴎外は言っています。

あそこに出てくる画家のモデルは一生懸命に母親につくすけれど、あれを孝行だと思ってはいけませんよ。孝行と日本語でいうときに伝わる概念とはまるで違うものなんだと、こう言って、別の例をあげて説明する。バーナード・ショウの「悪魔の弟子」（「デビルズ・デサイプル」）という作品ですが、デックという男が牧師夫妻の家に入ってお茶を飲んで雑談をしている。途中で牧師が用事で出たあとに、敵方の兵隊が牧師を逮捕しにきたわけね。そしてデックを牧師だと思い込んで逮捕する。そのときデックは自分は牧師じゃないといえばいいものを、かれは一言も言わず黙ってそのまま代りに殺されに行くんですよ。それだけ話したあと鴎外が言った。

これだけをとりあげると、デックは非常な仁人、義人であるように聞こえるでしょうが、かれはただの行路の人であって、仁とか義とか、そういうものとは違う別の或るものなのだ。ちょうど古代宗教のなかでいろいろの徳とされていたものが、後に寺院の掟、規則、戒律というようなものになるように、仁だとか義だとかというドグマになった。それがもっと形骸化したのが、今の日本で通用している孝であり仁であり義であると。そういうものは全部、形骸で表向きの道具として使われているだけなのだと。そうでない或るものが大事なのだと言っている。これを読んで、これだな！　とぼくなんか思う。そういうところを鴎外はあの時期に見当てていた。二〇世紀の初頭ですよね。日露戦争以後、第一次世界大戦の時期、高山樗牛とか和辻哲郎とかがニーチェやキェルケゴールに飛びついて訳して学者商売になっているときに鴎外はひそかに戯曲「家常茶飯」を訳した。記者に対する説明も見事ですね。

偶然にしろ或る不幸を引き受けるわけ。事情が判った瞬間に「自分は牧師じゃない、人違いだ」といえば助かるものを、それは言わない、言いたくない、というそういう感覚……それがなくなったなあ、と思う。

丁度、マルクスがいた頃、根こぎにされた失業者の社会的不幸が眼前にあった。それを放っておけない、黙って見すごせないという感覚、現代でいえば、地球上にそれと似たことが横倒しの関係になって大規模に存在していると思う。

塩沢　この四月に韓国に行ってきました。ソウルでマルクス経済学の系統の人の集まりに出ました。マルクス主義は十年位前までは許されていなくて、ソウル大学でマルクス経済学の講座ができたのはそう古くない。そこでかれらの集まりには非常に活気がある。話に熱気がある。この韓国をどうにかしたい、世界をどうにかしたい。こういう強い衝動によって支えられている。しかし、その時、かれらがどういう論理を立てるか。例えばひとりの学生は帝国主義を研究していた。わたしは、帝国主義とはどこの国か、日本は入るのか、と聞いたのです。すると日本は入らないと言う。まして韓国はそうでない。

日本も韓国もアメリカに従属しているというのです。その理由ですが、「生産力が違う」というのです。でわたしは、生産力の高低をどう測るのか、労働生産性では今では日本の方が高い産業が多い、と聞きました。ところがかれによると、生産力は量的に比べられるものじゃなくて、質の違いだというのです。かれの意見では、アメリカの生産力を支えているのは宇宙産業、情報産業、バイオテクノロジーの三つであり、日本の場合は自動車、家電製品、工作機械の三つで、この段階が違う。

藤田　ちょっと面白いところを衝いていますね。宇宙産業と自動車産業という言い方は。

塩沢　軍事を重視すればアメリカの技術体系は優れているが、軍事にかた寄ったためにアメリカの経済がこれだけ日本や韓国などに苦しめられている事態をよく見ていない。今につまづく、今につまづくといわれながら、韓国はいろいろな困難を見事に克服して、大きく成長する。こういうダイナミズムを説明できなければ、現状の分析といえない。

藤田　いや、わたしは日本は経済帝国主義だと思っている。日本は経済的動機だけにもとづいて、他国、とくに第三世界に対する収奪に依拠して成り立っているという点に注目すれば明らかな経済帝国主義で、資本輸出もボンボンやっているし、新しい種類の帝国主義だと思います。

塩沢　わたしの言いたいのは日本が帝国主義かどうかではなくて、韓国のその研究者の考え方についてなんです。かれはひとつの図式を立てて、あらゆる事態をそこに当てはめようとしている。なぜそういう図式が出てくるかといえば、かれの韓国における政治的立場に由来する。その立場からは韓国は資本主義の弱い環のひとつでなければならない。アメリカを中心とした世界資本主義の中の一環として韓国は在る。だから韓国はまずアメリカの帝国主義から独立しなければいけない。かれの政治思想が正しいとしたら、そういうところに行かざるを得ない。おなじようなことを日本のマルクス主義も随分やってきた。日本資本主義の脆弱性《ぜいじゃくせい》とか後進性といったことを指摘しつづけてきた。そうでないとかれらの革命路線が正当化されないからでしょう。しかし、これは認識の立場からみると凄く強引で、自分のあらかじめとった態度に合わせて世の中を見ていく立場です。

藤田　そうでしょうか。いますよ。そんなのは集団的に何十万単位でいるんじゃないですか。あらかじめ決めたものから外れたものは現実とは見なさない。こういう態度がいつからマルクスの弟子のなかに生まれたか、これは非常に大事な興味ある問題ですね。いや、話をとってしまってすみません。どうぞお続けください。

塩沢　韓国の事態は日本に比べれば差はありますが、いま韓国で社会主義革命をしなければいけないかといえば、殆ど必要性はないとわたしは見ている。それにもかかわらず、かれらはマルクス主義を選ぶことによって目標をもち、いきいきと生きていると思う。これはさっきの森鴎外の話につながるとは思いませんが、あえて自分たちが不幸を引受けるみたいなところがある。青年の生き方として、わたしにもそれを肯定したい気分はある。今の日本の大学生は革命などという大そうなことは考えていない。社会に対して大した不満ももっていない。小さくまとまって五〇年先の人生まで設計している。こんなことでいいのかという気はするのです。しかし、わたしが考えてしまうのは、社会が幸福だということは、こういうことではないかな、という可能性です。もしそうなら、現状にいらだってはいけない。人びとの小さな幸福を笑ったり、おとしめてはいけない。革命を夢みることのできたわれわれの世代より、今の若者はむしろ高い哲学が必要とされていると考えられる。

韓国の学生に戻れば、かれらが見ているのは自分の不幸じゃないでしょう。他人の不幸を背負って行動するのですが、ぼくはそこに、あえていえばある種の驕り、エリート主義みたいなものを感じる。われわれは日本の中で安穏に暮らしている。それに比べれば韓国の学生ははるかに立派だ。正義を感じさせますね。しかし、その正義がこわいと思う。人にかわって自分の判断を押しつけることが正義の名のもとに可能になる。革命なんかでも、そうですね。自分の考えを他人に押しつけ、他人の代わりに考えることができると錯覚してしまう。ここですね、マルクス主義の問題点は。

革命とは何か

藤田　革命とは一体どういう形で行われるものなのか、何を革命と言うのか。例のマニフェストも、今迄の歴史上存在したすべての諸階級のやったことを全部引っくるめてもブルジョアがやったことに遥かに及ばないと言っていますよね。それは革命でしょ。革命は政治権力の暴力的奪取を必ずしも含まない。社会の構造を変えることだ。ぼくは塩沢さんのような人がそれこそ理論としてそういうように考えられ、さっきの学生と相互に批判し合うのが大事だと思う。高度に発達した資本主義が政治的に植民地であり得るのかとかを論じて。

塩沢　植民地？

藤田　ええ、植民地というか従属国というか、例えば衛星国と言われたのは、植民地とは言わないのかという問題も入る。高度に発達した資本主義国で、昔植民地と呼ばれていたのとおなじような政治的従属——命令・服従の関係にあるようなもの——があり得るのか。また、あっていいのか。日本政府がややそう、ややではない大いにそうかもしれませんけど。こういう問題をわたしたちが新しく出すのがいい、いろんな問いがありますよね。今のはぼくの思いつきのひとつの可能性ですけれど。

質問の形式を言葉がとったからといって、けっして質問じゃない場合がある。子供は木の葉がなぜ青いかという時、これは質問じゃなくて驚嘆の言葉だ。青いということの発見の驚きなので、それに対する正しい答えは、青いから青いといえばいい。

塩沢　さき程、藤田さんにお伺いしたいことがふたつあるといったその続きで、最初の構想の話と関係があるのですが、社会主義思想の一番の核心は新しい社会を設計できるという考え方でしょう。マルクス自身は非常に自制していますが。

藤田　しかし、『ゴータ綱領批判』みたいに、他人の構想には批判をやりましたよね。

塩沢　ええ、かれのえらいというか、ずる賢いところは、革命後の社会がどのように動くか具体的に語らなかったことですね。『共産党宣言』なんか読んでも、「すべての生産用具を国家の手に集中する」ぐらいのことしか言ってない。まして計画経済をどう運営するか、述べていない。共産主義では計画的生産が行われるというだけです。しかし、この計画というのが、じつは社会全体、それも国家大の経済関連を全部統御してしまおうというものでしょう。だから、裏からいうと、社会は操作可能なものと考えている。国家権力を握れば、経済はどうとでもなると考えていた。しかし、実際はそうではなかったわけです。計画経済は今のところ全部、現実によってその無力さを指摘されてきた。これはロシア革命以後の七〇年をみても、第二次大戦後の東ヨーロッパの四〇年だけをみてもそうだ。すると、この社会主義、あるいは革命主義、つまり新しい社会をすべて設計できるという思想自身にやはり問題があったといわざるを得ない。

藤田　それは「近代」、ブループリント時代に、全部問題があったとぼくは思う。

保守主義の定義とも関連するんだが、わたしは一番理想的な生き方のモデルとしてデルスウ・ウザーラを選ぶんです。アルセーニエフの描いたデルスウ・ウザーラのことですが、あんな偉い人はいない。現在のぼくなどは、生かされているので生きている感じが全然ないわけです。その点デルスウ・ウザーラはほんとに生きていて、食いものを穫ったら皆んなに平等に分配し、楽しく会話するし、誰がここを歩いたかも足跡で判る知恵もある。かれとわたしとの生き方の間の距離があんまり大きいので、眼が回ってしまう。わたしの考える保守主義は個人名で言えばデルスウ・ウザーラを連想するんだけれど、そういう共同社会を念頭におく。すると設計図はいらんですよね。限定された地球があって、その中で生きる地帯も限定されていて、それに精通、熟知し、それと深く付き合うことを通して生きるという状態が一番望ましい。無理に青写真を出して何かやる必要はない。これに近いのが望ましい姿勢です。これはただわたしにとっての意見ですがね。ところが現に悪い人間、悪い仕組があって、社会的不幸がある以上、それを放っておけない。これをどうするかというと、やっぱりその時の諸条件に精通すること以外にはないと思う。その諸条件を見付ける便利手帳はあり得るか、それはない。複雑なんだからあり得るはずがない。例えば分子生物学者なんていったって、生命体自身が複雑で、生命とは何か全然判っていないのに遺伝子の組み替えだけやろうとするのはおかしい。それとおなじで、諸条件に精通しようという努力は大切です。俺は精通したという人はいい加減だと見ています。

塩沢　マルクスの中には、ひとびとを判ったつもりにさせる何かがあると思う。マルクスが非常に正確に社会の不幸なり悪なり、機構なりを言い当てたということの反面、その分析から出た帰結をひとびとに信じこませてしまう魔力のようなものを総括しないといけない。藤田さんが言われるような、自制というものを持つ人だけをマルクス主義者と呼び、それ以外はマルクス主義者ではなくて亜流だという形には分割できない。

マルクス主義者との部分的合作

藤田 ぼくはそもそもマルクス主義者だと思ったことはないんですよ（笑）、完結的体系については。だからひとつの事例とされても困る。ただマルクス主義者と一緒に政治行動をした経験はいっぱいある。そのときはハッキリ、この行動をこういう形で一緒にするのだと自分では限定していましたから。これは戦前ならあり得ないことで、そんな生易しい中途半端な選択の余地はあり得なかった。古在由重さんみたいに全身全霊をあげて頭から突っ込むしかなかったのでしょう。

マルクス主義とは何であったかという問いに対する答え方として、とにかく総決算してみる必要があるという塩沢さんの言うのはよく判る、新しい段階がきているのだから。文明史的に完全に新しい段階がきた。例えばソ連にしても、昔からそう思っていて政治的配慮で口に出さなかったのですが、なんで帝国主義反対といいながらロシア帝国の領土だけはそっくり貰うのか。これは中国もおなじこと、あれは不思議だ。社会主義と両立しないですよ。

塩沢 ソ連の国称、正式にはソビエト社会主義共和国連邦、この国名の中には固有名詞がない。あれは、一方では万国の労働者に対する連帯の表明で、革命を起こしてソビエト権力を打ち立てれば、地球上のどこにあろうとソ連に入れるという原則を示している。しかし、一方では、スターリンがやったように、ソビエト政権をうち立てさえすれば、併合しても良いということでもある。実際には後者だけが意味をもった。つい最近、ソ連からきたアルメニア人と話していたら、レーニンよりスターリンの方がいいっていう。レーニンは領土を沢山失ったがスターリンは取り戻したから（笑）。この人は共産党員ですが、やっぱり国は大きい方がいいとか、そういう単純な感情がひとびとの中にはいり込んでいるんですね。

藤田 第一、「大祖国戦争」というスローガンがそうです。危険な条件で生き残るためには内側からの力が必要だからでしょうがね。

塩沢 話を少し戻して、マルクス主義のバランスシートという以上、なにをそこから引き継ぎ、なにを拒否するか、藤田さん、その点はどうですか。

藤田　マルクス主義者というのはひとりひとりで存在しているわけでしょ。

塩沢　その人に聞けばいいというのですか。

藤田　いや、いや、その人が諸条件に対する精通への努力を払っているかどうか、それを具体的な条件の中で見分けたいと思う。この人とならこういうことは一緒にできるというふうにしたい。

塩沢　しかしそれは個人の態度であって、その個人がマルクス主義という体系を受入れ、その思考を縛っているならば、その縛り方に対して今この時点に立った考慮があると思うんですが。その「事情に通暁する」という態度の人とそうでない人とを分けて、こんな言い方は藤田さんはしないかもしれませんが、こちらはいいマルクス主義者、こちらは悪いマルクス主義者といっても、これはマルクス主義を論じたことにはならない。

藤田　ところが悪いマルクス主義者があることをわたしは知っているけれど、どれが悪いマルクス主義者であるかということを余り知らないんです。悪い方の人名表はできない（笑）。いい方なら言える。古在由重さんとか石母田正さんとか。この人達は非常によく判っていて、判った上で旗を降さない。降さない理由などをわたしは詮索しない。その人にいくつもの点を学びながら、一緒の行動もとれる。行動の方向は塩沢さんのいう社会的悪、社会的不幸に対してですね。

だけど、社会的不幸といっても、不幸を不幸として受入れる側の問題があるので、それは、さっきの日本の今の生活がいいのか悪いのかという問題と関係がある。わたしが不幸だと思っているのを、受入れ側が、いいと言ったってご自由なので、そういう方がずっと多ければ、それは不幸としか言いようがない。言葉というのはややこしいですね。話が複雑になってきたけれど、悪を受入れながら必ずしも悪くない人、つまり無関心の共謀というのがありますね。こういう言葉がある。「敵はまかり間違っても君を殺すだけだ。友人はまかり間違っても君を裏切るだけだ。無関心の支えているところのものによって取り巻かれたら、虐殺と裏切りが横行するのだ」。だから社会的不幸の解決は、努力としてしか、一緒の社会的行動の努力としてしか、言葉としては定義できない。しかし、解決できると断言する傾向がマルクス主義の歴史の中で高まっていく。ある種の変質です。社会主義の非正統的な産物としてトータリテアリアニズム的なものが出てきた。これは鬼子であって親とつながらないかというと、それは探せばつながる。コラコフスキーなんかポーランドで苦労した人ですから、これが非正統的であることは知っていた。どこからどういうふうにこれが始まったかはひとつの大きな問題です。それでは始めはすべてよかったのか、そんなことはない。マルクス自身もある経過のなかにいるわけだから。こういう歴史的総括は衆知を集めねばならぬ大作業でしょう。

ところで、近頃マルクス主義の方は、とにかくこれではやっていけないと言った、これは正直だと思う。一方のアメリカもボツボツ手をあげていいと思う。自分たちは大国たろうとしないと言っていい。世界に対する影響力を抛棄すると言っても不思議じゃない。そういう経済的要因、社会的要因がいっぱいある。財政赤字とか麻薬の社会的ひろがりとか、そのへんの人間の正直さを考えるとき、権力とは何なのかという問題にぶつかります。マルクス主義のバランスシートというよりも、権力の本性についてのバランスシートを知りたい。そこではマルクス主義も間違えている。権力というのは、よく使えばよく仕える道具であると考えていたのだ。塩沢さんのいう中央集権制の問題と関連しますけれど、自分たちが権力を握ればよく仕えるはずだと……。

経済権力論というのが経済学にあるのですが、ビッグビジネスは明らかに経済的諸行為に対しての権力作用をもっているでしょ。例えばそれ迄は百種類売っていたものを二十種類だけにすると決めて、広告をぶって、それしか卸し問屋におろさないとか、いろいろとあるでしょ。

経済的権力論

塩沢　たしかに独占資本が短期的にもつ力は非常に大きい。しかし集権的な経済と市場を媒介する経済とでは大きな違いがある。市場経済ではいくら独占的な地位をもっていても買い手の利益にならないことをやり続ければ、必ず競争者が出てきてひっくりかえります。だから表面上は絶対的な自由をもつとみえる独占資本の経営者でも、それを予期して、ある程度しか踏み込まない。独占資本であろうと独裁者にはなり得ない。

藤田　いや、個人権力じゃなくて、わたしの考えているのは、組織体のもつ権力について非常に敏感に便乗的なのが日本だと思うんですよ。だから象徴みたいなものを上において経営実権者は次々に交代しながらも、その組織凝集力は非常に強い。その組織体としての社会的影響力つまり権力作用をフルに活用するのが得意な社会だと見ているんです。独占資本以前から日本の場合、そういう社会学的体質があるようです。維新のときから、三井、三菱は政商で、会社の一係長が通産省に報告に行ったら、役所ではもうチャンと知っていて、「ええ、判っております」と言ったと聞いています。他の会社がおなじ程度のことを言ったら、何かとチェックされる。まあ、政商でしょうね。政治権力に及ぼす権力もかなりのものがあり、社会的影響力も強い。そういう権力の問題をわたしは念頭に置いているのです。それも古典的な山高帽で肥りに肥った資本家のイメージではなくて、バーナムの経営者革命にいうような、もっと「活性化」された組織力をもつものとして経済権力を考えている。とくに日本では、社会的に公認されたものとしての私生活の領域が大きくないから、その分だけ影響が強い。どっちが原因でどっちが結果か判りませんが。

これは政党でも似ていて、野党ですらそういう体質を受け継いでいる。そういう体質に対して自分たちは違う社会的行動の基準をもっていることをもって、野党とよびたいとわたしは思います。

塩沢　その話にうまく合うかどうか判らないのですが、たしかに経済は企業によって運営されていて、企業内部の経済権力もあるし、企業が社会的にもつ権力もあると思います。だけど、そこだけに焦点を絞って、経済権力が悪い――藤田さんはそうは言わないと思いますが――、そう言っても一面的です。自由主義社会には、ひとつの特色があります。経済権力とは別に政治権力が存在するし、司法とか言論とか、学界とか、他の権力も存在している。ところがマルクス、レーニン主義がつくり出したのはあらゆる権力の一元化された社会でしょ。経済と政治と思想が一緒になってしまう。そこからスターリン主義が生み出されてきた。これはマルクスの考えに源があると考えた方がよい。マルクスだけはちがう。かれは真の民主主義者で自由主義者だ、という人たちは、マルクスの構想の矛盾を見ずに、マルクスの語った「自由」ばかりを取り上げて、マルクスを救おうとする。これでは、二〇世紀における人類の最大の実験としての共産主義の経験から真に学ぶことにならない。日本の左翼の議論のなかには、ソ連の社会主義は自分たちのいう社会主義とは違う、だからわれわれと関係ないんだという議論が多くありますが、果してそれでいいのか、自分たちがつくり出せる社会主義というものがソ連のそれと本質的に違ったものであり得るのか、わたしはかなり疑問をもっています。そうではなくて、この七〇年間のことを学んで、すくなくともあの悲劇を繰り返さないことがまず第一に必要なことです。その上で共産主義が目指したものをもう一度、反省材料として組み込むことは可能でしょう。社会民主主義みたいな社会主義の別の流れもありますし。

藤田　ではもうひとつの問題、さっき市場は自由な選択を媒介にしていると言われましたね。それはその通りですが、現状の市場がコントロールされた市場であることは疑えない。とにかく欲望までつくり出されていますからね。明らかに欲しくなるように広告をぶたれている。買うように仕向けられている。ぼくは電気製品やなにかを修理して使いたいが、五年サイクルで新しいのを買わせる仕組になっていて、部品がない。そこでわたしは市場の歴史を考えるんです。日本の場合は市《いち》といったし、世界的には人類学者はバザールという。わたしはセルビアの田舎の市場へ行って感動しました。ものを買うときは全部いちいち交渉です。ひとつひとつせり合う。ほんとに動的・相互関係的な需給関係とはこういうものだと思った。結局、落ちつくところに落ちついて、自由に選択し自由に決定している。こういう市場は世界中にたくさん残っていますが、今の日本の市場の形式および実質はまるで違う、欲望の開発と価格のコントロールの点で。一方、計画経済の方はきわめて明瞭にコントロールされていますけれど、われわれの市場がコントロールされていることも確かだ。したがって権力の問題は、そこではコントロールするものとされるものというふうになっているはずだと思います。

塩沢　いや、わたしはね、そういうようにコントロールするものとされるものという具合に明確に分かれないと思うんです。企業の側からみれば、どういうものが売れるか非常に不確実で、失敗すればまったく売れない。消費者側に買うか買わないかの選択権はあるでしょ。人の欲望まで支配されることが絶対にないとはいわないが、拒否できるということは、形式的にであれ重要です。それができない社会とは別なんだということは押さえないといけない。そこを押さえないで、自由の王国といってしまったところにマルクスの問題点があるんです。

藤田　それはそうだと思います。問題点はありますが、わたしはそこを言っているのじゃなくて、おっしゃっている総括、二〇世紀における一大実験の反省といわれるのなら、市場の二〇世紀的形態に至る歴史も反省しなければならないときが、今きたと言うんです。

わたしは文明史的に重大な段階がきていると思う。あらゆる用語の再検討が必要で、市場といったらすぐ自由と結びつくという通念も反省すべきだ。そうしないと、現代的市場がどこまで自由で、どこまでコントロールされた不自由な市場であるかをハッキリ掴めないと思う。日本でいえば、昔の市場《いちば》の在り方と比べて今の市場の不自由度は遥かに高いのではないか。大規模な操作が働き、またそのぐらい組織化が進んでいる。

政治的な正しさとは何か

藤田　あらゆることが再検討を必要とし、それについてぼくみたいな雑駁な人間が述べると話が散らばるのですが、政治については「収容所群島」の問題がある。

コラコフスキーの話では、ポーランドでは第二次大戦後の数年間は非常に自覚的な、健康な共産主義者がかなりの数いて、六〇年代以降とまるで違うと言ってました。しかし、そういう健全な人たちでも権力にありついた場合にはウソを言うと。でも自分でこれはウソだという自覚があって、シニカルさが加わって虚偽意識だけはなかった。「全体主義体制の中でシニカルであるのは大変なことで非常に勇気を必要とする」。虚偽意識がないというのは自分をダマしていないということです。この点がソビエト本国と違う。コラコフスキーは、一九五〇年にレニングラードのエルミタージュ美術館へ行った。そこの副館長が「同志諸君、ここの地下室にフランスの腐敗堕落した絵がある。例えばマチス、セザンヌ、ブラックその他。しかしそうしたものは公開、展示しないようにしています。同志スターリンは歴史は繰り返してはならないと教えております。だが何時の日か、歴史はこういうものを許さないのだという健全なる意志の表示として展示されるようになるでありましょう」

と言った。ところが一九五七年にまた行ったら、おなじ人がガイドした。その人は美術史学者として造詣の深い人であることは歴然としているんですけれど、このときは雪どけの時期でマチス、セザンヌ、ブラックが展示してあってかれはこう演説した。「同志諸君、一部のブルジョア新聞は今まで隠していたものを展示するようになったと言っているけれど、美術館というものは修復とかいろいろな作業のために一時、幾つかの部を休むときがある。それを捉えて、隠したとか何とかいうけれど、かくの如く自由であります」と。学者の政治的発言というのはこういうものか、と思いますねえ。コラコフスキーの判断によると、この人物は両方ともウソをいっているつもりは本人にはないという。本当にそう思っているのだ。そうすると、政治的な正しさは普通の意味での正しさとまるで違う基準の上に在るわけです。今だけこれは政治的にのみ正しい。明日はまた新しい政治的正しさがでるのだというふうになっている。これは中央集権的計画経済というカテゴリーで括り込めるかどうか、まあ、括り込めるとも思えますが、相当、注釈をつけないとこういう行動様式を一概念の中へ括り込むというのは難しいでしょう。

資本主義の転換能力と転嫁能力

塩沢　マルクスは確かに市場を批判した。しかし今になってみれば、市場にかんするマルクスの判断にひとつの誤りがあったと思う。資本主義の転換能力なり適応力を見誤っていた。資本主義は驚くべき適応能力をもっていた。それは一九世紀のマルクスには予測できなかったものですね。マルクスという予言者の不幸は、一九世紀の中頃にすでに資本主義の没落を予言してしまったことだ。資本主義は一九世紀に始まったというのが通説ですね。資本主義を産業資本主義と考えれば。マルクスは始まって半世紀もたたないうちに資本主義の没落を予言した。これは大変な予測能力であると同時に、やっぱり尺度を間違えていた。

藤田　それはそうです。しかし一九世紀のあの時代、マルクスだけが際立ってくるのは無理はないので、とくに社会学的歴史家として素晴らしい。眼の前に起こっていることを歴史として叙述するあの凄さ。おっしゃる予言者のことですが、かれは三〇歳にしてイギリスに亡命している。そしてかれの念頭にあるのはフランスの階級闘争とか、フランス革命の延長版の問題です。もうひとつは社会分析の対象としてのイギリス、そこで一番最初に産業革命が起こって、社会的な諸問題が出てきたのですから。それに注目して、理論上の先駆的な仕事として、これから波及するであろう傾向をそこに読みとった。こんな社会的不幸を生み出している以上、この仕組は長続きしないとマルクスは考えた。ぼくはそれらの点は理解できるんです。ただマルクスがあの時点で書いてしまったのだから、後の人はそれを考え直す必要がある。かれの延長線上を現代的な課題に即してね、どうしてそれをやらなかったのか――これはひとつの歴史ですね。文化の質という問題で考えると、現在は文明史的なクライシスのところへ来ている。そこで現実に起きていることを歴史として画く能力、第二第三のマルクス的な能力を身につけないといけない。そのひとつとして市場の歴史を洗ってみたらどうか。今ある市場を本来的な市場だと思ったら批判性、野党性を失うと思います。すくなくとも市場化とかそれへの移行とかいう以上、市場の歴史を洗うことが重要です。どういう答えがでるかはそれぞれ自由ですが。

塩沢　ロシア革命で社会主義が成立したことによって資本主義も転換した。社会主義の存在によって資本主義が生き延びたということもある。二〇世紀の資本主義に転換を強制した最大の要因は社会主義です。ただ、ぼくはこの逆の可能性だってあったと考えるんですね。つまり資本主義が今までもたずに全部つぶれてしまって人類の歴史が社会主義に、または共産主義にのめり込むということがあり得た。その時にあり得た社会と、市場経済が勝利した現在とを比較してみるとどうなるか。かならずしも前者がいいと言えるか。例えば藤田さんのいう文明的な危機、とくにエコロジーの問題に即して考えてみましょう。昔は、社会主義には公害がないと言われた。社会主義企業は利潤追及型じゃない、というのがその理由でした。ところが実際には資本主義国よりもっとひどい公害がある。資本主義は一時期、公害がひどかったが、それに対する抗議が起きて比較的す速く修正しつつある。重要なのは修正能力です。共産主義の場合、修正能力はあるにはあるが、非常に長い時間がかかる。資本主義の方が、近視眼的かもしれないけれど速い。これがふたつの体制の今の差異をつくっています。

これから文明史的にどうなるかといわれれば確かに、市場経済がうまくいくなんて保証はない。ただ、それでは何か別の形にしようといったときに、どういう問題がおこるかということです。ヒッピーはかつて資本主義の社会を批判して自分たちはその中に取り込まれないといって、島などに行って暮らしましたね。かれらがその形をとっている限りは他の人に対して余り影響がない。それはそれでかれらの自由です。ただかれらが実は資本主義社会のおこぼれを貰って生きていたという面があると思いますが、そこまでは言いません。かれらは自分たちの生活のスタイルを他の人たちに広めようと思ったわけだが、現実にはうまくいかなかった。これは押し付けのない運動だけれども、社会を変える力を持たない。もうひとつの極として例えばトロツキズムを考え得る。かれらは社会主義を世界革命としてしか成立不可能だと言う。認識としてはこれは正しいかもしれない。しかし、これは現在の社会の中から次の社会をつくり出すというコンテキストの中に入れれば非常に危い理論だ。革命が全世界で同時に自然発生することがないとすれば、世界革命の提唱というのは、結局、少数の人が全世界を独裁することを意味しています。資本主義の強かったことは、資本主義が他の経済様式を外部にもちながら、成長しえたことですね。今では、殆ど世界を取り込むところまで成長できたのです。これを引っくり返すというときに、ヒッピー方式でやっていけるのか、あるいは世界革命が必要なのか。前者は無力だし、後者はあまりにも副作用が大きい。危機を救うどころか、文明を破壊してしまう危険性がある。

藤田　資本主義がポシャった可能性がなきにしもあらずと言われたが、その通りで、大恐慌のとき、一九三〇年代にはこれぞと思う世界中のインテリが軒並みにマルクスを読んだ。マルクス主義者になる者はなり、いろいろのドラマがあって、それこそ転向研究会の主題になるわけ。あの時は明らかに資本主義の方が破滅的状況にきていましたよね。それがひとつ。

もうひとつは、「体制」とおっしゃったのですが、一九八二年に書かれた海外の本に鋭い指摘があったのを思い出します。「いま在る世界を経済体制としてみたら、世界経済の在り方は資本主義だけだ」と。著者はそれに反対している人物なんですよ。そして「社会主義といわれているものは、社会主義運動をやっている人が当該国家において政治権力を握っただけのものである」と。これは非常に鋭く見ていると思いますね。ぼくもある意味でそれに賛成。つまり計画経済というだけなら日本軍国主義だって計画経済で物の配給をきめた。古代から集団の長が分配権をもっていて、そこで大事なのは分配の公平さ。

気まえ良く分配する長と独占する長がいて、前者が徳とされるもので、中国ではのちに「仁」というふうに概念化される。この教義的概念化から間違いが、虚偽意識が始まるわけでしょ。分配問題はどんな社会でも中心の問題です。

分配権をもつ人間が特権化するのは全社会的にみていい社会とはいえないんだけれど、そういう歴史が山ほどあったわけです。分配権の特権化が。ことに集団が大規模化すると困難がふえる。ルソーの『社会契約論』でもそのことを言っている。スケールが大きくなったらあかんと繰り返し言っています。アメリカがかつて政治的に健康だったのもタウンミーティングの伝統があって、ステーツのキャピタルが大都市でない場合が多いからですね。キャピタルシティーは非常に小さい都市でも、どこからでも等距離でみんなが集まりやすい場所にできているわけでしょ。現在でも、テレビをうまく使えば家の中にいながらタウンミーティングが可能だという説がありますね。どうしてそんなことが言えるのか。人間同士の接触なしにテレビを媒体にしたような二次的なミーティングで、それをコントロールしようという人間がもし出たら、支配できますよ。ラッセルやラスキの説くところでは、「民主主義というのは、永遠の探求課題であって、実現されたものとして在るのではないのだ」と。では何が探求課題かというと、最悪の人間が権力を握った場合にも最少の被害しか受けないようにする努力だと言う。民主主義というのは理想状態というより最少限目標なんですよ。

民主主義の概念をとっても、それの歴史があって僅か二世紀の間にウンと違っている。市場の場合もそうで、おっしゃるように資本主義がポシャる可能性は大いにあったし、ポシャった方がいいと思う方がそこに生きる人間として健全な反応であったという時代が存在したわけですね。資本主義の立場からすれば、幸いアメリカはケインズ理論をとり入れてかなり迄やったと思いますけれど、テスタビリティの観点からいうと、検証されないで、世界大戦とともに軍需景気に入っています。するとニューディールは最終的にそれだけで成功したのか、それを修正能力と言っていいのか。第二次大戦後の場合だとツケを他へ回すという形での修正であって、それによって国内単位での社会問題の発生は防げるけれども、他の地域が悲惨な状態になってしまう。そこが文明史的問題の発生になると思う。

塩沢　アメリカが世界の資源の大部分をつかって資本主義社会を成立させているのは事実です。しかしそのことで、第三世界なり後進国なりが搾取され、すべてが従属していると考えるのにも問題がある。マルクス経済学の中のひとつに従属理論というのがあるんです。藤田さんの考えとは違うでしょうが、それは要するに中心と周辺とを区別して、中心によって周辺が支配されているがために周辺が発達できないという理論です。一九六〇年代まで、途上国では非常に有力だった。独立をかちとった国がその努力にもかかわらず思うとおりの経済発展に失敗し、なぜかと考えていた時期に従属理論は人びとに非常にアピールするものを持っていた。現実の動きでいえばその後、韓国、台湾などの NIEs、NICs といわれる国・地域、さらにはアセアン諸国が出てきたことで、この理論は半分否定されてしまった。どうしてこういう国が出てきたのか説明するために従属理論は次の段階に入るわけです。ところでこの理論の問題点ですが、ひとつはこの理論が第三世界の知的指導者たちの免罪符になったことです。つまり問題は外部にあり、われわれが発展できないのは外部の責任だ、という考え方を育てた。そういう面もあるが、やはり市場を介してお互いの合意で取引をしている以上、その国の人にも一半の責任があるわけです。熱帯雨林の乱開発にしても、木を切ったまま放置したらどういうことになるのか、現地の人の方がよく知っている筈です。それでも認めてしまうとすると、許可をしている政府の側にも大部分問題がある。これはマルクス主義の一面で、被抑圧者の側に立つという態度が人びとに心地よい話だけを聞かせる方向に堕落した場合でしょう。日本のマルクス主義は反対に、技術の後進性を強調して資本家や技術者を刺激した点で、資本主義の発展に貢献した。先進国を非難することで、途上国のかかえる諸問題を免罪してはならない。藤田さんのいわれる文明史的危機についても、人びとに責任がある。あるいはわれわれに責任がある。この点を明確にして、その上でどうするか、考えていかねばならない、責任を問わないということは、人びとを馬鹿にしている考え方です。

藤田　ぼくのケースで言うと、生活形式の面で受入れているところで受入れてるわけね。ところが受入れない自分というのがある。どうして自分がふたつあって悪いのですか。ふたつある方がまだしも健全だ。だから愚民政治だからいけないと全面否定するのじゃなくて、より少なき害悪を選ぶ。さっきの、民主主義のラッセルなどが、害悪のより少ないほうを民主主義と呼ぶとしたようにね。独裁体制より衆愚の意見を聞く方がいい。

成長の限界

藤田 塩沢さんに改めて伺いたいのですが、成長の限界ということを信じますか。

塩沢 それは、わたしは判らないと思います。

藤田 わたしは信じるんです。自然的限界があると。つまり経済成長は無限界なのか。ぼくは発展という言葉が嫌いです。何しろデルスウ・ウザーラが好きなんですから。いまデルスウ・ウザーラであり得ないという我が身のなさけなさは百も判っていますけど。ただ成長の自然的限界はすくなくともある。それを社会的限界としてどこがどれだけ受入れているかという尺度の比較が問題です。公害の問題でも、自分の街の煙突の煙りだけについて、煙突を高くさせ、もう一回燃して亜硫酸ガスが出ないようにしたって、もう一回燃せば炭酸ガスはもっと増えるに決まっている、絶対量から考えますと。こういうように自然的限界はあると信じている。反証がひとつもないということは、それをテスタビリティの、証明の基準に使えば信じているという他ないのですけど。

――論理学的にいうと、経済成長の自然的限界はあるだろう、しかしここが限界だと判定することは難しい。

藤田 わたしの心理学、いや、学じゃなくわたしの心理でいうと、ここが限界だと思ってるんですよ(笑)。

塩沢 事実の問題からいけば藤田さんの判断は、間違っているとわたしは思います。まだまだ成長の余地がある。そのこととは別に、科学的にというか、われわれの今迄の知識を総動員して、成長の限界があるかどうか? これは問題の設定の仕方によっていろいろになる。例えば太陽があと四五億年もつならば、その範囲内で地球上の生態系をどの程度循環できるか。それの循環を破壊しない程度の経済規模はどのくらいか。こういうように問題設定すれば、成長の限界はある。ただ、その限度と、今、われわれが到達しているものの間には大きな較差がある。現在は化石燃料を使っていて、将来はそれが枯渇する問題もありますが、一方技術進歩によって省エネルギー化も進むことを考えると、全体としては成長の余地は何十倍、何百倍あるといってよい。この点で、エコロジーとかいろんなことを言う人たちの中に、通常の尺度を忘れた議論をする人がいるのはどうも具合が悪いと思っています。つまり、われわれが生きているのはせいぜい百年。先のことをいっても五百年も先のことを考えればいい。その中において成立することを問うべきなのに、一億年先まで問うても社会科学の問題ではない。百年または二百年ということでいけば、限界にはまだなかなか到達しないとわたしは考えます。

もう少し経験的なことでいえば、石油は一九五〇年ごろ大体あと三〇年しかもたないといわれた。しかしそれからどんどん新しい油田が発見されて石油時代が実現したわけですが、七四年に石油ショックがあって、そのときにもいわれたのが、あと三〇年、あれから今まで一六年たったのに、今でもあと三〇年と言っています。石炭でもおなじですね。前世紀にも、今とおなじように、あと一五〇年といっている。

それに資本主義の適応能力は大きい。オペック（ＯＰＥＣ）ができて、あれだけの値上げをしたにもかかわらず、それを突き崩すだけの石油消費量の削減をした。絶対量は減っていないけれど、その当時の消費量のカーブからいけばもっと沢山の石油を使っているはずが、現在そこまでいっていないわけです。そういうことは資本主義である限りある。それはどこまでいったら潰れるか、それは誰にも判らない。

藤田　塩沢さんの言う「経験」は、経験科学の経験の意味だと思いますが、ぼくは経験科学と言い出してから経験概念の歴史的変質があったと感じます。経験の中には、もうこれ以上、この状況で生きるのは耐えられないという態度の問題が入っているとわたしは思います。例えば、健全な生活というとき、科学的に何を健全というかということになったら、それはもう今の医学は絶対に不毛ですよ。何が病気かなら辛うじて判るだろうけれど。そこで、健全なる人間として生きていこうと思ったらこれ以上は耐えられないと思う人間が増えつつあるのか減りつつあるのかという問題、それは「主観的に思念された意味」というやつですね。一見、客観的にみえる問題の中にそういうのが含まれているので、わたしが限界ありというのは人間にとっての限界であって、即物的に、地球としては遥かに限界は先ですよ、と言われても、人間にとっては限界があると思うのです。Ｄ・Ｈ・ロレンスは第一次大戦の時に既にここに限界ありと言った。自然科学者でいうとジュリアン・ハックスレーは一九二〇年にそう思った。こうした人の読者がまた延々と続いている。人間としての許容限界に来たと考えた人は、わたしたちより半世紀以上、ほぼ一世紀近く前からいるというのも、これまたひとつの現実なんです。

この頃は新人類という言葉があって、人間が変わればこれはまた新しい感じ方もあるでしょうが、これ以上はもうかなわんという人がいて、それはそれとして説得力をもつ。メドウズの「経済成長の限界」じゃなく、人間として生きるに値する人生であるか、という、そういう意味を含めての限界はあり得ると思う。

塩沢　個人の生活態度のとり方として考える限りはそうでしょう。そういう生き方はある。ただ現実の問題としてはその人たちは多数派じゃない。九八％は違う。その人たちはカッコ付きかも知りませんが「豊かな」生活を望んでいる。しかも、この望んでいることの結果としてエコロジーの問題を考えるときに、どこへこの社会をもって行くかということです。百分の二の人がどういう生活態度をとっていても余りエコロジーには影響しない。ではエコロジーの問題に気づいた人たちが気づかない九八％にどういう態度をとり得るか。わたしはこういう生き方をしているのに貴方はタラフク食べている。これは義に反するという論理の立て方をする人がいますね。そのように言う権利はかれらにあると思いますが、九八％のタラフク派の人たちも、そういう生活を選ぶ権利はあるわけ。それ以上踏み込むのは難しいと思う。エコロジーをいう人、また藤田さんのいう文明史的危機がどういうものか判りませんが、その九八％にどう働きかけますか。

藤田　まあ、余り働きかける気はない（笑）。

塩沢　ハハ……、働きかけないというのならね、まあ、文明史的危機は解決しないでもいいのかもしれない。そこまで行けばわたしと一緒ですよ。わたしは市場経済が続いていくかぎりどこかで破局があり得ると思ってます。必ずあるとはわたしには判りませんが大いにあり得る。だから「貴方たち生活態度を変えなさい」と言うかというと、わたしはそう言いたくない。そういう言い方をすると、マルクス主義の一部にあった態度と似てくる。

全体主義の全体ではなく、全体的人間をめざして

藤田　ではもうひとつの質問、第三世界では特権階級と非特権階級との間にもの凄い差がある。そういう地域では、塩沢

さんが早すぎた予言だというマルクスの予言を含んだ理論が有効なのではないですか。

塩沢　わたしは普通には、保守的な態度というか、つまり部分的な修正をやる方がいいと思っていますが、それが常に最善の策であるかどうかは決まっていないと思っています。

藤田　ぼくは、あらゆる場合に、コストはできるだけ少なくすべきだと思う。

塩沢　ただ問題は、例えばラテンアメリカの国でも、そこで革命を起こすことで、ホントによりよい社会に行けるのかどうか、きわめて疑問です。

藤田　そう、だから、作り変えの場合でも、コストはできるだけ少なく、犠牲はできるだけ少なくというのが、生きものとしての至上命題だと思うのです。

塩沢　命題としてはそれでいいんですが、ただ、どの選択肢が最低のコストであるかが判らないといけない。東ヨーロッパを四〇年近く見ている岩田昌征さんがこう言っている。「経済改革は小出しにした場合は失敗している。思い切ってやった場合だけが成功している」と。ラテン・アメリカの場合、国によって数十家族で国土の何十パーセントを所有するといった極端な大土地所有制があって、資本主義になり切れていない面がある。これをなんとかしようというので多くの国で人民主義の政権ができたのだけれど、人民大衆の間に利害衝突が起きたりして、結局、軍事政権に移っていった。社会を改革するというのは難しいことです。

藤田　偉いマルクス主義者というのがいますね。マルクスはむろん偉いところがあった。かれの他でも、組織されたマルクス主義者のひとりになった人の中にも偉い人はいっぱいいる。とくにそういう人が群出したのが大恐慌の前後の一世代です。E・H・ノーマンの悲劇なんかもともと質せばそういうところから出ている。あれだけの繊細な感受性の人でありながら参加の道を選んだ。それは決意の問題です。あの時点でそう決意する態度を、態度として間違いといい得るか。非常に難しいです。

――優れたコミュニストという問題なんだけれど、ノーマンの死はマスコミの肥大化した社会でおこった。マスコミによってスキャンダルがつくられると、後になって、論理的によりしっかりした命題をぶっつけて反論しても効き目がない。ノーマンはケンブリッジ大学時代は共産党の組織の一員だった。仲間の教授がいうんですから確かだ。ところがその後に変わっていった。カナダ国務省に入るときはもう共産党員でも共産主義者でもなかった。ところがスキャンダルジャーナリズムが、かれはコミュニストであったといったら、その後に変わったなんていってもダメなんだ。マスコミの大きなところでの演技だから、大まかな演技しか眼に入らない。それに対してノーマンは絶望したのだと思う。自分の友人だったカナダの外務大臣をはじめ、カナダの国策、自分の代表している外交政策を危機に落とし入れるというその自覚が、かれを自殺させた。それは現在のマスコミニュケーションの社会が余り論理学の通用しない社会だという問題があるのと、もうひとつは巨大な金でマスコミを操作すれば相当のウソが通せるということを示す。もうひとつ逆にみると、立派なコミュニストは主として抵抗者だったのじゃないかな。つまり、ノーマンがケンブリッジで共産党員になった時はスペイン戦争の時なんですよ。で、そのあとかれが変わっていくのはニューディールがアメリカで成立して以後だ。だから立派なコミュニストの多くは抵抗者であって、為政者の中では少ない。この見方はどうですか。

藤田　したがって権力論というのがどうしても必要不可欠です。

――そう、最後に権力を握った毛沢東とホー・チ・ミンにしたってかれらのもっとも偉大な活動は抵抗者としてでしょ。

藤田　つまり批判的知性なんだ。

――そこが、マルクス主義そのものの問題とからむ。

藤田　塩沢さんが最初に言われたマルクスの予言だとか福音だとかがなぜ拡がったかという問題は、これと関係がある。つまり鶴見さんの用語をかりれば抵抗派だから感受性のある人たちの中に大きく拡がった。支配権力の外にいることが「予言者」のひとつの条件じゃないかな。

塩沢　昔、中国に、君主に対して苦情をいう諫官というのがいた。その諫言はきかれる場合もあればきかれぬ場合、殺される時もある。これをマルクス主義の立場で考えれば、これは制度を変えなければダメなのに、これらの諫官はただ制度のなかで君主の誤りを諫めただけだという評価になると思う。抵抗者の論理ということも突きつめれば、自分は皇帝にならず諫官であり続けることだと思う。その論理は残念ながらマルクスの中にはない。

藤田　ないですね。だから、論理の型としては、ローザ・ルクセンブルクみたいに自然発生的に変革が起こるはずだというのと、レーニンみたいに目的意識的につくらなければいかんというのとの両極に分解するんです。おっしゃるようにそこはポイントだと思います。

塩沢　ところで近代文明というのは主流は合理主義にもとづいていると思う。それがマルクスの場合も入っていて、かれ自身は設計図は出さないといいながら、後継者たちは全部、このように社会をつくり直すんだといって設計図のもとに走ってしまった。われわれは今、それこそ文明的危機に立っているのに、次にどうするか設計図を出せない。それは非常に弱いわけだけれど、共産主義の実験を教訓として汲みとるには、大きな設計図なしにやっていく哲学が必要だ。

藤田　ぼくもそう思う。だからぼくは「近代」そのものに問題ありと思うのです。ヨーロッパを基準にし、いわゆる近代というところから「ブループリントまずありき」という思考様式がある。こういう思考様式が人間全体を動かすのは、果たして健全か。それに疑問を出した人が二〇世紀始めからいる。ジュリアン・ハクスレーとかD・H・ロレンスとか。もうちょっと包括的に考えたらどうか、と言う。健全というのはホールサムネスと言って、トータルとは言わんじゃないか。トータリテアリアニズムとホールサムネスとは全く逆だ。前者はひとつの基準で全部を切ろうとするが、後者ホールサムネスはいろんな違ったものを含み込んで健全に統合されているから健全とよんでいるんだ。これは或るフロイド学者の説明ですが、うまい言葉の運び方だと思う。ホールサムネスが大事だとすると、やはり前頭葉主導型の教育も間違っている。また例えばカール・レビットは『近世哲学の世界概念』の冒頭で、「そもそもイエスが出てきて、イエスがすべての価値を独占した瞬間に、この世界は無価値のただのモノになった。だからデカルト的態度はその瞬間に必然的に生まれているので、デカルトが出てくるのが遅かっただけだ」と言う。随分思い切ったセリフですが傾聴すべき意見です。価値の独占者が出てきたら、それ以外はただの物体に化す。つまり操作対象にされてしまう。これを哲学上の一駒としてではなく他の領域に移して考えると、塩沢さんのいう中央集権の問題ですね。これは単に経済体制における中央集権の問題じゃなく価値の独占の問題です。デカルト自身については、ヴァレリーの言うように、デカルトの最大の功績は、自分というものを疑問の存在だとみなして、わたし自身をマナイタの上に載せたことだと思う。ワタクシ絶対主義で行って、それが政治体制になれば独裁が生まれ得ますからね。ワタクシを突き放してマナイタに載せたのは画期的です。

塩沢　合理主義の批判を言うときにも、その合理主義をきちんとおさえた上で言わないといけないと思う。合理的にものを考えることがいけないということじゃない。

藤田　そうです。

塩沢　すべてを合理によって割り切ることができるという主義には限界があるということでしょう。合理主義が具合が悪かったということで例えばロマン主義や宗教に移る人もいます。しかし、合理的に考えるということは、近代の遺産としてわれわれが受け継ぐべきものだと思う。

藤田　そう、そう、今かた寄りすぎているから起こる合理主義批判です。感情だって度外視してはいけない。現に感情というものが存在しているんですから。

塩沢　藤田さんのお話の中には今日はなぜか「感情」が多いですね。「法律」とか「制度」とかを殆ど喋られないのはどういう理由なんですか（笑）。

藤田　いやあ、そっちはもう塩沢さんに言っていただければいいです。

党や国家をこえる規範、法をどう考えるか

塩沢　ところでレーニンは独裁というのは直接的な暴力で、どんな法律にも拘束されない権力だと言う。これはマルクス・レーニン主義の伝統の中に非常に根強く入り込んだ伝統です。中国でいま方励之とともに反体制派の三指のひとりという劉賓雁という人がいます。『人妖の間』の著者。中華人民共和国の憲法ができたときかれがどう思ったか。共産党員としてかれ

は、われわれには憲法はいらない、憲法は西洋流の国家の装飾品だ、と考えたというのです。社会主義で、すべてを設計できると思っていたし、党が支配できると思っていたから、法律なんかいらないと考えた。もちろんかれはその後、自分の誤りに気付くわけです。やはり、党とか国家を超える規範、法とでもいうべきものを認めて置かないときわめて危うい。その問題をどうやってわれわれの中に、マルクス主義の遺産の中に入れることができるのか、そこを考えたい。

藤田　レーニンの独裁論はローマの護民官を引き合いに出していますね。限られた期間だけ、無拘束で権力を行使してよろしいということを会議体で決定して、その期間だけ独裁が許されるというものでした。それがどうして半永久化したか、それを許した社会的、政治的条件があり得るでしょう。中国の場合だと延安に拠点を移したとき、八つの規則があった。借りたものは必ず返せ、ただ貰ってはいけないとかの、単純な八則。これは立派な憲法だと思います。国家権力を奪取してからは、どうして八則を受け継がないで、条文が沢山あるもっともらしい憲法にしてしまったのか。中国でも事実、或るひとびとによって看板だと思われていたのは実に正直な、虚偽意識のない判断だと思います。

――　八則があった時、そこで八路軍のマルクス主義が反転していたんです。つまり中国の農村には昔からの習慣があるでしょ。それを受入れて、受入れるようなマルクス主義になっていたんです。みずからを裏返す能力に、つまり反転ができた。

藤田　これは非常に大きな問題だ。独裁の定義が変質していく過程についての。

――　マルクス主義者が、マルクス主義の全部をもち込まないで、農村の慣習の中に入って、それを動かす。

塩沢　それには異論はないのですが、ただ憲法の問題でいえば八則をそのまま憲法にしたとき、それだけですむのか。例えば権力がある個人に対して暴力を行使する。いろんな場合があるでしょうが、法的手続きを経ずに行使することが多かったのですね。それに対する抑制措置は八則だけでは間に合わない。やはり建国のための立法が必要だと思う。

藤田　建国という場合、何をもって国家と考えていたのか。国家を新しく定義してもいいわけでしょ。どうせ革命というのなら国家概念の革命もしてほしかった。

塩沢　なくなられた桑原武夫先生が、こう言っていた。「二〇世紀の特徴はいろいろあるが、国家が殆どの人を覆った時代でもある」と。ぼくは国家というものはそう簡単に脱ぎ捨てられないものだと思う。だから藤田さんが言われるように、国家を最低の悪でつくることを考えなくてはいけない。

藤田　権力論、制度論的にいえば国家論がどうしても必要ですが、これはマルクス以来弱い。プロレタリアは祖国をもたないという健全さをマルクスは言い、それはそれで正しいと思うのですが、それとは別の側面で、おっしゃるように建設の問題としての国家論が弱い。国家論を全部、階級の問題につまり社会的不公正の問題に解消することはできない。それは国家が引っ越しできないから。階級は、万国のプロレタリアート団結せよ！で国を超え得るかもしれないけれど、国家は陸地にくっついている。国家を何とよぼうと、とにかく政治権力の及ぶ小範囲がある。その権力を奪取したからといって、そこに成り立っている秩序の在り方の全部を変えるのは非常に困難で、プロイセンに育ったところのものはなんとしてもプロイセン的伝統をもつ。もし全部、伝統がなくなったらそれこそ設計図万能になってしまう。それもまた不健康です。そうするとプロイセンの悪い部分をできるだけ少なくする努力を伴わなければならない。政治的制度にしても、そこに同時に文化的伝統が含まれていて、伝統からの脱却は無理をすると病気の方が大きくなる。つまりデラシネになりますから。

塩沢　マルクス主義の中に権力論なり国家論なりが欠けているという認識があったのでしょうか。

藤田　マルクス主義では要するに、支配階級の権力を定義して、「物理的強制力を合法的に独占している」のが国家であると言ってきました。国家とは何か、警察と軍隊である、というふうにはいかないのです。国家は引っ越せないから。

塩沢　マルクスやレーニンが敵階級の権力を語ったことで、自分たちの権力を制御する理論を一切もたずに権力を取ってしまった。そういう欠落をマルクス主義が自覚していれば、ここまではならなかったということがいっぱいある。マルクスが階級で一元的に切ってみせた。非常に鮮やかに。その鮮やかさに眩惑されるひとびとがいて、これでいけると思ってしまった。そこがやはりマルクスの問題点じゃないか。

農地改革への貢献、やがてその道からそれて

藤田　今になって振り返ると、マルクス主義が日本で圧倒的に強い領域は農業問題で、これにもとづいて農地改革が行われた。ＧＨＱにもあの段階にはマルキストの経験者が沢山いた。農地改革自体は間違いなくいいことでした。ロシアの例でいくと、ロシア革命の社会的貢献は大地主の問題、ゴーゴリからドストエフスキーまで、『死せる魂』から『カラマーゾフの兄弟』まで全部地主問題でした。それを革命が解決し、農村がある時期豊かになった。ネップなどを経て。それを潰したのが一九二八年からの富農追放。あの豊かさを保っていれば今日のロシアの食糧不足などなかったかもしれないのに。ロシア革命は大地主制度という一世紀以上かかってもどうにもならなかった大問題を解決した点に本当の貢献がありました。しかし、そこから脱線した方向に一路邁進したみたいな感じが、確かにあります。専門家はどうみるか。教義的主義としてはそれでよかったかもしれないが、それじゃ実際に達成した貢献のところで止まっていたら、主義に反するかというと、そんなことはないと思います。

塩沢　マルクス・レーニン主義の伝統の中では、ネップは後退なので、そこにとどまることは理念としてなかったと思います。そこまで行くのだったら修正主義をどう評価するかというところまで行かなきゃ止まらなかったでしょう。

藤田　そうです。勝利した瞬間に、修正主義に対する寛容を回復してもいいでしょ。レーニンは独裁権に期限を付けたほどの人なんだから。そこまで言うと、ないものねだりになるかもしれません。ないものねだりもあとからの総括のひとつの在り方だ、と考えれば許されるかもしれませんが。

それから党員として組織化されたマルクス主義に問題があるとすれば、次の点です。自分の所属証明の方が社会的課題よりも大事だということになれば、わたしたちが直面している状況に対する政治判断が第二次的なものになってしまうということです。それからマルクス主義の実験の教訓についてもうひとつ言うと、間違いに対して寛容であれということ。間違う権利を万人に認めること、したがって価値の独占をしないということ。それから規模の問題。大量操作をやりすぎると過剰

な間違いがおこり易い。主知主義的にいくと大量操作が可能に思えてくるのですが、政治については可能なかぎり小規模な、人間接触のできる範囲を守るように努力する必要があると思います。人間は全部それぞれに個人的な信頼関係とか愛情のダイナミズムの働く関係の中で生きています。そういうパーソナル・リレーションシップスができるだけ成り立つようにするのがいい。これはルソーも『社会契約論』で書いている。

塩沢　マルクス主義百年の遺産からホントに学ぼうとするとき、それがいかにひどいことをやってしまったかをしっかりみることが第一だとわたしは思う。その点を除いても何か取り込めることがあったというなら、何もそれをマルクス主義として取り込む必要はない。人類の他のさまざまな知恵のひとつとして生かせばいい。

もうひとつ、政治において面と向かった関係を保つことですが、それは確かに重要です。しかし、現在の国家や経済を見ていますと、相手の顔の見える関係を保つことが難しい場合が少なくない。政治の知恵とか法制とかは、むしろそうした大規模な人間集団を律していくべきものではないか。そこでは面と向かった人間の間の信義といったものとは違う何かが必要とされる。

——恐ろしいのは一九四五年の日本敗戦のあとで、その前に何年もスターリンの根拠なき粛清が続いていたにもかかわらず、東大新人会の終わりのところで表明された信念から、もう一度日本のマルクス主義を出発させてしまったことなんです。それがなぜ可能だったかというと、その前の十年以上にわたって優れた抵抗者としてのマルクス主義者が日本にいて、その人たちの、それこそパーソナル・リレーションシップスが、しっかりとみんなを握っていたんだ。つまり松田道雄に対しても、やっぱり或る人間の像があったんですよ。わたしなんかに対しても尾崎秀実があそこで死刑になったというのはちゃんとわたしに対する把握力をもっている。自分よりもっとりっぱに一四年、一八年耐える人間は大変な重さだった。それは抵抗者としての輝かしい業績なので、それがソ連における、また日本におけるマルクス主義の社会科学の失敗、思想としての失敗、論理学での不足、こういうことに対する批判の眼をくもらせてしまった。これが問題なんですよ。だからまず、マズサを認める。同時にスバラシイ伝統を認める。かれらがいなければ昭和時代の抵抗は殆ど成立しない。あとは大本教、天理ほんみち、灯台社とかでしょ。

恐らく予測としては、敗戦後のような復活は日本のマルクス主義にはもうないでしょうね。そのチャンスはすくなくともわれわれが生きている間にはないと思う。そうとすれば、いま生きている流れの中で、どういうようにこれが生かされるか。すくなくとも抵抗の姿勢は受け継がれていいと思う。

藤田　今はそれが受け継がれていずに、所属登録証明の意識の方が強くあるかもしれません。

体系のつぎ目にウソが入る

藤田　もうひとつは商品化の問題。いま「世に出ている」人の大部分の中には、自己商品化の流れに身をまかせている場合が多いように思います。この時代にはこういう風に売り出さなければなんて言って、そのやりとり自体がまた商品になっている。商品化がこれだけ貫徹されるとは驚きます。これでは生きものとしての抵抗がどこからどうして起こるのか。それこそパーソナル・リレーションシップスの可能な限りでの復活を望みたいと思います。

民主主義というのは、権力悪をできるだけ少なくするための自己抑制が重要な要素だとすれば、マルクス主義にはそこを考える理論的道筋が明らかに不足していました。価値の独占度が高いということの裏側といっていいかと思います。

塩沢　マルクス主義の議論のスタイルに特徴があるように思う。今、マルクス経済学の中から出てきた新しい流派にレギュラシオン理論というのがある。これはケインズとかを取り入れた新しい形のものですが、わたしは横から見ていて、やっぱりマルクスの尾を曳いていると思う。というのは図式を作って、綺麗に全部説明しきる。これも学問のひとつのやり方ですが、危険もある。なかなか判らないことをブツブツ言いながらやっていかないと具合が悪いんじゃないかなという気がします。

藤田　マルクス自身、そういうことにかんして『神聖家族』の中で、短く言っています。存在と思惟の食い違いとか、それから意識と生活との食い違いということを大切にしなければいけないと。しかし、すべての体系について言えることですが、体系をつくると継ぎ目の部分にウソが入る。その点で正直でなくなる。

［一九九一年　司会・鶴見俊輔　記録・佐々木元］

2　イデオロギーについて

初出は『思想の科学』一九七五年一一月号。本書に収録された論文の中では、第4章の「暴力と向かいあう政治思想」とともに、もっとも古い層に属する。これを書いた当時、わたしはフランスから帰って職がなく、飯田の田舎に母と暮らしていた。論文は、その年の夏、思想の科学の研究会のひとつ「家の会」の合宿で報告されたものを下敷きにしている。

わたしは一九七〇年、フランス政府の給費留学生としてフランスに行き、一年はニース、あとの三年はパリで暮らした。その間に数学から経済学に専門を変え、学者になる道も諦めて、パリでベルナール・ベロー夫妻たちと日本の本と文化を紹介する活動を始めようとしていた。一九七四年の夏、給付の帰国切符を利用して一カ月かけて南まわりで日本に帰った。いったん帰国したのち、ビザを切り替える予定であった。その直後、パリで親しくしていた日高六郎夫妻やベロー夫妻が警察に尋問されることがおこった。いわゆる「パリ日高邸事件」である。日本赤軍の密議にパリ郊外の日高邸が使われ、なかまのひとりが銃の運搬掛りを務めたという容疑であった。フランスでわたしは、いわゆる政治活動はしていない。ただ、ベ平連（ベトナムに平和を市民連合）との関係で高橋武智につれられて、パリ南郊の南ベトナム解放戦線の代表部をなんどか訪れ、インドシナ連帯戦線（Front de Solidarité Indochine：

べ平連によくにた市民の連帯運動）の集会にときどき顔を出していた程度である。しかし、すぐにフランスに帰ったのでは事件に巻き込まれる。これがフランスにいたひとたちの判断だった。

先の見通しもなく田舎に暮らしていた間、鶴見俊輔の勧めで『思想の科学』に続けて二本論文を発表した。一枚八〇〇円の原稿料とはいえ、収入のないわたしにはありがたい配慮だった。田舎にいた一年間にしたことといえば、この二本の論文と雑誌『ディオゲネス』のための翻訳、アルチュセールの翻訳（『科学者のための哲学講義』西川長夫・阪上孝との共訳、福村出版、一九七六年）、それに京都大学数理解析研究所のテクニカル・レポートに On the substitution theorems という論文を書いたぐらいのものであった。経済学に転向したとはいえ、まだそのキャリアは浅く、論文は、アルチュセールをほとんどなぞる形で、グラムシやにわか勉強のパースでいくらか色を付けたものである。ただ、いくらか新味があるとすれば、イデオロギーを政治的な次元でのみ考えるのでなく、生きていく上でだれもが頼らざるを得ない思考の場として捉え直している点であろう。みずからをイデオロギーを超越した立場におくすべての思想に対する反省として、わたしはみずからを含む人間を「イデオロギー - 内 - 存在」と捉えようとしている。

この論文は、『朝日新聞』の年末恒例の論壇回顧で河野健二が一九七五年の「ベスト５」に引いてくれた。フランスでアルチュセールを研究して帰ってきたということで、飯沼二郎から河野さんを紹介され、そのつてで西川・阪上氏との共訳を進めていたときであるから、この評価にはいささかの身びいきが入っているにちがいない。

なぜ、イデオロギーか

「イデオロギー」は、一八世紀のフランス啓蒙主義の時代には、諸観念の学としての意味をもっていたという。もっぱら政治上の主義・主張をあらわす、このことばの現代的な使い方から離れて、グローバルな思考の枠組みについて反省する手がかりとして、ここでわたしはイデオロギーを考えてゆきたい。

現代の逆説のひとつは、「イデオロギーの終焉」という標語が、「イデオロギー的」な役割を果たしている点にある。科学の領域の拡大とともに、あらゆる思考が、「科学的」などというよそおいをもって現われる。「自由主義」とか「共産主義」という大きなレッテルにかわって、現在の思想界をにぎわせているのは、「情報」「システム」「構造」などのことばである。これらは、ある個別科学における成功した概念が、その科学から離れて、抽象的なカテゴリーとして使用される点で共通している。そのような使用は禁止されるべきだというのではない。問題は、そのようにしてとりだされたカテゴリーが哲学的カテゴリーとして精錬されることがなく、実際にはきわめて恣意的に使われているにもかかわらず、科学の権威という着物をまとっていることにある。

キー・ワードの研究が、ある作家・ある作品の特質を明らかにするように、ある汎用されているカテゴリーの研究は、ひとつの哲学あるいは哲学的潮流の特徴と限界とを指摘するだろう。たとえば、エネルギー（エルヴェシウス）、進化（スペンサー、テイヤール・ド・シャルダン）。現在、世にあふれている情報・コミュニケーション・システムといったことばに、なにか哲学する心をそそられる人もでてくるにちがいない。これらは、流行語たるためのふたつの必要条件、①めあたらしいことばであるが、意義の正確な定義がしにくいこと、②普遍性があり、かなりの頻度をもって使用することが可能なこと、を備えており、周期こそ長いが、流行語とおなじ盛衰が見られる。

ひとつの概念ではなく、ある科学の提供するシェーマそのものが、別の分野に「応用」されることもしばしば起こる。近代における、力学的世界観のあらゆる分野への浸透は、そのもっともいちじるしい例である。この場合、浸透は、批判的立場をとおして起こること（カント）もあり、明確な模倣の意図をもって行われること（クルノー、パレート）もある。サイバネティックスは比較的新しい例を、カタストロフィーの理論は、ごく最近の例を与えている。ひとつの科学において成功した方法を他の学問分野にあてはめて、一種のアナロジーを行うことによって論文を書くというのが、今日、もっとも高い「生産性」を誇っている研究法である。

専門研究者が、無自覚にひとつのイデオロギーに支配される危険は、非常に高い。科学者は、科学のなかで自分を見つめるだけでなく、イデオロギーの場においても、みずからを反省しなくてはならないだろう。

イデオロギーの定義

「イデオロギー」は、すでに色合いを持っていることばである。一般に、それは悪いものであるという、価値判断を含めて使われることが多い。どの思想体系も、自分がひとつのイデオロギーであることを認めたがらない。イデオロギーのもっとも優れた考察を提出したマルクス主義においても、マルクス主義は全的に科学であって、イデオロギー闘争は、科学対（ブルジョア）イデオロギーの闘いである、という考え方が一部に見られる。

わたしは善悪の価値に必然的に結びつけられるものとしてではなく、ひとつの理論的な概念として、イデオロギーを考えたい。まず、つぎの定義を置く。

定義1．ある個人あるいは集団において、かれまたはかれらの行動と思考（一種の行動と考えられる）とを導き・規定する枠組みとしての、諸記号＝諸徴表（観念、表象、象徴、態度などを含む）の有機的な体系を、イデオロギーとよぶ。

宗教・哲学・道徳などは、イデオロギーが特権的に開示される場であるが、それは同時に、芸術・政治活動・生活様式に働きかける。かくてイデオロギーは、人間生活のすべての領域において作用すると言えるが、その作用が、諸記号の操作（どんな記号を使うか、どのように使うか、をイデオロギーが規定する）をとおして行われる点で、他の体系、たとえば国家、経済などから区別される。記号の操作が、基本的に意識の領域に属するという意味で、それは意識の領域に属する。国家が、暴力を最終手段とする強制を組織化するものとすれば、イデオロギーは、意識を組織化するものと言えよう。

しかし、記号そのもの・記号の操作そのものがイデオロギーではない。イデオロギーは、言語とは同一視されえない。観念・態度などの諸記号が、言語の使用をもって、はじめて分析的たりうる限りで（たとえば、従順な態度とは、態度そのものに基準があるのではなく、あいてに「従順さ」として受けとられる態度である）、言語はたしかにイデオロギーを含んでいる。しかし、イデオロギーは言語体系一般ではなく、それにより支えられているなにものかである。言語自体の不備が思考に制約を与えることはあるが、言語は思考を導きはしない。それは行動を導くこともない。逆に、そのようなものとしてのイデオロギーは、必然的に一定の認識と価値とを含み、それらの固有の論理によって編成された記号体系である。それは実在（認識の対象）と当為（価値の場）とを統合し、調和させるひとつの単位として機能する。

イデオロギーは、分節化されたひとつの構造をもちうる。それはまた、ひとつの社会において、あるイデオロギーのある部分・ある側面をある集団が、別の部分・側面を別の集団がおもにになうという分担を許す。そこでまず、もっぱら行動の規範の体系としての《実践的イデオロギー》と、その整合化・正当化・理論化の努力としての《理論的イデオロギー》とを分離しよう。前者はたとえば、迷信・習慣・道徳などとして、後者は、たとえば、神話体系・哲学・いわゆる「イデオロギー」（共産主義・自由主義・等々）などとして存在する。しかし、このような分離は、比較の上での話であり、ひとつのもの、たとえば宗教が、実践的な部分（戒律・典礼）と理論的な部分（教義・神学）とをあわせもちうるし、またそれが普通である。

実践的イデオロギー

さて、予備的に分離された、実践的および理論的イデオロギーのうち、まず最初のものを、いま少し近よって見てゆきたい。その出発点として、ルイ・アルチュセール(1)によるつぎのテーゼを取りあげる。

テーゼ1. 実践的イデオロギーとは、行動＝行為＝態度＝身ぶりにおける、観念＝表現＝表象の組みあわせからなる複合的編成である。その全体は、人間が、現実の対象、その社会的・個人的存在およびその歴史の現実の問題にたいしてとる、具体的な態度・立場を統御する、実践的規範として機能する。

この節での目標は、このように規定される実践的イデオロギーについて、そのひろがりにひとつの展望を与えることである。じっさい、実践的イデオロギーは、人間の思考（あるいは「意識」）のほとんどあらゆる領域をおおっている。このことを積極的に主張した哲学者に、J・S・パース[2]をあげることができよう。かれは、一八七七年に書いた「いかに考えをはっきりさせるか」という論文のなかで、おなじ年に発表された「信念を固めること」という論文のテーマを説明して、こう言っている、「思考のはたらきは疑念という刺激によって生じ、信念が得られたときに停止するので、信念をつくることが思考の唯一の機能である」。パースはこれをひとつの例をもって解説する、「鉄道馬車のなかで、ポケットから財布をとりだしてなかをのぞいてみると、五セントのニッケル貨一枚と一セントの銅貨五枚があったとする。わたしは財布に手を入れながら、『馬車の運賃を五セント一枚で支払おうか、それとも一セント五枚で支払おうか』という問いに決定を与える」。この問い（パース自身、「くだらない」と言っている）が、疑念であり、その決定が信念である。

人間には、「不決断な精神状態を本能的にきらう気持」が見られ、それが思考を拒否する方向（「固執の方法」）にむかうこともあるが、いったん思考として「刺激」された以上、それすなわち「活動状態にある思考（疑念）」は、「休息状態（信念）」に到達されなければならない、これが思考の全過程だ、とパースは観察する。ところで、信念とは、いったいなにか。これに答えて、かれは、「信念の本質は、習慣を確立するということである」と規定する。それは、比喩的に、「知的生活というシンフォニーを構成するひとつひとつの楽句を区切る半終止である」とも言っている。哲学的には、それに続く、「異なった信念は、その信念から生ずる異なった行動の様式によって区別される。ふたつ以上の信念をくらべてみた場合に、この点で異なっていなければ、すなわち、それらがおなじ行動の規則を形成することによっておなじ疑念を解消するならば、それらの信念を意識する仕方が異なっているというだけでは、それらを異なった信念とすることはできない」という規定（プラグマティズムの基本テーゼ）が重要であるが、ここでは、かれがその直前でたちどまった地点、「思考の休息状態＝習慣」の全体に興味がある。それを、わたしたちのことばで、実践的イデオロギーと呼びかえることができる。

パースは論理学の立場から思考を見ていたので、「疑念を根本的に解消するための、信念確定の新たな方法」(それをかれは、「科学の方法」と呼んだ)を考えるのにいそがしくて、信念の体系がもつ機能・役割と、それが思考におよぼす影響について考察していない。かれは、信念の体系が科学の方法を逆に規定するという循環と、信念の体系それ自体が、ある自立性をもって信念を編成してゆく事態とに気がついていない。

疑念から信念への移行は、ひとつの行動規則の形成、ある行動の選択である。選択が思考の目標であると、パースとともに考えるとしても、選択することに意味のない選択(ビュリダンのロバ)が、わたしたちの生活にあふれていること、もしそれが習慣によって処理されているとすれば、習慣は、かならずしも思考の目的とはならないこと、を指摘しなければならない。思考しないことあるいは思考を刺激しないことのもつ、実際的な効用とその必要性とが、実践的イデオロギーを支えている。科学の方法により、いかに正しい習慣を確立するか、というパースの志向にたいして、不必要な思考を刺激しない思考体系を、いかにうまく編成するか、という別の志向を、わたしたちは対立させることができる。実践的イデオロギーを、たんなる諸習慣のあつまりと見なしえないのは、第二の志向を考慮に入れなければならないからである。実践的イデオロギーのひとつの要素である習慣の「正しさ」を決定するのは、習慣それ自体ではなく、その習慣が実践的イデオロギーという体系のなかに占める役割であり、かつ、実践的イデオロギー自体が歴史的な存在であってみれば、それが他の実践的イデオロギーとのあいだに作りだす関係による。

あらゆる新しい事態・未知の事態が思考を刺激するとすれば、思考と無思考との配分・編成である実践的イデオロギーは、一定の包括性を持たなければならない。それは、人間のさまざまな生活の多様な状態に対処できる、すなわちそれらを包みこんでいるものでなくてはならない。したがって、実践的イデオロギーがある個人の生活様式を規定すると同時に、かれの存在様式が、かれの実践的イデオロギーを基本的に規定するという関係が生まれる。歴史的なある個人の「存在の様式」は、階級としての存在にほかならないから、実践的イデオロギーは、基本的に階級的である。

実践的イデオロギーにおいて、すでに、イデオロギーの特徴的な構造はあらわれている。すなわち、わたしたちは、思考すなわち「意識」の領域から出発したのであるが、実践的イデオロギーは、思考の終わるところ、すなわち無意識のなかにあること、あるいは無意識として機能することを発見したのであった。

理論的イデオロギー

実践的イデオロギーの包括性は、広さと一貫性を要求する。その包括性は、ひとつの「世界」を包みこむものでなければならない。その各部分・各要素は、一貫しており、自己ならびに他者にうけいれられるものであることが要求される。このため、実践的イデオロギーは、個人というよりは、ある集団のものとなり、そこにひとつの補完物が必要とされる。それが理論的イデオロギーである。それは、ある集団にたいして、強制によらない統合の力をもちうる。

理論的イデオロギーは、まず世界観〔conception of the world＝世界の懐妊〕としてあらわれる。それは、ひとつの概念系による「世界の構築」である。宗教は戒律として実践的イデオロギーを含み、それはときとして社会全体をも支配するが、みずからを支えるために、最小限の理論的イデオロギーが、かならず付随している。厳密に構成された神学を持たなくても、多くの宗教は、「世界創造」の神話を含んでいる。

「世界の懐妊」あるいは「世界の構築」は、それ自体がひとつの実践的な意味を持っている。それは人間のもつ「不安」あるいは「恐怖」の構造にかかわっている。人間は世界のなかにいるのであるが、しかし、この「世界」は、わたしたちにとって、よそよそしいものであってはならない。世界は、解釈されるあるいは説明されることにより、意識のうえで征服される必要がある。それによってはじめて、「世界内存在」としての人間は、「世界」と和解し、「根源的な不安」を安めることができる。もしこれを「宗教性」と呼ぶならば、イデオロギーはつねに宗教性をもつ。

世界に地平があるごとく、理論的イデオロギーも、その地平を持ち、ひとはその地平のむこう側へでることができない。

ある大哲学者が、みずからの「世界」を解剖して、(理論的) イデオロギーのうえに立つとする。しかしこの解剖自体が、世界を拡大させるので、たとえこの「世界」が、まえより広いとしても、事情はおなじである。わたしたちは、お釈迦さまの手のうちにいる孫悟空にたとえられる。

科学も世界をとらえようとするひとつの理論的な努力であり、この意味で、諸科学は理論的イデオロギーの一部をなしている。それらは、世界観に重要な影響をおよぼし、ときにはそれを変えまでする。現代においては、諸科学を排除する理論的イデオロギーは成立しがたいが、ひとつの理論的イデオロギーが諸科学と取り結びうる関係には自由性があり、その関係はその理論的イデオロギーにひとつの特徴を与える。アルチュセールの『哲学と学者の自然発生哲学』[3]は、この視点に立つ優れた考察のひとつである。かれによれば、すべての哲学 (それは理論的イデオロギーの全体にひとつの一貫性を与えようとする理論的な努力といえよう) は、諸科学の成果をみずからの世界観のために「利用=搾取」(exploitation) するかいなかにより、大きく観念論と唯物論とに分けられるという。この「利用=搾取」関係からのがれでるためには、哲学の科学に対する態度を批判的に制御する理論 (そこには、イデオロギーが哲学におよぼす避けがたい諸効果の知識を欠くことができない) が必要であると、かれは考えており、マルクスにより創始された史的唯物論に、かれはそれを見ている。

イデオロギーと意識

イデオロギーは、社会のなかで、生産様式の構造 (下部構造) にも、生産関係を最終的に暴力で維持していく「国家」にも属さず、「意識」の領域――宗教・哲学・道徳・芸術・科学などの作りだす場――に属している。しかしそれは、「無意識的であるという条件においてのみ『意識的なもの』として現れる」(アルチュセール[4])

イデオロギーは、諸記号の体系であるが、それらの記号がイデオロギーとして作用するのは、個々の記号としてではなく、それらが作りだす構造による。思考の枠組みとしてのこの構造は、それ自体としては、人間の意識をとおらない。そこでイデオロギーは、世界観としてだけでなく、「世界」の構造として現れる。

この事態を、アルチュセールにしたがって、諸テーゼのかたちでまとめておこう。

テーゼ2．人間は、イデオロギーのなかで、イデオロギーをとおして、イデオロギーによって体験する。

テーゼ3．人間と、《歴史》をふくめた世界との「体験的」な関係は、（政治活動においても政治的無活動においても）、イデオロギーを媒介とするし、場合によっては、イデオロギー自体である。

テーゼ4．人間が、世界と歴史における自分の位置を自覚するのは、（政治闘争の場としての）イデオロギーにおいてである。

テーゼ5．世界と人間との体験的関係は、無意識であるという条件においてのみ、「意識的なもの」として現れる。

テーゼ6．人間はイデオロギーにおいて、かれらの存在条件との関係を表明するのではなく、かれらが存在条件との関係を、どのように生きるか、その方法を表現する。

これらの諸テーゼにより定められた立場にたって、アルチュセールは、イデオロギーをつぎのように定義している。

定義2．イデオロギーとは、人間とかれらの「世界」との関係の表現、いいかえると、かれらの現実の存在条件にたいする、現実上の関係と想像上の関係との（過剰決定された surdéterminée）[5]統一である。

イデオロギーのなかの「わたし」

人間を「世界‐内‐存在」と規定しうるとすれば、それとおなじ権利をもって、わたしたちは人間を「イデオロギー‐内‐存在」と規定することができる。わたしたちは、つねに括弧つきの「世界」（イデオロギーによって構造化された世界）のなかにいるのであって、対象としての世界のなかにいるのではない。したがって、「わたし」が、世界と歴史のなかで、どこにいるか、どこから来て、どこへ行くか、すなわち「わたし」とはなにかの問いは、「わたし」のイデオロギーがいかなるものであるか、このイデオロギーは他の諸イデオロギーといかなる対立・協調・敵対関係にあるかを問うことでなければならない。「わたし」の体験（知的体験を含めて）が、「わたし」のイデオロギーを作っていくと同時に、「わたし」のイデオロギーが、「わたし」の体験を作りあげてゆく。ところでこの「わたし」のイデオロギーは、イデオロギーの本質的な機能が、無意識的に働くことであるとすれば、それは自動的には「意識化」されないのであって、それが複数のイデオロギーの闘争の場にひきだされてはじめて、「自分の位置を自覚する」のである。

以上がテーゼ4の主張するところである。わたしたちは、このテーゼを、基本的には、マルクスに負っている。一八五九年の『経済学批判』への序言のなかで、マルクスはいう、「しかしまた、法的・政治的・宗教的・芸術的・哲学的諸形態、つまりイデオロギー的諸形態があって、人間はそのなかで、この軋轢（生産関係のそれ）の意識をえ、それを究極にまでおしすすめる」。

いったん「意識化」された、あるいはおなじことで、対象化された「わたし」のイデオロギーに、ひとは働きかけることができる。しかし、これはあくまで、働きかけるのであって、それを破壊することでも、無から作りだすことでもない。この意味で、イデオロギーは、生産とおなじ構造をもっている。あらゆる生産は、素材（原料、材料）に働きかけて、製品とすることであるが、一定の生産力をこえた段階では、素材もまた製品である。資本主義経済における生産は、「商品の商品による生産」である。おなじように、（新しい）イデオロギーは、（古い）イデオロギーに働きかけることによって得られる。

あらゆるイデオロギーは、その存在が歴史的であるばかりでなく、その生成においても歴史的である。

重要なことは、ひとは、あるイデオロギーを「破壊」することによって、イデオロギー一般からのがれでることはできないことである。人間は、イデオロギーの「世界」のなかに生きているのであって、この「世界」を変革すること、そこからまた、現実の世界と歴史とを変革することはできるが、「世界」から抜けだすことはできない。

イデオロギーの場

わたしたちにとって、イデオロギーの複数性は本質的な仮定である。グラムシ(6)は、さきに引用したマルクスの文章に、「認識学的な価値」を見ている。イデオロギー的な対立が、みずからのイデオロギーの認識を可能にするからである。しかし、ひとつの社会における諸イデオロギーは、たんに並列して存在するのではなく、たがいのあいだの支配-被支配関係、対抗関係、協調・共同関係により、ひとつの場をつくっている。ひとつのイデオロギーの変化は、イデオロギーの場の変化として現れ、イデオロギーの場の変化は諸イデオロギー自体の変化をもたらす。わたしたちは、イデオロギーの場の現状を知るばかりでなく、このイデオロギーの場がいかに過程するか知らなければならない。

イデオロギーの歴史は、まず、イデオロギーの闘争の歴史である。イデオロギー闘争は、理論的イデオロギーの水準においても、実践的イデオロギーの水準においても行われる。理論闘争としてのイデオロギー闘争の方が、目立ちやすくまた自覚的であることから、理論の水準における闘争のみが強調される傾向があるが、全的なイデオロギー闘争の歴史をみるためには、実践的イデオロギーの闘争の歴史を見おとしてはならない。

貯蓄・勤勉という価値をもたらしたカルヴァン派の宗教改革が、初期資本主義のブルジョアジーの興隆と結びついており、原始蓄積をさらに強行させる原動力となったことは、よく考察されている。労働者階級の実践的イデオロギーとしての、労働者の生活様式・生活規範は、一面では、資本家階級との全面的な闘争のなかで作りあげられている(「仲間を裏切らない」「団結する」、など)が、一面では、資本の要請により、強要され教育されたものである。二〇世紀初頭においては、農村出身の未経験労働者は、都市労働者出身の未経験労働者よりも、一般に低い労働生産性をもっていたことが報告されている。現代社会の高い生産性と、現代に特徴的な「時間厳守」の観念とを切り離すことはできないが、この観念はあらゆる機会をとおして教育されている（時間割、お役所時間、テイラー主義、テレビ、コンサート、など）[7]。

理論的にあらそわれるイデオロギー闘争は、哲学をはじめとする思想の全分野で展開される。それは、ひとつの世界観の別の世界観にたいする、あるいはひとつの理論的立場の別の理論的立場にたいする闘争である。しかし、イデオロギーのもつ強い統合作用（ヘゲモニー）によって、この闘争は、多くの場合、政治的な意味をもつので、同時に政治的にもあらそわれる。理論闘争に政治が暴力的に介入して、闘争の一方の当事者であるイデオロギーを、物質的・肉体的に弾圧することはできるが、このような介入によって、一方のイデオロギーの優位を永続的に確保することには困難がともなう。弾圧されるイデオロギーの占めていた位置を、別のイデオロギーが占拠しないかぎり、弾圧によってイデオロギーが抹殺されることはなく、それはあらゆる機会をとらえて甦る可能性をもつ。したがって、暴力的強制にたよることの多いファシズムにあっても、みずからのイデオロギーの整備をおこたることはできず、精神の総動員化が、政治的・経済的全体主義化とともに進められる。

イデオロギー過程が、最終的には政治により規定されているとしても、その決定機構の作用の仕方を決めるものは、そのときのイデオロギーの場の構造（どのイデオロギーが支配勢力のイデオロギーであり、どのイデオロギーが被支配勢力のイデオロギーであるか。諸イデオロギーの相互関係は、対立的であるか両立的であるか）であるので、イデオロギー闘争は、たんなる政治闘争には還元されない。その意味は、イデオロギー闘争が、「真」の闘争である政治闘争の、イデオロギーの面での「現象」ではない、すなわち、イデオロギー闘争も、ひとつの現実の闘争である、ということである。

イデオロギーの歴史が「世界」の歴史であり、「歴史」そのものである以上、ヘーゲルの体系（その論理学と歴史学）は一応の一貫性をもっていたと言えよう。かれは、イデオロギーの「世界」のなかで、イデオロギー闘争の歴史と「論理」（過程の法則性）とを、観念の歴史と論理として考察したのであった。イデオロギー過程は、ヘーゲルの考察を可能にする、一定の自立性をもっている。

このことは、しかし、イデオロギーが最終的には政治、したがってまたより深く、生産様式（の社会的な表現としての階級構造）により規定されていることと矛盾しない。イデオロギーの場を作りあげる、イデオロギーの必然的な複数性は、けっしてイデオロギーの領域においては説明されず、社会が階級社会であること、この社会自体がそれ以前の階級社会の歴史的な産物であること、したがって多様なかたちで諸階級のヘゲモニーがあらそわれること、にささえられている。

イデオロギーの社会的機能

イデオロギーを研究するにあたって、グラムシは、「ヘゲモニー」の概念を中心においた。イデオロギーは、行動と思考の枠組みを与えるものであるから、ひとつの集団にひとつのイデオロギーが形成されることは、その集団がひとつの一貫した共同意志（volontà colletiva）を形成しうるための必要条件である。ある一定の集団（たとえば、支配階級）が、みずからあるいはある媒介（たとえば、支配階級に有機的に結びついた知識人層）をえて、より広い集団（支配階級と被支配階級）にひとつの共同意志を形成することにより成立する支配関係を、グラムシは力（＝暴力）に基礎をおく支配関係から区別して、ヘゲモニーと呼ぶ。それは、自覚された自発的な統合の力である。

グラムシにしたがって、上部構造を国家（政治社会）と市民社会とに分極すれば（ここは、マルクスの分析方法とは異なる）、理念型として、国家は強制に、市民社会はヘゲモニーに、その統合原理を求めていると言えよう。しかし、任意の政治体制は、このふたつの一方を純粋に実現するのではなく、むしろこのふたつの統合力の相補関係にのっているのだから、どの要素により多くたよるかにより、政治体制は、より抑圧的であるか、より自由主義的（リベラル）である。

ヘゲモニーは、内部と外部とにおよぶ。ひとつの階級が、他の階級にたいしてヘゲモニーを行使しうるためには、まずその階級がみずからの内部にたいしてヘゲモニーを確立していなければならない。ひとつの階級が、即自的に、ひとつのイデオロギーをもっているのではない。階級的な利害関係とともに、階級内部の利害関係（資本家対資本家、労働者対労働者）

があり、このことは、階級意識の形成を阻害するとともに、イデオロギーの分子化・断片化へと作用する。そこで、イデオロギーの統一とヘゲモニーの確立とが、ある階級が支配的な階級であるための必要条件とすれば、階級内部の利害を超越して、ヘゲモニーの確立を計るべき、社会的な機関が必要となる。ヘゲモニー機関の典型を、グラムシは、政党にみており、それに「現代の君主」という表現を与えている。政党は、共同意志を形成する、まさにそのことに主たる任務を持っている。現実に支配的な階級は、政党ばかりでなく、多様なヘゲモニー機関をもっており、それらには、言論機関・官僚組織・教育制度などがあり、一般には研究組織（大学、研究所）もその一部に組みこまれている。

新興階級が支配的な階級になってゆく過程は、同時にこの階級が、階級内部にも他階級にたいしてもヘゲモニーを確立してゆく過程でもある。しかし、イデオロギーの場での闘争も、現実の闘争であってみれば、その「失敗」もありうる。イタリアにおいては、すでに一一世紀にブルジョア階級が出現し、各国にさきがけた発達を見せ、自由都市の運動のなかで封建貴族の支配をくつがえしていった。しかるに、このイタリアがリソルヂメントとして国民的ブルジョア革命をなしとげるのは、フランス革命に半世紀以上も遅れることになる。グラムシは、その主要な理由のひとつとして、強固な僧侶階級（封建貴族の有機的知識人）の存在のもとで、ブルジョア階級が自己に有機的な知識人の階層を形成し、他階級にたいしてヘゲモニーを確立できなかったことをあげている。

現代のイデオロギー闘争の基本的な構図は、ブルジョアジーとプロレタリアートとのあいだのヘゲモニーをめぐる闘争であろう。プロレタリアは、労働組合・社会主義諸政党・人民軍（権力の相対的分裂がおこった場合）といったヘゲモニー機関を創出しており、ブルジョアジーもまた、ありとあらゆるヘゲモニー機関を維持している。両者の対峙の陣型は、しかし、非常に入り組んでおり、遊撃区が広範である。言論機関・教育機関・研究機関では、両者のヘゲモニーが不断にあらそわれている。ブルジョアジーにとってもっとも信頼に値する官僚機構においても、イデオロギー上の小規模な反乱や遊撃が行われる可能性がある。これらのことを認めたうえで、しかし、現在支配的なイデオロギーは、ブルジョア・イデオロギーであることを忘れてはならないだろう。それが現在の「自由社会」を可能にしているのである。

知識人とイデオロギー

知識人の定義においても、グラムシは、きわだっている。かれは、知識人を「知的労働にたずさわるひと」と定義することの困難(どんな肉体労働にも知的な作用が働いている)を指摘して、それは社会的な機能によって判定されるべきだという。

定義3．知識人とは、ある一定の社会において、経済的・社会的・政治的・知的な分野で、その社会の組織化の機能を果たす一群のひとびとである。かれらは、その組織化の方向によって、その社会(あるいは歴史的にそれに先行する社会)の一定の階級に有機的に結びついており、その階級に等質性と階級的な機能にかんする意識とを与える。かれらは、その機能と存在とにおいて、かれらが有機的に結びついている階級から区別される。

資本主義社会の発達した生産様式は、とくに多量の(絶対的にも比率の上でも)知識人諸階層を生みだした。大規模工場生産は、労働の組織と管理のために、多数の技術者・管理者を必要としている。銀行・商社・保険会社・開発会社・コンサルタント会社のように、直接の生産と流通よりも、その大局的な組織化をおもな業務とする営利事業が可能となり、重要となっている。ホワイト・カラーは、経済的な分野での資本主義に特徴的な知識人階層である。

社会的な分野での知識人としては、弁護士・公証人のように、近世ブルジョア革命以前からひきつづいている階層のほかに、各種の社会委員(民生委員・保護司・保健婦・ケース＝ワーカー・等々)・団体役員(たとえば、中小企業連合会の)・組合専従および活動家などがあり、医師および聖職者(僧侶・司祭・宣教者)も社会的な管理機構の一部をになっているので、このなかに入れることができる。

各級選良・政治家・政党活動家は、政治的な分野での知識人の例であるが、大衆運動の指導者もそのなかに入れられる。官僚は一般に、経済的・社会的・政治的な役割を分担して果たしており、ひとつの独立した知識人階層をかたちづくっている。

最後に、もっぱら知識の伝達と創造にたずさわる知識人がいる。教育者・ジャーナリスト（編集者を含む）・作家（小説家・批評家・評論家など）・研究者・イデオローグなどがこのカテゴリーに入る。

以上の区別は類型的なものである。たとえば政治的な分野で知識人（たとえば革命党の指導者）が、もっとも高度の知識の創造者であることは十分ありうる。

知識人の種々の役割と分化とにかかわらず、かれらがイデオロギーのおもな媒体であるかぎりにおいて、かれらはヘゲモニーの歴史的なたたかいに組み込まれている。この意味において、かれらは、たとえ政治的分野での知識人でなくとも、積極的に政治的な役割を果たしている。資本家階級は、みずからに有機的に結合している多数の知識人階層をしたがえており、これがブルジョア・イデオロギーの支配的であることの物質的な基礎である。支配階級に有機的に結びついている知識人は、反省することなしには、支配的なイデオロギーを受け入れており、その宣伝者である。かれらの政治的な不活発さは、政治的な中立を意味せず、支配的なイデオロギーへの投票となっている。

科学とイデオロギー

知的な分野にたずさわる知識人には、その特殊な機能から、特別に大きな自由が与えられている。ことに、知識の創造の場においては、かれらは絶対的に自由であるかに見える。しかし、そうではない。

もっとも典型的な科学といわれる物理学をとってみよう。物理学者が物理学を研究するときに、かれが出発点として用いる知識は、大きくふたつに分けられる。武谷三男[8]は、それらを「物理学そのもの」と「物理学の解釈」と呼び、アルチュセールは、「科学」と「科学者の自然発生哲学」と名づけている。研究者として、物理学者が未知の世界へ入って行こうとするかぎり、かれは、既成の物理学が教唆する未知の部分についての予断によって進まなければならない。しかし、この予断は純粋な（すなわち物理学の必要のみから生ずる）ものではありえず、かならず、その物理学者のもつ世界観の一部として、かれの世界観の影響のもとに作られる。二〇世紀初頭の物理学の歴史は、アインシュタインやハイゼンベルグのような優れた物理学者たちが、後の発展からみて失敗におわった「物理学の解釈」を持っていたことを教えている。

物理学や数学のように確立した科学の場合、解釈における失敗は、その学者の研究上の障害として結果する。また、おなじ障害がある科学の研究者全体をとらえることがありうる。バシュラール[9]はそれを「認識論的障害」と呼んで考察している。このことは、新しい事態に対応しえない理論的イデオロギーを保持しつづけることから起こる（非ユークリッド幾何学の出現に際して、ひとびとの示した反応を見よ）。

おなじことが、社会科学や人文科学の場合に起こるときには、まったく別の現象が見られる。障害にぶちあたっている場合（しばしばそれは、科学としての成立を問う、前科学から科学への切断にかかわる障害である）にも、あたかも障害がないかのごとく論文が書きあげられ、みかけ上の「進歩」があらわれる。この場合、論文の評価は、科学としての正しさではなく（そのような基準が成立していない場合が多い。前科学の場合）、既存の優勢な理論的イデオロギーとの関係によって行われる。既存の枠組み＝理論的イデオロギーの改編（それによってのみ、障害が乗りこえられ、一部が科学として切りとられる可能性がある）を企てることには、非常な理論的困難がともなう。第二に、その試みは既成のイデオロギーに立つ側（学界の多数派）からは歓迎されないか無視される。賢明なひとたちは、そのような道は取らないであろう。「生産性」の高い方法は、支配的な理論の枠のなかで、形式的な拡張を行うこと、具体的な応用をやってみせること、ひとつの「成功」した理論を別の理論にあてはめてみることにある。「業績によって研究者を評価する」という当然のことが、じつは支配的なイデオロギーの強化につながるからくりがここにある。

一年ないし三年という単位で研究業績を評価して、再任用するか否かが決められ、論文の数によって給与の額が左右されるという、きびしい競争制度をとりいれた戦後のアメリカの教授任用制度が、若い研究者の主体性の喪失と独創性の欠如をまねき、一見中立的な外観を与えながら、実はアメリカ社会における政治的・社会的・経済的な面での支配的な力を擁護し・正当化する、経済学における正統的な考え方＝既成の理論的フレームワークを無批判に取り入れ、そのなかでの展開を試みるように導いた、と宇沢弘文[10]は、新古典派経済学を反省しながら述べている。

科学は、原理的には、学者をしてみずからのイデオロギーを反省する基点となりうるものであるが、「科学」を僭称する学問の増大は、反省の基点自体をも疑わしいものにしている。経済的・社会的な分野での知識人たちが、その機能ゆえに支配的イデオロギーの媒介・伝達者であるように（造反有理か）、専門研究者が、ある科学をうけいれ、それに貢献することが、支配的イデオロギーの強化につながっていく危険性は少なくない。

「わたし」のイデオロギー

知識人は、その機能によって、とくに強いイデオロギーの場のなかに投げこまれている。しかしそのことは、自己のイデオロギーについての認識を容易にするとはかぎらない。またたとえ、それに気づいたとしても、別のイデオロギーへの脱出には、困難がともなう。労働者あるいは農民出身の知識人のように、出身階級のイデオロギー（それは、支配されているとしても、ブルジョア・イデオロギーと同一ではない）と支配的なイデオロギーとの差異・葛藤によって、批判的な視点を確保する場合もありうるが、逆に、この葛藤が支配的イデオロギーの純化とその支配の強化とに導くこともありうる。労働者階級出身の知識人が、もっとも「知識人」らしい（すなわち、もっともプチ・ブルジョア的な）知識人であることは、しばしば起こる。

ひとは、ひとつのイデオロギーのなかに生まれ落ち、みずからのイデオロギーの出発点を選ぶことはできない。しかし知識人は、まさにその存在のゆえに、自己の階級的存在をはなれて、別の階級的立場を取ることが可能であり、支配的なイデオロギーとくに支配的な理論的イデオロギーを対象化して、別の理論をつくりだし、それに対置することが可能である。すなわち、反省が可能である。

同時に、実践的イデオロギーの変革が、知識人にとって非常に困難であること、これが知識人の理論的努力に限界を与えるだろうこと、を指摘しておく必要がある。

「わたし」のイデオロギーを反省するには、つぎの三つの契機があげられよう。その第一は、「わたし」の出発点を回顧することにある。鶴見俊輔[11]の「苔のある日記」「カルタ」などは、このような試みのひとつの可能性を示している。第二の契機は、「わたし」のイデオロギーの遍歴にたいする反省である。出発点のイデオロギーから、いつ切れたか、どのようにして真に「わたし」の（すなわち、みずから選びとった）イデオロギーを作りあげたか。アルチュセール[12]の「若きマルクスについて」の考察は深い味わいがある。第三の契機は、「わたし」のイデオロギー闘争の記録と、諸イデオロギーの場における現在位置への展望である。「政治参加」、すなわちかかわりあうことの教えてくれる意味はここでは大きい。

（1）ルイ・アルチュセール『科学者のための哲学講義』西川長夫・阪上孝・塩沢由典訳、福村出版、一九七七年。
（2）「世界の名著」48『パース、ジェイムズ、デューイ』上山春平訳。中央公論社。ただし、論文の題名については、直訳した。
（3）注1の訳本のフランス語表題の直訳。
（4）アルチュセール『甦るマルクス』Ⅰ・Ⅱ、河野健二・田村俶訳、人文書院、一九六八年。とくに「マルクス主義とヒューマニズム」参照。
（5）河野健二たちは「重層的決定」と訳している。
（6）『グラムシ選集』1〜6、山崎功監修、合同出版、一九六一〜六五年。『グラムシ問題別選集』（全四巻）石堂清倫編訳、現代の理論社、一九七一〜一九七二年。
（7）レイモン・メルカ「時間厳守——現代人の心理についての試論」デオゲネス・日本版5、河出書房新社、一九七一年。
（8）武谷三男「哲学は如何にして有効さを取戻しうるか」『思想の科学』創刊号、一九四六年五月。
（9）ガストン・バシュラール『科学的精神の形成』及川馥・小井戸光彦訳、国文社、一九七五年。
（10）宇沢弘文「ケインズと新古典派」『現代経済』18、日本経済新聞社、一九七五年六月。
（11）鶴見俊輔『不定形の思想』、文藝春秋、一九六八年。
（12）注4に所収の同名の論文。

3　生活の再生産と経済学

この論文は、大熊信行の『生命再生産の理論』（東洋経済新報社、一九七四年）に触発されて書かれた。大熊に興味をもったのは鶴見俊輔の示唆による。これもまた、思想の科学の研究会「家の会」の例会で報告され、ついで雑誌『思想の科学』に載った。最終原稿は、長男元氣の誕生と相前後している。結婚し、子供が生まれるという境遇の変化が話題の選定に影響しているかもしれない。後半部分には『月刊地域闘争』からえた知識が織り込まれている。

当時、わたしは、一方で数理経済学をやるとともに、他方では人間生活の物質的基礎を研究する学問としての経済学について、それがどうあるべきか、マルクスやアルチュセールをヒントに考えていた。そのキー概念のひとつが「再生産」だった。置塩信雄の『再生産の理論』（創文社、一九五七年）には、すでに一九七五年に出会っていた。新古典派の「均衡」に対抗しうる視角のひとつとして、「再生産」があった。スラッファの「商品による商品の生産」という経済の捉え方も、つづめていえば再生産だった。

経済学の理論枠組みとして、主流の「均衡」に対置して事態の「再生産」を取るという考えは、わたしの中では、すでに一九七〇年代半ばにはあった。わたしの最初の本『数理経済学の基礎』（朝倉書店、一九八一年）の序文には、それを「商品の循環、商品の商品による生産という見方」と表現している。この考えは、その後、「ゆらぎのある定常過程」といった概念によって補強されているが、その骨格は変わっていない。

このような対立の自覚が経済学の歴史のなかでいかに育ってきたのか。学説史に疎いわたしには確たることはいえない。わたしの自身の理論上の都合に合わせて強引に解釈している面を否めない。しかし、大田一廣他編の『経済思想史――社会認識の諸類型』（名古屋大学出版会、一九九五年）や松嶋敦茂の『現代経済学史　一八七〇～一九七〇――競合的パラダイムの展開』（名古屋大学出版会、一九九六年）を読むと、このような対立軸において経済学の流れを解釈することはそれほど荒唐無稽ではないようだ。

「再生産」という言葉は、じつは使う人によって内容が大きく変わる。商品を複製することも、子供を生み・育てることも、社会・経済の制度を維持・発展させていくことも、すべて再生産である。論文は、「再生産」一般ではなく、「生活の再生産」を主題としているが、わたしはそれを①生命②物的財③生活様式④文化・知識・社会倫理の四つの層に分けている。再生産の循環は、このように多層的なものとしてある。こうした問題を考えるにあたって、わたしはこのことに初期から意識してきた積もりである。わたしの再生産論に対して、物的財の生産のみが考えられていて、社会制度などの再生産が考えられていない、という批判がある（「『帰結』批評への応答」『経済学雑誌』第九八巻第五・六号六三～一二一ページ所収、五節参照）。たしかに、そうした側面について、わたしは多くは語ってこなかった。その点の批判は甘んじて受けなければならないが、制度の再生産について有効に議論することは、簡単なことではない。制度や生活様式について、どうアプローチするか、いまだわたしは探索中である。ダグラス・C・ノースの『制度・制度変化・経済成果』などには興味をもっているが、「できすぎた説明」ではないだろうか。ことはそれほど予定調和的に進まない。もっと偶然と発見を伴う進化の過程であろう。

この論文でわたしは、マルクス主義の基本テーゼにかんするひとつの修正を提案している。『経済学批判』の序言に、生産力と生産関係にかんするマルクスの有名な定式がある。本文に引用しているから繰り返さないが、かれは生産諸力と既存の生産諸関係とが矛盾する可能性について語っている。生産関係は、生産力のある段階で、それを発達させる形態から、それを阻害する形態＝桎梏に変化する、とマルクスはいう。そのとき「社会革命の時期が始まる」というのだから、これはマルクス主義の革命戦略の基礎にある重要な認識といわなければならない。しかし、本文中で議論したように、生産関係と生産力とが矛盾するというのは、「矛盾」をどのような意味に捉えても辻褄があわない。両者が矛盾するというのは「カテゴリー・ミステイク」ではないだろうか。生産関係と生産力とが矛盾するのでなく、排他的かつ代替的なふたつの生産関係のあいだに矛盾・対立が生ずると考えた方が制度や制度変化を考えるときよく分かるのでないか。これがわたしの提案である。

このような再定式化の提案が他のだれかによって行われたことがあるのかどうか。その可能性は高いが（なんにしろマルクスについては、ほとんどすべてのことが語られてきたのだから）、このアイデアがわたし自身の中に生まれたことは確かである。マルクスとその流れに対するこれはわたしのほとんど唯一の積極的な貢献であるとわたしは考えているが、残念ながらこの考えに対して賛成も反対も聞かれなかった。一九九八年四月の『経済セミナー』に「資本主義の複雑さと経済学の理論」（後に横川信治・野口真・伊藤誠編『進化する資本主義』日本評論社、一九九九年二月、pp. 78-97 に収録。G・M・ホジソン他編の英語版 *Capitalism in Evolution*, 2001 にも翻訳収録された）を書いたとき、その第五節「競合的併存」の冒頭にこの論文における再定式化について言及してみたが、それについても何の反応も得られなかった。マルクスの後継者たちの間でかつてはあれほど喧しかったカテゴリー論も、もはや真摯に議論する気概が失われてしまったのだろうか。制度進化の問題を考えるとき、これは重要な論点だとわたしは考えている。

この論文のもっとも重要とわたしが考える提案はほとんど無視されて終わったが、生活の再生産を主題とし、女たちの運動と主婦論争に言及したおかげで、上野千鶴子により『主婦論争を読むⅠ・Ⅱ』（勁草書房、一九八二年）の解説「主婦論争を解読する」に取り上げられ、わたしの論文では、唯一、女性学の方面でときに引用される論文となった。

スミスにおいてもマルクスにおいても、経済学は近代市民社会をもっとも根底から理解し批判する学問であった。

①物的生産が社会の基本的制約だった。

② 商品化が世界をとらえ、変えつつあった。
③ 経済領域は学問的に残された白地図であった。

などの諸条件による。もちろん、これは、ヨーロッパに視点の中心をおいた注意であるが、ヨーロッパにはじまる資本主義が地球規模に拡大していく過程においてみるかぎり、基本的なあやまりはない。

経済学は、その後、発展・進歩して専門科学となったが、根底的な問いをもはや発していない。経済学がその全体性、その根底さをふたたびとりもどしうるとは、わたしはおもわない。科学としての経済学には固有にあたえられた場があるし、経済学の現状からは、なされるべきことがいまだ多い。しかし、経済学帝国主義（社会科学の諸分野に経済学的思考と方法とを輸出して一元的な社会科学の形成をはかろうとする考え方）がとりざたされる今日、経済学は過去にくらべ、かえってその領域を相対的にはるかにせばめてきていることを自覚しなければなるまい。二〇世紀の第４四半世紀にはいり、人間に課せられる問題は急速に変化し拡大しつつある。

「エネルギー危機」と「環境の危機」とは、そのような新しい問題の代表的なものとみることができる。「女性解放」や「生活の質」といった主題も、それらの問題にいれなければならない。「老人」や「弱者」の生きがいや「被差別者」のたたかいも同様である。重要なことは、これらすべてがばらばらにあるのではなく、ひとつのまとまりをもつ問題であるということだ。そして、このようなものとして、問題は「新しい」ということができる。個々の問題をとるならば、それらは古いがつねにあたらしい問題なのだから。

生産優位の論理

根本は「生産優位の論理」（高橋幸子）にある。ここで「論理」ということばを、「思想」と区別して、社会に内在する「しくみ」、「方向性」ととらえたい。

社会のさまざまな問題を物質的な生産の総量をおしあげることによって解決しようとする方向性が、たんに思想のレヴェルにおいてでなく、社会の法則としてくみこまれてきた結果として、現在の「問題」はある。それは、もっとも皮相的には「危機」として、やや深くは「環境」や「解放」として意識され、とらえられている。

経済学が生産優位の思想に動機づけられていたこと、それが生産優位の論理の、社会におけるいっそうの貫徹をたすけてきたことは否定できない。近代市民社会のもっとも根底的な批判者であったマルクスも、この点において例外ではない。しかし、わたしがここで試みようとするのは、かれの「産業主義」的傾向や、（マルクス主義の用語でいう）「生産力主義」的偏向を批判することではない。生産優位の思想を批判するだけでは、社会のしくみとしての生産優位をかえることはできない。生産優位の論理は社会的な必要性＝必然性をもっているのであり、その必要性のよってきたるところを把握し、それをつきくずしていく知恵が必要である。この意味では、市民社会を根底からつかもうとしたマルクスの思索はなおわたしにとって有力な手がかりであり、試みはかれの思考の枠組みを手なおしするかたちで必要な概念系を準備＝素描することにある。

> 人間は、かれらの生活の社会的生産において、一定の、必然的な、かれらの意志から独立した諸関係に、すなわち、かれらの物質的生産諸力の一定の発展段階に対応する生産諸関係にはいる。これらの生産諸関係の総体は、社会の経済的構造を形成する。これが実在的土台であり、その上にひとつの法律的および政治的上部構造がそびえ立ち、そしてそれに一定の社会的諸意識形態が対応する。物質的生活の生産様式が、社会的、政治的および精神的生活過程一般を制約する。

これは『経済学批判』の序言にあらわれる、マルクスによる史的唯物論の定式化、として有名な部分の冒頭である（『マルクス・エンゲルス全集』第一三巻、大月書店版、六ページ）。ここには、「生産諸力」と「生産諸関係」、「土台」と「上部構造」、「意識形態」といった社会を把握するにあたってのマルクスの基本概念系が提示されている。

このあとマルクスは、生産諸力と生産諸関係の矛盾から、社会変革の図式を提出する。

> 社会の物質的生産諸力は、その発展のある段階で、それらがそれまでその内部で運動してきた既存の生産諸関係と、あるいはそれの法律的表現にすぎないものである所有諸関係と矛盾するようになる。これらの諸関係は、生産諸力の発展諸形態からその桎梏に一変する。そのときに社会革命の時期が始まる。

この定式には、いまなら容易に指摘できる表現の不用意さがある。かつての多くの人がそう解釈したように、この文章は生産諸力の自律性を示唆する。生産諸力の発展が基本であり、その自律的な運動は生産諸関係をうちやぶるにいたる強固さがある、こう読者に想像させる。マルクスは定式化においていそぎすぎたのであり、このように解釈されるならば、この言明はあやまっている。

「生産諸力」と「生産諸関係」の二概念は、しかし、この言明の誤謬によって、不適切だと判断されるべきではない。かえって、これら二概念を豊富化すること、生産現場の諸過程の分析により具体的にむすびついた概念系のなかに、これらを位置づけることが必要だ、とわたしは考える。

日本のマルクス主義者のある重要な部分が「生産力理論」にたよって転向していった十五年戦争の歴史以来、「生産力説」はあいてにはりつけるレッテルである。敗戦直後においても、①日本資本主義分析における山田盛太郎、②資本主義成立過程における大塚久雄、③社会政策の本質にかんする大河内一男が、それぞれ「生産力説」のゆえをもって非難されたと高島善哉は報告している（「生産力の構造」『経済評論』一九四九八月）。にもかかわらず、「生産諸力」の概念も「生産諸関係」の概念も、マルクスがこれらの用語をつかいだして以来、あまり豊富化しているとはいえない。きめつけによっては思考は進化しないのである。

生活の再生産

いま一度、マルクスのテキストにもどろう。史的唯物論の「定式」の、その一般的な読み方にたいする重大な異議が、この日本では、はやくから提出されている。それは「定式」の読みかえに大きな意味をもっているとおもわれる。

問題は、「かれらの生活の社会的生産において」という字句にある。「生活の生産」とは、なれない・意表外な表現である。かれの重要な定式の冒頭において、このように熟さない表現を、なぜマルクスはしたのだろうか。

この箇所は、あとにつづく「物質的生産諸力」、「物質的生活」、「経済的構造」などの語句にひきずられて「人間の生活に必要な物質的財貨の生産」（スターリン）という意味に理解されやすい。日本マルクス学の創始者・河上肇も同様の解釈をしている。のちにのべる櫛田民蔵の批判ののちにも、河上は「彼等の生《レーベン》（または生活資料）の社会的生産」（『マルクス主義の哲学的基礎』一九二九年、筑摩書房版著作集第一〇巻、五八七ページ）と補注して、かならずしも櫛田の批判をうけいれていない。「生産」の意義を通常どおりに物的生産と解釈せず、マルクスの表現の意外さに注目して、「定式」を読みかえようとした人に、大正末の櫛田民蔵と戦後の三浦つとむがいる。かれらは「生活の生産」という字句にこだわった。そしてそこに、史的唯物論のあたらしい可能性をみいだした。* それをわたしなりに整理する。

＊ 櫛田民蔵「唯物史観の公式に於る『生産』及び『生産方法』」、『大原社会問題研究所雑誌』第一巻第一号、一九二三年、改造社版全集第一巻所収。三浦つとむ『マルクス主義の基礎』（青春出版、一九五七年）、第一部第一章および第二章。

「生活」はけっしてものではなく、そこに使用される物的財貨の総体ではない。したがって、ここに固執するかぎり、変更されるべきは「生産」の概念である。その意味は「物的生産」に限定されるべきではなく、「生産」（Produktion）の原表象にまでさかのぼって推定されなければならない。生産はひとつの過程であり、生産＝再生産の統一視点において把握されるべきである。この点にたつと、「生活の生産」とは、生活が生活をうみだしていく諸過程ととらえられる。

生活の構造

マルクスは史的唯物論の「定式」において、「（人間）の生活の社会的生産」をその根底においた。では、この「生活の社会的生産」、すなわち生活が生活として再生産されていく社会的過程は、どのような対象としてとらえられるだろうか。われわれは、この「生活」の、はたらきと構造を問わなければならない。残念ながら、この点でのマルクス主義の文献はゆたかとはいえない。わたしにできることは、粗い、検討のすすまない仮説を暫定的に提出することしかできない。

一定の自律性をもつ統一としての「生活」には、すくなくともつぎの四つの相（様相）をみてとることが必要だろう。

① 生命の再生産。

②物的財の生産と再生産。
③生活様式の再生産。
④文化・知識・社会倫理の再生産。
このうち、①は肉体の維持・発達と子孫の生殖・養育を中心とする。②は、「定式」の一般的理解でとりあげられたもの。③は生きる時間そのものの内容を編成する。④は、「生活」の知的側面であり、①・②・③を組織・編成していく面にかかわっている。

大熊信行は、生活の四つの相のうち、①を強調して、『生命再生産の理論』（一九七四年）をかいた。かれは「生産台帳」という用例をひいて、「生産」が漢文脈において、もともと「子を産むこと」であったと強調している。じつはヨーロッパ語の「生産」produce/produire にも「生殖する」との意味があり、ＳＯＤは一五二六年の用例を報告している。「生産」の意味を再発見することからすすんで、大熊はマルクスの「定式」における「かれらの生活の社会的生産」を「（かれら）の生命の社会的生産」と訳すべきだと主張し、三浦つとむの読みかたを（たかく評価しながらも）批判している。原文の Leben は英語の life とおなじく、「生命」と「生活」をともにふくむふくらみをもったことばであり、訳文としては河上肇のごとく、たんに「生」と訳すのが正確であろう。わたしとしては、せまく「生命」の再生産を考えるよりも、「生活」としてえられるあつみを尊重したい。

「生活様式の再生産」は、共同体の一員としてうまれおちる人間がかれの「人生」（これもレーベンだ）をくみたてていく伝統であり、その革新である。ここでは、「生」と「死」、「婚姻」、「食事」、「労働」、「休養」、「まつり」などなどがその時間を構成している。言語による「交通」も、ここにふくまれる。

生活様式の再生産過程を、その担い手たちの意識的様相としてとらえたものが、④の「文化・知識・社会倫理の再生産」である。ここには、高級文化や科学認識、普通宗教などを考える必要はないし、のちに議論するように、むしろ「文化の基層」からは排除するほうがよい。しかし、人間が意識的動物である以上、その「生活」の活動側面として最低限の「文化的なるもの」をのぞくことはできない。

この点にかんして、「文化」culture を原義の「耕すこと」にさかのぼって、「農耕文化基本複合」の概念をうちたてた中尾佐助の仕事がヒントになる。

> 作物の品種から農業技術、農地制度から農耕儀礼までを含んで、世界のあらゆる農民は先祖から受けつがれた一定の型をふみ、ときにそれをいくらか変更したり、改良しながら生きてきたのであり、これからもそうしていくだろう。そのすべてが、その農民の持っていく文化の重要部分になっているが、いくらみじめな農民にとっても農業だけが唯一の文化ではない。住むべき家もあれば、歌や踊りもある。冠婚葬祭もそれぞれ行われ、飾りも衣服もある。もっと高級な学問、芸術もいくらかもっているだろう。その全部が総合されて〈文化〉になっているわけである。（『栽培植物と農耕の起源』一二～一三ページ）

中尾はこのように全体性をもったものとして「文化」をとらえ、そのなかで「〈種から胃袋まで〉の過程」をとりだして、農耕文化基本複合と名づける。「文化」をこのようなふかさにおいてとらえること、そして〈種から胃袋まで〉の過程を「文化」のより中心的部分と考える点において、わたしは中尾から大切なものをまなぶ。

土台として「経済的構造」をマルクスがどのくらいの範囲で考えていたのか。簡潔な表現からは再構成は不可能であるが、語誌論的にはそれをひどく広くとることは可能である。ヨーロッパ語「経済」eco-nomy の構成語源となったギリシャ語の「オイコス」はすみかとしての「家」を意味し、おなじ語が生態学の eco-logy をうんでいる。意図して拡大解釈すれば「経済的なもの」はさきにふれた四つの相を一体とする「生活」そのものとよむことができる。ただ、「生活」と「経済」とがおなじでないとすれば、「経済」とは「生活」の全過程のうち、生きるに最低限必要な部分といえようか。

マルクスは「経済的構造」を「生産諸関係の総体」としてとらえている。「生産」の概念に櫛田＝三浦の読み方をもってすれば、こうとらえることに矛盾はない。「経済的なもの」を、たんに資本主義社会における特徴としての「交換可能性」＝「商品」の範囲にとらえることは、マルクス自身も反対であろう。

上層と基層

ここにおいて、いま一度、「土台」／「上部構造」という範疇関係を考えたい。これには、上下という比較関係がふくまれるが、「経済」が下にあり、「国家」、「イデオロギー」が上にあるという観念＝比喩は正確にはなにを意味しているか、という問題である。

「生活の再生産」における文化的な諸相（第四の相）を、「慣習」、「儀礼」、「あそび」、「伝承」などとしてとらえてみる。

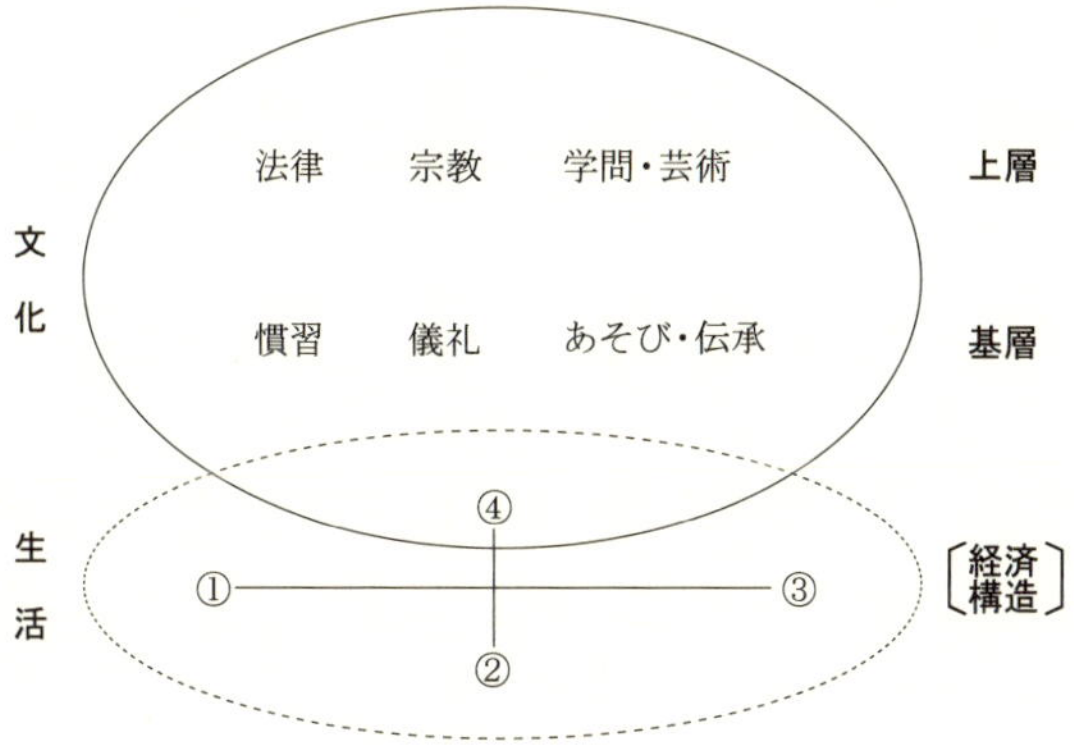

これらは、人間の生活共同体が成立すると同時に存在したと考えられるほどの、文化としての古さと生活への密着性・不可分性をもっている。これを「基層」ととらえ、それにたいし、個々の共同体をこえて、それらの統合要素として発達する文化を「上層」としてみる。慣習には法律、儀礼には（普遍）宗教、あそび・伝承には学問・芸術といった対応がつく。

文化の基層を「生活」のひとつの相とみるとき、「土台」と「上部構造」として対比されているものは、より正確には「文化」の上層／基層にあたるのではないか、したがって、図のようなシェーマがかけるのではないか、ということが示唆される。このとき、上部／下部関係は文化なら文化という同一範疇内の分極関係である。

もちろん、このように手なおししたところで、「土台」／「上部構造」の問題性が解決されるわけではない。生活の再生産における四つの相の複合統一構造はそのままにのこされる。問題がずらされただけといってもよい。にもかかわらず、以上の接近が有効なのは、グラムシらの市民社会論ではなお不分明な、経済的土台と市民社会・政治社会の関連への手がかりを与えるからである。

イデオロギー的なものは、たんに大思想においてのみ表現されるのではなく、日々日常の思考態度につながりをもつのであり、最終的にはそこで決着がつけられる。国家規模での政治は、ひとびとの自然的・慣習的につくりだす小政治にささえられ、かつ規制されている。市場はものの生産を共同体内部からうばってしまったが、個人の自発性を組織する必要からは自由でない。すべてが「生活の再生産」に収束する。これが基礎構造であり、最終審級である。

商品取引ははじめ共同体間の交換として、いわば生活の谷間にあった。資本主義社会においては、商品化があらゆるものを飲みこんでいる。「生」と「死」が営利対象となり、「生活様式」までがファッションや情報として売りものとなっている。現代社会においては「交換可能性」としての経済機能が極端に肥大している。この意味で、「生活」は商品化されており、すべてはこの「商品関係」に帰着するかにみえる。しかし、上部／下部関係を、直接に「国家」と「経済」、「イデオロギー」と「経済」というようにつなげてはならないとおもう。これら異質範疇間に、上・下あるいは決定・被決定のような関係を想定すると、具体的に関係をさだめていく手がかりをうしないやすいからである。マルクスの構造論は、多くの精密化を必要としている。

生産関係の矛盾

異質範疇間の関係としてマルクスの「定式」でより問題となるのは、生産諸力が生産関係と「矛盾するようになる」という関係である。これをいいかえてマルクスは「これらの諸関係は、生産諸力の発展諸形態からその桎梏に一変する」ともいっている。「矛盾」はもちろん「桎梏に一変」した時点で発現する。これは正確にはいかなる事態か。

一定の構造をもった生産諸関係は、特定の時期には、生産諸力の「発展諸形態」である。これをもっとひらたくいうと、ある生産関係は一時期、生産諸力に発展的に機能する、ということであろう。ことさら「形態」という語をもちいたのは、直前の注意、すなわち生産力が生産諸関係の「内部で運動して（いる）」こと、を強調するためだろう。発展促進的な諸「形態」のもとで、生産諸力が発展するというのはわかる。ほとんど同語反覆にちかい。しかし、「桎梏」となった生産諸関係のもとで、生産諸力はなぜ「発展」するのだろうか。

生産諸力の発展には一定程度の自律性があり、それがなおかなりの偶然性のつみかさねであることを、わたしは承認する。問題は、「桎梏」をうちやぶって発展するほどの自律性を生産諸力がもちうるか、ということである。生産諸力と生産諸関係の「矛盾」をいうためには、この強い自律性が仮定されなければならない。しかし、それはマルクス主義の立場からも支持されないであろう。生産関係優先のテーゼに反するからである。

社会変革必然のテーゼをマルクスが生産諸力の自律性から証明しようとしたことは不幸であった。資本主義の「強力さ」は、まさにすべてのものを商品化していくしくみそのものにある。それが「生産力」発展のひとつの重要な契機となっている。逆にいえば、資本主義のもとでは、生産諸力の発展、とくにその製品開発と製造技術の進歩とは、制度そのものの存立要件である。これはつとに、マルクスが『資本論』で分析してみせたことだ。「生産関係そのものがまたひとつの生産力なの(だ)」(河上肇『資本論入門』、筑摩書房版著作集第四巻、三四ページ)という意味では、資本主義は強力な「生産力」であることをいまなお証明しつつある。

現在の矛盾はむしろ、資本主義があまりに生産増進的であることからきている。石油をはじめとする資源問題がそのようなものとしてあらわれているし、生態系の危機はその結果といえる。自然(「資源」)が労働の生産力の一要素であるというマルクスの規定にしたがえば、矛盾はまず、ひとつの生産力と他の生産力との矛盾としてある(この意味での生産力の危機が現代社会にかつてない深い反省を強要しつつあることは、生産力説のはやらなさとは逆に、生産力の重要さをわれわれに教えている)。

生産諸力と生産諸関係との「矛盾」ということでいえば、現在の資本主義体制の危機は、マルクスの定式化とは反対に、自然力の制約からくる生産諸力の発展の停滞あるいは部分的後退が資本主義の諸生産関係をゆるがすにいたるというかたちであらわれている。しかし、このことは、より精密な分析を必要とする。

一定の自律性をもつ過程に、その過程外のあるものが抑止的あるいは発展的役割・機能をもつことをもって、「矛盾」の内容としてよいだろうか。そもそも、異質範疇間における「矛盾」とはいったい何でありうるのか。わたしの暫定的な結論をいえば、「矛盾」は同一範疇間に、すなわちわれわれの場合（主要には）生産関係と生産関係のあいだにある、とする方がはるかによい。その方が分析がふかまるのである。

「原子力発電所」の例をとってみよう。電力を中心とする産業資本は、原子力の開発・運転・制度化をおしすすめようとしている。発電所設置（予定）地域の住民・漁民を主体とする、科学者・技術者・教師・環境保護主義者などの運動は、開発をおしとどめようとしている。これは生産力（原子力）と生産関係との矛盾だろうか。生産力の段階が既存の生産関係にあわなくなっているということもできる。しかし、これは主要な争点をぼかすものである。なぜなら、おなじことは火力発電所にもおこっているからだ。

開発側は、土地と設備の私有によって、開発の「自由」、開発の「権利」を主張し、ときに強制力（機動隊、法）にうったえる。抑制側は、開発にかんする所有者の決定権を否定する。それは環境権・生きる権利・危険性などによって論理化されているが、基本的には「私的所有」の否認であり、生産財の使用権にかんして資本主義的関係以上のものを要求しているのである。

矛盾は、ふたつの生産関係のあいだにある。くわしくいえば、ふるい生産関係を維持せんとする勢力と、あたらしい生産関係を現実化し、それを拡大していかんとする勢力との対立・排除関係である。環境権の設定は、あたらしい生産関係の出現である。それが投資決定にかんする資本家の独裁を否定している意味では、資本主義の論理にとり、じつに重大な意味をもっている。

ふるい生産関係とあたらしい生産関係との対立・抗争は、環境や公害にかんしてのみうまれているのではない。より深刻な矛盾が倒産企業の労働者自主管理というかたちでうまれている。資本家の支配なしに、三年なりの生産・販売を維持しえたという例は、いまだ数少なく、小企業にかぎられているとしても、生産諸関係の変革にむけての基礎が衝撃的に準備されつつあることをしめしている。

社会主義の定義が生産関係の全般にわたることなく所有関係に限定される傾向にあったことは注意されてよい。「生産手段の公有」だけではまったく不充分なのだ。生産関係は、まず、労働現場における、①だれが決定するか、②だれが指揮するか、③だれが認識するか、にかかわっている。管理者が決定し、職長が指揮し、技術者が認識するとき、労働者にのこされるものは受容と忍耐しかない。

中国における「三結合」の経験は、われわれにおおくの課題をのこした。知識の再生産構造が階層分化をひきおこし、幹部・技術者・労働者のあいだになまなましい矛盾が生じうること、この矛盾解消への努力が結局は一種の失敗としておわっていること、をそれは教えている。この点にかんして、文化大革命敗退の理論レヴェルでの原因として、社会主義社会における階級分析範疇の理論的不整備を指摘したベトレームの考察に注目したい（『毛沢東死後の中国問題』一九七八年）。

さまざまな生産関係における矛盾・対立を激化・拡大すること、この経験のなかから、あたらしい社会主義への展望を用意しなければならない。

生活を変える

北海道・伊達の火力発電所建設に反対しているあるグループは、電気料金の不払い運動（旧料金ばらい）をおこし、電力会社から配電さしとめをうけた。ここに何人かのひとたちは、電気を買いつつ生活する人たちの支援をうけて、電気のないひと冬の生活をみずからにえらびとった。

大阪・松原市の若林では、町内に予定されるごみ焼却場設置に反対して、創意あふれる風向測定や気流観測などをおこなっているが、自分たちのだす「ごみ」について反省し、買物の仕方をはじめ「生活の仕方」をかえることから、市にひきとってもらうごみを以前の三分の一以下とするのに成功したという(生ごみの堆肥化処理成功のあとはもっとさがっているだろう)。

ケインズ以後の資本主義は「むだの交換価値化」を制度化してきた。日本の高度成長は、消費財のみならず、生産財をも使いすてることと一体であった。石油ショック以後の生産再編成のなかで、いま「ものを大切にする」ことの見なおしがすすんでいる。(こうかきつつ、わたしは自分をはじる。ほんの十年まえ、使いすてるということにいまだなれない母にむかって、しったかぶりのケインズ経済学で、すてることで経済がなりたっていくことを説いたのだった。それは一面の真理をついていたけれども、四年もたたないうちに反撃をくらうほど、重要な視点の欠落があった。)「ものを大切にする」運動は、一面では資本の要請によっているが、あきらかにそれを超越する側面をもっている。商品化のなみにおどらされる生活から、生活のありようを考えなおす態度へと変化しつつあるからだ。それは資本が生活をとりこむ永年の傾向にたいする、ほんのわずかの後退でしかないが、生活の再生産が資本の意図をこえた方向へあゆみだした第一歩としては大いに評価されるべきであろう。

さきにひいたふたつの例は、あたらしい生産関係創立への運動があたらしい生活様式をうみだし・強要した象徴的な例であるが、生活様式そのものが生産関係の重要な節目であってみれば、生活を変えることの可能性は生産関係をめぐる対立・抗争の力関係におおきな逆転を用意するものである。

女たちの運動、それは生命の再生産・生活様式・生活文化にふれている点で、他にみられぬ根底さをもっている。それは根底さのゆえに、ふかい困難をかかえている。いかに食べ、愛し、生殖し、死ぬか、すなわちいかに生きるかが問われている。それは生活の再生産の全体にかんする変革の要求であり、階級廃絶と同様のながいたたかいと時間推移とがなければ終焉しないだろう。だからこそ、女たちの運動は生活をかえ、社会をかえていく原動力になりうる。

主婦労働をめぐる価値論争が、一九六〇年、安保闘争のさなか、磯野富士子により提起されて以来、おおくの論者の手をへてつづけられてきた。その論争をふりかえってみると、①対象(現実)を分析するための概念系構築の試み、②現実社会をどうとらえるか、認識しているか、③いかなる価値体系をつくりあげるか、あげるべきか、④ある考え方が運動(あるいは階級闘争)に有利か不利か、前進的か後退的か、の四つの問題領域が、ときにとんでもなく混乱されたまま議論されてきたと気づく。

「主婦労働が価値をもつか」、「主婦労働は生産的か」の問いも、既成の、たとえばマルクスの用語法をそのままうけいれる以上、否定的にこたえなければならないのは当然である。『資本論』のマルクスは、商品社会を分析する概念として、「価値」を交換可能性によって、「生産的」であるかどうかを剰余価値をうむかどうかによって規定したのである。資本主義経済の分析としてはそうでなければならないが、「生活」の分析としては、これらの概念系はきわめて不適切な出発点といわなければならない。

女の運動は、すぐれて理論的な作業を必要としている。①、②、③のどの問題領域についても、それがいえる。この事態は、「生活の再生産」を対象とする学問の不在とみあっている。その構築への努力は、はじめられなければならない。それは、④の、しかも当面の有利・不利とは一応独立にすすめられねばならないし、そうなるだろう。

生活を変えることは、むずかしいことだ。その運動を、たんに倫理的な情熱のみでささえるものにしてはならない。人間はつかれることがあり、これを計算にいれておかないと、いかに高揚した運動であっても敗退することがある。しかし、自己規律のないところからはなにものも生まれない。これも事実である。だから変えなければならない。なおながいあいだ、それはおもに、女たちが主導する過程となるだろう。男にはその必然性がうすいからである。

根底さはとりもどせるか

経済学が、いま一度、根底さをとりもどしうるとはおもわない。このことはすでにのべた。科学にとって、根底さは偶有的な特性であって、それをもとめてえられるものではない。しかし、学問にこころざすものが、根底的な思索からはなれていてよいだろうか。経済学そのものではなく、経済学をつくりだした経験は、あたらしい根底的な問いに生かしうるであろうし、そうあらねばならない。

労働者自主管理、反公害闘争、女の運動、その他もろもろの反乱と造反、これらすべては現在の支配的な生産関係に対立している意味で、あたらしい生産関係を模索する運動である。その現状の認識のためには、われわれの「生活」の構造を分析し、なにを支配されているか知らねばならない。物的生産の主要部が資本主義的関係の支配下にある以上、その生産様式の諸矛盾、とくに生産諸関係の矛盾と生産諸力間の矛盾を分析しなければならない。そのうえで、かつ並行的に、われわれの「生活」の基盤のあたらしい生産関係との結合をはからなければならない。そこには、「所有」に極限されない階級関係の分析と社会主義の再定義の問題がまっている。

4 暴力と向かいあう政治思想

——内ゲバの精神現象学へのひとつのメモランダム——

この論文は、鶴見俊輔の示した課題に応えて書かれた。『思想の科学』一九七五年一〇月臨時号「六〇年代の思想史」の一本にわたしが指名された事情は第2章の「イデオロギーについて」の解題に説明した。事情はそうしたものであったが、鶴見がこうした課題をわたしに与えたのには伏線がある。

一九七〇年の夏から七四年の夏まで、わたしはフランスに留学し、ベ平連の運動から一歩退いていた。しかし、その間、衝撃的な事件が幾つかあった。「よど号」事件のときはまだ京都にいたが、三島由紀夫の切腹事件から石油ショックまで、わたしは外国にいて日本の事件を知った。日本の新聞を読んでいたのではないので、フランスの新聞に紹介されるか、人の話に上ることを通してしか、状況を知ることはできなかった。そうした事情の中でも、日本赤軍「総括」事件は衝撃的だった。一年をニースに暮らしたあと、パリに移ってまもなく、このニュースが入ってきた。モンマルトルに近い食満《けま》厚造のアパートで一夜ながく話し込んだのを覚えている。

こうなる予兆のようなものを、わたしはすでに六〇代末に感じていた。ベ平連自体が内ゲバに巻き込まれることは少なかったが、わたしの回りにはベ平連を「通過」してより急進的な政治団体に移るものがいた。状況によってはベ平連のアナキズムがテロリズムへ転化しかねないという危惧があった。フランスから出した手紙の中で、わたしは鶴見さんにその危惧について書いたことがあった。

六八年、六九年とわたしは関西のいろいろな党派・団体と付き合いがあった。そのなかで、革共同中核派が組織的で統制が取れているとわたしは思っていた。いざというときには自制が効くのではないかと考えていたのだ。今日では、わたしの危惧と認識とはともに誤っていた。ベ平連の何人かは平和な運動から武装闘争にまで進んだが、多くの組織と人間とは七三年のパリ和平協定以降、自主的に解散して普通の市民にもどった。他方、革共同中核派は、わたしの帰国後も際限のない他派との抗争に精力をすりつぶしていた。そのような見込み違いはあったが、リンチ事件をひとごとと思うことはできず、内ゲバにのめり込まない政治思想をみずからに求めていた。

論文執筆に当たって読んだ安東仁兵衛の本は『思想の科学』編集部が送ってくれた。そのほかにヒントにしたのは、高橋和巳の『わが解体』とジャン・ドービエの『中国におけるプロレタリア文化革命の歴史』である。これらはフランスで読んで心に残っていたものである。文化大革命のことは、まだよく分かっていなかったが、ドービエの本でその全体像がつかめた気がした。今から思うと、文革中の暴力については修正すべき点が多い。しかし、当時はまだその実態がよく分かっておらず、暴力の抑制にかんし、論文は文革と中国指導者たちを過大に評価している。

原文は＊で区分されていたが、本書収録にあたり小見出しをつけた。


「やつは敵だ。敵を殺せ」――これが、マキアヴェリからロベスピエールをへてレーニンあるいはスターリンに至るまでの、政治術の極意であった、という説がある。この説は、かなりの真実を含んでいるので、その論駁はじつに困難である。政治過程が、定義として、暴力にその最終手段をおく以上、絶対的に暴力を否定する政治思想は、内部に論理的矛盾を含んでいる（この矛盾を自覚のうえでなければ、非暴力主義は有効な政治思想とはなりえない）。

しかし、政治はたんに、諸暴力の発顕の全体ではない。政治は、一面からは、逆説的にも暴力を発顕させないための社会制度である。政治における悲劇性は、この社会制度自体が、しばしば、政治上の争点としてあらそわれることにある。

党派を超える理論

いかなる時代・いかなる共同体・いかなる集団においても、かならず右派と左派への分裂が見られる、ということから政治学を組みなおそうとする試みがあるが、ここでは右と左というカテゴリーを、比較的にではなくグローバルにとらえて、左派を、現在の資本主義社会になんらかの変革を加えて、政治的にはより広い大衆の参加、経済的にはより平等な生産関係（分配を含む）をめざしている諸勢力と定義しよう。

みるべき事態は、左派の内部構造の複雑さにある。六〇年代は、とくに議会外左翼の諸流派の大量の発生と変遷により、その複雑さが増した。マルクス・レーニンの思想を基本テーゼとする諸潮流の、日本共産党からの分裂と自立、各政治センターの設立（〇〇同盟〇〇派）、大衆運動とくに学生運動への介入が、左派内部の政治過程を、すくなくとも局部的には、大きく様がわりさせた。それは、左派の内部矛盾の激化（あるいは顕在化）とも表現しうる事態であり、世界的には、スターリン批判・中ソ対立・国際的左翼運動の分裂と多様化に見あうものである。左派全体として、この新しい事態に対応する《理論》を創出する必要があったのだが、それはほとんど行われなかった（ベトナムの革命勢力と日本の左派とのひらきは、この点だけをとっても、大きい）。

わたしの言おうとする《理論》とは、ブルジョア権力にいかに対抗して闘うかという——現状認識と運動方針——ではない。それらはすでに、いく種類も、セットにして用意されている。問題は、それらがたがいに同一でないことであり、同一の現実にたいして、あい異なる認識とあい異なる組織原則・運動方針とが生まれるという点にある。このときひとつの党派が他の党派にたいしていかなる働きかけをするかの《理論》がない、とわたしは言いたい。ただひとつあるとすれば、それは、「われわれの理論は正しい。かれらの理論は、われわれのものと違っている。ゆえに、かれらの理論はまちがっている（あるいはこの逆として、「かれらの理論はまちがっている。われわれの理論は、かれらのものと違っている。ゆえに、われわれの理論は正しい」）。かれらがあやまった理論を主張するのは、階級的裏切りであり、したがって敵のスパイあるいは敵そのものである。云々」という、「理論」である。ここには、理論上の矛盾にたいして、それを理論上の矛盾として対処しようという態度はない。

弁証法的唯物論をその世界観とするマルクス＝レーニン主義の諸運動の多くが、自己の内部矛盾の必然性をけっして認めようとせず、自己の世界観と組織の形式的な整合性を、理論的にも政治的にも追求してきたことには、歴史の皮肉がある。一枚岩的な団結の虚構性についての自覚が失われるとき、無限定な「敵を殺せ」の論理がすべり込む危険がつねにある。多くの左翼運動がこの誤りを犯してきたことを率直に認めなければならない。

同一組織内のある成員にたいするリンチ、一定の運動方針をめぐる左派内部での暴力的な抗争としての内ゲバ、対立組織の成員にたいするテロルには、共通の根がある。

暴力を制御して用いる

戦後の日本においては、暴力を制御して用いるという考え方が、ひとびとのあいだに失われたように思える。国家が、国権の発動としての戦争（最高の暴力形態）をすくなくともたてまえとして放棄するとともに、人民にあらゆる形態の暴力を絶対悪として禁止するという三十年の歴史のなかで、このことには曲折があったが、暴力否定の考え方には広くうけいれられてきた。革命を追求する左派の内部においても、暴力は、全か無か（革命戦争か平和革命か。「敵の出方論」はその変種）の問題として捉えられることはあっても、必要悪としてそれを制御して用いる思想は生まれなかった。しかし、このようにして作られた暴力否定の風潮は、ガンジーの唱えた意識的な非暴力思想とはまったく異質であると言えよう。ガンジーは、イギリス帝国主義という、良質なしかし巨大な暴力機構にたいして、みずからの非暴力を対置した。暴力否定の考え方には、みずからが暴力に訴えないことのほかに、ふりかかる暴力に正しく対応できることが含まれなければならないが、わたしたちはそのような能力を育ててこなかった（これは、たいへん高度な能力であろう。なぐったら、殴り返す（「自衛」戦争）というのも、なぐられたら、泣きわめく（暴力キャンペーン）というのも、正しい対応とは言えない。わたしたちは、暴力を振るうときも振るわれるときも、あまりにヒステリックといえないか）。

中国文革の経験

文化大革命下の中国において、各地に武闘（＝ゲバルト）があったと報告されているが、そのとき用いられた武器は竹槍や鉄の棒であったという。民兵制度が発達し、有事にはあらゆる老若男女が銃を取るとされている国において、かつあの激烈な権力闘争にさいして、なぜ武闘が一般的な銃撃戦に発展しなかったか（一九六七年七月の武漢事件では、銃火器が使われたという報告がある）、考えてみる価値がある。

最近中国を訪れた中岡哲郎の報告（『現代の理論』一三八号、一九七五年七月）によると、中国（共産党）がスターリンの誤りと考えていることがふたつあって、そのひとつは一九三六年の憲法で、ソ連社会では階級闘争は消滅したとしていることだという。粛清の問題は、もし内部闘争が存在するとすれば、それは帝国主義の手先から送りこまれた人間との闘争だけであるという誤った認識から生まれた、との評価がそこにある（階級的な矛盾を粛清によって解決することはできない）。

毛沢東は、抗日戦争中の一九三七年に書いた『矛盾論』のなかで、レーニンを引いている、「敵対と矛盾とは、まったく異なったものである。社会主義のもとでは、前者は消失するが、後者は存続する」（レーニン、一九二〇）。かれはこのことばを忘れることなく、一九五七年六月、「人民内部の矛盾を正しく処理する問題について」を書いた。十年ののち、この論文は、武闘ではなく文闘により、文化大革命は遂行されなければならない、との規範を与えた。一九六六年八月八日の「プロレタリア文化大革命にかんする中国共産党中央委員会決定」（いわゆる「一六項宣言」）の第六項は、「人民大衆のなかにあい異なる意見の存在するのは正常である。ある異なる意見の衝突は、避けえないものであり、必要であり、有意義である」「少数派は保護されなくてはならない。なぜなら真理はしばしばかれらの側にあるからである。たとえかれらが誤った見解をもっていても、その意見を弁護し保持することがつねに認められる」と述べている。敵対的な矛盾と敵対的でない矛盾とをはっきり区別し、人民内部の矛盾は、敵とわれわれとの矛盾とおなじように扱ってはならないという。

「(土地改革における) 打撃面の総和は、一般に戸数の八パーセント、人口の一〇パーセントをこえてはならない」と、国共内戦中の一九四六年から四八年にかけて、毛沢東はくりかえし強調している。実質的に毛沢東が参加したといわれる「一六項宣言」では、「最終的には、九五パーセント以上の幹部と九五パーセント以上の大衆の団結を実現することができる」としている。約二十年の革命と社会主義建設の努力の結果として、「敵」のパーセンテージが一〇から五にさがっており、いまは五パーセントの資本主義への道を歩く「敵」にたいして社会主義を守るときだとしているところに、毛沢東の革命にたいする自信が感じられる(「最後に一回勝利する」という安易な革命観と、かれは対極のところにいる)。

反党・反社会主義の右翼分子と呼ばれる最後の五パーセントについても、「一六項宣言」、第八項「幹部について」の末尾で、かれらの影響は完全に抹殺されなくてはならないが、「同時にかれらには、正しい道に戻ることができるよう、ひとつの出口が示される」としている。

マルクス=レーニン主義の立場にたち、人民の権力は銃口に発するとの考えによりながら、暴力にたいする、自覚され制御された姿勢がここにはある。大胆に大衆動員をなしとげ、大衆どうしをあい争わせながら、無限定な内ゲバに陥ることのないひとつの可能性を中国共産党は示している。

安東仁兵衛の提起

安東仁兵衛の『日本の社会主義政党』(現代の理論社)は、さまざまな意味において、左派内部の問題を考えさせてくれた。かれの提起を三つの水準に分けることができよう。

第一の水準は、認識論にかかわる。安東は、レーニンの民主主義的中央集権制における三つの視点の第一として、「前衛の正しさをいかにしてつくりだし保証するかという認識方法上の問題」をあげている。ひとつの政治路線は、正しいあるいは誤ったものとして存在するのではなく、正しいものとして（あるいは誤ったものとして）つくりだされるという考えは、レーニンの哲学の非常に深いところをついていると思われる（アルチュセールは、そこにレーニンの哲学への最大の貢献をみている。『哲学と学者の自然発生哲学』福村出版[1]）が、日本におけるレーニンの読み方として非常な新しさがある。安東自身が引いているように、丸山眞男のつぎの指摘があてはまるからである。「『プディングの味は食べてみなければわからない』という有名な言葉がありますが、プディングのなかに、いわばその『属性』として味が内在していると考えるか、それとも食べるという現実の行為を通して、美味かどうかそのつど検証されると考えるかは、およそ社会組織や人間関係や制度の価値を判定する際のふたつの極を形成する考え方だと思います」（『日本の思想』岩波新書）

　第二の組織論の水準では、安東は複数政党制の問題を論じている。かれは、単一前衛党の公理が、認識論的にも政治的にも擁護できないこと、しかしこの公理が、日本共産党をはじめとするマルクス主義諸党派に根づいていることを指摘し、「反党分子」をかならず敵とみなすことに警告している。「党の敵」＝「人民の敵」の図式から、リンチ・内ゲバ・テロルへの距離は短いとする適確な指摘がある。

　第三の水準で、安東は、いくつかの実践的な規範を与えている。その根本は、「現段階における大衆闘争の武装は、あくまでもたたかいの大衆的自衛の表現として、防衛的な性格において承認され、大衆的同意をかくとくできるものであることを確認しておかなければならない」というものである。そのような大衆の自衛的武装の例として、三井・三池の闘争（一九六〇）と日大闘争（一九六八）とを、安東はあげている。三里塚における農民の武装された抵抗も、それに加えられるであろう。しかし、たとえ敵権力（の手先である機動隊）にたいする場合でも、スタイル化した「武装」闘争は、政治路線の弱さにほかならないとして、大衆運動の堕落と、社会主義者・共産主義者としての人間の退廃を、安東はいましめる。

　敵をでなく、「新しい多数派」を作りだすことが、安東仁兵衛をささえる政治思想であることを考えれば、かれにひとりの一貫した共産主義者を認めても良いであろう。

敗け方を視野に入れる

大衆運動がその指導者たちの意のままに動くとしたら、それはもはや大衆運動ではない。しかし、だからといって、指導者が必要でないのでも、またかれらに責任がないのでもない。運動の統御がむずかしいときほど、その運動の位置と方向を見極めて、軌道の修正を図っていかねばならないだろう。そこに指導と自発性とのダイナミズムがありうる。

幹部と大衆という二分法を暫定的に認めるとして、この両者のあいだにもっとも困難な関係が生じるのは、運動の拡張期・発展期ではなく、運動の一時的後退を余儀なくされ、そこでの持久を図らねばならないときである。一般に幹部は、早急に事態の収拾を図ろうとして、大衆の自発性を十分に発揮させずに芽をつみとってしまう傾向があり、それは大衆のあいだに指導にたいする不信（ダラ幹、ヒキマワシ）を植えつけることが多い。だが、今後の展望が開けず、だれの目にも、運動の撤退を図らねばならないときに、なんら事態収拾の方針をうちだせないとしたら、そのような指導層は、失格であろう。

全共闘の運動がきりひらいた地平には、多くのするどくつきつけたものがあり、いく度となく反芻してゆかねばならない。しかし同時にまた、あの運動が極度の退廃をみずからのうちに含んでいたことも反省しなければならない。大学の自治＝教授会の自治の破産宣言が、同時に学生自治の破産を意味しており、新しい自治の論理をいかにして作りあげなければならないかという、みずからに課せられた問題を放棄したこと（やりたいものが参加するという共闘委員会の論理は、やりたくないものとどうかかわりあうか）。闘争の長期化と戦線の膠着につれて、大衆動員の対象が、いわゆる民青系学生との武力衝突になっていったこと。事態を積極的に打開することも撤退することもできず、政治的動員の低下を覆いかくすために、「機動隊導入による正常化」という権力側ペースでの収拾を望む空気まで生まれたこと（「それにより権力の実態が明らかになった」という評価は、反革命を成就させること（たとえば、チリ）により、反動勢力＝帝国主義の実態を明らかにするという考えに等しい）。これらすべては、大学闘争は大学改革にしか終わりえないという当然の理をこえて、わたしたちのあいだに広まった、一種の夢想状態（フランスの五月のイメージが、まだ鮮明であった）から生まれたと思う。このことには、自分自身のふがいなさへの想いが重なって、わたし自身、思いだしたくないほどの心理的圧迫をおぼえるが、六八年から六九年にかけて、全共闘運動に、幹部のひとりとして参加したひとも、大衆のひとりとして参加したひとも（しかし、みずから進んで参加したひとは、だれでもいく分かは幹部であるのだが）、いま一度、考えなおさねばならぬことではないか。

どのように敗けたら良いか、ということを全然視角に入れることなしに敗けた点において、全共闘運動は、旧日本軍の敗け方に共通したものをもっている。

消極的参加者の積極的意義

どんな小さな運動体においても、より積極的に参加するひとたちが、より消極的に参加するひとたちにたいして、モラルのうえで優位にたつことを禁ずることはできない。しかし、こんな小さなことも、その倫理が極限にまでおしすすめられた場合には、連合赤軍事件にまで発展する可能性をつねに秘めている。査問とか総括とかのことばで表れてくるリンチ事件は、スパイにたいする恐怖がひとつの集団の成員全体をおし包んだとき、ある一定の確率をもって必然的に起こると考えられるが、リンチの内容を残酷にするのは、恐怖を加害者に逆転させる、積極的参加者優位の倫理であろう。高橋和巳は、みずからが参与した経験から、査問にはすくなくともひとりの外部の人間のたちあうことを、客観性の保証と不必要な暴力行為の発生を防止するものとして、提唱している。当然に参加しないひとの存在がもちうる意味について、いままでの運動論は無自覚であったように思われる。

ベ平連のような、開かれていることをめざした集団においても、より積極的に参加するひとたちが、より消極的に参加するひとたちよりも、より「意識の進んだ」「前衛」であって、政治的・道徳的判断において優れているという意識＝無意識にたいして、有効な対抗価値を保持することは困難であった。積極的参加者優位の倫理は、組織保存のための一種の本能とも言えるものである。しかし、この本能を野ばなしにすることで、組織は次第に独善的かつセクト的になり、政治上の理想自体にひずみが生じる。真に自由で人間的な社会の実現をめざす運動であるならば、つねに脱落の自由を認めるとともに、一度自分たちの運動に加わりながら、その後離れていったひとたちのことを忘れてはならないだろう。(「ともに歩みまた別れて歩む」という竹内好のことば(中国のことばなのだろう)が、わたしは好きだ)。また半身の姿勢で参加するひとたちを、たんなる同調者として利用するのではなく、積極的な参加者の思想的にも必要な補完部分として、かれらに学ぶ心を失ってはならないと思う。

政治がすべてに優位することをたとえ認めるにしても、政治的価値が価値のすべてではないという自覚のない政治家は、恐ろしい政治家である。

敵を味方に転化する能力

六〇年安保闘争の終焉にともなう、第一次共産同の崩壊の過程で、ある重要な部分が革共同に流れたのは、共産同結成以来、革共同がつづけてきた理論闘争の結果であるという。その革共同が六三年にふたつに分裂して以来、次第に抗争の度をつよめ、無制限なテロルの相互交換をくりかえして現在にいたっている。

左派内部における誤った理論の存在は、革命の将来をあやうくするものであるから、権力奪取に先だって叩かねばならない、という主要打撃論以来の「理論」がある。党派間の抗争にあらわれるのは、きまってこの変奏曲のように思われる。わたしは、この「理論」が、認識論的にも、組織論的にも、現在の政治情勢からいっても正当化できないことを証明できると思うが、もしこの「理論」を認めて、あいて党派が、当面の「敵」であることを認めたとしても、そこから、テロルの正当化は、政治的にはでてこない。それには、つぎのことばのあることを思いだせば十分であろう。

「敵を味方に転化することが革命家の能力であり、このことなくしては革命はありえない」

ロシア革命の歴史のなかで、メンシェヴィキの果たした役割は、その政治路線からみるかぎり、反革命的なものであるかも知れないが、二月から一〇月への過程において、少数派だったボルシェヴィキが急速に影響力を伸ばしえたのは、メンシェヴィキからの多量の流入があったからだ、と菊地昌典が実証している。他党派からのテロルの恐怖におびえて、自派からのテロリズムの頻発をおさえきれない「レーニン主義者」は、ボルシェヴィキたりえないであろう。

有機的知識人のヘゲモニー

リンチ・テロルをも含む広義の内ゲバについて、それがどういうとき起こるか、どういうふうに発展するか、してしまうかは、かなりの強い法則性をともなう集団心理の過程として、社会学の対象となりうるだろう。この過程の働く諸力は、一指導者・一指導部・一党派の主観的な意図をこえて働く自然力といえるものだが、その自然力を有効に制御することができずに、それらに押し流されるようでは、良い組織者も優れた政治力をもった指導者もいないと言えよう。ここで、制御とは、まず自己制御すなわちみずからに働きかけることにより他に働きかけることでしかありえない。あいての党派の存在が悪なのではなく、みずからの影響力を大衆のあいだに十分強力なものにできないところに問題がある。

六〇年代の日本の左派には、「団結を守る」か「分裂する」かの二者択一の思考のみがあって、「団結を作りだす」という思考を欠いていた。原水禁運動の分裂から、反戦青年委員会の崩壊にいたるまで、党派性の論理のみが先行して、反体制運動は、結果として大きな損害を蒙ってきた。反戦青年委員会の運動がいかに革命的・戦闘的であったとしても、社会党・総評により、その全国委員会を解散させられて以後、ついにそれを回復することができなかったことは、この運動（およびそれに参加した諸党派）のもろさを示している。リンチ・テロル・内ゲバは、運動のこのもろさと同質のところにある。リンチは組織内部のもろさを、テロルは組織的自立のもろさを、内ゲバは政治路線のもろさを、それぞれ暴露している。そして、これは、すべて究極的には、左派内部におけるイデオロギー性の脆弱性にもとづいている。

プロレタリアを中心とする革命的歴史連合を形成する力は、党を代表とする有機的知識人のイデオロギー的なヘゲモニーである、とグラムシは考えていた。このイデオロギー的なヘゲモニーとは、まず第一に、強制によらざる自覚的な統合の力（集団的な意志の形成能力）である。階級的・戦闘的なイデオロギーを形成することができずに、たんに「政治的」（「左」への暴力路線、右への妥協路線）にのみ、局面の打開を図ろうとすれば、それは権力にたいする有効な打撃を用意しうる以前に、左派内部の矛盾によって失敗するであろう。

（1）フランス語原題の直訳。当時わたしはこの本の翻訳に取り組んでいた。のちに福村出版より『科学者のための哲学講義』（西川長夫・阪上孝との共訳、一九七七年）として出た。

5 経営の思想と自主管理

国民文化会議の連続講座「現代日本の思想」の第八回目講演の記録である。本文末尾にあるように、講座は一九九二年一一月一三日に開かれた。場所は東京の総評会館の一室である。本文は、講演と質疑の全体をテープにとり、比較的正確に起こしたものである。起稿と小見出しは広瀬勝芳による。

国民文化会議は、一九五五年に発足し二〇〇〇年まで続いた文化運動団体で、総評の呼びかけと支援により、学者・芸術家・ジャーナリストや文化団体が集まり、新しい国民文化の創造を目指していた。初代会長は上原専禄だったが、一九六〇年代以降、日高六郎が代表を務めていた。わたしと国民文化会議との関係は、日高六郎およびながく事務局を担当した広瀬勝芳との個人的な関係による。この会議に参加する経済学者が少なかったことがあり、ときどき広瀬氏に頼まれて上京し、コメンテイターなどを務めた。一九八四年に企画委員、八六年に常任委員となり、会議の終了まで常任委員を務めたが、大阪に住んでいた関係上、大した貢献はできなかった。

講演は、広瀬氏からなにか経済関係でと頼まれたもので、主題はわたしが提案した。ソ連の崩壊後とはいえ、このような内容の講演を労働組合関係者の多い会合で話すことには多少の躊躇があった。もっと激しい反論があるかと予想したが、参加者の礼儀正しさのためか、強い反発はなく、いくぶんか拍子抜けの感じであった。

本章と同趣旨の講演を後に村岡到の主宰する「ロゴスの会研究会」でしたことがある。一九九六年一〇月一三日、場所は文教区民会館であった。そのときの表題は「労働者の力とその源泉——知的熟練をめぐって」だった。経営は、労働者の行動のすべてを管理できない。労働者のみが提案しうる改善策がある。経営は、労働者の知識（知的熟練と改善能力）にたよらざるをえない。ここにこそ、労働者の固有の力の源泉がある。労働者が労働の現場で力を取り戻すには、科学的管理法が経営者側に集約して体系化した知識をもう一度労働者が取り戻すことだ。それは政治的な権力以上のものであり、自主管理の基礎を築くものだ。これが全体の趣旨であった。

この講演にも、質疑の時間があったが、正面切った反論はなかった。しかし、国民文化会議での講演を含めて、これらの講演が聴衆の心を動かしたとも思えない。容易には消化できない石を投げ込まれたといった受け取り方が一般的ではなかったろうか。労働運動と経営の思想とは相容れないという考えがながく左翼の思想の中にあったようにおもう。経営の思想がマルクス主義には欠けていた。このことは社会主義の経営を困難にしたばかりでなく、市場経済内における左翼の運動をも知恵のないものにしてしまった可能性がある。

もっとも、いわゆる経営学にも、労働者の立場にまで降り立った考察が少ないのも事実である。松永桂子は『一橋ビジネスレビュー』の特集「マネジメントの一〇〇年」（第四八巻第三号、二〇〇〇年一二月）には「自主管理」という言葉がないと指摘している。

ユーゴ社会主義にかんする知識の大部分は、岩田昌征からの耳学問による。岩田のトリアーデ論は、わたしが経済体制を考えるに当たっての基本的な枠組みを与えてくれた。氏の学恩に感謝する。もちろん、本文中に誤りがあるとすれば、それはわたしの誤解に基づくものである。

非営利企業・団体にも経営は重要

わたしたちは「経営」というと、会社の経営を想い起こすのがふつうだろうと思います。しかし、わたしは経営学をやっているわけではありませんのでそういう話はできません。わたしがきょうのテーマを「経営の思想」としたのは、経営がふだんの生活にも、あらゆる組織にも、非常に大切だと考えるからです。

経営という考え方は非営利企業や団体にとっても重要だと思います。例えば、大学は教育・研究が主となっており、非営利企業の代表みたいなものです。それがこれから一八歳人口が少なくなるというので、いま私立大学は大変危機感を抱いています。理事会などが、新しいプラン、学生サービス、建物の建て替え、新しい学部・学科をつくる、面白い先生を引張ってくる、その他いろいろなことをやっています。

わたしは大阪市立大学に勤めていますが、こういう公立大学は経営主体がはっきりしません。大学の自治ということで、教授会や各学部の評議会などがありますが、これらがお金を出しているわけではない。では、大阪市が経営の主体かといえば、市の方では、大学のことは大学に任せてありますと言う。国立大学の場合は、文部省の「飴と鞭」の政策でだいぶ変わってきました。公立大学はいま私立大学と国立大学の中間にあって、谷間に入ってしまっています。

大学であっても、どこで誰かが経営を考えなければならない。日本では、また、大学の学長の立場がよく分からないものになっています。大学の「顔」であることは確かですが、経営を想定されているのかどうかはっきりしない。

学長の任期は四年とか六年で、十年やられる方はほとんどいません。学部長は二年で交替するのがふつうです。こうなると、その大学の将来をどうしていくかなどを考える余裕はないし、考えたとしても実現する期間はありません。

アメリカの大学は違います。例えば、ハーバード大学の学長は、非常に長い間やります。最近の事例ではデレック・ボック氏。かれは一九七一年に四一歳で学長に抜擢され、一九九一年までその職についておられる。だいたい二十年から三十年やるのがふつうで、二〇世紀に入ってからハーバード大学の学長は五人しかいません。

学長になると、経営者ということで、学問はできなくなります。ジェイムズ・ブライアント・コーナー氏は、一九三三年から一九五三年まで学長をした方ですが、学長に指名されたとき「もしこのまま化学をやっていけば、ひょっとしてノーベル賞を貰えたかもしれないのに」と嘆いたという話も伝わっています。

アメリカとは対照的に、日本の大学では、経営という観点がほとんど抜けていました。とくに国立、公立の大学では経営の観点はきわめて希薄でした。

経営が悪いとすべての人が損をする

つぎに、地方自治体。わたしは地方政府と言うべきだと思いますが、自治体に経営の考え方があるでしょうか。英語の administration を、日本語では「行政」と「経営」とふたつの訳し方をします。印象的なことをいって申しわけありませんが、地方公共団体には行政という考えはあっても、経営という考えはあまりないと思います。関西ですと、例外的に神戸市には経営のセンスがあります。大阪市は行政にかんしてはすぐれていますが、経営のセンスはどうでしょうか。

例えば、わたしは「都市経営論」という講座をつくれないかと、大阪市に働きかけたことがあります。しかし、「都市行政論」を法学部がやっているのでだめでした。わたしは、行政と経営の違いが解らないのでは、大阪市も経営の才がないことを自白しているようなものだ、と言ったわけですが、うまくいきませんでした。

病院も多くは法人化されています。そして院長は医者でなくてはいけないと、法律で決まっています。しかし、院長が経験のある名医でも、病院経営がうまいとは限りません。最近になって、厚生省も医療経営専門官制度を導入しました。病院経営は医療行為とは別に必要と認めたわけでしょう。

非営利団体という意味では労働組合はどうでしょうか。経営というと会社の経営のことで、労働組合はそれと対照的なものに考えられていないでしょうか。しかし、労働組合にも経営は必要です。とくに、組合員の加盟率が上がらない時期には考えなければならないだろうと思います。もちろん、組合のなかにも経営を考えている人たちがいます。関西生産性本部から出た『ユニオン・メニュー』という本は、関西のいろいろな組合の新しい試みをまとめています。

経営が重要なのは、経営が悪いとすべての人が損をするからです。企業の場合は、経営者が企業を食い物にし、潰れてしまうこともあります。大阪ですと、「イトマン」事件が有名になりました。乱脈経営で会社は解体され、従業員の再就職、株価の下落、貸した側の住友銀行もなかなか債権を回収できない、という問題に発展しました。経営者も解任されましたが、それは本人が悪いので自業自得です。しかし、善意の経営者でも経営が悪ければおなじことが起きます。

社会主義はなぜ崩壊したか

これまで左翼あるいは進歩的といわれる人たちは、ある意味で経営を敬遠してきました。左翼の公式の中に、資本イコール経営である、自分たちは経営する立場じゃない、という考え方があったからだろうと思います。もちろん、左翼の中にも経営を考えに入れた運動もかなり古くからあります。それは「自主管理」といわれてきました。ユーゴスラビアやポーランドの「連帯」が求めたものが「労働者自主管理」で英語でLabor Managed Economyと言っています。つまりここでは、管理と経営はおなじことばです。

ところで、旧ソ連、東欧が八九年から九一年の大激動によってほとんど体制変換してしまいました。残った社会主義もかつてのように計画経済を典型として考えられなくなったのは明らかです。計画型・集権型社会主義は、一九一七年から七四年間にわたるソ連の経験、四十年近い東ヨーロッパの経験をもっています。なぜあのようにもろく崩壊してしまったのか。その原因のひとつに、この経営にかんする大きな誤解があったと思います。

非常に古くからの社会主義の理念に「一国の経済をひとつの工場のように運営する」という考え方があります。この考えはサン＝シモンに始まって、多くの社会主義者たちに引き継がれました。『資本論』の中で、マルクスは資本家たちが「社会のあらゆる一般的組織にたいして、それは全社会をひとつの工場に転化するであろう、という以外の非難の言葉を知らない」という文脈のなかで、この考えに言及しています。レーニンも「ひとつの工場とひとつの事務局にする」という表現で、社会主義経済を示唆しています。

ひとつの国といっても、旧ソ連は非常に大きな国です。もっと小さな国、例えば、ハンガリーのように人口二千万程度の国であっても、一国の経済をひとつの工場のように運営することは殆ど不可能です。社会主義時代にいろいろ組織し工夫してみたが、資本主義経済ないし市場経済といわれる西側の経済発展に比べると、どうも思わしくない、こんな生活はこりごりだというふうになってきます。東欧諸国は一九五〇年ぐらいから社会主義化しますが、その四〇年後に崩壊してしまうひとつの大きな原因だろうと思います。

社会主義は平等を大切にした体制です。しかし、平等を建前として強く押し出すと、反対にどうしても社会に不平、不満が生じやすい。労働者は上に対して不平・不満をもつし、経営にあたる人たちは、労働者が働かないという不平不満を持つ。党や政治家たちも、国民はなにもやらない、と不平不満を持っていました。千葉大の岩田昌征さんは、東欧の人たちはもう社会主義に飽き飽きしていた、共産党の人たちも権力を放りだしたかった、という説を立てています。

崩壊要因はいろいろありますが、そもそも一国の経済をひとつの工場のように運営できるとしたところに根本の誤りがありました。そういう公式に則っている限り、経済は集権的、政治は強権的になってきます。マルクス＝レーニン主義は経営者を生み出さずに、支配者を生み出しました。経営の思想がなかったからです。

どんな階層にも固有の管理領域

経営というと、皆さんは会社の管理図を考えるかも知れません。社長、部長、課長、それから課員。これは主に命令系統を表したものです。こういう管理図で組織すべてがうまく動けばいいのですが、そうはいきません。部門をこえて調整しなければならない面倒が起こることもあります。会社が階層的にできていることを認めると、社長は何をやっているのか、部長、課長は何をやっているのか、を考えてみる必要があります。例えば、顧客のところに交渉に行ってくれば、課員は課長に報告します。重要な案件では、課長と一緒に部長のところへ報告に行く、あるいは会議をもつ。各管理階層には、それぞれ固有の管理領域あるいは管理課題があります。百人を束ねている部長は、百人の社員がやっていることを全部知ることはできません。たとえ知ったとしてもどうなるものでもない。これは社長さんの場合が分かりやすい。例えば、社員が、いろいろな報告を持ち帰り、毎日ひとり一ページの報告を書くとします。一万三千人いる会社では、社長はその報告書を読むことすら全部はできないでしょう。

大きな組織を管理するには必要な情報と必要でない情報を分け、必要な情報だけを上に吸い上げて行く装置がいるわけです。これが階層組織をつくる理由のひとつです。社長がもっている情報・知識は、したがって、ある種の抽象化された世界です。その抽象化された世界にもそれなりの構造があり、考えなければいけないことがあります。例えば、十年先にこの会社をどうしていくか、を考えなければならない。社長の世界と、部長の世界、平の社員がもっている世界は重なりあっていますが、あり方が違います。それぞれ違いがあり、固有の複雑さがある。平社員の仕事を課長がすべて分かっているというものではない。社員が自分で考えて処理しなければならないことがいっぱいあるわけです。

ですから、どんな階層にも管理の問題がある。必要な情報を集め、判断し、方針を決めたらそれを実行していかねばなりません。どの階層にも自己管理、自主管理はあります。ただ、経営者たちがやっている経営が、いちばん目だつ形であるために、経営者たちのやる管理のみが経営だと理解されていると思われるのです。

ユーゴの自主管理と社会主義社会の価格①

そういう流れの中で新しく出てきたのが、労働者自主管理の思想です。この自主管理社会主義に、最初に取り組んだのが、ユーゴスラビアです。一九九〇年、ほとんどの社会主義が崩壊してしまいましたが、ユーゴがソ連・東欧とは全く違う社会主義を目指した運動であったことは注目していいと思います。

第二次大戦が始まると同時にユーゴは、ドイツ、イタリアなどに占領されます。しかし、チトーに指導された共産党が抵抗戦線（レジスタンス）を組織してゲリラ戦を続けます。共産党側も大きな犠牲を払ったが、ドイツ側にもものすごい消耗を強い、一六個師団がユーゴに釘付けになってしまいました。これをロシア戦線に振り向けることができたら、戦況も大部変わったでしょう。最終的にはナチス・ドイツが崩壊する段階で、チトーは自力でユーゴスラビアを解放しました。東欧でソ連軍が入らなかったのは、ユーゴとアルバニアだけです。そしてユーゴはソ連の力によらずに共産主義化に成功した。

ところが、自力で共産主義化したことが、ソ連共産党との仲を悪くしてしまいます。一九四八年、コミンフォルムはユーゴ共産党を除名してしまいます。ユーゴ共産党が独自性を強調した、尊大な振舞いがあった、という理由です。本当に尊大だったのはソ連共産党でしょうが、当時は兄弟党は対等の関係ではありえなかった。

ユーゴは大変困りました。貿易でも四〇%以上が東ヨーロッパ、ソ連向けだったのが、一挙に途絶えてしまう。現在だったらあるいはアメリカがすぐに援助したかも知れませんが、当時はまだ冷戦のさなかでしたし、チトー共産主義に対する警戒心もありました。

ユーゴ社会主義も、最初はソ連とおなじように国有工場をつくり、国有企業として経営していく方向を目指しました。コルホーズ方式のような共同組合を発展させる努力も続けました。しかし、次第にチトーたちは、共産主義はソ連型の中央集権的な計画経済ではうまく行かないのではないか、と考えるようになりました。

マルクスやエンゲルスを読んでみても、未来社会は計画経済にいくとも書いてあるが、一方では自由な生産者の連合といったことも書いてあります。共産主義・社会主義にはそういうあいまいなところがある。ソ連型の社会主義だけを共産主義と考えなくてもよい。そこでチトーは理論家ではないので、主にカルデリという後にチトーと喧嘩してしまう人を中心に社会主義理論の組替えをはじめます。

カルデリは、労働に基礎を置いた社会を作るために、連合労働組織を国家経営の基礎に置いた社会主義理論を追求しました。日本でいえば、職場単位のような連合労働基層組織をいくつも束ねてひとつの企業をつくり、それを束ねて地方社会をつくり、さらにそれらが集まってユーゴ全体で連邦政府をつくるという形に進みます。

当時の考えは、二百人か三百人くらいの組織を基礎に作っていったのですが、日本でいえば企業にあたる労働組織と労働組織との間の取引をどうするか、という問題が起こります。例えばひとつの労働組織は時計をつくっていて、別の労働組織はテープレコーダーを作っている場合、時計とテープレコーダーの交換比率をどうするか、という問題が起こります。集権的な計画経済の場合は価格局で価格を決めたのですが、主権をもつ組織どうしの場合、交換価格はその組織間協議で決めるわけですが、利害が対立しますから、非常にむずかしい協議になります。

この論理をつき詰めて行くと、労働組織と労働組織の間は市場原理で運営する以外になくなってきます。市場原理をどれくらい認めるか、ユーゴでもいろいろ揺れましたが、基本的な原理としては市場取引でやる以外にない、というのが結論です。

自主管理労組からポーランド「連帯」へ

労働組織の内部では、例えば賃金問題などがあります。連合労働基層組織がいくつか集まって企業を作る。その企業の経営者は基層組織の代表が集まった評議会で任命します。そして、その経営者にいくら払うとか、どういう経営をしてもらうかとかは、話合いでやる。つまり、労働組織内の問題は協議、組織の間も協議。ただし市場が存在する場合、それを参考にする。教育、兵役、社会保障といった社会サービスにかんしては、それぞれの企業から代表者を派遣して、拠出額を決めてきました。原理はこういうことで、理念としては良くできています。しかし、実際はそううまくいきませんでした。

なぜか。各企業の中の労働者は自分の給料を上げることを優先します。経営者は労働者側が任命するので、賃上げをおさえることは難しい。自分の思うとおりに企業を経営できません。売上から原価を引いた剰余の中で賃金への分配が多すぎて、投資に回る部分が少ない。そうなると企業は新しい製品、新しい商品、新しい分野を開拓しにくくなります。このことが若い人の失業につながっていきました。つまり労働者自主管理社会は、必要なだけの働き口を作り出すことができなかった。そのため大量の人たちが移民労働者として主に西ドイツに出ざるを得ませんでした。百万単位の人たちがいつも外国に行っていたわけです。

ユーゴ社会主義のもうひとつの問題はインフレーションです。生産性を上げずに給料を高くする手っとり早い方法は、製品価格を上げることです。日本のように企業がたくさんあって競争している場合は、下手に製品価格を上げると売れません。しかし、ユーゴは国有経済で出発し、産業構造が独占的だったので、比較的簡単に値段を上げられた。労働者は、とうぜん自分の生活を維持・改善しようとする。賃金を上げろ、ついては製品価格を上げろ、という要求がでてきます。これをどの企業もやれば完全なインフレのサイクルができあがってしまいます。ユーゴの末期には年率一〇〇〇%を超えるインフレが起きますが、それ以前でもユーゴは社会主義国の中で高いインフレで有名でした。

このように労働者自主管理経済はうまくいきませんでした。ただ、社長が命令して社員がこま鼠のように働くというのではない社会を作り出すことには成功しました。さらには、党や国が労働者を駆り立てない社会、自分たちが進んで労働を組織していく社会を、曲がりなりにもつくりだしました。

ユーゴのこの運動は、ポーランドの自主管理労組「連帯」の中に取り入れられました。ワレサさんの「連帯」が一九八〇年にでき、いったん非合法化されますが、最終的に八九年に「連帯」と共産党政府とのあいだに和解が成立し、議会の選挙で「連帯」が大勝利しました。共産党は単独で内閣を組織できなくなり、東欧ではじめて共産党以外の勢力が入った連立内閣ができます。

この連立内閣をソ連が認めるかどうかを、東ヨーロッパの人たちは注目していました。ゴルバチョフさんには、民主的な選挙に基づいてでき上がった政府を軍隊で蹴散らす論理は見つけられませんでした。そのことがわかると東ヨーロッパの諸国は急速に動きだします。合図を待っていたのです。そして、ルーマニアを含めてたちまち社会主義体制はひっくり返ってしまいました。

この大変化の引き金を引いたのが「連帯」だったのですが、その「連帯」の考えが自主管理労組だったわけです。しかし、現在はいかに市場経済化をやるかという話ばかりで、大きな目標として自主管理社会を作ろうという話はどこからも出てきません。

スペイン・モンドラゴン協同組合

もっとも、国単位で見なければ、自主管理が根づいているところはあります。それはスペインのモンドラゴンという町です。その前史はロシア革命以前にさかのぼります。一九一〇年、バスク地方に「バスク労働者連帯」が結成されました。これはカトリック系の労働組合で、一九二九年に第一回の大会を開き、「協同組合主義」を決議します。その後、スペインは共和制から内戦へ突入して、共和国側の全面降伏という形で内戦に終止符が打たれたのは一九三九年のことでした。しかし、協同組合主義の思想は生きていました。

一九四一年、バスクのモンドラゴンという二万五千人くらいの町にホセ・マリア・アリスメンデスという神父が赴任します。かれは最初その地の工場の徒弟学校の教師になりました。かれはそこで、教育の重要性に気づき、技術専門学校を作ろうと企業に提案します。

しかし、企業がいい返事をしないので、いろいろな人に働きかけて基金を募り、一九四三年、独立の技術専門学校をつくります。最初の生徒が二〇人でした。この人たちがウルゴールという会社をつくります。最初は株式会社として発足しますが、一九五六年に協同組合に再組織します。法制上いろいろ問題があったようで、どういう形態をとるか、研究を重ねています。そして、この協同組合が母体となって、次々新しい協同組合をつくることに成功しました。銀行に相当する信用協同組合を持っています。一九八〇年近くには全部で七〇の協同組合があり、一万五千人以上の人が働いています。

日本でも、神戸生協などは加盟員が百万人近いという大きな生協があります。しかし、このモンドラゴンの組織は、基本的には生産協同組合です。最初はオーブン（クッキング用のストーブ）を造るところから始まったのですが、現在でもいくつかの種類の製品はスペインで四〇％～五〇％のシェアを持っています。信用組合は九三の支店と三〇万の預金口座をもっています。

スペインは、国全体としては市場経済の国ですが、モンドラゴンは株式会社組織とは別の、新しい生産と生活の方式を作り上げていきました。

自然発生の芽を育てることが大切

社会主義の問題を考える場合、例えば、スターリンに殺されたトロツキーは、一国社会主義では社会主義は成立しない、と考えました。この考え方は現在でも一部支持はされています。

しかし、わたしは、トロツキーの考え方には問題があると思っています。というのは、世界が一挙に社会主義化しないと成立しないような社会主義は、必ず独裁に行かざるをえません。しかし、全世界の人びとがそろって社会主義化に賛成することはあり得ない。ですから、一挙に社会主義化しようとすれば、武力などの強制力を使う以外にない。そうすると、必ずスターリン体制に似た強権に基づく社会主義化を進めざるを得ません。計画経済がもしうまくいったとしても、その間の犠牲が大きすぎますし、そこから生まれてくる社会が自由な気風をもつものとは考えられません。

こういうことを考えると、自然発生的にだんだん大きくなっていくことが、社会主義にとっても非常に重要な条件だろうと思います。マルクスやエンゲルスたちは、オーウェンなどを空想社会主義だと批判していますが、もし社会主義もだんだんに拡大していくことが可能だったら、スターリン主義に行かなくてもよかったかもしれません。計画経済は部分的に成立させることができないので、この点でも問題があります。

モンドラゴンの場合は、ホセ・マリア・アリスメンデスというひとりの神父が頑張って仲間を増やし、大きな協同組合の連合体につくりあげました。これが市場社会の中でも生き残ったところに、大きな意義があります。もし社会主義的な将来があるとすれば、小さな核から次第に拡大できるものであるはずです。

資本主義も実は、自然発生的に生まれ、世界に広まったものです。封建社会の中に自主的に生まれた小さな核が領域を広げて現在のような形になりました。けっして権力によってひろめたものではないのです。そこに、市場経済ないし資本主義経済の強みがあります。

このように自然発生性という点に着目しますと、日本でもいまある自主管理の芽を育てていくのがいいと思います。いままで社会主義の運動は「青い鳥」の追求という側面が強くあったと思います。それはふたつの面でいえます。ひとつはでき合いの幸福の追求をしたこと、もうひとつはその系として外国にモデルを求めたことです。

かつて、ソ連が理想社会といわれた時期があったし、ソ連がだめになったら中国だといった人もいました。自主管理も下手をすると「青い鳥」になる危険がありました。幸か不幸か、ユーゴの自主管理社会主義も崩壊して、外に求めるべきでき合いのモデルはなくなりました。これからは、もっと地道に、自分たちの経験のなかに、自主管理を育てていけるかもしれません。現在の仕事の場から自主管理の芽を育てていくことは、けっして資本主義賛美ではありません。

経営能力が高い日本の主婦と労働者

先ほど、各階層に経営の問題があると言いましたが、これを自主管理のベースにしなければなりません。社長でも課長でも、すべての社員・すべての課員の一挙手一投足を把握することはできません。そのレベルでは自然発生的な自主管理が存在しているのです。その力を、もう少しフォーマルな部分でも生かせるかどうか。これがこれからの自主管理運動の課題になると思われます。

どの階層にも経営の問題があるということは、どの人にも経営の問題があるということです。わたしは、日本人の平均的な経営の水準は非常に高かった、と考えています。

分かりやすいのは日本の主婦です。最近は女性が主婦として家にいるのはあまり高く評価されない傾向がありますが、日本の主婦は世界でも珍しいほど高い能力を持って家庭の経営をしています。日本では財布の管理を殆ど主婦がやっています。しかし、例えばフランスで奥さんが財布の管理をやるのはそれほど多くないし、パキスタンなどでは絶対にやらない。家計の管理ができるというのは大変なことです。それから日本の主婦は料理のレパートリーが非常に多い。日本料理、中華料理、西洋料理を区別してできる。こういう国もごく珍しい。三番目は、子供の教育。教育ママ、ママゴンとか陰口がいわれますが、教育のことを全然考えられない主婦と比べれば、日本の主婦は能力がたいへん高い。家庭経営という点では、日本の主婦は世界でも稀なくらい、高い能力を持っています。

もうひとつの例は基層にある労働者の経営能力の高さです。労働現場での管理、経営、ＱＣ運動とかトヨタ生産方式なども、実は日本人一般の経営能力が高い例証ではないかと思います。

テイラー・システムは何を変えたか

ＱＣ運動の歴史は、一九世紀の末から二〇世紀初めにかけて、アメリカで一万人規模の大きな会社がどんどんできたときに始まります。ただ会社が大きくなっただけでなく、労働の編成の仕方に大きな変化を伴った。それではじめて巨大企業が効率的に機能するようになった。

そのことが、いちばん象徴的に表れているのはテイラー・システムです。テイラーは、労働における構想と実行の分離、計画と実行の分離を考えました。それ以前の労働者は、指示された仕事をどのくらいの速さでどの程度やるか、自分たちが決めていました。ところがテイラー・システムは、どんなペースで、どういう道具を使って仕事をするかを経営者側が握るようにしました。

テイラーたちは、スコップで石炭を貨車に積む作業をストップウォッチで測ってみました。ひとりの労働者が休まずに働いたら一時間に何トン積めるかを実験しました。そうやって、ふつうの労働者が一日にどのくらい働けるか、仕事量の目途を調べました。そして、その目途を達成した場合の賃金を高めに設定し、その上超過した分は割増し金を払う。しかし達成しなかった人には賃金をカットするという制度をつくりました。

テイラー・システムは、こうして、労働者がどういう形で働くか、働けるかという知識を労働者から経営者側に移してしまいました。テイラー・システムは科学的管理法とも呼ばれますが、その科学的知識は、経営者側の知識に集約されたわけです。そのもっとも徹底した形態がベルト・コンベアです。いったんベルトの速さが決められれば、労働者はその速さで働かざるを得ません。

テイラー・システムは、しかし、むちと鎖の奴隷制ではありません。それには二面があります。ひとつは経営者側が労働者の知識を集約し、働かせるという面、もうひとつは働き方を工夫して生産性を上げるという面です。テイラー主義というと過重労働の面だけを考えがちですが、生産性をあげるための合理的な工夫という側面ももっています。

テイラーとおなじ頃にギルブレイスは煉瓦の積み方を工夫し、仕事の進み具合いに添って、煉瓦を積んでおく台を高くして行くような装置を考えました。こういう研究は本当の意味の合理化です。

モーゲンセンと日本のQCサークル

次世代のアラン・モーゲンセンは、作業簡素化の普及運動をやりました。この普及運動をやりながらモーゲンセンは、生産性を高めるには作業者自身に改善点を発見させるのが一番だということを発見しました。しかし、この発見はアメリカでは成功しませんでした。それが成功したのは日本です。

日本のQC運動はアメリカ合衆国から輸入したものですが、その内容はアメリカのものから大きく変わりました。アメリカでは専門家と一般工員の間の格差が大きいために、工員たちに改善点を見つけさせようとしても、うまく動かないというのがひとつ。もうひとつは職制上の差。つまり命令する人とされる人の差が非常にはっきりしているため、命令される人が発見した改善点を命令する立場の人があまり喜んで受け入れないということもありました。スウェーデンに日本式のQC運動を持って行ったとき、労働者が工夫できるようなことをなぜエンジニアが解らないのかと取締役から叱られる、といったことが起きました。それを恐れてエンジニアが労働者の工夫を隠すということもしばしば起きた。つまり、QC運動をやるには、エンジニアや取締役の思想を変える必要があったわけです。

日本のQC運動は、モーゲンセンの思想をそのまま入れたのではありません。アメリカから直輸入されたときは、品質は専門家がコントロールすべきだというのが基本的な考え方でした。ところが日本に入ってからは、最初のうちは課長とかエンジニアとかがやっていたが、そのうち自分たちにもやれるんじゃないかと考える労働者たちが出てきた。そこが日本の労働者の底力だと思うのです。六〇年代までは歌声でも何でもサークル運動が盛んな時代で、QCサークルでやってしまおうという人たちが出てきました。

こういう動きを見ていたのが、日本科学技術連盟というQC運動を導入した団体です。サークルはもともと左翼の言葉でしたが、『QCサークル』という雑誌を出したりして、サークルを職場の中につくっていく。発表会も、工場レベルのものなら工場長、全社的な発表会なら必ず社長にも出てもらうという指導をしました。いま、日科技連に登録されているQCサークルは三五万あるそうです。一サークル平均五人としても、一七五万人の労働者が品質向上のために動員されていることになる。実際には、もっと多いでしょう。こういうサークル活動ができるとは、テイラーも考えなかったでしょうし、モーゲンセンにも想像できなかったと思います。

QCサークルに対しては根強い批判があります。QCサークルには確かに会社がやらせている、資本がやらせているという面があります。しかし、わたしはそれだけではないと思います。会社のやらせだけでは三五万サークルもできないでしょう。こんなことをいうと批判者からは叱られますが、QCサークルはやってみると案外たのしいし、充実した時間なのではないかと思われます。

QCサークルに対するもうひとつの批判は、それが宣伝されているほど効果をあげていないというものです。労働者のやる気を引き出す方便であって、実際の改良は技師たちがやっている。労働者はそれに適応しているだけだ、というのです。確かに現代の高度な技術が現場の労働者たちの工夫だけによって改善されていると考えるのは変でしょう。それでは研究開発にGNPの三%近くも費用をつぎ込んでいるのが、説明できません。

しかし、一方、仕事の複雑さ、機械の複雑さを考えれば、製造している本人たちの工夫の生きる場面がなおいろいろ残っていることも事実でしょう。どんな職場にも問題点を探していけば、改善すべきテーマが最低五つか六つはころがっています。そのひとつでもQCサークルが解決してくれれば技師たちはその分、別の仕事に時間をまわせることになります。

トヨタ生産方式はなぜ成功したか

最近は、ポスト・フォーディズムといわれ、新しい生産様式と生産調整様式を考えなければならないと言われています。レギュラシオン派という、旧マルクス派の一部の人たちで、トヨチズムとかボルボイズムとかいろいろ名前をつけて議論しています。かれらは、トヨタ生産方式が新しい特徴を持った方式だと認めるものの、ポジティブな評価はあまりしません。トヨタ生産方式に対するかれらの捉え方は、看板方式とかジャスト・イン・タイムとかいった側面の強調です。必要な時に必要な量だけの部品を納入しなければならないので、部品納入会社はたいへんな努力を強いられます。だから交通渋滞の元凶だとか下請け泣かせだとか言われます。

もう一点は労働強化です。なぜトヨタ生産方式の生産性は高いのか。労働者が一生懸命に働いたからです。最後の調整をしてエンジンをふかす人など、工場の中を走り回っています。しかし労働強化だけでは限界があります。それだけではあれだけの生産性は上げられません。

トヨタ生産方式を考えだした大野耐一という人がいます。自動車工場ではプレス工程は重要な工程です。クルマの型が変われば金型も変えなければなりません。その金型を変えるのに非常に時間がかかっていました。ですから、できるだけおなじ型の物をまとめて一定の数量になるまでプレスしていました。大野さんは、それでは工程のあらゆる場所に仕掛かり品、在庫の山ができると考えました。それではどこに生産能力のアンバランスがあるのか、どこを改善すればいいかが分かりません。そこで大野さんは、仕掛かり在庫をゼロにせよ、というスローガンを掲げました。ネックは、金型の取り替え、これを頻繁にやらなければならない。それまでは金型の取り替えは時間が掛かるものだと思い込んでいたのですが、しかし、必要は発見の母なんですね。今まで一時間かかっていた金型の段取り替えが、五分ぐらいでできるようになった。これはたいへんな技術進歩です。

もうひとつ大野耐一さんのよく使った言葉に「目に見える管理」があります。工場長とかエンジニアに分かると同時に、現場で働いている人たちにも分かる管理という意味です。

これと対照的なのはＭＲＰ（Materials Requirment Planning System）です。この方法は、最初アメリカで開発されました。工程の各所の在庫をコンピュータに打ち込んで、この部品はどこへ持って行くとか、いま何を生産しなさいといった命令を各部所に出せるようにしました。この方式は、一九七五年頃に日本にも導入されますが、トヨタ生産方式ほどには成功しませんでした。というのは、いったんそのシステムをつくってしまうと労働生産性がそれ以上あがらないという問題があったからです。最初にコンピュータに入れた能力が高ければある程度高い生産性が達成できますが、それ以上はあがらない。ところが、目に見える管理となると、常に現場労働者の工夫が効いていますので、すくなくとも運動の初期には一年間に一五％から二〇％は労働生産性が上がると言われます。コンピュータではシステムを変える人が工夫できても、現場労働者ひとりひとりの改善がありえません。まして生産環境を単純化し、生産性を上げるなどといったことはできません。

トヨタ生産方式とＭＲＰを比較すると、第一にはコンピュータ・システムにたよることの危険性が指摘されます。第二には、「目に見える管理」が可能だったことから、日本の現場の労働者の管理能力の高さが証明されると思います。

日本の株式会社の特殊性と職場慣行

自主管理にとってのもうひとつの条件は、日本の株式会社の特殊性です。日本の株式会社制度では会社を所有しているのは株主ではありません。株主はただ株を売り買いするだけです。

法律上は株主を社員と言うのですが、日本ではふつう社員と言えばそこに勤めている人のことです。株主総会も、大部分の企業が総会屋対策とかでおなじ日にやってしまう。だからふたつ以上の会社の株を持っている人は出席できません。あんなに株主を無視した制度を政府は指導していいのか、とわたしは思います。

日本の株式会社は実質的に社員の自主管理になっています。その自主管理のあり方には少し問題があります。いまは社長が全部管理する形になっています。その社長を選ぶのは現社長とか会長です。しかし、現社長や会長が株主として大きなシェアを持っているわけではありません。長い間会社につとめ、会社のために貢献してきた業績が認められて社長になるので、株主として社長や会長になるのではありません。普通の社員が社長を選挙する権利を持っているわけではないので、これはユーゴ型の自主管理とは違いますが、社員の中で選ばれた人が経営をして行くという意味では自主管理にはなっています。

次に、日本の労働者の技能形成についてふれたいと思います。

アメリカやヨーロッパに比べて日本の労働者は、比較的幅広い仕事をしながら新しい技能を身に付けて行きます。ふつうひとつの職長のもとに一〇から三〇くらいの持ち場があると言われますが、五、六年たてばひとりの労働者がそれらを全部持てるような形でローテーションが組まれます。それに、企業全体にも職場にも、非常につよい平等主義があります。これは誰が作りだした制度かは分からないですが、すくなくとも経営者が意図してつくったのではないようです。職場慣行としてできあがったものといいます。職長が労働者たちと話し合って決めます。そうすると、労働者の技能も上がり、生産性も上がっていきます。

アメリカやイギリスでは、例えば旋盤工は旋盤しかやりません。組合の規程もあって、範囲が非常に限られた技能工を養成することになります。労働組合は配転にはつよい反応を示しますが、職場の中で持ち場を変えていくことには賛成します。そうすると、いろいろ不都合が起きてきます。例えば、今は機械の値段が安く労働者の賃金が高くなりました。機械の自動化も進んだので、ひとり一台の機械となると待時間がけっこうあります。労働者に効率よく働いてもらうためには、旋盤の横にフライス盤、その次に平削り盤といった形に並べて、段取りだけをすこしずつやるのが良い。ですから、ひとりの人が全部できると都合がいいし、ひとりの労働者が何種類もの機械を動かせるのは労働生産性を上げるという面からはいい工夫です。これが可能になったのは日本式の技能形成のおかげです。

自主管理と上級の指導は補完的

中岡哲郎さんが日本とマレーシアのおなじ機械を使っておなじ仕事をしている工場を比較したことがあります。鉄棒の加工をやっている工場で、マレーシアの方が新式の機械で、日本はもう償却済みのかなり古いものを使っていました。賃金は日本の方が高いのですが、それでも加工賃は全体としては日本の方が安いという結果がでました。マレーシアでは機械の減価償却が高く、機械の停止時間が非常に長い。日本は古い機械を使っていながら、調子が悪いと現場の労働者がすぐ直してしまう。向こうの現場の労働者は自分たちでは直せないのでエンジニアを呼ぶ。それでも直らないと日本から技師を呼ばなければなりません。こういうことが重なって加工賃がマレーシアの方が高くなってしまいます。

このことは、一方で、日本の年功型賃金の基礎になっています。よく日本的経営を賞賛する人たちが年功賃金、熟練形成を誉め上げます。昔はこれが日本の後進性の特徴にされたのですが、今はちがいます。これは経営者が意図して作り上げた制度ではありません。いくつかの偶然と職場の慣行によります。これも一種の自主管理の結果と言えるでしょう。

自主管理は、研究開発に絶対に必要です。大学の先生は毎日研究していることになっていますが、その研究にかんしては日本では何の注文も出ません。五年に一本の論文も書かない先生が約三〇％、日本の大学の全体の水準は低いわけです。

いま、大学や国立の研究所の研究費を一としますと、企業が研究開発にかけている費用は約八。二十年くらい以前は大学や国立の研究機関の研究費の方が多かったのですから、急速な伸びです。

この研究開発は典型的に自主管理が要求される職種で、いくらタイムカードを監視していても能率が上がるものではありません。この分野は自主管理が基本だと思いますが、同時に上からの経営、指導も重要だと思います。

わたしは二年前に、サンクトペテルブルクのヨッフェ応用物理化学研究所の副所長に話を聞いたことがあります。そこは過去にノーベル賞受賞者が三人でたとか、科学アカデミーの会員が七人いるという優れた研究所です。そういうところでも、最終的にはあなたは研究に向かない、と言わなければならない場面がある、それはなかなかつらいことだ、と言っていました。しかし、その前に、こういったテーマはどうかという示唆が試みられるわけです。

研究開発の経営面では、研究支援だけでなく、研究方向の指導といったものも含めて考えるべきだと思います。ですから自主管理と上級からの指導は必ずしも対立的なものではなく、補完的なものだと考えなければいけないと思います。

「近代化」への三つの道

最後に「自主管理社会の反面」について考えておこうと思います。岩田昌征さんが日本とソ連型の計画経済、ユーゴ型の自主管理経済を比較し、トリアーデ論という考えを提唱しています。近代化の三類型を分析し、資本主義の道を通る近代化、計画経済の道を通る近代化、自主管理の道を通る近代化の三つがあるといわれています。このうちいちばん難しいのは自主管理、その次はたぶん計画経済、資本主義がいちばんうまくいった近代化の道だろうと認めています。

それらには、それぞれに特徴があります。まず第一に社会の統合原理が違います。資本主義の場合には交換、計画経済の場合は指令、自主管理では協議が統合原理になります[2]。統合原理以外に、それぞれの社会が目指した価値があります。岩田さんはフランス革命のときの自由、平等、友愛から説いています。資本主義は主に自由を追求した社会、計画経済は主に平等を追求した社会、自主管理社会主義は友愛を追求した社会だ、というのです。

岩田さんのトリアーデ論でわたしがいちばん好きなところは、自由、平等、友愛といったポジティブな価値を追求する社会それぞれに、固有のマイナスの価値が付随しているという指摘です。平等を目指したソ連では、不平・不満が渦巻いていました。平等が建前ですからわずかな不平等にもみんなが不平をこぼすわけです。資本主義の自由な社会には不安がつきものです。自由とは自分の責任において好きなことをやるわけですから、うまくいかなくてもだれも助けてくれない。資本主義にはそういう冷たさがあります。自主管理社会が友愛を追求するとき、そこにかならず、不和が生まれると岩田さんは指摘しています。旧ユーゴの事態を見ていますと、これはたいへん予言的で驚くわけです。ですから自主管理社会にも問題は残ることに留意しておく必要があります。

質　疑

経営と労働の調和を図る

―― わたしも三十数年会社勤めをしてきたが、日本の職場はそれ程多くの権限があるわけではない。職場討議も周りがやっているからやっているようなもので、独創的な発言をすれば飛ばされ、成果は全部会社にもっていかれているのが実態だと思う。

塩沢　自主管理には、経営管理と労働統制の両面がある。ドイツの労働運動の中からは、労働側が経営側をチェックする形が出てきた。日本の取締役会にあたる経営監査委員会に、労働者代表が半数入れるようになっている。しかし、経営には、どの程度生産性をあげ、どの程度豊かさを設定するかといった問題が含まれており、仮に経営権が全面的に労働者側に移ったら世の中全体の経済がうまくいくとは言えないと思う。だから、いま問われているのは経営陣側の経営の機能を残しながら、どのように労働側の主張と調和させていくか、ということでしょう。日本の企業がなぜうまくいっているかは、わたしもよく分からない。例えば、日本では次期社長を前任者が指名する慣行がある。前任者が自分よりも優秀な人を指名するはずがないといわれながらも、なぜこういう慣行が続き、しかもうまくいっているのかはよく分からない。

どんな制度も長短両面

―― 日本で自主管理というと生産現場の自主管理のイメージが強いが、消費者も経営に参加する運動はないのか。また、スウェーデンで労働者基金制度を作り、労働者が株式を取得して経営に参加する動きがあったが、これはあまり広がらなかったようだが、なぜか。

塩沢　自主管理をやればやるほど、その企業にとって競争社会の中では不利になるわけで、これが自主管理が広まらない理由でもある。申し上げたように、自主管理は、それをすすめる側の能力も問われるのだから、自主管理能力が幅広く存在している社会ではやり易いだろうし、自主管理をすすめる文化的基盤の存在も大きな条件だろう。つまり、いまの時点では一挙に政権をとって体制転換を強行するよりも、徐々に変えていった方がうまくいくのではないかと思う。スウェーデンの労働者基金制度を導入するに適した条件は、いまの日本にはあまりない。ひとつは、上場株式の七五％は企業が保有しているので、個人が株式を買集めると株価が上がるだけだ。経営者は企業活動の現場で実力のある人をすくい上げていくのがいちばんいい方法だと思う。法制度で変えようとしても、必ず現実に崩されてしまうだろう。

ただ、別の面では自主管理のためのいろいろ良い条件がある。先の話では触れなかったが、一般市民の知的水準の高さも有利な条件のひとつで、一九三〇年代ころからマルクス主義の影響を受けて、市民のための科学運動があった。日本でも内田義彦さんが『作品としての社会科学』という本を書かれている。内田氏は、経済学は市民にとって何の役に立つか、という問題を自分に出した。経済学は実は、大蔵省や経企庁など経済官庁とか経済新聞の記者には役立つだろうが、一般のサラリーマンにとってはあまり役に立たない。しかし、内田さんは、経済や社会がどのように機能しているかを知っている人が多く存在していることが、その社会を支える保障だ、だから専門家以外にもわかる社会科学、作品としての社会科学が必要だと主張された。

毛沢東は『経済学教科書批評』で、「経済学者は経済の実践を知らず、本当のくろうととは言えない。本書（経済学教科書）は次のような状況を反映しているようだ。つまり現実の工作をしている人には概括する能力、概念、法則がなく、理論工作をする人には、実践の経験がなく、経済の実践が分からない。この二種類が結びつかないので、理論と実践も結びつかない」といっている。

これはどこの国でも言えることだけれども、しかし、日本は例えばこの講座があるのを見ても両者が比較的うまく結びついている国のひとつだろう。長短両面あるものの、学者とふつうの市民との間の学力の差が小さいというのも日本の特徴になっている。

新しいものは簡単に生まれない

――わたしは「自主管理」より「自主生産」という言葉に引かれている。自分の技能とアイデンティティが生かされる社会の仕組みを探している。二〇世紀は、戦争以外にも、公害や環境破壊で死んだ人が沢山いる。だから日本資本主義が戦後うまくいっているとする見方は、一面的にすぎないか。

塩沢 日本で「自主生産」という言葉が使われるのは、倒産した企業のあとを社員たちが自主的活動する場合が多い。そのとき、いなくなった経営者と全く違った知識と手法で会社が運営されることはほとんどない。つまり、現在の知識にほとんど依存するわけで、新しいものはそう簡単に生まれてこないということだ。

公害の問題だが、例えばイギリスの資本主義の勃興期の公害問題は、日本のそれと同程度かもっとひどかった。だから日本資本主義についてもどの角度から問題を見ていくかが重要だ。戦後日本経済成長は敗戦・占領下の外圧という幸運があったことが見逃せない。

戦前の蓄積があったにせよ、戦後の経済改革がなければこれだけの成功はなかった。その改革（財閥解体、農地解放、新しい労働関係）は、みな民主的な性格をもっており、それで成功したということにもっと注意した方がよい。みずからの力で市場経済化する大変さは、現在のロシアを見てもよく分かるだろう。

いま日本資本主義の制度疲労が指摘されはじめているが、これからは自力で変えていかなければならないので、これまでのようにうまくいくかはわたしは疑問に思っている。

少数派が存在する空間はある

――ある社会のいい、悪いを測るひとつのメルクマールとして少数派が存在しうる空間の広さがあると思う。また、経済の自主管理と政治の自主管理はどうからみあうのか。

塩沢　日本でも、いわゆる出世をあきらめれば、いろいろな空間は存在していると思う。わたしの友人の北沢恒彦さんは、京都市のヒラ職員を続けながら、中小企業の指導をしている。かれは仕事相手の商売人たちの信頼を得ているから、課長の方が遠慮しているようなところがある。だからといって職場の感じはけっして悪くはない。そういう空間は、今でもごくわずかながらある。

「政治の自主管理」とはあまり聞かない言葉だが、ユーゴではこういう議論がされたことがある。つまり小さなグループや企業どうしが話合いで結びつくことは可能だが、国家的・国際的規模では、直接の話合いは不可能で、市場に任せるしか方法がない、ということに落着いたようだ。

わたしは、資本主義イコール市場経済とする公式的な考え方は間違いだと思っている。市場経済は、資本主義も自主管理も組込んでいく幅広さをもっていると考えている。市場経済の良さは、個人、企業の所有を認めて、自己の所有物に対して自由な処分権を与えていることで、このことにより、私的な空間・生活が可能になる。そこには私的な政治空間もあるわけで、自主管理はそれを大切にすべきだろう。

（一九九二・一一・一三）

（1）ユーゴの自主管理の説明には、わたしの理解不足による用語の混乱があり、本書収録にあたり「連合労働基層組織」と「労働組織」の使い方を整理した。

（2）岩田昌征は「社会の統合原理」というトリアーデを立てていない。岩田のトリアーデ論の紹介としては、「市場」、「計画」、「協議」の三つのメカニズムを対比するのがより適切であったかもしれないが、原文を尊重しておく。

6　戦後日本のマルクス主義

佐々木毅他編『戦後史大事典』（三省堂、一九九一年）の一項目「マルクス主義」として書かれた。収録に当たっては、「マルクス主義」一般では広すぎるので「戦後日本のマルクス主義」と改題した。

大項目としても事典の項目であり、すべてを三八〇〇字以内にまとめる必要があった。その中に戦後日本のマルクス主義の多様な事象をどのように整理するか、難しい作業だった。全体を「政治と運動」「哲学と社会科学」「マルクス主義の危機」「反省と再生の試み」の四つに分け、過去の歴史に対する反省を織り込むとともに、再生への期待を置いた。ひとつの事項に数語しか費やせない事典項目だからこそ、わたしの考え・評価をはじめて書くことができたたくさんの事項がある。「哲学と社会科学」では、多くの著者たちの業績に触れているが、これらはわたしの勉強の軌跡のほとんどでもある。

事典の編集者のひとりで、項目の執筆者としてわたしを指名した鶴見俊輔は、この項目が戦後マルクス主義についての優れた総括であるとして評価し、『思想の科学』の「マルクス主義のバランスシート」特集号（一九九一年七月号）における藤田省三との対談（本書第1章）を設定してくれた。藤田がこの短文を事前に読んできたとは思えなかったが、対談が多方面の話題にわたっても、考えをまとめやすかったのは、本項目執筆で、頭の整理がかなりできていたためだった。タイミングを捕らえてよい機会を作ってくれたことに鶴見氏に感謝したい。

本項目の正確な執筆時期は分からないが、それが一九九〇年中であったことは間違いない。本文では東ヨーロッパの民主化革命にまで触れている。ソ連共産党とソ連邦の崩壊はまだ起こっていなかった。

当時のわたしにとって、国家や経済を管理する思想としてのマルクス主義は負の遺産でしかなかった。しかし、それら権力の思想とは別のものとしてのマルクス主義、「生きる場の哲学」としてのマルクス主義には、当時、まだ期待すべき多くがあると考えていた。ソ連・東欧の社会主義権力の崩壊とは無関係に、このような思想・哲学は力をもちうるはずであるが、九一年以降の一〇年を回顧すると、生きる場の哲学としてもマルクス主義はもはやあまり有力な思想になりえていないかに見える。かつてマルクス主義に光を見たものとして寂しいとも思えるが、生きる場の哲学は、本来、外来の思想としてではなく、生きる場から内発するものであるのだろう。そうだとすれば、マルクス主義はもはや体系的な思想としてではなく、必要に応じて参照される知恵としてのみ生き続けるのかもしれない。

マルクス主義

マルクス Karl Marx（一八一八〜八三）により創始された搾取と抑圧からの解放をめざす社会主義理論。弁証法的唯物論の世界観に立ち、史的唯物論に基礎づけられた革命戦略と社会主義建設のプログラムをもつ。科学的社会主義ともいう。日本へはロシア革命の影響下にマルクス＝レーニン主義として輸入され、戦後のもっとも有力な思想のひとつとなった。正統思想がいまなお根強いが、近年、マルクスとレーニンを分離して、レーニン主義とは異なる可能性をマルクスに求める思想家や、マルクスに学びながらマルクスの限界やその思想の抑圧的な性格を指摘する論者（本山美彦）も出てきて、その思想的スペクトルはきわめて広い。

政治と運動

マルクス主義は労働者および被抑圧者に同伴する解放思想であると同時に、共産主義社会の建設をめざす革命思想でもある。前者の性格からマルクス主義は、労働運動をはじめ、平和・反戦、学生、婦人、住民、差別反対、反公害、女性解放など各運動の有力な思想であり、芸術の分野でも文学や演劇などに強い影響を与えた。後者の性格は、これらの自主的な運動を革命あるいは党のために利用しようとする政治主義を生んだ。レーニン主義は前衛党が大衆組織を指導する原則に立っている。この原則は日本共産党や、そこから分離した諸党派にもみられ、党と運動体との間に支援・共闘の関係とともに種々の軋轢《あつれき》を生んだ。原水爆禁止運動の分裂はその代表的事例であり、「政治と文学」論争もこの軋轢と無関係ではない。

共産党は民主集中制を組織原則としているが、「一枚岩の団結」の伝統は重要な政治問題にぶつかるごとに除名・分裂をひき起こし、異なる思想・戦略を統合することができなかった。一九九〇年代の今日までに、共産党を支持しない多くの潮流のマルクス主義者を生み出した。革共同（革マル派、中核派）、共産同、第四インター、共労党、統社同、日共（日本の声、左派）、労働者党ほかの諸党派があり、新左翼とよばれた。

日本社会党にもマルクス主義の影響は強く、とくに左派は労農派以来の伝統をもち、共産党・講座派とマルクス・レーニン主義の正統を争ってきた（日本資本主義論争）。社会主義協会（向坂《さきさか》派）は七〇年代に入ってもソ連型社会主義の理想を守っていた。

労働運動では、共産党系の産別会議、社会党系の総同盟、総評といずれもマルクス主義で理論武装していた。全学連時代の学生運動の指導理論もマルクス＝レーニン主義であり、指導者の多くは政党の細胞や学生同盟に属し、新しい政治組織をつくり出す場合もあった。六八（昭和四三）、六九年の全共闘運動では党派に属さない極左派が活躍し、同時期のべ平連運動にも無党派マルクス主義の考えがみられた。

哲学と社会科学

マルクス＝レーニン主義の公式によれば、史的唯物論は歴史・社会・精神諸科学の基礎である。マルクス主義の通俗哲学は思考の戦略である弁証法的唯物論を存在の法則と考えた。この考えと、イデオロギー論、スターリン主義の組織体質とが、科学に対する哲学の優位、科学と哲学に対する党の指導を正当化させた。ソ連共産党は弁証法的唯物論の名のもとに科学上の争点に介入し、個々の学問の進歩性と反動性とを論じた。このような誤りは日本にも引き写しに輸入され、学問の発展を阻害した。典型的な事例は、日本でも独自の展開のあったルイセンコ学説論争の経過にみられる。

このような問題点にもかかわらず、敗戦直後には社会科学の分野で、マルクスの構想に刺激を受けた画期的な業績が続出した。経済史の大塚久雄、政治思想史の丸山眞男、法社会学の川島武宜《たけよし》、経済学の宇野弘蔵などであるが、宇野をのぞいてウェーバーというマルクスへの対抗軸があったことが注目される。戦後の社会科学でマルクスと無関係に構想されている大きな業績はむしろ珍しい。例外としては今西錦司とその学派、戦前からの柳田民俗学などがあげられる。

六〇年以降では、色川大吉の民衆思想史、見田宗介の社会学から山田慶児の中国科学思想史まで広義のマルクス主義の貢献は数多いが、学問が細分化され、ひとりの衝撃力が減ったこと、マルクス主義の言辞と思考が背景に退いたことが一般に指摘される。経済学では、内田義彦らの市民社会派がマルクスの新しい読み方を発見したほか、『資本論』の理論構造の研究が精緻にまで推しすすめられ、置塩《おきしお》信雄の数理経済学的整理をも生み出した。資本主義論では岩田弘の世界資本主義論、毛利健三の自由貿易帝国主義論などがある。日本経済史へのマルクス主義の貢献は、敗戦直後の石母田正《いしもたしょう》から正統像の修正を迫る網野善彦・川勝平太まで層が厚い。九〇年代の今日、マルクスはもはやマルクス主義者にとっても聖典ではない。絶対的窮乏論、相対的人口過剰説、利潤の傾向的低下の法則など、事実としても論理としてもその誤りが指摘されている（日高普《ひろし》、中野正など）。マルクスの歴史理解にゆがみをもたらした典拠の研究もすすんでいる（小谷汪之）。

哲学方面では、初期マルクスの疎外論、後期マルクスの物象化論が注目されている。廣松渉《ひろまつわたる》は後者に近代の主客関係パラダイムをこえるものをみている。史的唯物論とともに弁証法的唯物論の二大部門をなす自然弁証法では武谷三男の三段階論があり、技術へのマルクス主義の強い関心は、技術論の星野芳郎、中岡哲郎、科学史の広重徹を生み出した。外国のマルクス主義思想や理論の導入もさかんであり、欧米を中心に主要な潮流はほとんど翻訳・紹介されている。

マルクス主義の危機

マルクス主義は資本主義の危機を予言した。しかし、はやすぎたロシアの革命と東欧の半強制的社会主義化とは、逆にマルクス主義の危機を生み出した。スターリン批判、ハンガリー事件、チェコ侵略、中越戦争、ポーランド「連帯」の非合法化、長引く経済的不振などマルクス主義の信頼を揺るがす事件が引きつづき、ついに八九年、東欧諸国の民主化革命をひき起こした。

帝国主義排撃の言説と計画経済の一時的成功とは、第三世界の自立にあたってマルクス主義を解放と開発の理論たらしめた。毛沢東に率いられた中国の革命や、キューバ、ベトナムの革命、ユーゴスラビアにおける自主管理社会主義の試みなどは、第三世界・先進国を問わず大きな影響を世界に与え、日本でも共鳴と同調を生んだ。現在では中国自身によって否定されている文化大革命も、ソ連型官僚社会主義にかかわる新しい可能性として、多くのマルクス主義者の共感を得た。ベトナム戦争におけるアメリカ合衆国の敗北は、民族の抵抗が巨大な軍事機構にも勝利しうることを示した。このような情勢のなかで、七〇年代に入ってもエチオピア、モザンビークなどアフリカの数カ国でマルクス型社会主義がめざされたが、農業の不振など経済的に失敗して、マルクス＝レーニン主義は民族解放の思想ではありえても、開発・発展の理論としては機能しえないという反省が生まれてきた。最近ではマルクス＝レーニン主義は一党独裁の正当化のためだけに役立っているという指摘もある。

国内でも、火炎びん闘争、各党派の全学連私物化、内ゲバ暴力抗争、連合赤軍総括リンチ事件などはマルクス主義運動の大きな汚点となった。共産党の独善・引きまわし、社会党の硬直と無能、小左翼政党の四分五裂などは、経済の高度成長と国民の富裕化とともに、マルクス主義への支持をくずす原因となった。構造改革戦略や市民社会論、自主管理社会主義などがマルクス主義の危機を乗り越えるものとして提案されたが、現在までのところマルクス＝レーニン主義に取って代わるだけの力をもちえていない。

マルクス主義は本格的な工業化がはじまったばかりの一九世紀半ばに構想され、多くの時代的制約を負っている。分析としては資本主義の柔軟性を見誤り、福祉国家の出現を想定できなかったし、革命戦略も社会主義運動が弾圧された当時の状況を反映している。一九世紀末には、はやくも、ベルンシュタインらによって「修正」の必要が提唱されたが、カウツキー、レーニン、スターリンをへて日本に到達したマルクス主義にとって別の展望を試みることは長く裏切りでしかなかった。

古在由重はマルクス哲学の核をその批判精神にみているが、日本のマルクス主義は公式教義の学習に傾いて、ハンガリーのルカーチ、イタリアのグラムシ、ポーランドのオスカー・ランゲの構想力をもちえなかった。日本の良心的なマルクス主義者の軌跡は、ロシア革命の研究からしだいに修正主義へと歩んだ松田道雄などにむしろ代表されよう。

反省と再生の試み

宇井純によれば、マルクス主義は「国家権力の掌握とその理論を目標として、地域の問題も、公害の問題も、二次的な問題として考察の対象としなかった」。また被差別者、障害者、女性の解放の口火を切ることもなかった。しかし、いいだもものように赤と緑の結合を唱える組織者や宮本憲一のような公害の研究者も出てきている。フェミニズムにもマルクス主義の流れがあり、解放の思想としてのマルクス主義は枯れていない。

マルクス主義を他の理想社会論から区別する特徴は、国家に対する態度である。マルクスやレーニンは組織の可能性を過大に評価している。それが国家の手による社会主義化という戦略を選択させた。マルクスの資本主義分析は鋭いが、流通過程が価値を生まないとしたような錯誤をかれは犯しており、経済を国家の内部に吸収できると考えていた。ソ連七〇年、東欧四〇年の歴史は中央集権的指令経済の運営がいかにむずかしいものかを教えている。マルクス主義が全能の体系性を誇った時代は過ぎた。権力の思想としてのマルクス主義は滅びなければならない。しかし、マルクス主義はいまなお、力なきひとびとに自己の尊厳を教える思想であり、そのようなものとして、つまり生きる場の哲学（花崎皋平《こうへい》）として、再生の可能性をもっている。

第二部　経済学の方法

7 マルクス経済学の作風——宇野弘蔵と経済学の現在

この論文は一九八六年、雑誌『思想』の九月号（第七四七号）に発表された。わたしはこの年の八月、海外出張を許され、一家四人と一緒にイギリス・ケンブリッジに移り、一年を過ごした。三人目の子供が生後六カ月で、大阪の家を出てケンブリッジのB＆B（ベッドと朝食だけの安宿）につくまで三六時間の旅は辛かったが、ケンブリッジでの生活は、子供のハーフ・タームの休みごとにイギリス各地を旅行する楽しい一年間だった。人に会うのを主目標にして、若い院生を含めていろいろな人と議論をして過ごした。

こういう事情だったから、論文は書いたが、反響を知る機会もなかった。これは宇野弘蔵へのオマージュ（homage）であるとともに、その全体構想に対する批判でもあった。宇野は、科学としての経済学が一度かぎりに成立し、現実経済の進化や深化からひとびとの認識が深まり、それを受けて経済学の理論構造までもが変化するという可能性を否定している。原理論を現状分析に直結させてはならないという主張は、理論の限界をわきまえた優れた判断ではあったが、それでは経済学の理論には根本的な発展があり得ないことになる。本文中に引いているように、ニュートン力学の場合、その原理は三〇〇年近く不動のものにみえた。経済学でもおなじように、いったん成立した理論がながく不変に止まる可能性が論理的にはある。しかし、どうもそれはおかしいのではないか。二〇世紀の発達した資本主義をみているわれわれには、一九世紀の資本主義しかみていないマルクスよりよく分かるところがあるのではないか。これが長いあいだ、わたしが自分自身のなかで反問してきたことであった。

マルクスは綿工業が大きな比重をしめた一九世紀のイギリスを経済の典型例としていた。この産業には、棉花・綿糸・綿布の三つの市場が立ち、価格は取引市場における売り買いの難易により変動した。しかし、世紀末の大合併時代をへて成立した二〇世紀資本主義では、製造企業が基準価格を設定するのが一般になった。これを独占価格と規定して市場の原理の働かないものと考え、そこにはもはや原理的に扱える領域がないとするのでは、経済学の概念が狭すぎるのではないか。むしろ逆に、二〇世紀の現象を説明する理論をもって、もう一度一九世紀を見直してみれば、マルクスが見ていた世界の特殊性が理解できよう。宇野の原理論理解は、このような回路を閉ざし、マルクスや古典派理論のさらなる発展を阻害している。マルクス経済学者は、もっと大胆に新しい理論構築に取り組むべきである。そうでなければ、マルクス経済学は新古典派にとうてい対抗することはできない。これがわたしの言いたかったことである。

論文では『経済学の方法』というわずか一二〇ページたらずの小さな本が多く引かれている。宇野の四人の高弟が投げかける質問に宇野が答えるという形の「ゼミナール」の速記録である。ただ、この本は、ほとんどすでに耳学問で知っていた主張の裏を取るために引かれているにすぎない。『経済原論』は読みやすいものではなく、わたしはあまり読んでいない。わたしが読んで楽しんでいたのは、注には現れないがやはり座談形式の『資本論五〇年』上下二巻（法政大学出版局）である。初版が一九七一年に出ているが、わたしの読んだのは一九八一年の新装版である。話の端々に、通説に惑わされず、疑問は疑問として自分で考え抜こうとする姿がうかがわれる。そういう宇野の姿勢がわたしは好きだ。「田舎の鈍才」という表現で宇野が言いたかったことも、そこにあるのではないか。それは、結局、早分かりする秀才への不信である。

論文の中で、わたしは「宇野の誤りは、一九世紀イギリスの産業資本主義とその原理的解明である『資本論』とを特権化したことにある」と書いた。イギリスから帰ったときには、そのことをすっかり忘れていたが、「一九世紀の特権化」という言葉がレギュラシオン理論の方面でひとつの鍵概念となったことを星野中が教えてくれた。わたしが忘れてしまったように、この語の起源を多くの人は忘れているが、かつての同僚の山田鋭夫は引用のたびに、そのことに言及してくれている（ロベール・ボワイエ『レギュラシオン理論』藤原書店、一九八九年、訳者解説、二二二〜三頁。山田鋭夫『レギュラシオン・アプローチ』藤原書店、一九九一年、四九頁。山田鋭夫『二〇世紀資本主義』有斐閣、一九九四年、一三四頁）。記して感謝したい。

一　なぜマルクス経済学か

率直にいうと、わたしはマルクス経済学の理論家たちにもっと頑張ってほしいと思っている。当然ながら、この気持には将来に対する期待と現状に対する不満が複合されている。したがって、マルクス経済学を批判するのがこの論文の趣旨ではない。わたしの立場は古典経済学の現代への継承であり、マルクスはその立場からはもっとも偉大な古典経済学者である。マルクスの諸原理は、いまなお、われわれにとって、理論研究の重要な出発点でありつづけている。批判があるとすれば、それはマルクス経済学そのものにかんするというより、その作風にかんするものである。せっかく正しい出発点に立ちながら、マルクス経済学者はそこから歩きだそうとしていない。それはテキストの解釈や成立の研究にあまりにも多くの精力を注ぎ込んでいて、理論の展開という肝腎の活動を忘れている。わたしが批判したいのはこの点である。しかし、他の多くの批判者たちとおなじようには、わたしは現状が変わりえないものだとは思わない。いささか時代錯誤的にも、わたしはマルクス経済学が変わりうると期待しているのである。

もちろん、わたしのこのような期待はマルクス経済学の専門家のおおくにとって迷惑なことにちがいない。いままで守ってきた暗黙の了解が破られて、思いがけない発想と問題提起によって楽園が踏みにじられるからである。嫌がられるのを承知で（ほとんど片思いにも似て）、わたしがマルクス経済学に期待を寄せるのは、つぎの事情があるからである。

最初の与件は経済学全般の理論的昏迷である。たしかに七〇年代にはあれほど騒がれた「経済学の危機」も、いまでは口にする人は少ない。表面的には危機熱は鎮静化したかに見える。しかし、それは危機が乗り越えられたからではない。そのことは七〇年代後半から現在までのアメリカ合衆国の理論状況を見てみればよくわかる。この国では年々理論分野で生産される博士論文の四分の三が合理的期待形成に関係しているといわれるが、それがきわめて軽薄な流行現象にすぎないことは、その流行の当初からかなりはっきりしたことであった。宇沢弘文が指摘するように、それはこの国の知的退廃と無関係ではないだろう。[1] 合理的期待形成仮説は、人間の知的能力の限界を見誤っている。その誤りはそれが一般均衡論のなかで用いられるときにはことにはなはだしい。その仮説の政治的含意は新保守主義の主張の範囲内にあるが、すぐれた保守的知性であるハイエクが生涯かけて追求した遺産をなんの検討もなく捨てさっている。合理的期待形成仮説が理論に貢献したことがひとつあるとすれば、それは、将来に開かれる市場をひとびとが念頭におくとき、市場の理論としての均衡論がその内的理論の帰結として合理的期待形成仮説を含まざるを得ないということの明確化であった。合理的期待形成に対する反対は日本にも合衆国にも多かったが、その仮説を生み出す母体である均衡論に対し断固たる拒否を貫けなかったがために、けっきょく有効な反撃を加えることもできないまま、「期待の重要さはケインズも強調していた」といった言い訳を生み出しえたにとどまっている。経済学の伝統的な母国イギリスでは、事態はまだましである。すくなくともその経済学は北米のような軽薄な流行に左右されていない。だが、ここではなぜか理論家の不在という情況が目につく。打開の目途が立たないうちはあまり近づかない方がよいという知恵であろうか。それともイギリス経験論の本来の姿にもどったのであろうか。いずれにしても、聞こえてくるかぎりでのイギリスの動向は、いまのところ理論面では手薄な印象をうける。非英語圏をみても、ドイツ、フランスでそれほどおもしろい試みがなされているとは思われない。かわりにハンガリーとかイタリアとか、これまでの経済学の伝統から言えばやや周辺的な国にむしろ大胆な動きが見られる。しかし、世界の経済学が全体としてなお昏迷の時代にあることは否めない。

問題はこのような昏迷を強制しているものをどうみるかにある。経済学の危機意識は危機の原因についてのさまざまな解釈を生み、それらのおのおのが小さな軌跡をえがいて現在にある。これらのうちもっとも有力な解釈は、経済学が現代の課題に答えていないというものであった。公害、資源問題、スタグフレーション、南北問題、等々、つぎつぎにでてくる重要問題に経済学が有効な答えを提示できないから、経済学が危機に陥ったという解釈である。この解釈に立てば、危機を乗り越えるには、これら古くて新しい問題を扱えるよう、経済学の適用範囲を拡張しようということになる。問題がもしそこにあるなら、これまでの理論そのものには問題がなく、理論家たちが経済学の基礎について思いわずらう理由がないことになる。経済学の現局面についてのこのような認識は、しかし、ふたつの点で誤っている。第一に、この解釈は理論の危機と威信の失墜とを混同している。第二に、社会の問題は一学問が答えを出したから解決されるという性質のものではないことをこの解釈は見誤っている。ひとつの学問が活気あるためには、たしかにそれが人びとの強い関心を集めうるものでなければならない。社会科学においてはこのことは特にあてはまるであろう。マルクス経済学の危機が、理論の内的展開の停滞からよりも(停滞の事実は否めないが)、むしろ社会変革への人びとの熱情の喪失とともに進行したことを見れば、社会の課題に答えられるかいなかは、学問の存立基盤にかかわることがわかる。しかし、学問は一応社会から独立の存在であり、時時刻刻の問題には答えられることもあるし、答えられないこともある。刻刻の問題に答えることを任務としている政治とは、学問はおのずと別の役割を持っている。学問はたとえば、社会における課題のあり方を問題にするものでもありうる。課題に答えることのみに経済学の意義をみる解釈は、社会の基礎科学としての経済学をたんなる政策科学におとしめる危険性をもつ。課題に答えるだけを判定基準とするなら、アメリカ合衆国のさまざまな政策経済学の流行に対する批判の根拠をわれわれは失うことになる。

経済学の昏迷は理論そのものの問題であるという立場をわたしはとりたい。問われているのは経済学の枠組みであり、その基礎的構造なのである。この意味では現状の打開はひとつの科学革命として遂行されなければならない。では何が問題なのか。ここでも、さまざまに意見は別れてきた。ある人は新古典派理論が経済主体(agent)を内部構造をもたない原子と見なしている点を問題とし、企業を組織として研究している。ある人は従来の経済学が合理的人間像を公準としている点を突き、慣習としての経済社会を解剖しようとしている。それぞれは必要な努力にちがいない。だが、このような、研究の中心ないしは次元をずらすことで、経済学の本格的な革新は可能であろうか。物理学の歴史をふりかえってみれば、量子力学は、熱輻射のエネルギー分布の説明という、従来の物理学から見て周辺的な部分からひき起こされた、古典物理学の全面的革新であった。企業理論への沈潜、慣習への凝視から、おなじような大変化がもたらされる可能性を否定できない。しかし、今までの結果をみるかぎり、前者は新古典派理論の豊富化を、後者は既成経済学からの逃避をもたらしている。主流の経済学はこうした努力によってはゆらいでいない。経済理論の伝統的中核に対し、それに取って代わるべき理論を対置しないかぎり、既成の思考回路が自己崩壊することはありえないであろう。最近の科学史でよくいわれるように、理論を倒すものは理論なのである。

伝統的理論の中核は何であろうか。この点についてはあまり議論の余地がないように思われる。価格理論とか交換学とか呼び名はさまざまであるが、経済理論の中心は市場機構の分析であるだろう。この分析理論は、ワルラス以来、均衡という枠組みで行われてきた。いわゆる市場の均衡分析である。この理論は、財・サービスの需給の一致と目的行動における極大化の二本の柱からなっており、それらをどう定式化するかでさまざまの変種がある。そのうち、アローとドブルーが発表した一九五四年の公理系は定式の優美さと一般性とにすぐれ、均衡の存在証明も完璧なものであった。(2) その後の十年間、この方面は急速に発展し、いわゆる数理経済学の全盛時代を迎えるが、すでに六〇年代末には反省期を迎えている。そこに使われる数学はますます高級となったが、経済という対象を分析する理論としてはすこしも豊かにならなかったからである。経済理論家という専門職が成立している現在では、ひとつの見本と一連の問題群とが提示されると、急速なパズル解き競争が始まるが、問題設定そのものへの反省の機会はうすれてしまい、解ける問題の発見へと理論が自己展開していくのである。このようにして、一般均衡論の数学的完成は経済分析をおしすすめる面ではあまり役立たなかったが、別の平面では絶大な効果を発揮した。資本の測定論争等を通してイギリス・ケンブリッジ派からの攻撃に押され気味であった新古典派の主流に対し、それがかっこうの避難場所を与えたからであった。資本の限界生産性などの概念は教育的配慮にもとづく簡単化であって、一般均衡論によればそれらの概念は不要である。それらの概念上の困難が経済学の基礎をゆるがすことはない。こういう弁護論が一般均衡論の論理的整合性を盾に主張された。

現在発表される理論分析の諸論文は、その大多数が均衡概念を中心としている。教科書的なものではその比率はもっと高い。均衡論に対しては、ときどき強い反対の声が挙げられてきたが、(3)それらは今のところ学説史上の挿話以上には受けとられていない。もっとも、均衡そのものの設定の仕方にはいくらか反省の方向が見られる。ひとつはクラウワーからベナシーらに至る数量調節均衡という試みである。伝統的な価格調節に対置して数量調節を強調した点で評価しうるが、それを一般均衡という古い皮袋に詰めこもうとしている点に無理がある。もうひとつは宇沢弘文・岩井克人らによる不均衡動学や、平川東亜らによる一般不均衡論の試みである。この立場は、現実が均衡状態にないことを積極的に主張する点で従来になく踏みこんだ分析であるが、需要から独立な供給、供給から独立な需要の概念を不用意に認める点で均衡論の枠組みから十分離脱しているとはいえない。

私見によれば、われわれが踏み出すべき第一歩は、均衡分析の改善ではなく、均衡／不均衡の枠組み、すなわち需要・供給分析の枠組みを拒否することである。手なれた用具を拒否して考えようとするとき、われわれははじめて定型化された思考から自由でありうる。もちろん、思考を白紙に戻しさえすれば真理がつかめるほど事情は単純ではない。白紙の状態から出発して、新古典派百年の歴史をたどりなおす危険性は小さくない。主観的に真空の場に立つことでは事態は改善されない。われわれは経済学という同一の共同体のなかにあって、均衡分析の強力な磁場につねにさらされている。われわれは「科学者の自然発生哲学」に意識的でなければならない。(4)したがって拒否を貫くには、自己の内なる均衡分析に対して不断の闘争と点検が欠かせないほか、均衡分析にかかわる強力な研究指針をもたなければならない。さらにまた、われわれは過去の遺産を有効に利用することを考えなければならない。一個人の想像の場は意外にせまく、過去の様式の継承とそこからの飛躍を通してしか創造はありえないからである。均衡分析の拒否に固執すること自体が、そのような継承による飛躍への努力の一部である。しかし、われわれの幸運はもうすこし別の形でも存在する。経済学の流れのなかには均衡分析とは別の展望をもって発展してきた学派が見られるからである。

現時点において注目すべきは、オーストリア学派とマルクス経済学とであろう。前者はメンガーにより創始され、ヴィーザー、ベーム・バヴェルクらが継承・発展させた流れである。オーストリアのウィーンを本拠としていたため、この名前がある。じっさい、ウィーンは一九三〇年頃まで、イギリス・ケンブリッジに対抗しうる一大中心であった。しかし、三〇年代の政治的混乱によって多くの学者がオーストリアからの脱出を余儀なくされ、次第に衰退した。ことに一九三八年のナチス・ドイツによるオーストリア併合は決定的な一撃であった。現在では、この学派はおもに北米大陸に離散している。日本にもこの学派の存在はよく知られているが、その紹介が主としてシュンペーターを媒介とするものであったため、やや一面的な受容となっている。なぜなら、シュンペーターはオーストリアの伝統のなかにあって、ワルラスの一般均衡論に異常な敬意を払った、むしろ例外的な存在だからである。かれには経済分析の歴史を均衡分析の発達史と同一視している面がある。[5]オーストリア学派は真に学派らしい豊饒性をもった学派であるので、ひとりの人物・ひとつの方向に集約できない多様性をもっている。わたしが注目したいのは、そのうちイズラエル・カーズナーらによって理解されたオーストリア学派の特徴である。[6]カーズナーによれば、この学派の伝統は、市場をひとつの過程とみる点にあり、それは各財の総需要と総供給とが出会う場とみる均衡論への基本的不同意に立つものである。この学派にとって重要なことは市場が均衡しているかどうかではなく、限定された知識をもつ個人が市場に参加することにより行われる発見の過程の分析である。この学派の異議申し立ては、市場にかんして均衡理論とまったく異なる問題関心をきり開いている。[7]

マルクス経済学についてはいまさら解説するまでもないであろう。日本はマルクス経済学がいわゆる近代経済学と勢力を二分する、先進資本主義国としては唯一の国であり、その学問はなお日本の社会において強い影響力をもっている。しかし、マルクス経済学の方法的視角が過程分析にあり、そのかぎりで均衡論に対立するものであるという点の理解についてはどうであろうか。マルクス経済学の立場からの均衡論批判はたしかにたくさん書かれている。だが、現実には、経済の諸事象を説明しようとして、単純な需給均衡論一本で考えるマルクス経済学者がかなりいる。理論経済学者についても、このことは真実である。均衡論批判が自己の方法的立場の明確化にはねかえっていないのである。戦後の一時期、いわゆる近代経済学とマルクス経済学の対決が真剣に試みられたことがあった。しかし、その後しだいに討論が内向けになり、一種の相互内政不干渉による平和共存が実現した。批判はくりかえし提出されているが、血をみる危険性を避けた儀礼的なものである。こうしてマルクス経済学は、かつてはその学派のもっとも顕著な特徴であった闘争心を失っている。経済学の全般的昏迷という現状にあっても、それを好機として、みずからの変革を遂げつつ、斯学の中心におどり出ようとする自信すら持てないでいるかに見える。この意味ではマルクス経済学に多くは望めない。わたしの挑発にもあえて乗ろうとしない賢明な諸氏が多いであろう。それでも、マルクス経済学はわたしにとって期待すべき存在である。その第一の理由は、もちろん、経済分析においてマルクスが切り開いた地平の大きさにある。かれは需要関数、供給関数の概念をもたなかった最後の古典経済学者として、そのような経済学がどれほどの領域を扱いうるかを示すべく、まことに精力的に仕事し、業なかばにして倒れたのだった。わたしがマルクス経済学に期待する第二の理由は、均衡理論に席巻された諸理論にたいし、かつての勢いがないとはいえ、それが今なお独立の地位を確保しようと努めているからである。反均衡の立場に立とうとするとき、われわれはほとんど百年以上の後退を余儀なくされる。そのとき、限界革命の主潮流に対し、みずからを孤立させる危険を犯しつつも、苦労して蓄積してきたマルクス経済学の蓄積はとうといものである。とりわけ日本においては宇野弘蔵とその学派のようにマルクスの『資本論』体系をなんとかして経済学にしようと格闘してきたグループがある。かれらの『資本論』の読み方には種々の問題があることはたしかである。それらについてはつぎの第二節でふれる。しかし、かれらの「科学としての経済学」という主張を通してはじめて、日本人は『資本論』を積極的に読むことを学んだのである。このことを忘れてはならない。理論経済学のつぎの飛躍に役立ちうるのも、このように積極的に読みこなされたマルクスであって、あちこちの字句を切り張りする解釈ではない。

以下では宇野経済学を中心にして、マルクス経済学についてのわたしの不満を述べる。宇野経済学が中心となるのは、宇野弘蔵がわたしの好きな著作者であるばかりでなく、理論における跳躍という当面の課題に対し、かれとともに考える経済学にもっとも可能性があると思われるからである。

二　科学としての経済学と経済学批判

周知のようにマルクスの『資本論』は「経済学批判」と副題されている。経済学の生み出した最大の著述のひとつが「経済学批判」と副題されていることのパラドックス。ここに『資本論』を読むことの難しさが象徴的に集約されている。

もっとも単純な解釈においては、副題にいう「経済学」とはスミス、リカード等に代表される経済学であり、マルクスに先行する経済学のことである。マルクスはこれら先行経済学のうちもっとも優れたものを古典経済学として研究し、それらが等価交換を原理とする社会においてなぜ利潤が発生するか解明できないでいることに気づいた。そこでかれは研究を進め、労働の価値という無意味な概念から労働力の価値という正しい概念を抽出し、剰余価値発生の秘密をあきらかにして、はじめて経済学を科学として成立させた。『資本論』はその成果である。

もっとも広く行われているという意味では、これは正統的な解釈である。宇野弘蔵の「科学としての経済学」という考え方も基本的にはこの解釈にもとづいている。学校経済学の解釈もおおむねこのようなものである。『資本論』の要旨が経済学として教えられる以上、この解釈は不可避であるといえよう。しかし、戦後四十年の日本マルクス学の歴史はこのような正統的な解釈から、副題の「経済学批判」を強調する方向に動いてきたように思われる。

この方向を代表する流れとして、ふたつを指摘することができる。ひとつは内田義彦、平田清明らを中心とする市民社会派の流れ、いまひとつは廣松渉を先導者とする物象化論の流れである。伝統的なマルクス経済学ないしは宇野経済学とくらべてみると、この両派には共通の関心のずれが見られる。市民社会論も物象化論も経済学の個々の問題——価格や利潤率がどう決まるかとか、恐慌はいかに起こり、経済はどのようにしてそこから抜けでるか、といった問題——には主要な関心を示さない。かれらにとって重要なのは、ものが商品の形をとって交換される社会そのものであり、そのような場における人びとの日常意識である。もし経済学がかれらにとって特別の意味をもつとすれば、それは経済学が市民社会の解剖学にとって最良の材料を提供するからにほかならない。このような立場から読めば、『資本論』は市民社会の意識諸形態を経済学という精錬装置にかけて純粋な形でとりだすとともに、その「転倒性」を暴いてみせたお手本である。この解釈においては『資本論』は経済学そのものというより経済学批判であり、その究極の形態においてはマルクス自身の構成する経済学も批判の対象となる。(9)

『資本論』にはふたつの言説の層を区別することができる。ひとつは商品の生産や交換に関連する諸運動の記述ないし法則理解にかかわる層であり、商品世界の運動理論と名付けることができよう。もうひとつは個々の運動の発現の場としての商品世界そのものの成立の仕組みを解明する層である。この層には商品世界の担い手の意識構造の批判が含まれる。なぜなら、人間たちはこの世界になかば規定される存在であると同時に、この世界を支えあっている存在でもあるからである。これをかりに商品世界の存立の理論と呼んでみよう。(10) 物象化論はこの存立理論に属する。『資本論』のテクストとしての特異性は、運動理論と存立理論とがきわめて密接なひとつの構造にまで組みあげられているところにある。それが読みを困難で複雑なものとすると同時に、特別な魅力をも作りだしている。とくに存立理論の層は、かれ以前にはきわめて希薄であった問題関心であり、マルクスの特異性に注目する人たちが、存立理論の側にしだいに重点をかけていくのはゆえなしとしない（テキストを読むとは、その特異性を読むことである）。しかし、現在では、この傾向があまりにも顕著で、わたしには行きすぎに思える。

かつて価値形態論が多くの若い経済学者をひきつけたように、近年では多少とも野心的な若手マルクス学者はみな物象化論や物神性論を論じている。そのこと自体が悪いとは言えないが、あらゆる流行現象がそうであるように、このような事態は、特定の課題に過度の関心をひきつけることの反面として、それ以外の課題についての関心を低下させる。現在の状況でいえば、存立理論の隆盛が運動理論の研究を手薄にするという問題がある。資本主義経済内部の運動の分析は、資本主義経済そのものの成立・存続を前提としている。その意味では存立の問題は運動の分析に先行すべき第一級の問題であり、運動の分析はより細かな第二次的問題である。マルクス以前の古典経済学者たちが所与の体制内部の運動にのみ気を取られて、存立の問題を問うことがなかったとすれば、それは批判されるべきことである。しかし、存立の問題は（比較的にいえば）運動の分析にくらべてはるかに難しい。そのため、理論は科学的というよりは哲学的となり、いったん踏み込むとそこから抜け出すことの困難などろ沼になりやすい。もし存立の理論が十分展開されないかぎり運動の理論の分析に入れない（あるいは入るべきでない）とするならば、当分のあいだ分析理論は不可能になってしまうだろう。もしここに存立構造の解明こそが第一級の問題であって、その他は第二次的な問題であるとの意識が重ねあわせられると、古典派とは正反対の特化が起こり、マルクスのもっていた存立理論と運動理論との不可分の統一という特異性は失われてしまう。

このような事態の問題性はマルクス経済学を経済学諸学派との対抗関係のなかに置いてみるとさらにはっきりする。マルクス経済学者は他派との討論においてしばしば経済学諸範疇の特殊歴史性を指摘して、この点への自覚の欠如をもって他学説を批判する。これは一面では正しい批判であるが、これだけで終わるときにはきわめて空しい批判でもある。マルクス経済学者の中にはブルジョア経済学がつねに資本主義の永続性を仮定し、かつそれを願望していると思い込んでいる人がいるけれども、それは正しくない。真のブルジョア経済学者は現在到達可能な諸体制のなかでは資本主義経済をもっともましなものとして、その体制の維持をはかるであろう。しかし、それは資本主義体制の脆弱性を認識しているからであって、無条件にそれが永遠の体制であると仮定しているわけではないのである。資本主義が人類史の一時期に発生してきた歴史的な存在であり、それが有限の生命をもつであろうことをまともな経済学者ならだれも否定はしない。それはいわば常識である。特殊歴史性による批判はこの常識を指摘することでマルクス経済学の優位を主張するという無内容性をもっている。より詳細な認識がもとめられるとき、特殊歴史性の議論はなにも答えることができない。たとえば、資本主義の寿命がもはや尽きているると考えるか、今なお上昇期にあると考えるか、といった水準の詳細についてすらそれは答えることができず、有限の認識を無媒介に現在の危機に結びつけて繰り返し予測をあやまるという構造を生んでいる。運動理論から存立理論へという理論的関心の移動が運動理論の空洞化をまねくと、マルクス経済学そのものが特殊歴史性による批判と同様に無意味なものになりかねない。さまざまな理由があって、現実にもマルクス経済学の現状分析力はいわゆる近代経済学に比べて相対的に落ちてきており、存立理論のみへののめり込みはこの傾向をさらに推進する危険性がある。

マルクスが『資本論』をかいた基本的動機からいえば、重点はむしろ存立理論にあっただろう。個々の運動を追いかけるだけでは資本主義経済を相対化することはもとより、その全体像をも描けない。それにもかかわらず、マルクスはかれ自身の運動理論＝狭義の経済学の構築になぜあれだけの努力をそそいだのか。そしてまた主眼の部分をなぜ存立理論そのものとしてでなくむしろ経済学批判という形で展開しようとしたのか。

この問題へのひとつの解答は、弁証法的講述ということであるだろう。マルクスはいったん読者とともに「社会に妥当する、それゆえ客観的な思想形態」におりたち、まずは古典経済学の境地、ついでマルクス自身の経済学の境地へと読者をいざない、その巡歴の経験そのもののうちに、異次元にあるところの第三の境地への誘導を試みているのであると。この解釈は卑俗にとると、『資本論』はたんに教育的配慮のために、あれだけの大体系を仮構してみせたが、いったん高次の理論に到達したのちには不要のものである、ということになりかねない。だが、『資本論』が一読ばかりでなく、二読・三読に耐える本であることを考えれば、このような理解はなお浅いといわなければならない。『資本論』にはたしかに、経済学の構築とともに進行する経済学批判によって、当初は思っていなかったような地点にまで読者を連れていく魔力があるが、魅力がそこだけにあるのではない。きわめて平明な経済学そのものが反読に耐える魅力をもっている。事実、『資本論』の運動理論は当時としては最高の資本主義分析であった。そして私見によれば、この強力な「科学としての経済学」があってはじめて、その存立理論と資本主義批判とが力をもちえたのである。狭義の経済学は行論の都合上必要となる一階程としてでなく、そのもの自身に価値あるものとして追求されなければならないであろう。

一九八〇年代後半の今日、マルクス系統の経済理論はなお最高の資本主義分析といえるだろうか。①現実の経済過程の理解の深さにおいても、②理論の形式論理的整合性においても、それは疑わしいと思われる。過程の分析理論としてより発展しなければ、マルクス経済学は批判の学としても早晩説得力を失うであろう。この意味において、最近の関心が存立理論に集中しすぎていることは、みずからの首を絞めるものである。

三　宇野原理論の問題点

宇野弘蔵は日本のマルクス学における「科学としての経済学」の代表者である。マルクスの明言であっても、理解できぬことは理解できぬというきわめて普通のことをかれは敢然と行い、『資本論』を基本的に正しいと認めながらも、その論理には一層の純化が必要であるとして、その作業をみずからに課したのであった。弁証法の名によってあらゆる無論理が押し通されていた時代にあっては、これは勇気ある大胆な行為であった。宇野が晩年にいたって「田舎の鈍才」をしばしば自認したのはこの時代の記憶があずかっているかもしれない。いずれにしても、宇野以降のわれわれはかれのおかげで論理を通すことに大きな自由をえた。われわれがかれに負う負債の最大のものはこの自由であると思われる。

宇野は「明確」ということばが好きで、すぐにあることが明確であるかないかについて語っている。そして明確でないことについては、いかなる権威の論説でも、それを飲み込むことをしなかった。残念ながら、なにをもって明確といい、なにをもって明確でないというかは、かならずしも明確でない。明確であるためには論理的整合性が必要とされることはたしかであるが、それ以上はあまりはっきりしない。しかし、すくなくともそれは「わが内なる道徳律」として宇野の内部にあり、政治や組織の都合によって左右される外的な基準ではなかった。

明確であるという基準は科学の到達範囲を限定したものとする。宇野は経済学が解決していることと解決できていないことを峻別し、未解決の問題にいいかげんな結論を与えることを急がなかった。ここから唯物史観と経済学の特別な関係について、いかにも宇野らしい解釈を生みだしている。かれは経済学が「唯物史観を科学的に基礎づけるもの」と考えるが[11]、同時にその経済学には多くの未解決の問題があり、さらには原理的に解明できない、ないしは解明を要しない諸現象があると考える。経済学が未完であることは唯物史観の根拠がきわめて限定されていることを意味する。だからといって宇野は唯物史観を否定しようとはしない。学問的にはかれは唯物史観のイデオロギーが経済学の研究を助ける面を認めている。しかし、宇野がより積極的に唯物史観を認めるのは「実践」の場においてである。宇野における「実践」は当時の一般的用法を反映して、おもに政治的活動が想定され、理論における実践については明示的には考えられていない。ところで政治の場においては、科学的に解決できていない問題についても、それこそ「実践的」に一応の決定を行うことが必要である。宇野はこの必要を認め、そのような諸決定を導くものとしてイデオロギーの価値を認める。当然のことに、この必要は採用された決定が科学的に得られたことを意味しない。しかし、マルクス主義諸政党はこの当然のことを明らかにしようとせず、科学的社会主義の立場に立つ党の決定は科学的にも正しいものであると主張することが多かった。このような立場の取り方は宣伝・説得の短期的効果を考えれば無理からぬものではあるが、それが党の認識論と組織論とをゆがめる癌のような存在であることにマルクス＝レーニン主義は長いあいだ気付かなかったのである。宇野は科学とイデオロギーの分離を通して、政治的実践が科学的に処理できない問題を残して行われている点への自覚をもとめた。これは世界の全的把握を主張する傾向の強い風潮のなかにあって異例のことであった。

宇野弘蔵の主たる貢献は、しかし、経済学の内部にある。かれは経済学の課題を原理論、段階論、現状分析の三つに分けるいわゆる三段階論によって整理し、みずからは主として原理論の体系的純化にたずさわった。その成果は労働価値説の論証を商品の流通過程においてでなく、商品の生産過程にまで繰り延べるという編成をもつ新旧の『経済原論』にまとめられている。[12]

『経済原論』は『資本論』の延長上に期待しうる思考の最良の表現のひとつである。しかし、宇野の原理論には大きな問題が残されている。それは価値論をどう展開するかといった原理論内部の問題ではなく、原理論の対象とその成立根拠をどう考えるかにある。

宇野は原理論の対象として「純粋資本主義社会」を考える。それは「商品による商品の生産として、自立的なる商品生産」が「全面展開」される社会でなければならない。[13] そのような社会は実際にはどこにも存在しないが、たんなる恣意的な想定ではない。そのような社会を抽出・想定することは商品生産が経済外的なさまざまな規制のなかに埋もれていた時代には不可能であった。そのような抽象は資本家的商品経済の発達によってはじめて可能になった。もちろん純粋資本主義の想定は、それが可能になったというだけでは正当化されない。それだけでは単なる妄想と変わりない。宇野はそこで資本主義の一定段階における「純粋化傾向」という概念をもちだす。具体的にはマルクスの時代のイギリスがそのような傾向を示したと考える。その時代にあっては「資本主義が発展すればするほど、理論的に想定される純粋の資本主義社会に近似するものとして、その理論的体系化の基礎が明確にされる」というわけである。[14] しかし、これで問題がすべて解決されたわけではない。宇野が苦労した点は、このような純粋化傾向が一九世紀末に逆転してしまうという事態をどう処理するかであった。[15] たぶんここにふたつの選択肢があるだろう。ひとつは資本主義がマルクスの想定を乗り越えて発展し、『資本論』に内包される原理論に修正の必要が生まれたと考える道である。もうひとつは『資本論』の原理論は依然として有効であるが、資本主義の発展とともに原理の発現の様式に変化が生じたと考える道である。宇野は段階論という経済学研究の新課題を設定することにより、後者の道を取った。

段階論の設定は、資本主義経済の一般的・抽象的原理を特定の国の特定の時代に直接あてはめることを禁じ、一般論からは特定できない種々の事情を段階論的規定として導入し、より具体的な分析を可能にする。経済学の方法論における宇野の最大の貢献は段階論という研究種目の必要を理論的に位置づけたことにある。かれはその必要を後進国ドイツおよび日本の経験（修正主義論争と日本資本主義論争）から学びとったのであるが、それは後進性のなかにのみ学びうる普遍的問題の真に独創的な発見であった。

原理論と段階論の分離は、しかし、原理論のありようを大きく変えてしまう革新でもあった。原理が資本主義の発展の漸近極限として設定されているときには、原理論は現実の資本主義とのあいだにまだ健全な相互交渉を保っていた。原理が資本主義経済のますます顕著となる形態を示すとともに、資本主義の発展傾向が原理のあるべき姿を限定していたからである。しかし、原理論が資本主義経済の諸段階から切り離されて「産業資本の時代の発展傾向」のみにその根拠をもつとなると、その他の資本主義から原理論への回路が閉ざされてしまう。すなわち新しい時代の新しい現象(および新しく認識可能になった現象)はすべて原理からの乖離とみなされ、原理そのものの見直しは権利として否認されることになる。

たぶん宇野には、原理論は一回かぎりに成立するという暗黙のテーゼがあるのだろう。原理論は『資本論』で基本的に成立していて、残された仕事はその純化だという見解はこのテーゼの系論である。ニュートン力学の場合、事実はたしかにそのようなものであった。一八世紀の物理学者たちの仕事は、ニュートンの体系を数学的に整理し、未解決の問題を解き、その適用範囲をひろげることであった。新しい概念や定式の導入はあっても、それは原理の変更のためではなく、その再定式化のためであった。新しい実験事実が原理の変更を迫ることもなかった。ニュートン力学で扱えない新しい領域の発見はあった。電磁気学と熱力学はその二例である。しかし、それらもニュートンの体系に付加されたのであって、その原理を変えたのではなかった。この事態は一九世紀一杯つづき、量子力学と相対性原理とが古典力学の諸原理の根底的変更を迫るのは、二〇世紀に入ってからである。もしマルクスの『資本論』がニュートンの『数学原理』と同様の完全性をもつ原理の体系であるならば、残された仕事は宇野のいうごとく「純化」であるにちがいない。だが、経済学は物理学とちがって人間社会を対象とする学問である。そして、この社会の特徴は歴史をもつことである。[16] 商品経済の発展によって資本主義が成立したように、資本主義そのものにもまた進化がある(だからこそ段階論が必要となったのであった)。このような社会において、ひとたび成立するや、あとはその論理展開を行うだけというような原理の体系がありうるだろうか。

原理の一回かぎりの成立というテーゼと対《つい》をなすものとして、宇野は商品生産が自立的かつ全面的になされる社会が類型としてただひとつしかありえないと想定している。つまり宇野は純粋資本主義社会はすべてその機能様式において同一であると考えている。そのため宇野は、資本主義に様相の異なる諸段階を認めるものの、一八、九世紀イギリスの産業資本主義以外には、商品経済の自立的発展の一段階としてそれらを認識せず、そのような多様性はすべて「非商品経済的な、あるいは非資本主義的な原因によって」生ずるものとしてしまう。[17] しかし、金融資本の時代の特徴とされる「機械的大工業の発達を基礎にして株式会社制度のもとに行われる資本家的生産方法の比較的頻繁なる改善」と、その結果としての「いつでも利用しうる過剰人口」の常在[18]のどこが非商品経済的であり、非資本主義的であろうか。金融資本の時代が「いつでも利用しうる過剰人口を常に与えられるか」いなかは議論の余地があるが、もしそのとおりだとしても、それは資本主義に特有な人口法則の一形式であって、特にそれが「特殊な偏倚」といいうるものではない。生産方法の比較的頻繁なる改善も、各資本が「できる限り多くの利潤を得ようとして競争する」ところの資本主義においては当然のことである。このように消去していくと、「非資本主義的な原因」として「機械的大工業の発達」が残ることになる。これは生産方法における資本主義的競争の結果おこったこととはいえ、それ自体としてはたしかに商品経済的とも資本主義ともいえない技術的与件である。しかし、もしこのように考えるならば、産業資本主義の時代に特徴的であった技術的与件も（それがどのようなものであると考えるにせよ）、非商品経済的・非資本主義的であることになる。宇野の純粋資本主義社会に近接する傾向にあるとされる産業資本主義も、金融資本とおなじように非商品経済的・非資本主義的な特殊な段階論的規定のもとにある。産業資本主義の純粋化極限としてひとつの純粋資本主義社会が想定可能とするなら、金融資本主義の理念的極限として別の純粋資本主義社会が想定できるはずである。

産業資本主義のみを資本主義の典型とみて、他の時代をそこからの乖離ないし偏倚とみるのは資本主義の歴史過程に対する宇野の特殊な想定によっている。宇野は商人資本、産業資本、金融資本の三段階を資本主義の発生、発展、没落の三段階に重ねあわせて考えている。[19] 金融資本の時代が没落期であるとすれば、その極限はすでに資本主義以外のなにものかになることになり、金融資本主義に対応する純粋資本主義社会など考えられないことはいうまでもない。しかし、金融資本の時代が資本主義の没落期となるといった期待は事実によって裏切られている。一九八〇年代の現在が金融資本の時代にあると考えるにせよ、すでに別の時代に移っていると考えるにせよ、地球上の相当範囲において資本主義はますます強固に栄えており、社会主義化したのは資本主義の発達のむしろ低位にとどまった諸国にかぎられている。たしかに資本主義は変わったが、その変化はむしろその高度化にともなうものであり、資本の論理はなお厳然と貫かれている。今日に生きるわれわれにとっては、一九世紀のイギリス資本主義も、一九世紀末からのアメリカ資本主義、ドイツ資本主義も、どちらが他の偏倚であるといった区別はなく、それぞれに自立的な商品生産の具体例としてある。

イギリス産業資本主義を資本主義発展の他と同格なひとつの形とみる立場に立つとき、純粋化傾向の存在とその逆転についてもわれわれはより反省の進んだ形でその事情を理解することができる。マルクスは産業資本主義の時代に生きて、その時代の進展を天才的な洞察力をもって分析し、その考察を『資本論』に結実させた。そのときマルクスは過去の残存物として消滅傾向にあるものは思いきって捨象し、発展傾向にあるものを強調して、産業資本主義の論理をより鮮明に描き出すという方法を採用した。その結果、産業資本主義はしばらくのあいだマルクスの描き出した純粋資本主義に近接する傾向をみせた。これが宇野のいう「資本主義の純粋化傾向」である。しかし、マルクスとてその時代の子であり、進化のすべての傾向を見透すことはできなかった。やがてマルクスのさほど重要視しなかった側面が次第に支配的な作用を及ぼすようになり、資本主義はマルクスの理念化した形を超えて進化する。これが宇野にとっては「純粋化傾向の逆転」として認識されることになるのである。

宇野の誤りは、一九世紀イギリスの産業資本主義とその原理的解明である『資本論』とを特権化したことにある。この特権化から、純粋資本主義の単一説と原理論の一回かぎりの成立説とが生まれたのである。このふたつの単一説の根本的問題は、それによって原理論が資本主義のその後の発展に学ぶことができなくなったという点にある。原理論はそのため新しい刺激を失って動脈硬化を起こすことになる。宇野学派と呼ばれる強力な勢力を擁しながら、若手の原論研究家たちが『資本論』と宇野『原論』の純化と解釈に専念せざるをえないのは、かれらが二〇世紀の資本主義を原理論的に研究する道を閉ざされているからに他ならない。

必要なのは景観を変えることである。二〇世紀の資本主義を一九世紀の資本主義の変則化したものとみるのではなく、構造のより深化したものとみるならば、原理論にはあらたな展望が開けてくる。二〇世紀の資本主義に対応する新しい原理論を構想してみよう。この原理論は無からでてくるのではなく、マルクス＝宇野の原理論に学び、それを先行理論として、それを改造したものとしてあるだろう。この過程が創造的に遂行されたのちには、われわれはすくなくともふたつの原理論体系をもつことになる。このとき、われわれは一九世紀イギリスの産業資本主義についてもより深く知ることができるようになるだろう。マルクスには見えなかったことが、今のわれわれには見えてくるからである。これは産業資本主義にかんするマルクス＝宇野の原理論そのものの改変をもたらすかもしれない。最後にわれわれは、こうした理論的探究の結果として、発展段階の異なるふたつの時代にかんするふたつの原理論を並列的に得るのではなく、両者を統一的かつ発展的にとらえたひとつの統合理論を構築できるかもしれない。原理論研究はこのような大きな展望の中で進めるべきであって、けっして文献解釈のなかに閉じこもってはならない。もちろん時期によっては、体系の整理・純化も必要であろう。しかし、このような努力は次の一歩への準備として位置づけるべきものであって、それ自身を目的化してはならない。資本主義経済は宇野が考えた以上に複雑であって、時代の進行とともに新しい様相をつぎつぎと顕わにしていく。そこに原理論の新たな発展の種がある。経済学は資本主義の展開とともに進化しうる学問であることを忘れてはならない。

原理論のとらえ方がこのように変わるならば、宇野派のなかに現在みられる自己閉鎖的かつ文義解釈的な作風は一掃され、マルクス経済学の豊かな創造力が発揮されることになろう。したがって個々の領域についてここに詳しく論ずる必要はないであろう。(20)

四　対決を通しての発展

マルクス経済学は大きな可能性をもちながら、宇野弘蔵における原理論の理解と同様の構造により、みずからその可能性を閉ざしてきた。マルクスがあまりに偉大な存在であったため、その後の理論家たちに精神的萎縮が見られたのもひとつの原因であったろうし、資本主義の告発にいそがしくて存立理論はともかく運動理論にまで手が回らなかったというのもひとつの原因であったろう。理論内部の伝統的な諸問題——たとえば価値の価格への転化といった問題——に精力をそがれて新しい分析が後まわしにされたという事情もあるだろう。大きな戦略として考えるとき、過去の伝統的な諸問題に若い理論家は手をだすべきでないとわたしは考える。それらの可能性は過去の長い歴史によってすでにほとんど汲み尽くされている。労働価値をなんとか価格体系に接続しようとするより、生産価格なら生産価格から出発して、資本主義経済の運動法則を調べる方が重要であろう。

資本による労働の搾取などということは労働価値説がなければ言えないことではないし、もしそれが言えたところで社会的に大した変化が起きるわけではない[21]。マルクス経済学かいなかの踏み絵に労働価値説を使うようなことはもはや廃棄されなければならない。それよりもマルクスの理論装置およびそれを発展させたものが経済の諸過程をいかにうまく分析できるかで勝負しなければならない。もしそれが非マルクス経済学諸派の分析を問題設定においても解決においても凌駕するものでなければ、マルクス経済学が強い聴衆を得ることはできないであろう。

現在の問題は、いわゆる近代経済学がさまざまな現象についてかなり詳細な議論をしているのに対し、マルクス経済学がマルクスの時代の大雑把さをあまり超えていない点にあるだろう。たとえば、現在の資本主義の問題として「資本の過剰」をいう人びとがいる。この概念が『資本論』のなかから選びだされたことはよいとして、なにをもって資本の過剰というか、理論的な詰めがなされていないのである。資本の生産容量に比較して購買力が制限されている状態が問題なのか、相応の利潤率の期待される投資機会が枯渇してきたことの問題なのか、実現される利潤率が総体として低下してきていることが問題なのか、そうした理論的具体化がないまま「資本過剰」概念がいろいろの文脈で使用され、その重要性が強調されている。いわゆる近代経済学では、すくなくとも一流の学者がこのように曖昧なままに自己の概念をあやつることはない。数学的定式化によるとよらぬとにかかわらず、理論設定の具体性についての要求水準は一般に高く、辞書的定義の範囲で定義が終わることはないからである。一般均衡論の数学模型は、資本主義の市場を理念化したものとしては誤ったものであるが、状況の設定を必要なかぎりできちんと行うよい習慣をもたらした。このような水準ではマルクス経済学は新古典派経済学にすら学ぶべき多くのものを持っている。

宇野経済学固有の問題としていえば、宇野の独自な三段階論により、すでに指摘したように、現代資本主義分析に原理論的考察を禁じられているということがある。宇野は、「近代経済学と「対決」するなら現状分析でやるよりほかはない」というのであるが[22]、その現状分析が必要とする理論をいかに形成するかについてなんの示唆も残していない。むしろ反対に金融資本の時代になると独占資本が支配的地位を占めるようになり、そのような社会は「いわば構造的に不純な関係を前提とし、原理的にその法則をたてようとしてもできないものなのだ」と決めつけている[23]。そして「現代の資本主義にしろ、あるいは金融資本の時代にしろ、いずれも法則的に、原理的な法則性をもって解明しようとする」のは、「マルクス経済学者というより近代経済学者といった方がよい」と批評している[24]。しかし、このような主張が宇野の特異な資本主義観にもとづくものであることはすでに指摘した。われわれは宇野のいう意味での「近代経済学者」にならなければならない。法則的な把握が一切できないのであれば、現代資本主義を分析するといっても、純粋資本主義との比較ができるだけになってしまう。比較研究がすべての分析の出発点であるとはいえ、比較の一方がつねに不純な展開として法則的ないし理論的理解ができないのであれば、比較研究自身も行きづまるにちがいない。宇野はまた「僕は独占論では独占価格論はやらない。それは別に原理的解明を要するものとは思えないからだ」といい、そのようなことをするのは「近代経済学のペースに引きいれられる」ことに他ならないとしている[25]。宇野の言い分としては独占価格より独占組織論を中心にしなければならないというのだが、独占価格が現に存在し、それについて考察しなければならないとき(たとえば、独占価格の分配に及ぼす影響について考えなければならないとき)、宇野のようにその理論的解明を拒否しているばかりでは、「マルクス経済学自身が、最近の現象に如何に対処するかという問題を近代経済学によって考える」という状況をかならず招くことになる[26]。

現代資本主義分析を試みるにあたって必要なことは、それを行うにあたってのマルクス経済学といわゆる近代経済学との基本的対立は何かということである。この点が明らかになっていないと、主流の経済学に対抗するつもりで作った理論が実は主流の理論の再発見であったということになりかねない。このような基本的対立点を明らかにすることは、宇野の考えとちがって、原理論の水準で行う以外にない。もっとも、原理論の個々の概念や法則が問題ではなく、そのような理論形成を貫く一般的理論的な態度の比較をしなければならない。

いわゆる近代経済学の方法が均衡論にあることはいうまでもない。これに対してマルクス経済学の理論の方法的視点はいったいどこに求められるであろうか。宇野の場合、この点は比較的はっきりしていたと思われる。ひとことでいえば、それは「循環」である。商品生産が商品による商品の生産として自立するところに宇野のいう原理論の成立の基礎があるが、原理論がその運動法則を明らかにするのは「永久におなじ運動を繰り返しつつ発展するものであるかの如くにして」である。[27]宇野は労働力の商品化のように比較的長い時間のかかる事象に関連した循環を考えたので、かれにとっての循環の典型は景気循環であった。一九世紀の二〇年代から六〇年代まで周期的に恐慌現象の現れたことを重要視して、そこに原理的解明の可能性をみている。[28]しかし「循環」の範疇は景気循環にかぎられる必要のない一般的なものであり、たとえばマルクスの「循環範式」における資本の循環もこの範疇の応用例のひとつである。[29]

「均衡」と「循環」。ちょっとした強調点のちがいでしかないけれど、わたしにはこのちがいは重要なものに思える。一般の理解とちがって、すくなくともアロー＝ドブルー流の定式化においては、均衡は事態の静止を意味するものではなく、一切の実取引を停止した時間における再選択の同一性でしかない。これに対して循環では、経済事象の進行にともなう同一事態の再帰が問題となっている。ここにはあきらかに時間の進行があり、個々の事象はその時間を刻むものであると同時に、そのように進行する時間のなかに位置づけられて生起するものとなっている。この小さな差異は、体系内に貨幣を含みうるか否かという質的な差をも呼び起こす。均衡論ではすべての財が一般的交換手段として貨幣であり、したがってまた見ようによっては貨幣でないが、循環論においては次の購入を期待しての販売（すなわち商品の代価として貨幣を受けとること）が成立しうる。売りと買いの分離こそ貨幣経済の特質であり、資本主義の分析もこの分離の諸結果の分析として行われなければならない。

均衡と循環の差異を強調するのは、それを絶対視するためではない。いわゆる近代経済学とマルクス経済学の基本的対立についてより意識的に考えるよう例を挙げたにすぎない。ふたつの経済学の対比はより多くの人が試みるべき課題であろう。[30]循環の相で対象をみることが残された問題をかかえていることは、それが梅本克巳のいう移行の論理を内包するものでないことからも明らかである。(30) 原理論は、宇野のいうごとく、けっして移行の論理を含みえないものではないであろう。自己形成しつつある構造が変動することの解明も、困難ではあるが、理論の任務でなければならない。(31)

（1） 宇沢弘文『近代経済学の転換』岩波書店、一九八六年、第六、第七章。

（2） K. J. Arrow and G. Debreu, "Existence of an Equilibrium for a Competitive Economy", *Econometrica*, 22, 1954. なお、G. Debreu, *Theory of Value, an axiomatic analysis of economic equilibrium*, 1959.（丸山徹訳『価値の理論——経済均衡の公理的分析』東洋経済新報社、一九七七年）はこの体系への最良の入門書である。六〇年代末までの総合報告としてはK. J. Arrow and F. H. Hahn, *General Competitive Analysis*, 1971（福島正夫・川又邦雄訳『一般均衡分析』岩波書店、一九七六年）がある。

（3） Kornai Jànos, *Anti-Equilibrium*, Budapest, 1971（岩城博司・淳子訳『反均衡の経済学』日本経済新聞社、一九七五年）。N. Kaldor "The irrelevance of equilibrium economics", *Economic Journal*, vol. 82,1972.

（4） L. Althusser, *Philosophie et Philosophie Spontanée des Savants*, 1974（西川長夫他訳『科学者のための哲学講義』福村出版、一九七七年）。

（5） J. A. Schumpeter, *History of Economic Analysis*, 1954（東畑精一訳『経済分析の歴史』全七巻、岩波書店、一九五五〜六二年）。なお、シュンペーター二五歳のときの大著 *Das Wesen und der Hauptinhalt der theoretischen Nationalökonomie*, 1908（大野忠夫他訳『理論経済学の本質と主要内容』上・下、岩波書店、一九八三〜四年）の均衡論と、*Theorie der wirtschaftlichen Entwicklung*, 1912 und 1926（塩野谷祐一他訳『経済発展の理論』岩波書店、一九七七年）以降の動態論との関係をどうみるかは議論の余地があるが、ここではシュンペーターがオーストリアの伝統のなかにワルラスを導入した「功労者」であることだけが確認されればよいであろう。

（6） Israel M. Kirzner, "Equilibrium versus Market Process" in E. G. Dolan, ed., *The Foundations of Modern Austian Economics*, 1976. Reprinted in I. M. Kirzner, *Perception, Opportunity, and Profit*, University of Chicago Press, 1979. 新オーストリア学派とも呼ばれる経済学の動向については次をもみよ。Alexander H. Shand, *The Capitalist Alternative: An Introduction to Neo-Austrian Economics*, 1984, published by Wheatsheaf Books Ltd., distributed by the Harvester Press, England.

（7） 世界の有力な諸学派のうちオーストリア学派だけがマルクス経済学と社会主義とに対する真剣な討論を挑み、そこから学んだという事実を忘れることはできない。

（8） マルクス経済学の過程分析はもちろん過程分析一般としてあるのではなく、第四節にみるように「循環」範疇により分節化され、基本的には再生産の条件を確認しつつ構造の変動をも展望するものとしてある。

(9) 廣松渉はこの事情を「みずからの経済学の体系を構築することにおいて「経済学批判」を展開する」と表現している。『資本論の哲学』現代評論社、一九七四年、二五四ページ。

(10) 見田宗介の「存立構造論」から借用した。なお、前註『資本論の哲学』二六八ページ参照。

(11) 宇野弘蔵「経済学と唯物史観」『宇野弘蔵著作集』第九巻、岩波書店、一九七四年所収、三八四ページ。ここで宇野はマルクスに仮託してかれの解釈を語っている。

(12) 『経済原論』上下、岩波書店、一九五〇年、五二年。『経済原論』岩波全書、一九六四年。ともに『著作集』第一巻に所収。

(13) 『著作集』第九巻、一四六ページ。

(14) 同、二七ページ。

(15) これはベルンシュタインの提起した問題と類縁のものである。宇野自身このことに気づいており、『経済学方法論』のなかに特に「補論」を設けて、ベルンシュタイン、カウツキー、ヒルファディングによる「解決」に触れている。『著作集』第九巻、六二〜九八ページ。

(16) 宇宙の進化のように、物理的世界にも歴史はある。最近では物理法則自体の進化ということも考えられている。しかし、この進化は現時点では人間的尺度をはるかに越えた長い時間をかけて起こるものであり、百年単位で様相の重要な変化のある資本主義社会とは歴史の意味が大きくちがっている。

(17) 『著作集』第九巻、四〇ページ。

(18) 同、四六ページ。

(19) 段階論がただちに資本主義の発生・発展・没落の過程を示すものではないとの注意はあるが（『著作集』第九巻、四九ページ）、他方では金融資本の時代が資本主義の末期をなすと明瞭に述べられている（同、四六ページほか）。

(20) ひとつだけ例を挙げておこう。宇野派の原論学者に、宇野経済学の最高の達成はなにかと問うと、多くは価値形態論だと答える。では価値形態論の長い議論で何が分かるかと問うと、意外な答えが返ってくる。それは貨幣形態にいたってはじめて流通が可能になることだという。なるほど貨幣の制度のない資本主義経済など今のところ想定できないから、貨幣の重要性を印象づける手段として、つまり教育的に、そのような議論は有効かもしれない。しかし、それで貨幣というものの働きがどれだけ明らかにされるであろうか。ほとんど0である。このような教育的にのみ意味があるが、資本主義経済の機能様式についてはほとんど何も教えない論文がすでに数百の単位で書かれていることは、わたしには実に奇異な風景である。

(21) 搾取の存否といったことは事実の問題ではなく説得の問題である。存在証明あるいは不在証明にみえるものがあるとすれば、それは説得的定義の積み重ねの結果である。したがって搾取論は真の科学の問題ではありえない。塩沢由典『近代経済学の反省』日本経済新聞社、一九八三年、第6節参照。
(22) 宇野弘蔵『経済学の方法』法政大学出版局、一九六三年、七〇ページ。
(23) 同、四二ページ。
(24) 同所。
(25) 同、四三ページ、六九ページ。
(26) 批判的文脈における宇野の発言。同、六八ページ。
(27) 『著作集』第九巻、一四一ページ。
(28) 宇野弘蔵・梅本克巳『社会科学と弁証法』岩波書店、一九七六年、三〇ページ。
(29) マルクスの分析方法を新古典派と比較したわたしの試みとしては以下を参照。塩沢由典「分析方法からみたマルクスの現代性」『経済セミナー』三五二号、一九八四年五月号所収。本書第8章として収録。
(30) 『社会科学と弁証法』ⅠとⅡ。梅本は循環の論理と移行の論理をいいかえて構造の論理と歴史の論理とも言っている。なおここで「移行」を社会主義への移行という特殊文脈で考えてはならない。
(31) わたしの試論としては「経済の自己形成秩序」(『エピステーメー』Ⅱ-1、一九八五年夏号所収)をみよ。

8 分析方法からみたマルクスの現代性*

——新古典派一一〇年の反省の上にたった古典派の再読——

本文末尾に記したように、本章の基礎となったのは、一九八三年一〇月一〇日の理論計量経済学会（現日本経済学会）の全国大会におけるパネル・ディスカッションにおける報告である。この年はマルクス死後一〇〇年、シュンペーターとケインズ生誕一〇〇年にあたり、それを記念するものとして「マルクス、シュンペーター、ケインズの経済学と現代」というパネル・ディスカッションが企画された。どういう人選か、わたしがマルクスについて報告することになった。シュンペーターについては塩野谷祐一、ケインズについては藪下史郎が報告し、座長は安井琢磨であった。パネルそのものは十分な時間がなく、いささか消化不足であった。そこで『経済セミナー』の編集者に頼み込んで書いたのが本章である。パネルでの報告の口調を再現すべく、本文は「です・ます」調で、いささか冗長な感じも残した。

社会思想家・経済思想家としてのマルクスでなく、マルクスの方法を新古典派の方法と同水準で対比して見せたところに、この報告の独自性があると思われる。しかし、座長の安井には三人の報告はともに経済体制という重要課題への取り組みを欠いた浅薄なものに映ったようである。

本文中にも断っているように、マルクスの方法のこのような解釈がテキスト解釈として妥当かどうかは疑問である。このように読むこともできるという程度に理解してもらった方がいいだろう。あるいはスラッファの経済学の方法をマルクスにも見つけようとした結果であるといってもいい。いずれにせよ、ここで指摘した新古典派とマルクスとの対比は、わたしが方法の問題を考えるにあたって繰り返し用いてきた基本図式といってよい。定常性の意義については、後に英語で書いた"The Primacy of Stationarity: A Case against the General Equilibrium Theory"（定常性の第一義性、『複雑さの帰結』第七章として日訳収録）により詳しく展開されている。

この報告で問題としない論点について、まず断っておきます。

「現代性」を論ずるということは、〈マルクスの「古さ」については語らない〉ということであります。マルクスの死後の一〇〇年間に、かれの主張が根拠を欠くものとして明らかになってきたことがいろいろありますが、そのうち理論経済学にとって重要なのは「価格の説明原理としての労働価値論」が否定されたことだろうと思われます。自然価格ないし正常価格として生産価格のほうが労働価値より適切なことは、労働価値論の廃棄を求める・求めないにかかわらず、広く認められています。もっともマルクス経済学としては、だからといって労働価値概念をそう簡単に捨てるわけにゆかず、「生産価格よりも労働価値のほうがより本質的である」といった類の主張がさまざまになされていますが、わたしとしましてはそれらはすべて失敗であったし、これからも成功しないであろうと判断しております。たんに経験的にそう推測されるのではなく、問題の性質上不可能であるとわたしは考えますが、反対の意見をもって頑張ってられる方がまだまだたくさんいらっしゃいます。(1)

このほか、「利潤率の傾向的低落」にかんするマルクスの立論が（事実としてでなく、論理的に）誤りであったことなど、拾っていけばいくつもありますが、これらはすべて「現代性」――つまり現在ないし近い将来の経済学に与えうる示唆――をもたぬものとして省きます。

つぎに、「分析方法から見た」という点ですが、これを一応ふつうに言われている「理論経済学」における分析方法とかぎらせていただきます。歴史的な分析方法や当面「理論経済学」が消化できそうもない問題、たとえば

① 経済史の理論（史的唯物論）、

② 社会意識批判の書としての『資本論』

などについては触れません。マルクスのもっとも重要かつ興味深い主張がここにあったことを認めた上で省略いたします。

それでは「分析方法から見たマルクスの現代性」は、いったいなおどこに見いだせるでしょうか。この問いにひとつの肯定的な答えをだしてみること、これがこの報告の趣旨でございます。

一　分析法上の特徴

さて、そのためにはマルクスの経済学の分析法上の特徴がどういうものであるかを見ていく必要がありますが、「特徴」といいます以上、他との対比で考えることになります。で、マルクスに入ります前に、対比されるほうについてまず簡単に触れさせていただきます。

新古典派の特徴

現在の時点において、マルクス経済学との対比となりますと、とうぜん通常いわれている「近代経済学」すなわち欧米のアカデミズムでここ百年ほど主流になっている経済学――以下で「新古典派経済学」と呼ばせてもらいますもの――が問題になります。くわしく見ていきますと、この経済学はけっして単数ではなく、たがいに対立する多数の学派をふくんでおります。ケインズ経済学はマーシャルやピグーの経済学に対抗して現れてきましたし、ここ十年ほどやかましくなっている貨幣主義《マネタリズム》の経済学や合理的期待形成の経済学は、ケインズ経済学に対抗する意図をもっているようです。たがいの応酬はは

でなのですが、対立点は極小のもので、思考の枠組みとしての共通基盤はほとんど変わりません。それはなにかといいますと、「均衡」を手引きにして事態を分析するという問題のたて方、これがおなじなのです。

ひとつの学問流派の〈問いの提出の仕方〉をきめてしまうような理論構成に内在する傾向が見られるとき、それをその学問のプロブレマティック＝問題構成[2]といいますが、新古典派の問題構成の背後に「均衡」概念がある――こうまとめまして、まずまちがいありません。もっとも「均衡」と一口にいっても内実は大変複雑でして、じつに多様な意味に使われております。それらのうち重要なのは「需要供給均衡」と「主体均衡」のふたつでしょう。このふたつはけっしておなじものではないのですが、現実の理論構成においてはかなり入り組んだ関係が見られます。

ところで、「均衡を手引きにして事態を分析する」という方法を最初にもっとも徹底して採用したのは、ご承知のとおり、レオン・ワルラスです。かれが「一般均衡」という方針をかかげまして、それが経済学のだんだん重要な原理となり、一九五〇年代後半にアローとかドブルーといった人たちにより、いわゆる一般均衡論の数学的な形式化が完成いたしました[3]。で、新古典派の経済学といいましても雑多な考えが含まれているわけですが、通常の議論の不十分なところを追求していくと最後に逃げ込む場所として現在のところアロー＝ドブルー流の一般均衡論しかないという意味で[4]、以下の対比で参照される新古典派の経済学あるいは均衡論とはアロー＝ドブルー型のものを典型例と考えていることをあらかじめ断っておきます。

マルクスの特徴

さて、きょうはマルクスについて話さなければならないわけですから、新古典派の特徴のほうは、それが均衡論にもとづいているぐらいに大づかみにしておきまして、いそいでマルクスのほうに入りたいと思います。

最初にお断りしなければならないのは（お断りばかりで申し訳ないのですが）、マルクスとて均衡論的思考をまったくしなかったわけではないということです。たとえば需要供給均衡論。マルクスは一方でこれにかなり抵抗していますが、他方ではこれを当然とうけいれてしまっているところがございます。ですから以下の対比はある意味でたいへんゆがんだ対比になっております。

わたしはそれをあえて意図的にやっているわけですが、なぜそういうことをするかといいますと、すぐにおわかりいただけますように、マルクスに見られる新古典派とおなじ側面・様相といったものはわれわれになんの示唆をも与えない、均衡論においてわれわれがマルクスに学ぶべきものはなにもない、われわれのほうがマルクスよりはるかに先を歩いているにちがいないからです。

しかし、マルクスの分析方法は今日われわれが均衡分析とよぶものに収まりきらない振り幅をもっております。かれは古典経済学の批判者であると同時に、もっとも偉大な古典経済学者であったし、その分析方法の集大成者であった。わたしの注目するのはこの点なのです。

もうすこし敷衍しますと、亡くなりましたジョーン・ロビンソンが「経済学の第二の危機」を唱えてからすでに十数年たつわけですが、危機は一向に解決されそうもなく、この十年間にでてきたものは貨幣主義経済学とか供給《サプライ・サイド》側の経済学といったアド・ホックな政策論か、合理的期待形成の理論のように均衡論の前提に人びとの予想均衡をおくといった新古典派の危機にますますのめり込んだものしかありません。一般不均衡論というものに大きな期待をかける人もいますが、わたしはそれは一般均衡論の変種にすぎないと考えております。

というわけで、新古典派経済学の延長上にはもう大きな希望はもてない、なにかもうすこし根本的なところで方向転換せざるをえない。こういう考え方は、わたしにかぎらずかなり一般に広がってきております。で、その手がかりがいろいろな仕方で試みられているわけですが、こういう根本的な転換というものはそう簡単におもいつきでできるものではありません。

そこでよく試みられることですが、いったん古いものに回帰してみる、つまり古典派のルネッサンスが一部の人にさけばれるようになってきています。といっても、その目的からしまして、古典派から新古典派への発展をみるといった学説史的な読み方や、当時の古典派の思考そのものを再現してみるといった解釈学的な読み方は問題にならず（前者より後者のほうが役に立つにちがいありませんが）、あくまでも新古典派一一〇年の歴史の反省の上に立った古典派再読であるわけです。

ちょっと長くなりましたが、わたしがマルクスで試みようとしているのもこういう読み方です。

前置きばかり長くなりますので、途中の手続きは多少はしょりまして、対比的にとらえられたマルクスの特徴は何かと申しますと、その方法は、まず

(1) 継時的

(2) 貨幣的

(3) 数量分析的

であり、それらが

(4) 再生産視点

により統一されていると、まあこういうように一応まとめられるかと思われます。

すこし説明しますと、(1)の「継時的」というのは、時間を追ってする分析、時間の推移において事態をみるということです。これに対立する分析は、変な新造語で申しわけないのですが、「断時的」つまり時間を一点に切断して思考実験をしてみるやり方です。あとで説明しますが、アロー＝ドブルー均衡はこの断時的分析の立場に立っています。

資本主義経済はすべて貨幣経済なわけですから、(2)の「貨幣的」理論というのも変な話なのですが、じつは新古典派の理論は〈貨幣があってもかまわない〉という基本的に物々交換の世界が対象です。たとえば、アロー＝ドブルー模型の運行に必要なのは貨幣の一定量ではなく、計算単位だけです。

(3)は本当は「物量分析的」というのが正しいのでしょうが、慣用にしたがって「数量的」といっています。[5] 新古典派理論が価格分析的であるのに対し、マルクスの分析が正常価格を仮定したうえで商品の実現可能性等を問題にしていることを指します。

以上から、マルクスあるいは古典経済学との対比でみた新古典派経済学は

(1′) 断時的

(2′) 物々交換的

(3′)　価格分析的

であるという特徴をもつことが容易にわかります。ところで、マルクスにおいて(1)、(2)、(3)が(4)の再生産視点で統一されていましたが、では(1′)、(2′)、(3′)を統一するような新古典派の視点は一体どんなものでしょうか。「再生産」に対立的に使われる概念としては既定のものはないようですし、ちょっと困るわけですが、多少唐突に、それは

(4′)　与件の一般性

を重視する立場だといっておきましょう。(4)と(4′)とがなぜ対立するのか、あとで説明いたします。

二　資本の循環範式

以上で、マルクスとそれに対比されるところの新古典派の特徴をおおづかみにつかんでみたわけですが、あまりにも天下り的で、みなさんの中には本当にそんな対立があるのか疑ぐっていられる方がいらっしゃるにちがいありません。そこで、しばらく、マルクスの「循環範式」というものを材料に、以上の対立がどのような形で具体的にあらわれるか、ご説明いたしましょう。

マルクス経済学をちょっとでもかじられた方ならみなさんご存じのものですが、もう忘れられた方がいらっしゃるといけませんので第一図として例示しておきましょう。

第一図　資本の循環範式

$$—G—W\begin{cases}P_m\\A\end{cases}\cdots P\cdots W'—G_1—W_1\begin{cases}P_{m1}\\A_1\end{cases}\cdots P_1\cdots W_1'—$$

左からGは貨幣（このGはドイツ語の頭文字ですから、本当はゲーと読むのでしょうが、ローマ字読みにしておきましょう）、WはGで買いもとめられた商品、これは原材料P_mと労働力Aとからなりますが、それらが組みあわされて生産過程Pを通り、製品W´がえられます。製品も商品にはちがいありませんが、最初のWとは構成も役割もちがうわけですから、W´と書きます。ついでこのW´が売れますと貨幣がえられますが、それはもはやもとのGとはおなじ大きさをもたないのでG_1と書いてあります。マルクスはこれをG´と書きましたが、整理の都合上こう書いておきます。

それからGとかWとかの記号を結んで実線や点線がありますが、マルクスの説明によれば、実線は流通過程を、点線はそれが中断された状態を表すとなっています。実線は交換、点線は生産時間に当たるといったほうがわかりやすいかもしれません。

この表というか図式が「循環範式」と呼ばれるのは、Gから出発してG_1に戻る、W´から出発して$W´_1$に戻るというように、記号を追っていきますとおなじ性質のものに戻る、数量的にはおなじでないかもしれませんが、貨幣なら貨幣、商品なら商品に戻るということがあるからです。あるものから出発しておなじ性質の状態にはじめて戻るまで（正確にはその直前まで）を循環節（Zyklus）といいます。図では2循環節しか書いてありませんが、右にも左にも無限に続きうる過程の一部を抜きだしてあるわけです。循環範式の最小の単位がひとつの循環節であるということにご留意ねがいます。G—Wが購買過程、W´—G_1が販売過程というように、範式の一部がより小さい部分に分けられるわけではありますけれど、そこではもはや事態は一方的に進むだけで循環ということはありません。

さて、ここで循環節が循環範式の最小単位であるばかりでなく、マルクスの分析視点においてもそうなのだということを強調しておきましょう。このことは、じつはマルクス経済学のほうでもあまり気づかれていないようです。『資本論』では循環範式が第二巻になってはじめて完全な形ででてくるのが禍いしているらしいのです。ご承知のとおり、マルクス経済学では理論の展開順序ということをたいへんやかましくいいまして、どうもそのために循環範式の重要さが充分に強調されないようです。

しかし、すこし考えてみれば、資本の一循環というのは、第二巻・第三巻ばかりでなく、第一巻の議論をも条件づけていることがわかります。たとえば、商品の労働価値は、W´の価値、したがってまたW_1の価値が原材料P_mの価値と労働力Aの労働時間との和に等しいとおいて（方程式を解くことによって）定義されますが、これはちょうどP_m、AからW_1までの循環節を考えていることにあたります。

マルクスはしばしば経済の「正常」[6]な状態の分析を試みますが、ある状態が正常であるかいなかはその状態が再生産されるかどうか、循環において主要な状態変数が不変にたもたれるかどうかで判定する以外にありません。

さきほど、循環節はマルクスの分析視点における最小単位だと申しましたのもこの意味です。いくらでもこまかい分析は可能ですが、それらはひとつの正常な循環節の一部分としてのみ正しく分析できるわけで、マルクスにおいてはそれ以上に時間幅をせばめることは分析上かえって事態をとらえそこねるものだと考えられています。

循環はすくなくともふたつの時点を契機として含みます。第一巻の第三章でマルクスは商品の流通W—G—W´とか貨幣の通流《ウムラウフ》G—W—G´について語っていますが、ここでもすくなくとも売りW—Gと買いG—W´の二時点・二契機が見られます。循環分析はとうぜん複数の時点とある時間幅にまたがるものでなければなりません。マルクスの分析が継時的であるのは、したがって、「必然的」であると言えます。

時間が複数の時点にわたっていることから、貨幣というものがその固有の意味すなわち一般的交換手段として登場することが可能になります。ある黄色い金属片を商品のかわりに受けとるのは、それがつぎに所望の商品と容易に交換できると人びとが信じているからです。つまりW—G—W´のW—Gは次のG—W´に条件づけられています。アロー＝ドブルー型の均衡が貨幣として計算単位以上のものを含みえないのは、そこで考えられている時間が一点しかないことに由来します。

正常な状態とはある種の変数が不変に保たれることだといいましたが、そのうちでもっとも見やすいのは価格の不変性です。マルクスはよく商品の「価値どおりの実現」ということを言いますが、今日の眼で読みかえれば、それはある不変価格たとえば生産価格にしたがう交換の可能性であります。再生産表式などを見ればわかりますように、マルクスは固定価格のもとでの数量分析を、ケインズより早く、しかもある意味でより深く実行しております。

わたしは最初に「価格の説明原理としての労働価値論」を否定しましたが、マルクスの分析はそのことによって全部くずれてしまうようなものではございません。価格決定と数量決定とが原理上分離しているからです。この点も新古典派との特徴的な差異のひとつです。ご存じのように、新古典派均衡論では価格と数量とは同時決定されています。したがって、価格の理論がまちがいなら、同時に数量の理論もまちがいとなります。わかりやすくするために、1・2でマルクスの数量分析に新古典派の価格分析を対比させせましたが、それは力点の置き方のちがいをいったもので、理論構造からいうならば、

(3) 価格と数量の（第一次的）独立

と

(3′) 価格と数量の同時決定

とを対立させるのがより正確といえます。

再生産表式がすでに出てきましたが、循環範式を並列・整理したものが再生産表式にほかならないことを指摘してこの節をしめくくりましょう。

第一図の循環範式は一資本家の手にある資本の変態を追いかけたものですが、G―Wという購買のうち$G—P_m$は他の資本家にとっての販売W′―Gでなければなりません。P_mを提供してGを受けとった資本家は、またかれ自身のG―W…P…W′という過程を進めますから、さらにもうひとりの資本家と関係をむすばざるをえません。このようにして横の関係をどんどんおしひろげていきますと、最初はきりがないようですが、おのずとひとつの閉じた体系がえられます。これが「再生産表式」と呼ばれるものです。再生産表式にいたってはじめてマルクスの分析はじつはようやく一応の完結をみるわけです。この意味で再生産表式をワルラスの一般均衡に対比することができます。循環範式は再生産表式を一資本家の手にある資本に限定したものですから、この対比でいいますと、それは新古典派の「主体均衡」に対応することがわかります。循環範式と主体均衡――視野をひとりの資本家に限定したときのマルクスと新古典派のちがいは、このふたつの異質さのなかによく表れて

います。

三　定常性をめぐって

循環範式や再生産表式が考察の基本とするのは定常状態です。これはマルクスが変化・運動を考えないということではありません。かれは変化を調べる基礎が定常状態の成立機序にあると考えています。

新古典派もよく似た標語「静学から動学へ」をたてますが、アロー＝ドブルーの一般均衡論にたつかぎりこれはまったくの誤解といわなければなりません。

均衡・静学・定常

まず第一に、アロー＝ドブルー均衡が一時点における各経済主体の整合的な主体均衡として定義されていることに注意しましょう。主体均衡とは、ここで、与えられた条件たとえばある価格体系のもとに各財の需要量・供給量をきめるとき、可能な選択のなかで最良のものが選ばれていることを意味します。そこで均衡においては、人びとはみずからの行動を変化させる動機をもたないことがしたがいます。しかし、このことは時間の経過において状態が一定にとどまるということを意味しません。なぜなら、均衡の成立とともに人びとは財・用役を交換し、そのことによって与件（初期賦存量）を変えてしまうからです。行動の不変は交換が始まる前に、仮空の時間のなかで模索している限りでいえるにすぎません。(7)

ふつう均衡状態と定常状態とはおなじことと考えられています。しかしアロー＝ドブルーの枠組みにおいては、両者はまったく別物です。(8)これは不思議でもなんでもなく、アロー＝ドブルーの均衡が断時的である、すなわち時間軸上のただ一点における分析である、ということから当然したがうことです。なぜなら「定常」とは、（ある間隔をもった）すくなくとも二時点における状態の同一をさす概念だからです。

模型のなかに将来の時刻をもつ財すなわち将来財が含まれていることをもって、アロー＝ドブルー均衡が多数時刻にわたる分析だと考える人がいますが、それも誤解です。将来財の市場はいま現在ひらかれるのであって、将来市場への考慮は（各経済主体が自己の選好関数の選択において折込むことがあっても）分析視点としての均衡のなかには一切入っていません。

以上の事情を具体的な価格決定の問題で例示してみましょう。生産技術は思いきり単純化して線型であり、労働1単位と財a単位とを投入して一期間後に財一単位を得るとします。新古典派は、このとき、現在財の価格 $p^0(0)$ と将来財の価格 $p^1(0)$ とを区別して

$$w \cdot l + p^0(0) \cdot a = p^1(0)$$

という方程式をたてます。ただし、wは賃金率です。もし右式が不等号でなりたつならば生産量は0か無限大となって均衡はえられません。これに対してマルクスを含む古典派は

$$(1+r)(w \cdot l + p \cdot a) = p$$

という方程式をたてます。rは利潤率、pは生産価格です。現在財つまり第0期の財の価格と将来財、この場合第1期の財のその時点における価格とを等しいと置いていますから、これは明らかに定常価格の仮定にもとづいています。

新古典派の方程式にはこのような仮定はありません。なぜなら $p^0(0)$ と $p^1(0)$ とはともに第0期の市場における価格であり、定常性をいうに必要な第1期の市場価格 $p^0(1)$、$p^1(1)$ とはなにも指定されていません。もし第0期と第1期における時間選好率が（財の賦存状態などを反映して）異なるならば、定常的な価格はえられません。(9)

結論として、アロー＝ドブルー理論における均衡は定常を意味するものでなく、ひとつの均衡達成後に取引を行うと別の

新しい均衡がえられるという意味で（現実性はともかく）この理論はひとつの「動学的」文脈のなかにあることがわかります。常識的な均衡＝静学＝定常という図式はなりたちません。

構造化された過程

均衡と定常状態を分離したうえで、もうひとつ別の対比に進みましょう。マルクスの分析は、それが定常性を仮定する以上、任意の経済状態から出発するわけにはいきません。出発点がある特別な状態にあってはじめて、一期の循環のうちに元の状態を再生産できるわけです。もうすこし具体的にいうと、前期から受けつぐ財は（それがたとえばノイマン経路［すべての財が一定率で拡大再生産されている成長経路］に乗っているという意味で）「比例的」でなければならない、といった制約がございます。

これに対し、新古典派の均衡論は与件の一般性を誇っています。任意の財の配分から出発してひとつ（ないし複数）の均衡が存在する。これはマルクスの分析にくらべて一見新古典派の大変すぐれている点に思いがちですが、じつはそうではありません。

ここで経済とはどういうものであるかという表象《イメージ》の問題が入ってきますが、わたしはそれを〈構造化された過程〉とみるのが正しいと思っています。その典型的な例は貨幣にみられます。貨幣はそれが貨幣であるがゆえに人びとに受取られ、受取られるがゆえに貨幣として機能するわけです。このような構造は任意の状態、たとえば貨幣のない状態から出発したのでは得られません。

一般均衡論が任意の状態から出発できるということは、特殊な状態を前提にしてのみ出現しうる構造化された過程の分析にこの理論が適していないことを意味します。

新古典派は与件の一般性にのみ気をとられていて、そのことの重視が事態の別の側面（構造化された過程）の分析を不可能にしてしまうことに気づいていません。マルクスの再生産視点に対比して、新古典派は与件の一般性を重視するときさきに言ったのは、こういう文脈において対照的だからです。

構造化されているものはけっして一般ではありえません。与件の一般性のドグマを捨て、定常の特殊から再出発すること、マルクスはわれわれにこう教えているようです。

＊ 本稿は理論計量経済学会一九八三年度大会（一〇月一〇日、上智大学）におけるパネル・ディスカッション「マルクス、シュンペーター、ケインズの経済学と現代」の報告として準備したものを討論をふまえて再構成したものである。機会を与えてくれた企画担当者と当日の司会者・討論者に感謝する。

（1） この点の詳しい議論はわたしの『近代経済学の反省』（日本経済新聞社、一九八三年）第6節を参照。

（2） 「構成」といっても「諸要素からなる」という意味ではない。この誤解を避けるため廣松渉は「構制」と書く。

（3） アロー＝ドブルーとワルラスのありうべき差異については触れない。

（4） 六〇年代の資本論争の結果、新古典派の分配理論は抽象的資本の限界効率から一般均衡論へと後退している。

（5） 価格も数量の一種であることに変わりない。

（6） 『資本論』（向坂逸郎訳、岩波書店、一九六七年）第一巻、一四一ページなど。

（7） 詳しくは『近代経済学の反省』（前出）第2節参照。

（8） コルナイ・ヤーノシュは「均衡」にかんする大変意味ぶかい論文のなかで「科学的カテゴリーとしての均衡」と「勘定計算上の均衡」とを区別するよう警告している（盛田常夫訳「経済学における均衡カテゴリー」『経済セミナー』三四六号、一九八三年一一月号）。しかし、経済学においては前者は「定常」、後者は「均衡」と区別するほうが混乱がすくないであろう。

（9） 定常価格 $p^0(0) = p^0(1)$ かつ時間選好率 $p^0(0) / p^1(0) = 1+r$ のときのみ、生産価格がえられる。

9　現代古典派の経済学

学生向けの月刊誌『経済セミナー』一九八五年五月号に請われて書いた。同誌は、毎年五月号を新入生歓迎号としており、これも「現代の経済学あれこれ」という特集であった。経済学の諸流派を紹介するひとつとして、スラッファの経済学を紹介するよう依頼された。

表題の「現代古典派」は、古典経済学の伝統を現代的な手法で復興しようというスラッファなどに代表される傾向に対してわたしが付けた名前である。一九六〇年代・七〇年代には、英語文献でも類似の名前がこの意味で使われていた。その後、アメリカなどでは「新しい古典派（New Classical School）」と呼ばれる経済学が勢力を延ばした。それがしばしば「現代古典派」と訳されたので、表題にいう現代古典派と別のものがおなじ名前でよばれることになった。言葉は、大勢に従うしかないが、できれば「現代古典派」と「新しい古典派」とをきちんと区別して使ってほしい。

雑誌の見開き四ページの短い紹介なので、細かい事情は省略して、現代古典派が現在注目されている理由をケインズ派やマルクス派との関係を通して示そうとした。見出し「現代古典派の基本主張」では、わたしの考える現代古典派の特徴が挙げられている。ここを読むと、一九八五年時点で、すでにわたしの構想の大部分は出揃っている。

先見の明というより、進歩のなさが自覚される。
原文には、スラッファとカルドアの写真が掲載されている。

経済学にはふつう「近代経済学」と「マルクス経済学」のふたつがあるといわれています。戦後日本の経済学を取ってみますと、たしかに、このことはよくあてはまります。多くの経済学部での経済学入門が「近経」と「マル経」の二本立てになっているのもこのためでしょう。しかし、一九六〇年代以降の経済学の進展は、このような常識をゆるがす新しい事態を作りだしつつあります。この動きは世界的なふたつの大きな流れの結果として生まれたものです。

背景としてのふたつの流れ

流れのひとつは「近代経済学」内部における反省＝自己批判として、新古典派限界理論の正統的枠組みに対する異議申し立ての運動です。「資本は利潤率から独立に一次元量とし定義しうるか」という論点をめぐって一九六〇年代にいわゆる「資本論争」が起こりますが、その結果として新古典派は素朴な限界生産力説と簡明な成長理論とを「教育的」(!)にしか保持できなくなります。そこでかれらが逃げ込んだのがアロー、ドブルーらの手になる数学的一般均衡論です。当然のこととして、一九七〇年代の主要な争点は「均衡」理論の妥当性をめぐるものとなります。一方で不均衡・反均衡が主張され、他方では合理的期待形成仮説のような極端な均衡論がはやるといった事態になります。

もうひとつの大きな流れは、欧米経済学界におけるマルクス経済学の地歩確立です。ときに「マルクス・ルネサンス」と呼ばれるこの動きは、ベトナム戦争や六八年五月のパリに象徴される知的状況下に、アメリカにおいてはラジカル経済学連合、イギリスにおいては社会主義経済学者会議の結成という形をとって出発します。これらは旧来の経済学の狭さと保守性に対する不満、ならびに社会に対する改革の意欲に発するもので、この運動への参加者がマルクスを「再発見」したのは自然の流れです。かれらのマルクス学には乱暴なところもありますが、日本のような精緻な文献解釈にもとづかないがゆえの新風を吹きこむものであり、分析方法や分析対象においても意欲的なものでした。

ところで以上ふたつの流れは、それぞれ独立にあったのではなく、経済理論としてはひとつの接点をもっています。それが一昨年亡くなったピエロ・スラッファの『商品による商品の生産』(一九六〇年)です。

スラッファと現代古典派の成立

スラッファの本はわずか一〇〇ページたらずの小冊子ですので、それが経済学の革新をうながす衝撃力をもちえたというのは驚くべきことです。地の利、時の運があったのは確かでしょう。だが同時にそれは、需給一致による価格決定や限界的方法の否定という、当時の学界をゆるがす強烈な主張を伴っていてはじめて起こりえたことなのです。イギリス・ケンブリッジを中心とする比較的小さなグループは、スラッファの新理論を歓迎し、そこに新しい経済学の基礎を求めようとしましたが、多くの正統派の経済学者たちはそれを無視しようとしました。しかし、すぐにそうしていられない事態が起こりました。それが先に触れた「資本論争」です。

資本論争そのものはジョーン・ロビンソンが始めたものであり、そのきっかけは彼女とルース・コーヘンによる「資本逆行」という現象の発見でした。スラッファの小冊子が重要になったのは、それが技術の再切替えという事態を明示的に扱っていたばかりでなく、なによりもそれが一次元量としての資本概念を否定し、そのような概念にもとづかない新しい分配理論を提示していたからです。もしこのような支えがなければ、理論の空白に対する暗黙の恐れから、イギリス・ケンブリッジアンも資本論争を最後まで押しすすめることができなかったかもしれません。

一九七〇年以降の均衡論批判においても、スラッファの本は重要な導きの糸でありつづけました。経済システム論の独自の立場から一九七一年に『反均衡』という著書を書いたコルナイ・ヤーノシュをのぞけば、七〇年代初めの均衡論批判のふたつの重要な文献がスラッファの緊密な友人であるロビンソンとニコラス・カルドアのふたりによって書かれています。ロビンソンはケインズに依拠して均衡論が「時間」を無視していると非難し、カルドアはアリン・ヤングに学んで「収穫逓増」の重要性を強調しました。しかし、かれらふたりに共通している確信すなわち伝統的な均衡論にたよらぬ新しい経済学が可能だという確信は、あきらかにスラッファに負っていました。

スラッファの戦後における貢献で忘れてならないもうひとつは、『リカード全集』の編集者として書いた「序文」(一九五一)です。かれはここで古典経済学のもっていた可能性を新しく発見します。それ以前の経済学史では、たとえばリカードは差額地代論を通して限界理論の先駆をなすぐらいにしか認識されていませんでしたが、スラッファはそこに新古典派には失われてしまった分配論の大きな構想を読みとりました。

新古典派経済学と古典派経済学の差異が、むしろ古典派の可能性に肩入れする側から検討されるというのは画期的なことでした。『商品による商品の生産』という小冊子が人びとの想像力に強い刺激になったのも、じつは経済学史のこの読みかえがあったからです。一般均衡論を頂点とする新古典派経済学の行きづまりを深く感じとっていた人たちにとって、これは大きな福音になりました。リカード、マルクス、スラッファの構想にまなんで現代経済学を建て直そうという気運が各地であらわれ、七〇年代を通じてひとつのゆるい結合が生まれます。それが現代古典派 (Contemporary Classical School) です。

主要な刺激をスラッファに受けているところからスラッフィアン、またリカードの復権・読みなおしを重視するところからリカーディアンあるいはネオ・リカーディアン、さらにはスラッファ、ロビンソン、カーンらがケインズの高弟であったことからポスト・ケインジアンとも呼ばれています。まぎらわしい名前に「新しい古典派」(New Classical School) というものがありますが、これはケインズ政策への反動としてスミスの「見えざる手」にやみくもに信頼をおくといった意味での「古典派」にすぎず、理論的にはまったく新古典派均衡論の枠内にある別物です(ただし、ブラーマナンダなどによって一時「現代古典派」の意味に使われたことがあります)。

ケインズと現代古典派

現代古典派は、以上のように新古典派経済学への対抗を主軸に生まれたものですが、その理論的枠組みの形成過程において、ケインズ経済学およびマルクス経済学とやや複雑な学習・対決・協同の関係を結んでいます。

まず、ケインズおよびケインズ経済学との関係について言いますと、すでに申しましたとおり、現代古典派の第一世代すなわちスラッファ、ロビンソン、カーンらはケインズの高弟であったわけです。カルドアは高弟とは言えませんが、それでもケインズ最後の弟子のひとりです。スラッファをのぞけば、この世代はむしろケインジアンと呼ばなければなりません。

ケインズに庇護され、「サーカス」（と呼ばれるケインズ主宰の内輪の研究会）の重要メンバーであったスラッファは、ではなぜケインジアンにならなかったのでしょうか。寡作なスラッファは、この点につき、なにも残してないと思われますが、ある程度の推定はできます。『雇用・利子および貨幣の一般理論』に対するスラッファの批判の第一は、「消費性向」に代表されるケインズの主観的なものへののめり込みです。スラッファは、経済学において確実なものは客観的なものにのみ求められると考えていました。批判の第二は、たとえ第一公準という形であれ、ケインズが限界理論にたよって自説を展開したことです。すでに三〇年代に（一〇〇ページの）主著の大半を展開しおえていたスラッファにとっては、ケインズの資本理論は正当化できないものに映ったはずです。

批判の第三は、「有効需要」の概念そのものの定式化にあります。すでに一九二六年の論文において「企業家が生産を逐次増加させたいと思うとき、闘わねばならない主要な障害は生産費用［の上昇］ではなく、……より多量の財貨を売ることの困難にある」と指摘していたスラッファにとって、ケインズの定義は後退に思われたでしょう。

「サーカス」のなかに、つねにこのような批判の眼があったことが、『一般理論』の読み方を次第に変えていったであろうことは、容易に想像できます。カルドアの分配論は、所得分配の「ケインズ理論」として提出されたものですが、ケインズでは心理的に説明されていた消費関数が、ここでは所得範疇ごとの貯蓄率の差として客観化されています。ロビンソンがミハウ・カレツキーを（ときにケインズ以上に）高く評価するようになるのも、同様の文脈においてと考えられます。カレツキーがほとんどマルクスしか知らないで、ケインズとは独立に「一般理論」に到達したといわれるように、有効需要や投資の問題を扱うのに方法はひとつではありません。現代古典派は、問題設定をケインズに学んでいますが、その定式化はむしろ根本的に構成しなおすべきものと考えています。

マルクスと現代古典派

つぎに、マルクス経済学との関係ですが、こちらもケインズと似たような関係にあります。スラッファは思想家としてのマルクスを高く買い、その意味では終生マルクス主義者でした。かれとグラムシ（共産主義思想に新機軸をもたらしたイタリアの革命家）との深い関係はよくしられています。経済学者としてのマルクスについては、スラッファは古典派の重要な一員として高く評価しますが、その限界を正すのにやぶさかではありません。とくに労働価値については、剰余のない再生産系においてはそれが交換価値（相対価格）でありうるが、剰余のある系についてはそうでないとして、生産価格論を展開しています。これは日本の宇野弘蔵とまったくおなじ考え方です。

一九六〇年にスラッファの本がでたとき、学界のなかで孤立した存在だったマルクス経済学者モーリス・ドッブとロナルド・ミークは、こぞってその出版を歓迎しました。じっさい、これを契機としてマルクス経済学をアカデミックに議論することが可能になり、それが「マルクス・ルネサンス」の学界内部の条件を作ったわけです。スラッファがふたつの大きな流れの接点にあったと最初に申しましたが、ふたつ目の流れとの関係はこういうことです。

しかし、現代古典派とマルクス経済学との間に対立がないわけではありません。スラッファのような業績がでたのちにも、依然として価格を労働価値で説明ないし規定しようとする「悔い改めない」マルクス経済学者たちに対しては、現代古典派は断固とした論戦を挑んでいます。これらマルクス主義者たちは『資本論』の字句を守るのに汲々として、経済の分析理論を発展させようとせず、字句を離れた点では常識的に考えるがゆえに、結果として新古典派均衡論の思考にはまり込んでいると考えるからです。

現代古典派の基本主張

ここらで現代古典派の主張をまとめておきましょう。積極的主張と否定的主張とがありますが、まず否定的なものから挙げますと、

①「需要関数」・「供給関数」の否認

②「最適化」ないし「主体均衡」の否認

が基礎的なもので、②から

③限界理論の無効性

が従います。①と②は当然

④均衡理論の無効性

を含意します。均衡理論は経済学の「科学としての発展の主要な障害」（N・カルドア、一九七二年）にほかなりません。

これに対し、現代古典派がかかげる積極的主張としては、

①価格と数量の第一次的独立

②生産・販売の主要な制約としての需要

③上乗せ価格の一般性

④需要の変化要因としての所得水準の重要性

⑤経済発展にしめる収穫逓増の重要性

などです。このうち①は古典派経済学の主張でもありました。これらは比較的「経済的」な主張ですが、さきの否定的主張とあわせてこれらを実現するような理論を作っていくには、経済過程そのものを捉える新たな枠組みが必要になります。現

代古典派が古典派経済学に学ぶのは、まさにこの点についてなのです。「循環」とか「再生産」といった見方が「均衡」視点に対置されるわけです。

最後に注意すべきは、つぎの点です。均衡理論の否定は経済が不安定な混沌にあるという主張ではありません。現代古典派は経済が一定の定常性をもつことを認めます。というよりも、そうでなければうまく機能しないでしょう。しかし、定常系といっても、それは非平衡系なのです。こうした点を特性づけるには、古典派にはない「自己組織系」といった概念も必要になると思われます。

そして担い手たち

さて、以上のような構想のもとに経済学を進めている人びとですが、ロビンソン、カルドアらスラッファとほぼ同世代の人たちを第一世代とすると、第二世代にはシロス＝ラビーニ、ガレニャーニ、ナポレオーニ、パジネッティといった人たちがきます。『商品による商品の生産』出現以前に自己形成しながら、その後この書物の影響を大きく受けた人びとです。

第三世代は一九六〇年以後に仕事を始めた三〇代・四〇代の経済学者たちで、現代古典派の大部分がここに属します。国別にみて断然層の厚いのがスラッファの母国イタリアで、第二世代とあわせてイタリア学派とも呼ばれています。ジャンニーニ、リッピ、マニャーニ、モンターニ、ロンカッリア、ヴィアネロ、ヴァッツリなどですが言葉の関係で日本ではあまり知られていません。フランスにもアブラハム＝フロア、ドラリュ、フラカレルロ、モリソンなどの研究者集団がありますが、ドイツにはシェフォールトひとり、英語圏もスティードマンは闘将ですが、その他ハーコート、イートウェル、メインウェアリング、レーマーなどとスラッフィアンは少なく、ポストケインジアンを名のるアイクナー、ディヴィドソン、クリーゲルなどのグループが気をはいています。

日本には意外にスラッフィアンが多く、早くからの紹介者・菱山泉を中心にしたグループに山谷恵俊、瀬地山敏、服部容教、山下清、松本有一、黒木龍三らがいます。貿易論で期待される高増明、フランス思想の紹介で活躍する浅田彰、学説史の有賀裕二もここに属します。そのほか菅野英機、中野守、渡会勝義、青木達彦、笠松学、藤井盛夫、細田衛士らが独自にスラッファを研究しています。

故杉本栄一に師事した末永隆甫、宮崎義一、伊東光晴、浅野栄一らのグループ、ポスト・ケンイジアン研究会に集まる川口弘、福田川洋二、緒形俊雄、荒木勝啓らのグループもケインジアンの立場から現代古典派に貢献しています。マルクス経済学では、置塩信雄、高須賀義博、伊藤誠の各グループが、それぞれの立場からスラッファに関心を示しているほか、在野のいいだももがスラッフィアンとの「死闘的対話」を呼びかけています。

10 市場経済化と経済学の課題

『経済セミナー』の一九九一年五月号に掲載された。東欧の共産主義体制は、一九八九年の民主化革命により崩壊し、ワルシャワ条約機構とコメコンの解体・解散は決まっていたが、ソ連共産党解体を招いた一九九一年八月のクーデタはまだ起こっておらず、ゴルバチョフはソ連邦大統領・ソ連共産党書記長としてソ連邦の維持と市場経済化の推進に苦闘していた。しかし、残された社会主義国は、北朝鮮とキューバを除いて、ほとんどが指令型計画経済を放棄し、市場経済への移行に踏み出していた。この時期にあたり、今後、一〇年以上続く指令経済から市場経済への移行が経済学にとって、かけがえのない研究機会であることを訴えようとして書いたのがこの一文である。わたしがこの方面の研究に新たに参入することはもはや不可能だったが、若い研究者たちがこの好機を生かしてもらえれば、経済学は多くのものを学べるであろうし、そうした動きの中から経済学の革新が可能になるだろうとの期待があった。

この一文からすでに一〇年が経った。現在の時点にたって振り返ると、残念ながら、日本の経済学は、このまたとない機会をうまく生かしたとは言えない。もちろん、一〇年間の経験を理論にまとめあげるにはまだ十分な時間が経っているとはいえない。しかし、そのような理論の革新をもたらすような強烈な経験の蓄積をわれわれがもてたとは思えない。少数の社会主義経済の研究者を除けば、日本の政府も経済学者も移行期の経済に関与することは少なかった。モンゴルやキルギスやベトナムといった例外はある。中欧の市場経済化を間近に観察すべく法政大学教授の職を捨ててウィーンに移った盛田常夫や、ベトナムの市場経済化に参与して独自の考察を行った石川滋・大野健一のような存在はある。しかし、経済学の理論家が参画型観察を行い、その経験を理論に生かすという事例があまりに少なかった。わたし自身がそうした機会を生かせなかったという反省を込めて、このことを指摘しておきたい。

移行期から学ぶという仕事はまだ終わったわけではない。移行期自体は過去のものになりつつあるとはいえ、移行期の経験を総括し、それを経済学に生かす課題は残されている。岩田昌征はかつて「社会主義時代学会」の必要を唱えたことがある。社会主義時代の研究が経済学に寄与しうるのとおなじく、移行時代の研究も経済学にまだおおいに寄与しうると信じている。

二〇世紀の大実験

社会科学にはふつう実験がないといわれています。ひとりないし数人の研究者が、自分たちの仮説の真偽を確かめるために、よくコントロール（制御）された条件のもとに何がおこるか観測するという意味での実験はたしかに社会にかんしてはありません。しかし、長い時間尺度でみると、ある思想や理論にもとづく社会の運営が、期せずしてひとつの実験になっていたということがよくあります。

そのひとつの例がケインズ経済学です。ケインズの『一般理論』は一九三六年に発表されていますが、大戦後の復興が一段落した一九六〇年代になると、「われわれみなケインズ主義者だ」といわれる時代が出現します。合衆国ではケネディ大統領、日本では池田首相のもとにいわゆる「ケインズ政策」が実施されます。池田首相の所得倍増政策がどのくらいケインズ的であるかについては疑問のあるところですが、ケインズとケインズ経済学の名のもとに一連の政策がとられたことは確かです。合衆国や日本以外でも、先進資本主義国では、事情はほぼ似たようなものでした。

しかし、一九八〇年代までには、政治の世界においても学問の世界においても、雰囲気が一変してしまいます。レーガノミックスやサッチャーリズムという「反ケインズ的」な政策思潮が有力になり、ケインズ経済学も次第に多数のうちのひとつという地位に引き下げられてしまいます。『一般理論』の出版五〇周年が一九八六年に祝われたわけですが、ケインズ経済学はそれ以前に、ひとつのサイクルを描ききったといえます。これからは、分析の面でも政策の面でも、ケインズ経済学はその限界を意識していかざるをえないでしょう。

ケインズ経済学が二〇世紀のひとつの実験であったとすれば、もっと大規模な実験が二〇世紀における共産主義の実験でした。この実験は、まだ完全には終わっていませんが、一九八九年の東ヨーロッパ民主化革命および翌年のソ連における市場経済への移行の決定によって、ほぼ大勢が決せられました。ロシア革命の開始（一九一七年）から七〇年あまりで、ひとつのサイクルを閉じたことになります。東ヨーロッパのなかで最後までスターリン主義を奉じていたアルバニアでも、最近は変化のきざしが濃厚ですし、ソ連型とは異なる労働者の連合を基礎にした社会主義を目指してきたユーゴスラヴィアは連邦解体の危機に直面しています。共産主義を目指す他の国家のなかでも、中国は改革・開放政策、ベトナムはドイ・モイと、それぞれ集権的な計画経済の見直しを進めており、スターリンの生存中には社会主義への唯一の道だった計画経済の影はすっかり薄くなってしまいました。

これがいかに大きな考え方の変化であるか、一九七〇年以後の生まれである若い世代にはなかなか想像することもむずかしいでしょう。しかし、わたしが大学生であった一九六〇年代には、多くの人にとって社会主義はまだ資本主義のつぎにくるより高次の歴史的段階であり、計画経済は市場経済の非効率に代わるべき無限の可能性を約束するものでした。一九五八年にフルシチョフ第一書記は、あと一〇年もすればソ連はひとり当たりの生産高において合衆国をしのぐことになろうと豪語しています。それから三〇年以上たちましたが、ソ連は合衆国をしのぐどころか、人口が半分にも満たない日本に国民総生産で抜かれてしまいました。「非効率的な」という言葉も、いまではもっぱら計画経済につけられる形容語になっています。わずか三〇年のあいだに、計画経済に対する評価は逆転したのです。共産主義と資本主義の競争という世紀の大実験がなければ、このような劇的変化はありえなかったでしょう。

ただ、この認識にいたるまでに、人命だけでも数千万人という多大の犠牲を支払ったということを忘れてはなりません。大きな過ちを犯しながら、人類は賢くなっていくのです。

三つの疑問

共産主義社会建設の試みを現時点に立って振り返ってみますと、主として三つの疑問がわいてきます。第一は、なぜ集権的計画経済が目指されたのか、それが市場経済に代わるより高度な経済体制と考えられたのはなぜか、という疑問。第二は、計画経済はなぜ失敗に終わったか、という疑問。そして第三は、それにもかかわらず計画経済はなぜ五〇年以上も機能し、かつその初期にはなぜ高い成長率をもちえたのか、という疑問です。これらは経済学にとってそれぞれ大問題で、本格的に論じようとすれば優に一冊の本が必要になります。しかし、ここではごくかいつまんで、わたしの見込みを紹介しておきましょう。

第一の疑問は、集権的計画経済の思想上の起源にかかわります。社会主義の思想史においてこれがマルクスやエンゲルスにまで遡ることはまちがいありません。かれらの「科学的社会主義」とそれ以前の社会主義とのちがいは、社会の必然的な発展過程（とかれらが考えた方向）の延長線上に自分たちの社会主義社会を構想した点にあります。その発展の傾向としてかれらが注目したのが、単純な協業から工場制手工業、工場制手工業から機械制大工業へという移り変わりでした。工場の巨大化が進めば、ひとつの産業がひとつの会社に支配され、すべての産業がひとつのトラストに支配される方向に進むだろうとかれらは予想しました。これが現実になれば、社会内の分業を一工場内の分業と同質のものに転換できるにちがいありません。マルクスもエンゲルスも、そこに商品生産を「止揚する」根拠を見出しました。「トラストまでくると、自由競争は独占にかわり、資本主義社会は、近づきつつある社会主義社会の計画生産に降伏する」(エンゲルス『空想から科学へ』第三章)というわけです。

こういう考え方は、空想社会主義者と呼ばれるオーウェンやフーリエにはありません。じっさい、オーウェンが試みたコロニーやフーリエの空想したファランステールといった共同体は、ひとつの村というべき二〇〇〇人程度のものと考えられており、数千万人をかかえる国家がおなじ原理で運営できるとはかれらは考えていませんでした。そのような共同体が本当にうまく運営できるかというと、批判されるべき点は多々あります。しかし、かれらの共同体が、比較的人間の尺度に近い、身のたけに合ったものであったことは注意してよいでしょう。もしそのような共同体が可能になるならば、国家はしだいに不用になるはずのものでした。ところがマルクスとエンゲルスとは、それを国家による生産の管理にすりかえてしまいます。その背景にあったのが、大工業から国家規模の単一工場への発展方向でした。

経営運営にかんするマルクスとエンゲルスの考えは、ほとんどそのままレーニンに引き継がれます。かれは「社会全体がある単一の事務所とある単一の作業所になる」可能性を語っています(『国家と革命』第五章)。ただ、かれの存命中には、このような構想は実現しませんでした。レーニンは内戦が一段落すると「戦時共産主義」から「一歩後退」して「新経済政策」(NEP)をとり、市場の広範な復活を認めたからです。

一国全体をひとつの事務所とひとつの作業所に変えるべくソ連が本格的な一歩を踏み出すのは、スターリン治下の五カ年計画においてです。第一次五カ年計画は一九二九年春に採択され、前年一〇月に遡って実施されるという変則なものであり、目標もかならずしも計画どおりに達成されませんでしたが、大恐慌に苦しむ資本主義国にとってその「成功」は大きな衝撃でした。現在とはちょうど正反対に、ソ連は計画経済によって躍進し、アメリカ合衆国や日本の経済は不況で低迷していました。計画経済に対する絶対的な信奉がこうした背景から生まれてきました。

このように最初大きな成功をみせた計画経済ですが、一九七〇年代になるとだいぶおかしくなります。成長率が低くなり、製品の改良も進まず、資本主義経済に対する立ち遅れがめだってきます。一九八五年に共産党書記長となったゴルバチョフが、まず経済の加速化（ウスカレーニエ）を唱え、ついで建て直し（ペレストロイカ）に乗り出したのは、この立ち遅れについて広範な理解がソ連のなかに成立していたからでした。計画経済はなぜ失敗する運命にあったのでしょうか。これが第二の疑問です。

六〇年以上の経験に立って、いまではいろいろな説明を与えることができます。経済学にとって名誉とすべきことは、ソ連邦の成立によって計画経済が日程にのぼるのに並行して、ドイツ語圏・英語圏においては計画経済の実行可能性をめぐって、いまでも参照すべき重要な討論が経済学の内部でなされていることです。[1] 今日「社会主義計算論争」と呼ばれる討論のきっかけになったのは、ルードヴィッヒ・フォン・ミーゼスの一九二〇年の論文でした。ミーゼスはそこで貨幣を（したがって価格も）用いない社会主義社会においては合理的な経済計算は不可能であり、計画経済は機能しえないと主張しました。このあと多くの経済学者の介入があり、論点を少しずつ変えながら、第二次世界大戦の直前までつづきます。

たとえば、初期の参加者には、M・ウェーバー、K・ポラニー、J・マルシャク、O・ノイラートといった人がいます。第一次五カ年計画をにらみながら計画経済の可能性を説いた人に、F・M・テイラーとH・D・ディキンソンがいます。他方、後期の不可能派として新しい論点を出したのが、F・A・ハイエクでした。かれは、この論争から、経済が知識における分業の体系であり、市場が個人に分散した知識を社会的に利用することを可能にさせる装置であることをつかみました。

半世紀以上も前に終わった論争ですから、社会主義計算論争の議論には、いまからみればとうぜん不十分なところがたくさんあります。それにもかかわらず、この論争は、計画経済を考えるにあたって考慮すべき基本的問題視点を提出している点で、じゅうぶん今日的意義をもっています。計画経済が市場経済に敗退した理由には、投資や財使用の非効率、仕事へのインセンティヴの欠如、こまめな修正や臨機の対応ができない、人びとの創造性や自主性を生かせない、消費者・利用者からのフィード・バックがない、などいろいろありますが、もともとはこのような側面でも社会主義は資本主義を凌駕できると考えられていたのです。

そのような見込みちがいがどこから生じたのか突き詰めていくと、個別的・分散的決定よりも全体的・集権的決定のほうがより高い成果を得られるという信念があったことに気づきます。このような信念＝誤解に疑問を出し、社会は結局のところ各人それぞれの判断によって動いていること、したがってそのような判断を助け、それぞれの行動が全体としてよい結果を生み出すような制度をもたなければ、経済は結局のところうまく機能しない、と指摘したのが社会主義計算論争でした。

社会主義計算論争はときに経済計算論争とも呼ばれています。ここではじめて、経済学の問題として計算の可能性がとりあげられたことも重要です。今日的表現をすれば、複雑さが経済の制度や人間の行動にいかに大きく影響するかという問題意識がここから育ってきました。(2)

計画経済の失敗については、すでに多くの文献があり、これからもいろいろな説明が現れるでしょう。詳細はそちらに譲って、ここで是非とも注意しておかねばならないのは、第三の、ではなぜ最初のうちは計画経済がうまくいったのか、という問題です。計画経済の失敗が制度の根本に根ざすものであることがわかってくれば、わかってくるだけ、二〇～三〇年にせよ、なぜそれが機能し、成長しえたのか疑問になってくるからです。この疑問に答えるのは容易ではありません。初期の五カ年計画の成果にいろいろな評価があるうえ、集権的計画経済といっても、どのくらい本当に計画にもとづいて経済運営がなされたか、歴史的な実態研究が必要だからです。

こうした保留をつけたうえで、いくつかのヒントを挙げましょう。第一は、スターリン時代の高度成長が本当に驚くべきものであるのかという点。これについては、一八九〇年から一九一四年にいたる帝政下の経済のほうがスターリン時代より成長率が高かったとの指摘があります。

第二に、計画経済の初期には、市場経済の遺産を引き継いで、たとえば価格体系も後のようには恣意的でなかった可能性があります。

第三は、初期の工業化が少数の基幹産業に大工場を建設するに終わっていて、相互の調整がしやすかった可能性です。中岡哲郎が指摘するように、フォード主義の初期と現在とでは、産業間の連関の重要さが格段にちがうという、工業化の段階論的差異に注意する必要もあるでしょう。

第四に、革命期の高揚ときびしい規律への要求が人びとをしゃにむに労働や研究に駆り立てていたことがあります。三回遅刻しただけで反社会主義分子と断定され処刑された、という時代の雰囲気を知らなくてはなりません。もちろん、このような緊張が長くつづかないことも当然です。

このほか、農民や労働者の生活を犠牲にして重工業建設を進めたことなど、考慮すべき要因はたくさんあります。たいへん無理をした経済成長であったことは押さえておいてよいでしょう。マルクス経済学を講ずるある先生が、社会主義は、資本主義との競争において、その前半で勝ったが後半で負けた、といっていますが、とんでもない判断ミスといわねばなりません。

移行は経済学に何を教えるか

過去の大実験の考察が思わず長くなってしまいました。この小論でいいたいことは、しかし、じつはそうした過去のことではありません。経済学にとってきわめて重要な実験がいま現在進んでいる。そのことに注意を喚起したい。これがこの小論の趣旨なのです。

現在進んでいる実験というのは、もちろん、中央ヨーロッパ東部とソ連で進行中の計画経済から市場経済への移行のことです。一言で市場経済化というべきこの試みは、ハンガリーではすでに一九六八年以来つづけられていますし、ポーランドは昨年ずいぶん思い切った手を打ちました。ソ連では、昨年一〇月、ようやく市場経済化の基本方針だけが決まったものの、保守派の抵抗や経済の予想以上の悪化によって、(3) 最高会議で採択された穏健な最終案からみても移行の進度は大幅に遅れています。あまりの手ぬるさに、この一月には急進的な経済改革を主張してきたペトラコフ、シャターリンの両氏が大統領経済顧問を下りたばかりか、市場経済移行の政府案をまとめたアバルキン氏までが副首相職を投げ出してしまいました。しかし、もはやあと戻りは不可能です。一般には教条的で保守派といわれる軍部も、装備の現代化のために市場経済への移行が必要だと考えていると伝えられています。しばしの揺り戻しはあっても、最終的にはソ連でも市場経済化が進んでいくでしょう。

経済学には計画経済や封建経済を研究する経済学もありますが、その中心は資本主義の市場経済を研究する学問です。西側資本主義諸国ではすでに数百年にわたる市場経済の経験をもっているのに、市場経済化がなぜ経済学にとって新しい実験になるのでしょうか。ひとことでいえば、それが市場経済を人為的に急速につくりだすことだからです。

市場経済は、しばしば自然発生的秩序と呼ばれるようにだれによってつくられたものでもなく、長い時間をかけて自然に形成されてきたものです。したがって、それを急速に人為的につくりだすことは無理があります。その無理を承知でやってみるところに、経済が正常に動いているときにはわからない、市場経済のさまざまな隠れた性格が現れてくる、と期待できるのです。

もちろん、もし現在われわれのもっている理論が完全なものであって、ただそれを具体的な事例にあてはめるだけが経済学の仕事であるならば、市場経済への移行は、その過程をうまく乗り切るという新しい政策課題を設定するだけであって、新しい実験という意味をもつことはできません。しかし、現にはじまっているポーランドやチェコスロバキアの例をみるだけでも、通常の市場経済ではほとんど気づかないいろいろな問題を発見することができます。

たとえば、「経済と法則」とでも呼ぶべき一連の問題がそのひとつです。経済学では財に対する所有権とは何かなどということは、ふつう議論せず、そのままその存在を認めてしまいます。このことは経済学の基礎に多くの疑問を提出したマルクス経済学でもおなじです。弁証法的唯物論とともにマルクス主義の柱をなす史的唯物論は、私有とか社会的所有とか所有の形態が時代とともに変わることを強調しましたが、所有そのものは歴史を貫通する普遍的なものと考えていました。だからこそ、マルクス主義は奴隷制とか封建制とかを所有制のちがいとして説明してきたのです。

現在の東欧で進んでいるのは、表面的にみれば国家所有を私的所有に移転することですが、所有形態を変えればすべてがうまくいくといった単純なものでないことは確かです。たとえば、個人株主の支配権がほとんど働かない日本の株式会社はなぜうまく動いているのでしょう。ソ連やポーランドでおなじようなことをするには、いったいどうすればよいのでしょう。

国有国営のままではうまくいかないにしても、では株式会社にして株を個人に売り出したらうまくいくかというと、その保証もありません。改革を推し進めていこうとすると、たんなる所有制とは異なる制度的なものを考慮に入れなければなりませんし、所有権そのものを相対化することも必要になります。

市場経済への移行は、制度的な問題にかぎらず、市場経済がいかに機能しているのかという面でもいろいろなことを教えてくれます。新古典派の主流の考えでは、私有財産の処理に公権力が介入しなければ市場経済はおのずと機能しはじめることになっています。しかし、現に人間がそのなかで生活している経済を考えるときには、その過程にどのくらいの時間がかかるかということがたいへん重要な要素となります。一〇〇年放っておけばうまくいくといわれても、社会はそれだけ待てません。市場を運営していく種々の装置やノウハウを集権的な計画経済で破壊してしまった社会に、もう一度市場経済を導入するにはいま何をしなければならないかが問われているわけです。

わかりやすい例をあげましょう。ソ連の大都市、たとえばレニングラード市には、物資の集配所はあっても、青果物などの卸売市場がありません。このまま市場経済に移行して、国営商店を民営化すると、どういうことになるでしょうか。いままでは国の物資配給網によって適当量が配送されてきたわけですが、民営化すれば各商店が自分で仕入れをしなければなりません。各商店の責任者はどこで仕入れたらいいのでしょうか。近くのコルホーズ・ソフホーズからという手がありますが、種類にも数量にも限度があります。しかし、遠くから商品を調達するのは、小さな商店には不可能です。生鮮食料品など、頻繁に仕入れる必要のあるものでは、やはり中央卸売市場やそこに商品を集めるチャンネルをつくらなければなりません。

市場経済化には、こうした施策を必要とすることがほかにもたくさんあります。これから一〇年ぐらい、市場経済化はさまざまな問題にぶつかるでしょう。経済学はそれらに対して応えなければなりません。しかし、同時にそれらは経済学に市場の理論そのものをとらえなおすまたとない機会を与えています。計画経済から市場経済への移行という人類の大実験がリアルタイムに進行するのですから、これからの一〇年ぐらい市場の理論はたいへんおもしろい時期を迎えることになる、とわたしは期待しています。

（1）　社会主義計算論争の評価については、尾近裕幸「社会主義計算論争の意義」『経済セミナー』第四四〇～四四一号、一九九一年九～一〇月号をみよ。この論文の発表後、西部忠『市場像の系譜学——「経済計算論争」をめぐるヴィジョン』東洋経済新報社、一九九六年がでた（二〇〇二年補注）。

（2）　塩沢由典『市場の秩序学』筑摩書房、一九九〇年、参照。

（3）　ソ連の国家計画委員会は一九九一年度の国民総生産が前年度に対し一一・六％減になるとの予測を出しているという。『毎日新聞』一九九一年三月一一日夕刊。

11 マルクスとペレストロイカ

『経済セミナー』の編集者から頼まれて書いた。マルクスをペレストロイカに直接結び付けて議論するだけの材料を、当時もいまもわたしは持ちあわせていない。過去の経済思想家とペレストロイカとを結び付けるなら、レーニンとかブハーリンとかなら結び付けやすいと思った。レーニンでいえば、戦時共産主義や貨幣廃止の構想からNEP（新経済政策）への転換が使えそうだったし、ブハーリンならかれの『転換期の経済学』とペレストロイカとを比べるというやり方があった。冒頭に書いたように、そうしたことを編集者に提案したが、レーニンもブハーリンも「経済学のバック・トゥ・ザ・フューチャー」という特集にふさわしくないとして却下された。結局、テーマは編集側の用意した「マルクスとペレストロイカ」ということになった。

いろいろ考えたが、マルクスとペレストロイカとを文献的につなげるのは、すくなくともわたしの知識では困難だった。そこで、苦肉の策として考え出したのが、架空の対話ないし会談とするという案であった。

対談という形式を取らなかったのは、『経済セミナー』などに載せられる架空対談の多くが教える側と教えられる側とに別れてしまっていることに不満があったからである。ペレストロイカという難しい課題に取り組む以上、一方が他方に質問し、他方が一方に教えるというのでなく、学者同士の正面切った討論にしたかった。しかし、がっぷりと四つに組んでの対論となるとその主題の選択が難しい。どちらかに加担するのでなく、ともにわたしが共感できる主題が必要だった。結局、わたしが選んだのは、三人の人物を登場させる架空鼎談という形式であった。

人物像を種明かしておこう。Aはアナキスト思想に共鳴する経済学者で、社会主義の理想に共鳴するものの、その実現を国家に頼ることはできないと考えている。Bはボルシェビキ思想の正統の中から出てきてマルクス関係の文献に詳しいが、社会主義の現状を憂慮しており、わたしが許容することのできる程度に柔軟でなんとかマルクスの伝統を将来に生かそうとしている。Cは社会主義に敵対はしないが、古典時代の政治経済学にむしろ共鳴している古典的自由主義者である。遊びで、A、B、Cそれぞれが思想の頭文字になるように選んだ。

架空鼎談という形式の採用には、ひとつのヒントがあった。中江兆民の『三酔人経綸問答』を桑原武夫が明治期の思想文学の最高のひとつと評価していた。それが文学として高く評価される理由は、矛盾する三人の思想のどれもが兆民の分身であり、三つの思想のどれかひとつを宣伝するために書かれたのではないという点にあるらしかった。そんな文学性など望むべくもなかったが、ペレストロイカという難材を扱うには、これしか方法がないように思えた。

この小文は、わたしが書いたはじめての架空鼎談である。この形式に一応の及第点を取れたことで、そのあとふたつの作品でおなじ形式を採用している。『思想の科学』一九九〇年三月号の「都留重人をめぐるティー・タイム」と渡辺慧のエッセイ集『フランスの社会主義の進化』の解説として書かれた「時間・認識・パタン」である。ふたつとも本書に収録されている（第13章、第17章）。

計画経済六〇年の経験から

A　きょうはマルクスとペレストロイカについて話すということなんだけど、なぜマルクスとペレストロイカなんだい。ペレストロイカはせいぜい遡ってもレーニンまでで、マルクスとは結びつかない。

B　それはボクも言ったんだけどね。レーニンとペレストロイカなら、いくらでもおもしろい材料があるし、レーニンがだめなら、ブハーリンもいるし、社会主義計算論争に参加した経済学者たちの名も挙げたんだけど、編集部の意向ではスミスやケインズに匹敵する大物が欲しかったようだね。

C　社会主義計算論争の経済学者といえば不可能派がフォン・ミーゼスにハイエク、可能派がランゲなど。スミスやマルクスに比べられないとしても、みな大物だよ。ボクの立場から見れば、ハイエクはケインズより深い。

B　キミは政府介入が嫌いだから。

C　好き嫌いで言っているんじゃない。経済効率と自由の問題なんだよ。

A　おい、おい、まだマルクスもペレストロイカも議論してないうちから自説で対立しちゃあ困るよ。それに社会主義計算論争って、そんなに知られていないんだから、そこから入るのはまずい。このあいだ、マルクス原論の人たちがやっている研究会で一度話せって言われたものだから、じゃあ社会主義計算論争について、現在の時点からコメントしたいといったら断られたよ。そんなのあまり知られていないし、みんなの関心もないって。これは問題があるよ。マルクス経済学者って、社会主義のことを考えるのを放棄したんだろうか。

B　そう言われるとつらいけど、マルクスやレーニンが議題に載せなかった理論問題が共通の関心事になりにくいことは確かだね、すこし弁解すれば、社会主義者にとってあの論争はすでに決着がついている。あの論争の中心争点は「計画経済が可能かどうか」ということで、それが可能ということは第一次・第二次五カ年計画によって事実として示された。一般的にいえば、こう理解されている。

C　その計画経済が思うほどうまくいかない。大工業の建設期にはなんとかかなりの成果をあげたけれど、最近の技術革新では軒並み遅れをとっているし、サービスの水準もぜんぜん上がっていない。一九八〇年代に入ってからの成長率はほとんどゼロでしょう。ペレストロイカの本質は、計画経済を六〇年やってみて、それがどうしてもうまくいかないことを自覚せざるをえなかったということだと思う。

B　スターリン型の集権的指令経済がうまくいかなかったんだ。それは計画経済一般ではないし、社会主義一般でもない。

A　スターリンひとりを悪者にして、マルクスやレーニンを救おうというのが最近のマルクス派の反射的戦術だけど、無理があるんじゃない。一九一七年のロシアでプロレタリア革命を起こそうなんていうのはレーニンの天才を感じるけれど、ネップから一歩前進というときに次が国家による計画経済だということは、当時のボルシェヴィキの常識でしょ。計画経済はスターリンが発明したものじゃない。

社会を「ひとつの工場」にと考えたマルクス

B　ボクだってそんなことは言わないよ。ただマルクスが考えた「意識的で計画的な協力体」（『資本論』Ⅲ八三一ページ）がスターリンが実現したような計画経済かどうかは疑問をはさむ余地がある。

A　あたり前だよ。マルクスは社会主義社会をいかに設計するかという点にほとんど触れていない。キミがいました引用だって、断片だろう。そんなもの好意的に解釈すればどうとでもとれる。ボクはむしろ空想的社会主義者に好意的だね。いろいろ一所懸命考えているよ。たしかにかれらは科学的でないかもしれない。ボクもフーリエの協同社会（アソシアシオン）がそのまま実現できるなんて考えないけれど、検討のきっかけにはなる。非現実性も含めて。

C　マルクスが計画経済についてより詳細に書き残していたとすれば、やはりそれは「全社会をひとつの工場に転化する」（『資本論』Ⅰ四五八ページ）道だったと思う。この言葉じしんをマルクスは資本主義の擁護者たちの非難のものいいとして引いているけれども、この文のでてくる第一二章「分業とマニファクチャ」の第四節でマルクスの言いたいことは、社会的分業とマニファクチャ的分業の対立にある。社会的分業は商品生産であって、市場を介して調整され無政府的である。マニファクチャ的分業は資本家の権威によって各部分を全機械の肢体のように動かし、専制的である。分業という形態はおなじでも組織原理が全然ちがうということでしょう。この認識に『共産党宣言』の商売の廃止と生産用具の国有とを結びつけると、意識的計画的な協力体というのが社会を「ひとつの工場」にするというイメージであることはほぼまちがいない。

A エンゲルスが『空想から科学へ』の第三章で「トラストまでくると、自由競争は独占にかわり、資本主義社会の無計画生産は、近づきつつある社会主義社会の計画生産に降伏する」というのも同様の発想だろう。

B 国家が生産を管理するというのがマルクスたちの考えだったことはボクも認めるさ。それ以外のイメージがマルクスにあったとは思えない。ただ、国家が生産を管理すると言ったっていろいろありうる。ゴルバチョフも計画経済は守るといっている。計画経済の利点を活かしながら、市場経済も積極的に使うというのがかれの立場だ。

C しかし、理想の方向がだいぶ曲げられたことはまちがいない。スターリン型の集権的指令経済のほうが資本主義的市場経済よりも効率的だとマルクスは想定していたはずなんだ。資本主義は労働者を搾取する悪い社会だ、だからそれは廃棄されねばならない、というようにかれは議論をしないでしょう。そういう議論はむしろ空想社会主義者たちのものであって、マルクスは別に歴史の必然をもってきて、生産力の低い生産様式がより高い生産力に適応する新しい生産様式に取って変わられるという。そのとき考えられていたのは社会主義経済のほうが高い生産力に適する、効率も高いし、発展もする、ということだったはずなんだ。ところがソ連社会主義が七〇年間、一度もアメリカ合衆国や西ヨーロッパに追いつけず、日本に出し抜かれてしまう。そこで、もう一度、市場経済の強さを取り入れようというのが経済のペレストロイカでしょう。七〇年間にわたる社会主義の実験がマルクスの予想をくつがえしたと言ったほうがいい。

マルクスは計画の費用を見落としていた

B 効率の点でかなりの誤解というか、考え不足のところがあったことは確かだ。マルクスは一九世紀の資本主義を周期的におそった恐慌という巨大なムダに眼を取られていて、社会を計画的に運営していくことのコストをあまり考えていない。『資本論』の第Ⅱ巻第一六章にこういう行文がある。

社会を資本主義的でなく共産主義的なものと考えるならば、まず第一に貨幣資本は全くなくなり、したがって、それを通じて入ってくるいろいろな取引の仮装もまたなくなる。事柄は簡単に次のことに帰着する。すなわち、……〔さまざまの〕事業部門に、社会が、どれだけの労働、生産手段、および生活手段を、何らの損害もなく振向けうるかを、社会はあらかじめ計算しなければならない、ということである。

（『資本論』Ⅱ三七一ページ）

これは計画とは事前に計算することだというマルクスの考えの一端を漏らした珍しい箇所ですが、ここにも表明されているように、資本主義的な仮装を取り除けば、事態はより簡単化されると考えている。

C　引用のなかの「貨幣資本は全くなくなり」というのは、貨幣の廃止を念頭に置いていたわけ？

B　ここだけでははっきりしないけれど、その可能性が強い。おなじ巻の第一八章に「貨幣資本は社会的生産においてはなくなる」とあって、そのあとこう書かれている。「社会が労働力と生産手段とを種々の事業部門に分配する、生産者はたとえば指定券を受け取って、それと引換えに、社会的消費用貯備の中から、かれらの労働時間に相応する量を引き出すことになってもよい。この指定券は貨幣ではない。それは流通しない」（『資本論』Ⅱ四二三ページ）。ここの「社会的生産」というのは資本主義的生産との対比において使われているので、これでみるかぎり社会主義あるいは共産主義では貨幣はいらないと考えていた。

A　「指定券」というのは、オーウェンやプルードンの労働証券とどうちがうの。

B　さあ、内容的に差異についてはなんとも言えないけれど、マルクスにとっての基本的な問題はそれを資本主義社会で試みることの是非だろう。資本主義社会でやっても成功の見込みはないが、社会主義になれば可能だと考えたんだろうね。

A　国家権力を握れば不可能も可能になると考えているんだ。アナキストとコミュニストの思想のちがいは、ほとんど国家にかんする見解の相違に帰着する。アナキストは国家にそんなに期待しない。コミュニストは、国家を究極的には消滅させるといいながら、他方ではそれに過大の期待をかける。そこで当分は国家の力にたよって社会主義を建設するという考えがでてくる。コミュニストは党とか国家とか組織を信仰しているので、現実主義者をよそおっているけれども、根本の発想は夢想的なんだ。

B　しかし、国家なしで社会主義を建設しようというのも夢物語だ。

経済学は社会主義を設計できるか

C　ボクは社会主義そのものが夢だと思う。マルクスは科学的社会主義という標語を作ったけれど、科学的なのは資本主義の解剖だけで、社会主義の設計についてはまったく科学的じゃない。人間の設計でできることとできないこととを見分ける理論がない。ソ連のペレストロイカでも、中国の経済改革でも、市場による調節を大幅に取り入れながら、なぜそうしなければうまくいかないか、マルクス経済学にはそれを考える枠組みがない。

A　去年中国に行ったときに、経済改革の理論的背景は何かって聞いたんですよ。そしたら、答えは「中国はいま社会主義の初級段階にある」ときた。そこで、それは現状の規定であって、なぜ市場により大きく依存せざるをえないかの説明にならない、と反論したんだけれど、かみあわなかった。政治経済学、つまり日本でいえばマルクス原論の教授で相手も悪かったんだ。中国でもマルクス経済学は創造性を失っている。

B　ソ連でも政治経済学は概して保守派というか教条派でゴルバチョフの足を引っぱっている。ただ中国とすこし事情がちがうのはネムチノフ、カントロヴィッチ以来の数理経済学の伝統が生きていて、ゴルバチョフのブレーンになるとともに改革の方向を理論的に考えている。

C　おもに中央数理経済研究所によっている連中だよね。ボクはゾーバーマンなどの英語による紹介しか知らないけれど、かれらの追求方向の変化がなかなかおもしろい。最初はかれらは極端な計画主義者として出てくるんだ。計画編成に数理計画法を使えばもっとうまく計画できるといった触れ込みでね。

B　そういう宣伝はどうしても必要だったんだ。一時、数理経済学はブルジョア経済学、反動的経済学として断罪されていたからね。ブルジョア科学とプロレタリア科学のふたつの科学があるという議論があって、第二次大戦後にまで猛威を振るっていた。ルイセンコ事件が有名だけど、あのときやっつけられたのはメンデル学説ばかりではなくて、量子力学からサイバネティクス、社会学から数理経済学まで皆ひっかけられた。程度の差はあるけどね。

A　いまでもマルクス経済学には「ふたつの科学」論が残っているよ。

C　数理経済学者たちは自信をもって乗り込んで、数理計画法のさまざまな手法を実際に使おうとする。社会主義では社会的効用関数が与えられているという前提だから、定式化は簡単だ。ところが、いろいろな事情で、これがうまくいかない。で、二段階最適化とか、多重目的最適化とか、制度的条件をも考慮に入れた変種に取り組むのだけれど、やはりうまくいかない。そこで最近ではなぜ数理的な計画法がうまくいかないか、考えるようになっている。この逆転がおもしろい。これから、なんかでてくるかもしれない。

B　中国のことは知らないけれど、ソ連ではかなりよく考えているんじゃないかな。

A　ロシア語の読める人は少ないんだから、もっとどんどん紹介してほしいね。

生産力の解放を誰が担うのか

A　ところで本題のペレストロイカなんだけど、いまのところあまり成果が上がっていない。どこに問題があるんだろう。

B　ゴルバチョフが書記長に選ばれたのが一九八五年三月。それから数えれば満四年たっているわけだけど、経済改革が本格的に実施されるのを八八年一月の新しい国有企業法施行と考えれば、改革が始まってまだ一年たらず。眼に見える成果がでるようになるまで、まだ時間がかかる。ペレストロイカは経済機構の建て直しで、ケインズ政策のような速効性はない。いまはブレジネフ時代の負の遺産のほうが表にでている。これが第一点。

つぎは保守派の抵抗。これには二種類あって、ひとつは教条主義者。集権的計画経済をはじめとしてかれらが社会主義の原理と考えるものに固執する人たち。もうひとつは官僚機構にぶらさがって既得権益をゆさぶられるのを好まない人たち。こういう人たちが政治改革だけでなく経済改革にも陰に陽にブレーキをかけていて改革がなかなか進まない。また改革してもサボるんだな。これが第二点。

最後に人びとの能力を引きだすことで、ボクはこれがいちばんむずかしいと思っている。ソ連は大学進学率でも内容でも学校教育の水準は高いんだけど、個人の能力を経済の現場に活かす制度も気風もできていない。指令経済の最大の欠陥がここにある。いままでは一事が万事、上からの指令と許可をあおがなければならなかった。自主的に働く芽を六〇年間つみつづけたんだから、ペレストロイカで「さあ、やってみろ」と言われたって大衆の反射はそう簡単に変わらない。基本的には大衆規模で企業家精神を育てることなんだが、これは一朝一夕では行なえない。

C　人間は基本的にはマネすることによって学ぶんだ。ところがソ連ではいま学ぶべき実例が身近にほとんどないから、大変だ。指令経済は人を育てない。それから、もうひとつは競争だね。競争には、競争相手の良い点・強い点を強制的に学ばせるという意味もある。競争のない計画経済はそれだけでも問題だね。国有企業法の改正の目玉である「完全な独立採算性」もつまるところ企業間競争の導入だろう。

A　マルクスは『共産党宣言』でブルジョア階級の進歩性・革命性をきわめて高く評価しているよね。世界の文明化の担い手にまで仕立てて、いまときどき皮肉られている。『資本論』でも第I巻第四篇「相対的剰余価値の生産」は競争の強制により資本家が機械装置や生産方法を改善していくというのが主要テーマでしょう。だからマルクスは競争の生産力増強に占める意義をよく知っていた。疑問なのは、社会主義になって計画経済にしたとき、生産力の無限の解放の役割をいったいだれが担うと考えていたのか、ということだ。

B　さあ。『資本論』第III巻に共産主義のことを「結合された生産者の自由の国」(III一〇二四〜二五)と表現しているところがあって、「文明人が発展するほど……諸欲望が拡大される。しかし同時に、諸欲望を充たす生産力も拡大される」(III一〇二四)と楽天的に書いてあるけれど、なぜ生産力が拡大されるのか説明はない。階級対立とそれに起因する個人の抑圧が廃止されれば人間は自然と創造性を発揮するというのではないかな。

A　やっぱりマルクスからペレストロイカはでてこない。

ひとり歩きをしたマルクスの思想

B　マルクスやエンゲルスが社会主義の設計図を書かなかったのは意図して抑制した結果なんだ。革命後の人類の実践をしばることを避けようとした。『資本論』にでてくるのもスケッチとも言えない断片でしかない。だから詮索《せんさく》されるときわめて不用意な空想ということになってしまう。一番の問題は社会主義革命ののちにマルクス経済学のなかから社会主義経済の分析理論が生まれなかったことにあるとボクは自戒している。

A　そういわれると、こっちも突っ込みにくいけれど、ひとつはマルクスが巨大すぎて、あとの人たちがみな『資本論』の解釈者になってしまったことに原因がある。マルクスは資本主義という現実を解釈したんだけれど、マルクス原論の人たちは教典を解釈していた。

C　もうひとつ言えば、共産主義者たちは本当の学問をあなどっていたんだ。そうでなければ政治のつごうにあわせて学問を裁断するなんてことを長いあいだ続けるはずがない。

B　マルクスは学問をあなどっていないよ。だからあんなすごい学問を作ったんだ。

C　マルクスはあなどっていない。しかし、信奉者たちがそうする種をまいた。学問をイデオロギーのなかに入れ、その展開を階級闘争のあらわれとして説明するでしょう。学問はたしかに理論における階級闘争であるけれども、それだけじゃない。この最後の部分をきちんと説明してない。だから「ふたつの科学」とか、中国の文化大革命中のように知識人を五番目の鼻つまみものにする理解が生まれてくる。

B　スターリン時代にマルクス主義を公式化したことのつけかな。

C　キミはすぐスターリンを持ち出して逃げるけれど、マルクスの解釈としてスターリンは正統でしょう。学者でなければ理解できないような区別は大衆には通じないし、思想はひとり歩きするものなんだ。大衆運動をやろうというなら、それくらいのことは覚悟して理論を立てなくちゃ。ボクの感じでは、スターリンをマルクスの正統の嫡子と認めることから再出発するのでなければマルクス主義には大きな希望はないな。嫡子がただひとりとは言わないよ。ベルンシュタインだって嫡子のひとりだ。より正統な嫡子かもしれない。

A　修正主義論争の決着のつけ方がその後の社会主義のあり方に大きな影響を及ぼしている。既成の枠を一度はずして、あのあたりから考えなおしてみることがマルクス主義には必要かもしれない。だけど、ボクに言わせれば、社会主義＝マルクス主義という等式にも問題がある。ペレストロイカを経済の建て直しだけでなく社会主義の建て直しにしようというなら、マルクスに笑いものにされたプルードンにも見直すものがある。

C　アナキストは国家とか教会とか党とか大組織に対する本能的嫌悪から出発しているので、孤独なテロリストを生みやすい。そのかわり市場とは折り合いがいい。言葉通り、アナキストは無政府状態を恐れない。自然発生的な秩序にたいする信頼ももっている。だから社会主義と市場とを融合させるのにアナキズムは政治思想として適任なんだ。考え方によってはハイエクなんかも一種の無政府主義だよ。

B　マルクス経済学の風土のなかで育ってしまうと、なかなかそう自由には考えられない。

A　C君がアナキズムにそこまで理解を持ってくれているのは驚きだね。

C　しかし、A君は夢を追いすぎるよ。学者の役割と希望的観測とを混同したらいけない。学問としては、経済学はあくまで憂鬱《ゆううつ》な科学（dismal science）に徹しなければならない。学者が人びとの夢まで考えてやることはない。

ペレストロイカへの期待

A　偉大な神学者は人びとの希望を導こうとするよ。社会主義が弱いもの・抑圧されたものの希望の原理だということを忘れたらいけないだろう。

C　だけど、ソ連でも中国でも、社会主義は弱いものの横に強いものを作りだしてきたよ。ペレストロイカが成功すればやはり才覚のあるものがのして来るだろう。制度が変われば別のタイプの人間がのして来るだけで、ことの本質は変わらない。

A　だから社会主義はシシュフォスなんだ。

B　ゴルバチョフの目指すペレストロイカはそんな精神的なものじゃなくて、経済でいえばマーケットにいつでも商品があふれているようにすることだよ。国有企業の完全な独立採算性をとり、協同組合と個人農業を活発化させていけば所得の格差はかならずでてくる。新しい競争に適合しない個人もでてくるけれども、その救済は資本主義国とおなじような社会保障で、ということになりそうだ。

A　いずれにしてもペレストロイカはうまく成功させてもらいたい。大きく言えば、世界の平和と社会主義の将来がかかっている。

C　ボクも成功を期待している。困難は山ほどあるけれどね。(2)

（1）『資本論』の引用は向坂逸郎訳、岩波書店、一九六七年刊による。以下同様。

（2）ペレストロイカの現状紹介と解説を主題とした本が十冊以上でているが、経済関係で一冊だけ読むならアガンベギャン『ソ連経済のペレストロイカ』サイマル出版会、一九八八年、がまとまりがよい。

12 中国における「不足の経済」論争
――マルクス経済学は社会主義に貢献したか――

フォーラム'90^{s}という団体が出していた『月刊フォーラム』の一九九三年九月号に頼まれて書いた。社会主義について再考するという特集だったが、社会主義について直接言及するつもりはなかった。経済学者として社会主義について考えようとするとき、いつも疑問になるのは、経済学は社会主義の実現にどれだけ貢献したのかという点であった。ソ連の数理経済学や東ヨーロッパの多分に近代経済学的な諸学派の貢献はあったが、共産主義の理想の伴走者だったマルクス経済学はどれだけ積極的に取り組んだのであろうか。

日本のマルクス経済学は、文献解釈とそれに基づく資本主義批判を展開したが、社会主義建設を助ける研究はきわめて少なかった。また、左翼の運動家にも、現存の社会主義に対する関心が低く、自分たちがやればうまくいくと根拠なく考えているように思えた。

この論文は、そうした現状に一石を投ずるつもりで書いた。その手段として、中国の理論状況の急速な変化を紹介するという方法を用いた。つまるところ、「日本への教訓」の項に書いた数行を言いたかったのであるが、それに対する反響はなかった。

中国の理論状況や論争については、正確な紹介ができているとは思えない。正確に読めるわけでない中国語の本を訪中の折りなどに買って帰ったものが資料となっている。

文中で触れている一九九〇年一二月のフォーラム'90ˢの分科会「社会主義の再生と計画経済の可能性」は、三・四人のパネリストがそれぞれ報告し、会場を含めて討論するというものであった。この年の八月から九月にかけて、わたしはソ連をはじめて訪問した。滞在したのはレニングラードに二週間とモスクワに一週間であり、深く観察できたとはいえない。ゴルバチョフのペレストロイカがどのように進んでいるか、市場経済への移行が叫ばれているソ連経済の現状はどんなものか、一応の体験はできた。時代の風潮に逆らっているこの分科会がどんな議論になるか、興味ぶかく参加した。しかし、わたしの気持ちは次第に沈んできた。パネリストたちは、ソ連が革命後社会であるのか、スターリン体制と特殊な国家資本主義であるのか、というわたしにとってはあまり重要でない本質規定の対立に終始し、現実の社会主義経済・計画経済がどのように機能しているのか、だれも深い関心をもっているようには思えなかった。その点を質問しても良かったのであるが、そんなことをしても事態は変わらないだろうと深い失望感に陥った。なにも発言しなかったのはそのためである。

このパネリストのひとりが村岡到であった。当然、最初はあまりいい印象を持っていなかったが、なぜか互いに話すようになり、現在では親しい友人となっている。不思議な縁というしかない。当時、村岡は、「稲妻」という小さな党派の指導者だったが、開放的で異なる考えにも柔軟であった。現在は党派を解散し、ひとりの思索者兼運動家として社会主義の可能性を追求している。将来に対する見込みはわたしとは異なるが、かれのような思想家が多数いることが新しい社会主義の可能性であろう。

この論文は、紀玉山編により中国語で出版された『市場経済の発展メカニズム』(吉林大学出版社、一九九四年)の付録に翻訳・収録された。

中国理論経済学の新動向

かつて中国の経済学雑誌は、ほとんど政策の解説論文からなっていた。たとえそれが大学や研究機関の紀要であっても、そうであった。したがって、たくさんの論文や本がでても、理論的に注目すべきものはほとんどなかった。しかし、時代は変わる。昨年の八月から九月にかけて約一カ月、わたしは東北の長春に滞在した。当地の吉林大学に招かれて、学生向けの講義をするためであった。中国が急速に経済成長するとともに、その雰囲気も大きく変わりつつあった。そのことは随所に感じられた。しかし、おなじように大きな変化が経済学の世界にも起きていた。

わたしは、どこの国に行っても、ほとんど癖で、本屋さんを覗いてみる。吉林大学の書籍部は一〇平米ほどの小さな本屋さんであったが、ふたつの注目すべき本を見つけた。ひとつは胡汝銀著の『低効率経済学』、もうひとつは陳昕主編の『公有制経済運行的理論分析』であった。ともに上海三聯書店の刊であった。最初の本には、まず表題で驚いた。中国の経済体制が低効率であると考えているひとはおおいであろうが、それを一冊の本の主題に取り上げ、低効率の改善には体制の変換が必要であると主張するひとが現れていた。後者は、「不足の経済」の原因を巡って論争するものであった。「不足」の理論的究明は政策に無縁ではない。しかし、論争の主題は「不足」という事態をどう認識するかについてであった。理論的関心が政策に先行するというのは、中国の理論経済学にとって一大変化であった。論争の当事者の若さも印象的であった。『公有制宏観経済理論大綱』という大著作の主筆であり、「不足の需要決定論」の主唱者樊綱は一九五三年生まれ、それに対立して「不足の供給決定論」を唱えるのは『低効率経済学』の著者胡汝銀その人で、一九五五年生まれであった。

一九八五年に発表され、中国の内外に波紋を引き起こした論文がある。『現在の中国の経済学研究の十大転換』という表題をもつこの論文は、経済学は「イデオロギーのように、単純かつ直接的に現行経済政策の従属物・拡声器・論証道具となるべきではない」と主張している。こうした意見が必要になるほどに、経済学の論文のおおくは、まさに現行経済政策の解説・正当化・推進のための媒体でしかなかった。このような印象は、七〇年代には明確であったが、その後次第に事態は改善され、理論的研究の水準が急速に上昇したものと考えられる。馬丁氏は、おなじ論文で、中国の「経済学の研究工作は理論重視・応用軽視の重大な偏向」をもっていると指摘しているが、そこでいう「理論」とは『資本論』の教義解釈を中心としたもので、経済の実態のなかに問題を発見し、その現象を生むメカニズムを検討するものではなかった。

現在、中国では、文革後の世代が活発な研究を開始しており、その理論も大胆に西側経済学を参照するものになっている。この傾向には、問題がないわけではない。馬丁論文を紹介したニューヨークの『中報』が主張したように、現在の中国経済学には西側経済学を鵜呑みにしている面がある。以下では触れないが、経済改革にともなって現在、中国では所有権をめぐるさまざまな議論がある。国営工場を将来どのような所有制のもとに運営していったらよいかは、緊急の政策課題でもある。所有の問題は、従来マルクス経済学の得意としてきた分野であろう。しかしこの議論においても、アルチアンやデムセッツの論文ほかの、財産権にかんするアメリカ流の経済学がもっぱら参照されている。所有制の設計に役立つような議論をマルクス経済学・マルクス法学が積み重ねて来なかったからである。したがって、西側経済学の鵜呑みの問題はじつは、マルクス経済学の不妊性の問題でもある。役に立つような理論を展開してきていれば、鵜呑みにしたくてもできないだろうからである。

中国の政治経済学（マルクス経済学）には、政治の激動のなかで、自由な発想に基づく創造的研究が困難であった。日本のマルクス経済学は戦後、大学内に資本主義諸国最大の研究者数を確保し、学問の自由を保証されてきた。その自由を日本のマルクス経済学やマルクス主義法学は生かしてきたであろうか。責任を問われるべきはむしろ、日本のマルクス経済学ないしマルクス主義の社会科学であるかもしれない。それは学問研究に必要な「自由」という貴重な資産を享受しながら、学問が本当に必要になるときに、貢献できるだけのものを生み出してこなかった。わたしは新古典派の経済学の枠組みには根本的に誤ったものがあると考えている。しかし『資本論』の伝統的な問題から外れるとき、想像力がまず参照すべきものが新古典派の経済学であることは否定できない。このような現状はけっして満足できるものではないが、このような事態を招いた原因のかなりの部分はマルクス経済学の学風それ自身にあると思われる。

マルクスが偉大すぎたためであろうか。理論における闘争の厳しさのためであろうか。マルクス死後百年にマルクス経済学が理論として付け加えたものはあまりにも乏しい。それだけに、いま中国に起こりつつある経済学の変化が注目される。

中国における「不足の経済学」

資本主義国では、ふつう、商品は過剰気味であり、有効な需要がないために在庫として積み上げられたり、設備が遊休したりしている。資本主義の市場経済では、通常、売るのが困難であり、売り手はつねに買い手をもとめてさまざまな努力をおこなっている。マルクスはこの商品を貨幣に変える転換を「命懸けの飛躍」と呼んでいる。

経験によると、社会主義の計画経済では、しばしば、これと反対のことがおこる。商品は一般に不足気味であり、買うのに列を作ったり、長いリストに載せられて順番を待たなければならない。ものによっては即座に入手することは不可能であったり、偶然の機会にしか手に入らなかったりする。生産を行う企業にとっても、一般に、原材料の手当が製品の販売より大切であり、購買部・調達部は優秀な人材を振り向けて、企業の努力を注ぐべき活動分野となっている。

このような現象は、中国にかぎらず、社会主義経済では広く認められる（あるいは、認められた）。しかし、これを社会主義の基本的問題として捉え、それが発生し、その状態が再生産されるメカニズムを本格的に研究しようとしたのはハンガリーの経済学者コルナイ・ヤーノシュが最初であった。

コルナイは一九五六年、繊維工業の過剰集権化にかんする著作でデビューした。ついで多段階の数理計画法を研究し、一九六七年、Mathematical Planning of Structural Decision（『構造的決定の数理計画法』）を世に問うている。しかし、かれの名を広く世に知らしめたのは、七一年の Anti-Equilibrium（岩城博司・岩城淳子訳『反均衡の経済学』日本経済新聞社、一九七五年）であった。この著作でコルナイは、新古典派の均衡論を徹底して批判し、経済を主としてその自律的機能においてみる見方を提出した。その観点から、コルナイは経済学に「圧力」市場と「吸引」市場というふたつの区別を導入し、それらの状態が再生産されるメカニズムを明らかにしようとした。「圧力」市場とは、買い手市場であり、取引を成立させるために売り手が多大の努力をする状態である。「吸引」市場とは、売り手市場であり、取引を成立させようと買い手が努力する状態である。

この準備ののち、コルナイは、ほとんどの商品市場で吸引がおこる「不足の経済」の研究にとりかかり、Economics of Shortage（『不足の経済学』）を一九八〇年発表する。これは、社会主義経済はどうあるべきか、という規範的経済学ではなかった。それがどう動いているか、という現象記述とそのメカニズムの解明を目指すものであった。不足という現象は、社会主義計画経済において広く認められていた。それを解消すべきだという議論や提案は、陰に陽に、たくさんなされていた。しかし、その出現のメカニズムを系統的に解明しようとした研究はこれまでなかった。これは出るべくして出た研究であるとともに、やはりコルナイを待たなければ出なかった、画期的な研究であった。

不足の経済が発生する理由は、かならずしも一様ではない。もっとも分かりやすいメカニズムは次のようなものである。社会主義においては、価格や賃金が国家の手によって決められることがおおい。価格は公定であるとともに、国家のしかるべき機関でなければ改定できないという意味において、固定的である。ところで、このような社会にもとうぜん利害の対立はある。労働者は高い賃金を望み、計画者は高い投資水準を望む。いま一定の賃金率のもとでは、国内所得の二〇％しか投資できないと仮定してみよう。このとき、三〇％の投資計画が立てられ実行に移されたとするなら、そして消費より投資の方が優先されるなら、とうぜん消費に向けられる生産物は少なくなる。お金はもっていても、労働者は買いたいものが買えないことになる。

これは分かりやすいメカニズムであるが、すべての不足の背後にある事情ではない。このような事態は、八〇年代のポーランドには生じた。しかし、賃金引き上げの管理のより厳しかったソ連や東ドイツでも、不足は生じている。賃金を払いすぎるだけが不足の主要なメカニズムではない。より普遍的で重要な不足の発生メカニズムを、コルナイは金融的なものと考える。具体的には、企業の予算制約のゆるさである。コルナイは、それを「ソフトな予算制約」と呼ぶ。

資本主義企業では、資金繰りは企業の存続にかかわる重大条件である。しかし、社会主義のもとではそうではない。たとえ、ある企業が赤字を出し続けても、それでその企業は閉鎖されるわけではない。労働者が解雇されるわけでもない。社会主義には長いあいだ企業の倒産という概念が存在しなかった。社会主義といえども、ふつう独立採算で経営されているから、赤字がでれば企業は困ることは困る。しかし、それは政府の手によって容易に救済されてしまう。予算制約がゆるいのは、企業だけではない。企業を救済する政府の予算制約もゆるい。国庫は財政赤字を累積し、それは基本的には紙幣の増刷により賄われる。こうした国家のあらゆる段階に認められるつよい支出傾向と予算制約の柔軟さが不足の経済のマクロ的な条件となる。このようなメカニズムが働くときには、価格が固定的でない経済においてもインフレーションとともに不足の経済が出現する。

もちろん、不足という現象は、ソフトな予算制約ひとつで説明しきれる問題ではない。資本主義経済では、金融面でチェックがかかるのに、社会主義では放漫な支出にチェックがかからないというにすぎない。国営企業を含む国家の全段階で、そのような強い支出傾向がなぜ発生するのかをも究明しなければならない。そこには、もちろん、社会主義の運営をめぐるさまざまな調整と圧力の問題がからんでくる。さらに、不足の経済が不足を引き起こすという構造もある。コルナイの著作は、社会主義の運営が実際にはいかにさまざまな問題をはらむものであるか、という視点から読むことができる。

『反均衡』と『不足の経済学』は、ハンガリー語版と同時に英語でも発表された。そのため両著は西側諸国でも有名になり、多くの読者を得た。とくに後者は社会主義経済研究のひとつの古典となった。東欧諸国でも、この著作にたいする関心は高かったが、政府筋からはかならずしも歓迎されなかった。中国におけるコルナイの受容は、比較的早かったといえよう。翻訳としては八六年の『不足の経済学』上・下が最初であり、八八年には、『反均衡』と『成長・不足・効率』が出版されている。

翻訳だけでなく、コルナイの著作を基礎に、不足の経済を論じた中国研究者の著作がすでに八八年に現れている。馬慶泉の『新短缺経済学』がその一例である（「短缺」とは中国語で「不足」のこと）。著者後書きによると、この書物は八一年以来の労作であるから、『不足の経済学』は、その刊行直後から、中国国内で強い関心をひいてきたことがわかる。中国における「不足の経済」論争の中心テキストである『公有制宏観経済理論大綱』は上海三聯書店から九〇年六月に公刊されている。これは、すでに述べたように樊綱を主筆とし、張曙光、楊仲偉、張燕生、袁剛明の計五名による共同執筆になる、本文だけで六七四ページもある大著作である。この本は、出版と同時に研究者のあいだに強い反響を巻き起こし、同年一二月一〇日と一一日、上海三聯書店、『解放日報』理論部、『文匯報』理論部の主催で、上海において理論討論会が開かれている。さきに紹介した『公有制経済運行的理論分析』という本は、この討論会の報告論文集である。以下では、まずこの著作の主張を手短にまとめ、つぎにそれに対する反論のひとつである胡汝銀の主張を紹介する。

不足の需要決定論

『公有制宏観経済理論大綱』は、すでに触れたように、総計七〇〇ページをこえる大著作であり、その主張を詳細に紹介することはもちろんできない。原著には、四〇ページ近い英語の要約がついているので、興味のある人は参照できる。著者のひとりで、副主筆の張曙光氏の話によると、本書の英訳を香港で出版する計画が進んでいるそうである。

本書の基本的視点は、書名に表明されている。「宏観」というのは、「マクロスコピック」の中国語で、本書の基本は金融を中心とするマクロ分析にある。中国の社会主義経済の根幹をなすのは依然として国営企業であるが、著者たちはこれを「公有制」という概念で捉える。それは法的には全人民所有のもとにあるが、現実の運営においては固有の困難に直面する。すべてのひとが所有者であるならば、だれも所有者でないという矛盾である。著者たちは、そこで、「公有権」の主体として「計画者」という範疇を立て、これを国家マイナス政府であると捉える。計画者と政府とを分離し、それぞれ固有の追求目的をもつとみて、それらの行動を分析する。

序論をのぞく全二七章は、六篇に分けられている。内容紹介の意味で、各篇の表題を紹介しておこう。

第一篇　モデル設定――公有制経済　第二篇　総需要分析　第三篇　経済の潜在的総供給分析
第四篇　総需給ギャップとその隠蔽　第五篇　不足と成長　第六篇　メカニズム変換と経済循環

まず第一篇において、公有制という制度上の特性から生ずる諸問題、とくに国家の諸機関がそれぞれ固有の主体として行動することから起こる問題が提起され、利害の対立やソフトな予算制約を必然とする事情が分析される。この分析の上にたって、公有制経済における総需要が分析される。資本主義経済では、所得分配は基本的に市場機構が調整するが、公有制経済では、所得が労働収入と資本利得とに分割されなければならない。ここには利害の対立があり、それを緩和しようとすると「所得幻覚」が生ずる。総需要の重要成分である投資は、計画投資と自主投資のふたつに分けて分析されている。国家が全体計画との関連で行う投資と各企業が自己都合でおこなう投資とはとうぜんそのメカニズムが異なるからである。

第三篇の「潜在的総供給」は、資源の技術的な供給容量ではなく、公有制経済がもつ固有の「摩擦」要因、非効率を考慮に入れたうえでの潜在的産出量を定義する。著者たちは、社会主義経済においては、現実の産出量が、過剰操業などによってしばしば潜在的産出量を超えることがあると注意している。

第四篇は、「不足の経済」理論の本論であり、総需要が総供給を超える場合に「一般的不足」が生ずるとする。これは、部門別の不均衡から生ずる不足とは区別されねばならない。不足は、貧困と同義ではない。人間の欲望にくらべて、社会的に産出される生産物が少ないというのは希少性である。不足は貨幣の裏付けのある有効な需要が実際の供給を超過する現象である。ケインズは有効需要が不足で社会的な生産容量が生かされない場合を考察したが、不足の経済はその反対の場合にあたる。つまり有効な需要が供給容量を超えてしまうことが不足の問題である。ここから、著者たちは「不足の需要決定論」を主張する。供給容量以上に有効な需要が作られてしまうことが問題の核心にあると考えるからである。不足の経済論争は、この点の認識をめぐって展開される。

第五篇は、不足が急速な成長への意欲を導くこと、それがかえって過剰投資という形で不足現象を激化することが注意される。こうした雰囲気では、投資原資の分配をめぐる駆け引きが起こる。著者のひとりはそれをゲーム論として展開している。

第六篇は、これまでの分析のまとめとして、社会主義経済の景気循環現象を扱っている。これを著者たちは、調整メカニズムの転換として説明する。公有制経済は過熱成長経済を導きやすい。しかし、それが行きすぎると、社会にさまざまな歪みが生じ、政府は「引き締め」圧力をうける。しかし、分権化された決定体制のもとでは、引き締めは実効性に乏しい。そこでいったんは基層に降ろされた決定権が上部に引き上げられるか、制限が付く。こうして、引き締めが成功するが、経済の成長力は弱まる。したがって、またしだいに決定権の分散が試みられ、不足から過熱経済へと移行する。こうして引き締めと緩和とが交替する。

社会主義計画経済の景気循環現象は東欧でも投資循環として研究されている。樊綱らの分析として興味深いのは、これが決定権の配分を含む政治循環として観察されていることである。こうして、最終篇で、著者たちのいう公有制経済の運営の矛盾がきわめて鮮やかに描きだされることになる。本書に対する評価は、九〇年一二月の討論会の参加者たちからも高く評価されている。中国理論経済学の時代を画する書物にちがいない。

不足の供給決定論

『公有制宏観経済理論大綱』は、その内容において画期的であるばかりでなく、幅広い理論的討論を引き起こした点でも、画期的である。もちろん、これは著者たちだけの功績ではありえない。中国社会の知的雰囲気の変化がもっとも大きな要因にちがいない。天安門事件の結果、政治的発言にはいくらかの抑制が加わっているかもしれないが、政治体制に直接かかわるところから離れた理論分野での知的開放は確実に進んでいる。

樊綱らの分析にたいし、真っ向から反論を加えたのは『低効率経済学』の著者胡汝銀であった。胡汝銀は上海の華東化工学院の経済発展研究所の副研究員（副教授）であり、現在同研究所の所長である。このような若い人材が所長として活躍できるようになった点にも中国社会の変化が感ぜられる。

胡汝銀は、『公有制宏観経済理論大綱』の刊行に先立つ八七年、すでに『経済研究』（中国社会科学院経済研究所発行の機関誌）に投稿して「不足の原因」について議論している。また、『大綱』刊行後の九一年にも同誌に反論を載せている。ここで紹介するのは、九〇年の討論会の論文集である『公有制経済運行的理論分析』第二章の「非市場型調整メカニズムのもとにおける高度成長と総量不足について」の主張およびかれの単著『低効率経済学』(九二年)の関連部分である。

胡汝銀の主張の中心は、不足の需要決定論が、不足という経済問題をソフトな予算制約に代表されるマクロな金融問題に帰着させ、経済の集権体制がもつ固有の非効率を陰においてしまうことである。その意味では、樊綱らの主張と胡汝銀とはかならずしも論理的に対立するものではない。昨年九月、わたしは張曙光氏の話を聞く機会をもったが、そのときの氏の話でも、そのことは確認されている。張曙光氏は、供給面、とくにその制度分析について胡汝銀氏の分析の正当性を認めておられた。

胡汝銀の主張には一部に「不足」と「希少性」とを混同している面があり、討論会への他の参加者からの注意を受けている。しかし、かれが主張するように、不足の問題は、たんに金融制度に帰着できない諸側面を含んでいる。もし予算制約をハードにするだけで問題が解決するなら、多くの社会主義国で不足の問題は解決されていたにちがいない。樊綱らがあまり考察しない商品種ごとの不比例の問題も重要であり、それを解消すべく働く調整速度が速いか遅いかといった問題も無視できない。社会主義の不足は絶対的な不足ではなく、時間的に遅れながらも解消されていく事象でもある。その意味では、ひとびとのインセンティブをどう設計するかという体制問題とも切り離すことはできない。

樊綱らの分析においては、過剰分配の問題が指摘されている。これは、いつでも潜在しているメカニズムには違いないが、しかし、一時的には緩和されうる場合がある。たとえば高成長の場合を考えよう。この場合に、もし労働生産性、資本生産性などが変わらなければ、分配をめぐる争いは収まらない。しかし、日本の高度成長期にみるように、高成長は一般に生産性の改革を生み、パイの分配を巡る争いは緩和されるのが普通である。もし、そのような改善がえられないとするなら、この問題は、胡汝銀がその著書において試みたように、組織の内部に立ち入って、その効率を議論しなければならない。樊綱らの『大綱』では、経済効率を①生産効率、②配分効率、③動態効率、の三者にわけ、前二者をミクロ経済の問題、③をマクロ経済の問題として、主として③の動態効率の分析に力をそそいでいるが、不足を引き起こすのはかならずしも動態効率に限らない。計画通りに生産が進まず、さまざまな障害から予定生産量が実現できない点にも、結果として予算制約を破らざるをえないメカニズムがある。
以上は胡汝銀の主張の正確な紹介ではなく、私見を交えた『大綱』に対する不満であるが、胡汝銀の不足の供給決定論の背後にある思想も同様なものと思われる。

日本への教訓

日本は強力なマルクス主義・社会主義の伝統をもっていた。マルクス経済学の隆盛も、そのことを離れて考えられない。日本のマルクス経済学は、解釈のうるささにおいても、議論の詳細さにおいても世界に誇りうる高い水準に達しているといわれる。しかし、その経済学は、社会主義の運動にどれだけ貢献してきたであろうか。資本主義分析においては、それはときにかなり彫りの深い描写に成功してきた。資本主義の告発という面でも、それは確かに貢献した。しかし、その経済学は、社会主義経済の分析においてどれほどの貢献をしただろうか。

日本の社会主義は、社会主義社会の研究にあまり熱心でなかった。たしかにソ連型社会主義の現状には、はやくから絶望の声が聞こえた。しかし、自分たちが作りあげる社会主義はそれとは違うという希望的思考が社会主義の現実の働きにかんする関心を浅くしてこなかったであろうか。マルクス経済学は、社会主義建設の基礎科学であると考えられていたにもかかわらず、社会主義の経済がいかに機能するかについてはあまりに無頓着ではなかったろうか。

フォーラム'90^{s}の発会フォーラム（九〇年一二月八、九日）に、わたしは「社会主義の再生・計画経済の可能性」という分科会にでた。一日だまって聞いていたが、気になることがあった。発言者の多くが、社会主義・計画経済を語りながら、その実際の経験も、またそれを改良しようと試みられた苦闘についても、ほとんど知識を持ちあわせていないようであった。マルクス経済学が社会主義経済の運行の分析に真剣に取り組んでこなかったことが、社会主義に希望をもつひとびとのあいだに、そのような知的怠慢を招いたのではなかろうか。

『公有制経済運行的理論分析』のもととなった討論会も、ほぼおなじ時期（九〇年一二月一〇、一一日）に開かれている。

しかし、現実の社会主義経済のなかにあって、中国の議論は、なにも知らず議論するという贅沢にはひたっていない。日本のマルクス経済学は、マルクスが敷いた路線にあまりに忠実すぎて、想像力の範囲が狭い。社会主義中国では、現実に強制されて、理論範囲をはるかに広げているようにみえる。張曙光氏の説明によれば、『大綱』はマルクス経済学、西側経済学、コルナイの三者の総合である。コルナイが制度の説明と現象の例示に終わっているのに対し、『大綱』はメカニズムの分析にまで到達している、と氏は自負している。討論会でも、多様な観点からの議論が提起されている。これは今後のマルクス経済学のあるべき方向を示すものではないだろうか。これまでのマルクス経済学はあまりにも自分の殻に閉じこもりすぎていた。中国でもそれがもたらす不毛性が批判されている。日本のマルクス経済学も、もっと大胆にみずからを鍛えなければならない。それには、まず、新しい問題に挑戦し、他派と討論することである。いつまでも原典解釈にこだわっている時代ではない。

(1) 馬丁という署名をもつこの論文は、最初、八五年一一月二日付けの『工人日報』に掲載された。その要旨が『北京週報』の日本語版に訳載され、それを時事通信電が『資本論』は有効性を失っていると明確に指摘」していると伝えた。これが日本で『朝日新聞』『読売新聞』などに紹介され、評判になった。この記事をもとに、ニューヨークの華学雑誌『中報』(八五年一二月一九日)が「マルクス経済学説は強大な説得力をもつ」という社説を掲げ、現在の中国の経済学研究が西洋のものを鵜呑みにしていると非難した。翌年三月四日、これが新華通訳社の『経済参考』を通じて中国国内に紹介された。このため、馬丁論文は中国国内でも評判となり、一部から同論文は「高次元の精神汚染」ではないかと非難された。しかし、中国社会科学院の千光遠顧問が『世界経済導報』に「百花斉放、百家争明」の方針を貫く経験を得る機会とするという文章を発表し、同時期に進行中の第六期人民代表大会第四回会議でも、「経済理論研究では、理論と実践とを結び付ける」という原則が再確認され、四月二二日、朱厚沢中国共産党中央宣伝部長が北京の主要新聞・放送局と社会科学院の関係研究所の理論工作責任者を集めた座談会で「理論工作者が創造性のある研究を行うことを奨励し提唱するような環境と雰囲気は作らねばならない」と強調して、理論研究分野での開放政策が定着したとされる。

なお、馬丁は筆名で、著者の本名は宋龍祥、南京大学の教師であるという。『日中経済協会会報』第一五四号、八六年六月号に紹介と論文全文の翻訳が掲載されている。

（2）『大綱』の第一六章三〜二項、および同章付録に簡単な議論がある。ここでは固定価格のもとで正しい計画が立てられても、その後に消費者の選好が変化すれば総量不足が起こると主張されている。資本主義の管理価格のもとでも同様のことが起こるが、この場合、数量的調節がすばやく起こる。分析はこの比較にまで深める必要がある。

第三部　マルクス主義者の肖像と主張

13 都留重人をめぐるティー・タイム

一九八〇年代にはいって、北沢恒彦が思想の科学の創立メンバー七人をひとりずつ取り上げて『思想の科学』の特集を作ろうといいだした。思想の科学は同人制で創立され、そのメンバーは武谷三男・武田清子・都留重人・鶴見和子・鶴見俊輔・丸山眞男・渡辺慧の七人であった。そのため、創立メンバーは、しばしば「思想の科学の七人の侍」と呼ばれていたが、ふしぎなことに、当時は全員が健在であった。北沢さんは、この七人が生きている内に全員の特集を組むことに意義があると考えていた。

一九九〇年三月号の特集「都留重人をよむ」は、その一冊で、北沢さんは家の会の若いメンバーを動員して、都留重人著『経済学はむずかしくない』（講談社現代新書、一九六四年）を読ませ、「競作」と称して各人に一章ずつ分担させ、解説風の感想を書かせたりした。その一環として、わたしにもぜひ一本書くようにというのが、依頼というより指令であった。都留重人の名前はよく知っていても、経済学の論文は、それまでほとんど読んだことがなかった。時間の余裕があったので、図書館から『都留重人著作集』（講談社、全一三巻）を借り出してのぞいてみたりしたが、期待された、都留経済学の全体像を紹介するようなものは書けそうもなかった。苦肉の策として思いついたのが、「マルクスとペレストロイカ」でもちいた三人の架空鼎談という方法であった。これなら、都留重人をめぐる状況について書くことができ、一世代遅れて経済学の世界に生きてきてしっていることが生かせそうだった。この架空鼎談の原文には見出しがないが、本書収録にあたって小見出しをつけた。

この特集のあと、これを都留さん自身がどう読まれたか、感想を聴くための会が東京で開かれた。特集の編集にかんでいた鶴見太郎の発案にもとづくものであった。わたしも都合がついて参加した。しかし、鶴見の意図がよく伝わらなかったのか、都留さんは別の特集を取り上げるものと考えていられていて、「都留重人特集」はぜんぜん読んでいられなかった。そのため会は奇妙な空振りにおわった。本章の中では「再生産表式」の剰余の二重計算問題についての部分が、唯一、経済学の理論に関係するものであり、わたしなりの解釈を示した部分であったが、それについてのコメントは聴くことができなかった。

「七人の侍」をひとりずつ取り上げて特集を組むという北沢恒彦の構想は、構想通りには実現しなかった。しかし、かなり近いところまではいったといえよう。『思想の科学』の特集としては、都留重人特集以外に九五年一二月号に「武田清子研究」が、九六年二月号に「鶴見和子研究」が出た。北沢さん自身としては、この他、聞き書き「武谷三男に聞く」（八五年九月から九六年八月まで一一回連載）をまとめ、丸山眞男については「書評・反動の概念」（九一年七月から一一月まで全五回連載）を書いた。思想の科学の主宰者である鶴見俊輔については、北沢恒彦・小笠原信とわたしの三人で聞き書きをまとめた（鶴見俊輔『期待と回想』上下、晶文社、一九九七年）。ただ、渡辺慧についてだけはまったく欠けている。思想の科学社から『フランス社会主義の進化——渡辺慧初期論文集』（一九九〇年）が出ただけである。これは、ひとつには、一九九三年に渡辺さんが亡くなってしまったということがある。いまひとつは、さすがの北沢さんにしても、渡辺慧は見渡しにくかったのであろう。

『思想の科学』は、一九九六年五月号をもって終刊した。一九四六年五月に第一号を出して、ちょうど五〇周年だった。丸山眞男さんは終刊直後の九六年八月一五日に、武谷三男さんは二〇〇〇年四月二二日に亡くなった。北沢さん自身も、一九九九年一一月二二日、亡くなられた。自殺だった。

本書第1章の対談の中で、藤田省三が「悪いマルクス主義者の人名表はできない、いい方ならいえる」といっている場面がある。身近に触れたマルクス主義者には態度の立派な人が多かったと言いたかったのであろう。おなじ感想をわたしももつ。マルクス主義者としてわたしに一番影響を及ぼしたのは北沢恒彦であるが、かれは自己を運

A　最近ある必要があって、都留重人の著作集を何冊か読んだけど、ボクの持っていたイメージと大部ちがっていた。

動家と捉えていたときにも、けっしてわたしにマルクス主義を押し付けようとはしなかった。「生きざま」という言葉をかれが好んだかどうかしらない。しかし、自分の生きざまが回りのひとびとにいくらかの感化の力をもっていたことをかれは知っていたのではないだろうか。優れた思想家でありながら、市役所の一職員であり続けるという北沢さんの存在は、フランスから帰って、職もなく就職の見込みもなかったわたしには強い力付けであった。その北沢さんが自殺したのは悲しいが、みずからの運命を自分の意志で決めたのはいかにも北沢さんらしい身の振り方であった。

北沢さんは、思想の科学の京都グループ「家の会」の発案者であり、京都べ平連のイデオローグだった。わたしは北沢さんとの付き合いの中から政治の考え方を学んだ。わたしがまだ学生だったころからの付き合いで、歳は北沢さんが九歳上だった。わたしにとって北沢さんは人生の師のひとりだった。ところが、一九八六年、北沢さんは、突然、わたしの学生になるといいだした。その年から始まった大阪市立大学の熟年大学院に応募されたのである。熟年大学院といっても特別試験があるだけで、授業は若い学生とおなじ昼の時間であった。北沢さんは、週日の休みを年休と日曜出勤でカバーして、二年間で修士の学位を取られた。その中間の一年間、わたしはイギリス・ケンブリッジに出張していた。北沢さんは「指導を受けるため」と称して、わざわざケンブリッジにまで訪ねてきてくれた。

修士論文は、ジェームズ・スチュアートについてだった。その後、北沢さんは森嶋通夫を読むようになり、晩年の一〇年は森嶋さんの「追っかけ」をしていた。クセジュ文庫（フランス語版）で線形代数を勉強し、その知識を生かして、数学の多い森嶋さんの本を時間を掛けて読んでいた。森嶋さんとの付き合いについては、森嶋さん自身が『論座』二〇〇〇年九月号に「北沢恒彦のこと」と題して書かれている（『終わりよければすべてよし』朝日新聞刊、二〇〇一年所収）。

B　キミがもともと考えていた都留重人って、いったいどういうイメージだったの。

A　いや、実をいうと名前だけ知っていて、本当は読んだことがなかったんだ。ボクにとっての都留重人というのは翻訳者としての都留重人なんだ。ボクが最初に経済学に出会ったのがサミュエルソンの『経済学』で、都留重人という名前はその訳者としてあった。

B　都留さんはほかにガルブレイスの翻訳も手がけたりしているが、翻訳をもって都留さんを見ては都留さんがかわいそうだ。

A　うん。サミュエルソン・プラス・ガルブレイスで、都留さんは制度派的センスを持ったケインジアンかと思っていたんだが、読んでみて全然ちがうということが分かった。都留重人というのは偉大なマルクス主義者なんだ。

B　普通のマルクス主義者の型にはまらないけれども。

マルクス経済学者都留重人

A　そこなんだ。ボクがキミに聞きたいのは、都留重人は日本の経済学界でどう理解されていたの。マルクス経済学の人たちは、かれをマルクス派と認めていたの。戦後のマル経の歴史のようなものを見ても、都留重人の名前が挙がっていたという記憶がない。逆に近代経済学者のリストの方に時どき名前を見かける。

B　微妙なところだけれど、すくなくとも正統的なマルクス派とは認められていない。都留さん自身も「正統派マルクス経済学」という表現は自分を含めない他称として使っている。

A　それがおかしなところなんだ。著作集に折り込まれている月報をみると、ポール・スウィージーは都留さんのことを「アメリカ・マルクス学派の源流」のひとりだと言っている。スウィージーはマルクス主義者と受け入れられているのに、その「源流」である都留さんはなぜマルクス派と認められないんだ。

C　おもしろそうな議論しているね。ボクにも一言いわせてくれ。

B　うーん、これはまずいところでつかまったな。キミが入るとなると、この話は簡単に終わらない。

C　初めから敬遠か、最近のマルクス派はどうも逃げの一手が多い。キミもいつまでもそんなことを言っていると、ただのマルクス学者になっちゃうぞ。

それはともかく、都留さんがなぜマルクス経済学者として認められないかという点に、日本のマルクス経済学の不毛性が象徴されている。

A　急に話が大きくなったけど、そのまえに都留さんがなぜマルクス経済学者に入れられないか、その理由をBさんから聞きたい。

B　これは理論の内容の問題ではない。スタイルの問題なんだ。日本のマルクス経済学というのは、理論というと、まずマルクスの解釈あるいは再解釈から始まる。ところが都留さんはそのあたりは自分でやってしまって、ケネーとマルクスとか、ケインズとマルクス、シュンペーターとマルクスという対比が正面にすえられる。正統派にいわせると、こういうのはマルクスを研究する立場からいうと邪道ということになる。

C　マルクスが相対化されているから、内容的にマルクスの方法の擁護であっても、正統派マルクス学者には気にいらない。どうしても異端の臭いがする。それで拒絶反応が起こる。

B　マルクス絶対視がそれほどひどいとは思わないが、都留さんの理論的仕事の多くが発表された戦争直後から五〇年代にかけての時代というものがある。あのころは戦争中の抑圧が一気に解けて、多くの方面で戦後社会科学の出発点を記した輝かしい時代であると同時に、弁証法や唯物論がまかり通った時代でもある。あの当時マルクス主義者として認められるためには、マルクスのカテゴリーを用いて考えているだけでは不十分であって、くりかえし自分がマルクス主義者であることを宣言し、唯物史観や弁証法のダンビラを振りかざし、マルクスはもとよりレーニン、スターリンからの引用で文章を飾りたてることが必要だった。都留さんはそれをしなかった。

C　都留さんにかぎらず、まともな思想家はそれほどでもなかったが、とかくそういう手合いのいたことは確かだ。

A　そういう雰囲気は六〇年代にもまだすこし残っていましたね。左翼思想はマルクスと相場がきまっていたから、ボクもかなりマルクス主義の文献を読んだけれど、哲学史がすべて唯物論と観念論の闘いで、唯物論はつねに進歩的だった、などというのはあまりに固定的な考え方で、どうも入り込めなかった。

B　話が拡散しすぎないうちに、キミの主張を聞こうか。都留さんがマルクス経済学者と認められないところに日本のマルクス主義の不毛性が象徴されているということだったが。

C　どんな思想も一元化すると創造性を失う。都留さんはあまり解釈に精を出さないマルクス主義者としては異端ではあったが、そういう異端を最初から包含する思想の沸騰があれば、日本のマルクス主義ももうすこし大きな思想上の貢献ができたはずだ。

A　日本のマルクス経済学は議論はじつに細かいけれど、やっていることは文献解釈を越えていない、という批判がある。

B　たしかにその面が強いけれども、解釈がかならずしも悪いとはいえない。宇野弘蔵の原理論なんかは『資本論』を徹底的に読み抜いて論理的に純化したものだ。

A　市民社会派のマルクスの読み方も独特だね。私的所有を超える概念として個体的所有をもってきて、ここに従来のレーニン＝スターリン型とは異なる社会主義概念を構築しようというのだが、マルクスは「個体的所有」という表現をたしか二回しか使っていない。こうなると解釈といっても意図的誤解にちかい。

C　市民社会派にはたしかに独創的なものがある。だから、日本のマルクス主義が最初から最後まで不毛だなんていうつもりはない。日本資本主義論争に代表される戦前の議論なんかは、講座派も労農派も、かなりいい線をいっている。この時期に日本経済史にかんする知識が飛躍的に高まった。

ただボクが問題にしたいのは戦後のおもに正統派と呼ばれる人たちのことだ。資本主義国で最大数といわれるほど多数のマルクス経済学者をかかえていた日本としては、戦後の貢献が宇野派に六〇年代以降の市民社会派というのではさみしすぎやしないか。

A　宇野理論は関根友彦さんや伊藤誠さんの紹介でかなり知られているけれど、英語圏ではなんといっても都留さんが良く知られているようだね。

B　それはスウィージーの『資本主義発展の理論』の付録として都留さんの「再生産表式について」が収録されていることが大きいけれど、『資本主義は変わったか』の編集もみのがせない。その他にも英語の論文集が五、六冊ある。

A　著作集第一三巻の序文を読むと、それまでに七冊の英語の本があるらしい。

C　だから英語圏ではとうぜん都留は日本を代表するマルクス経済学者ということになるのに、日本ではほとんど読まれていない。

B　一三巻もの著作集が出ているのだし、都留さんは今でも朝日新聞の特別論説委員として健筆をふるっている。読まれていないはないだろう。

C　いや、ちょっといいすぎかもしれないが、すくなくとも日本を代表するマルクス経済学者としては読まれていない。

A　じつは、ボクが都留さんを読みだしたのも、その関係なんだ。おととしイギリスのケンブリッジに行っていたんだが、そこに来ていた経済発展論をやっているインド人の学生に何度も都留重人は知っているかってやられた。名前は知っていても読んでいないものだから、うん非常に有名だなんてお茶をにごしておくと、むこうの方もすぐに忘れていて、また知っているかと……（笑）。とにかく、かれが知っている日本人は都留重人の次は高橋幸八郎なんだ。

B　かれはドッブとの資本主義移行論争で有名なんだ。

A　そうらしい。それで帰って来て、ちょっと暇ができたものだから、まず都留重人を読んでみようと始めたんだ。

C　A君はマル経に詳しいといっても、しょせん専門家じゃないが、しかし今四十代のマル経学者はだいたい似たようなところではないかな。時論的なものや政策論のいくつかを読んでいるとしても、都留さんの仕事のなかで理論的なものはほとんど読んでいないだろう。

B　「再生産表式について」は読んでいるだろう。

C　そう。スウィージーの付録としてね。しかし、これが日本の経済学のなさけないところなんだ。古典は外国人の書いたものしかないと思っている。

A　今かかれている論文なんか見ても、文献に外国語のものしか載っていないことが多い。ほかの日本人は全然やっていないほど特異なテーマかと思うけど、じつはそうでない。探していないんだ。

B　それは近代経済学の方であって、マルクス経済学ではだいぶ事情がちがう。

C　参照しようにも日本でやっているような細かな議論をやっていないというのがひとつ。もうひとつは、仲間内でやっているという面が強い。

A　仲間内というのはかならずしも悪いことじゃない。先駆的な仕事はいつもひとりか、ごく少数の仲間の課題として始まる。

C　自信をもってやっていれば、それはそれで立派とも言えるが、それにしては外国の動向に変に弱いんだ。やれ従属理論だ、やれ世界システム論だ、やれレギュラシオン理論だ、とマル経でもすぐ輸入したがる。

B　そこら辺がなかなか難しい。生産的でありつづけるためには時々その血を入れることも必要だし、もちろん振り回されているようでは困るし。

C　ところで、A君、都留重人著作集を読んで、なにか得るところがあった？

A　いえ、実をいうと、なかなか。都留さんが何を考えていたか、どういうところから出発したか、ということは分かったのですが、その先まで踏み込むとなると、ちょっと問題がつかめない。それで、すこし整理してみようと思って、Bさんに聞きはじめたところにCさんが現れて、日本のマルクス経済学の話になって……。

C　なるほど、そういうことならひとつ本格的にやろうじゃないか。

B　本格的にやるったって、ボクはそれほど読んでいないよ。

都留重人の育てた人たち

A　ケインズ派のCさんが都留重人のファンで、マルクス派のBさんがなんとなく敬遠というのは、なかなか意味深長な組合せだ。さっき、日本のマルクス経済学はなぜ都留重人をマルクス経済学者として認めなかったのかという話をしたから、今度はケインズ派が都留重人をどう見ていたか知りたいな。

C　本論になかなか入れないことになりそうだが、簡単にいえばケインズ左派にとって都留重人は一種のパトロン的存在といえる。

A　Cさんのいうケインズ左派というのは宮崎義一とか伊東光晴とかいった人たちですか。

C　あのふたりはもともと一橋で杉本栄一の弟子だったんだが、杉本さんが早くに亡くなって、都留さんがあとのめんどうを見たような関係なんだ。他にも都留さんの育てた学者は少なくないが、中村達也君なんかが都留さんの弟子としては典型的といえるかもしれない。

A　ケンンズと制度派を兼ねているようなところがある。

B　宮崎さん、伊東さん、どちらにも制度派的なところがある。

C　だから、日本のケインズ左派は制度派的視野をもったケインズ派と定義してもよい。

A　都留さんの論文を読んでいますと、ケインズを全否定しないまでも、評価はかなり厳しいですね。

C　ひとつはマルクス、もうひとつはシュンペーターの批判の視点が入っているからね。

A　そういえば集計概念の批判というのは都留さんがハーヴァードにいた頃、シュンペーターからもらったテーマだ、と書いてあった。これが後の国民所得概念批判、さらに成長率批判へとつながっていくのだから、ずいぶん大きな種がまかれたわけだ。でも、ケインズに批判的な都留さんのところに、左派であれ、なんであれケインズ派が育ったというのはおもしろいなあ。マルクス派は育てなかったのですか。

B　講座の上では高須賀義博さんが直系ということになる。かれの初期の仕事、再生産論や生産性格差インフレ論は都留さんの影響大といえるが、かれは自分で画策して宇野さんを一橋に呼んできて聞いたりしている。

C　都留さんがマルクス派の学者をあまり育てなかったのは、かれがいたのが一橋大学というところだったことも影響しているだろうね。一橋は佐藤金三郎とか平田清明とか、一派をなす大物を出している割には数が少ない。大学のカラーというのかな。

A　もし都留さんが東大か京大に行っていたら、ケインズ派よりもマルクス派を輩出させたかもしれない訳か。いったい、どんなマルクス派が出て来ただろうか。

C　自分の弟子がマルクス派だったら、都留さんはきっとケインズやシュンペーターなどを研究させているよ。

A　サミュエルソンは強制しないんですか。

C　さあ、それはどうかな。『経済学』だったら、入門として読んでいることを前提にはするだろうけれど、『経済分析の基礎』とか、かれの研究論文を読ませるかどうか、かなり疑問だね。

B　人によるんじゃないの。都留さんはあまり技術的《テクニカル》なものは「頭脳の遊戯」と見て好きではないけれども、それ向きの弟子がいたら、そういう研究も否定しないと思う。シュンペーターの指導を見ているからね。

A　でもシュンペーターはワルラスの一般均衡論をつねに参照枠として考えているけれど、都留さんはちがう。第二巻に収められた「景気循環と資本主義」という論文で、都留さんはシュンペーターとマルクスを正反対のものとして扱っている。都留さんによれば、シュンペーターは時代を超越した均衡分析の成立を認め、そこに「外力」としての革新《イノベーション》をもってきて循環を説明している。このような議論には「景気循環を資本制社会に不可避なものとして結びつけている決定的なつなぎめ」が欠けていると都留さんは批判し、それに代えるに資本主義の特質から景気循環を説明しようとしたマルクスの試みを高く評価する。そして、その方向を基本的に正しいものとしている。これをもし本当に信じているとしたら、都留さんはすくなくとも均衡論を精緻化するだけのような数学問題に没頭することには疑問をだしたと思う。

C　それからもうひとつ、それが可能な人にはやはり政策をやらせていたと思う。

A　マルクス経済学で政策提言というと、どんな形になりますか。

B　宮本憲一とか正村公宏とか、いろいろ活躍の仕方はある。

C　政策の難しさは、今この時点の問題をとらえるところにある。全部を知った上での問題解決ということはありえない。ひとつひとつが賭けだとも言えるが、当てずっぽうではいけない。問題に関係の深いところをすばやく押さえて先を読まなければならない。これは下手な理論よりよほど難しい。

A　理論では一応問題として定式化できるものだけを解くが、政策議論にはそれを超えるものがあるということですね。

B　第一巻の解説のなかで伊東光晴が書いているが、都留さんには「現実の変容を理論の発展のなかに」取り込んでいこうとする態度がある。理論と現実とがどこかで切り結んでいる。これはマルクスを読むことだけから理論を導こうとする大方の原理主義者と大きく違うところだ。資本主義が大きく変われば、それにあわせた理論構築が必要だし、そうすることで、過去の理論の意味がより良く見えてくることもある。

A　マルクス経済学はもともと資本主義を特殊歴史的なものと見て、新古典派一般均衡論の非歴史的な理論構成に反対してきた。しかし、自分自身は一九世紀資本主義を特権化して理論を固定化させてしまった。

B　レギュラシオン理論では、一九世紀資本主義と二〇世紀の資本主義とでは資本主義そのものの統御《レギュラシオン》の仕方が変わったと考えていて、現在の危機をフォード主義からポスト・フォード主義への転換の困難ととらえている。もしそうだとすると、ポスト・フォード主義のもっとも進んだ日本でなにか新しい理論をだすいい機会だと言える。

C　ボクもそれに賛成だ。そういう形での輸入ならレギュラシオン理論の輸入にボクも反対しない。ところで、都留さんがいつも強調する「素材面＝価値面の統一的把握」についてA君はどう考えている？

再生産表式をめぐる問題

A　ケインズ批判としては当たっていると思いますね。ケインズ自身裏でどう考えていたかはともかく、表現に整理された形では総需要が総供給を決定する形になっているが、ふたつの点で問題がある。ひとつは、そういう主張は価値面で正しいにしても、素材面で考えると各商品ごとの総需要に分割して見ていく必要があるという点。もうひとつは、総供給の方で、設備容量については不況期と考えれば問題ないとしても、原材料についてはやはりきちんとその連関を押さえておく必要があるという点。これも素材面の考察の欠落といえる。

B　それを一貫した形で見ていくには、やはり再生産表式が必要となる。

A　そうですが、二部門分割の表式というのも、わたしから言えば不徹底で、やはりn財n産業にまで分割せざるを得ない。

B　そうなると表現が難しい。レオンチェフ型の産業連関表を考えようというのか。

A　あれは結果をみるにはいいけれど、個別過程を追いにくい。過程の途中を追いかけるには、ベクトルと行列を使って順番に考えていくことになる。

C　都留さんが例の「再生産表式について」で最初に提起した、ケインズの国民所得のなかにMav つまり蓄積にまわる剰余のうち労働力購入に向かう部分が二回数えられているという点は、どう読んだ？

A　まだ流し読みで深く分析したわけじゃないけれど、「たったひとりの少数派」で、奮闘しているというのには驚くという か、感心します。

B　最初の批判者のひとりで都留さんが反論を書いている相手のベッテレェム氏、つまりシャルル・ベトレームは後にソ連の階級闘争にかんする大きな本を書いたり、中国の文化大革命を支持して、フランスの新左翼の親分のひとりだ。四人組批判のときには、文革放棄に抗議してフランス中国友好協会の会長をやめたりしている。

A　ベトレームの批判は都留さんの期間の取り方に混乱があるというものです。Mav は消費されるのではなく、まだ資本家の手にあって、資本家は労働者にMav の購入切符とでもいうべき貨幣を支払って、労働の提供の約束を得た状態で次の期に移ると考えると、考えている期間での消費が V ＋ Mc つまり労働者の消費プラス資本家の消費、投資と貯蓄が Mac ＋ Mav つまり剰余から不変資本、可変資本へまわされる分、そして国民所得が V ＋ M ＝ V ＋ Mc ＋ Mac ＋ Mav つまり賃金所得プラス企業家利得となって万事うまくいく。

C　それは都留さんも認めるんだ。そういう期間の区分のありうることは。しかし、問題はマルクスが考えたように、労働者が前払いされた賃金でV＋Mavを購入してしまった場合はどうなるか。そのときケインズの定義どおりに計算すると国民所得にMavが二度現れてくるという問題だ。

B　あれは買い取られた労働力を仕掛り品扱いにしてケインズのいう「資本設備」に算入するところに問題がないだろうか。ケインズは「資本設備」のなかに仕掛り品と完成品の在庫を含めているけれども、労働力については言及していない。

A　副田・相原両氏の出した疑問ですね。Cさんはどう考えますか。

C　そうすると投資の概念が変わって、投資と貯蓄が一致しなくなる。ボクが怪しいと思っているのは要素費用つまり、今の場合、支払い賃金の扱い方だ。

A　そうか。ケインズは要素費用を「生産要素の当座の用役（current services）に対する支払」として、マルクスのように労働力を前もって買い込むという事態を考えていない。そうすると前払い労働力についても、一種のストックと考えて、今期の正味利用量を考える必要があるわけか。

B　でも、それだけだと、まさに都留さんがやったように計算上は購入労働力を仕掛り品とみるのとおなじだから、Mavの二重の出現は変わらない。

A　そうか。うーん。しかし、都留さん自身の説明も分かりませんね。Mav部分が二回の転形を繰り返すから、所得として二回計上されるというのは。正しい所得計算があるとすれば、国民所得は純生産物に等しくなるはずだから、どちらか一方はまやかしの算入ということになる。

C　問題は賃金を受けとれば、それはすべて労働者の所得かどうかだ。

A　分かった。前払いされてもその分の労働を実行していなければ、労働者は言ってみれば資本家から借金しているだけで、所得はまだ実現されない。賃金分を働くことでかれはすこしずつ所得を得て前払い金を返済する。

B　でも、そうなると労働者の今期の所得がなくなる。あ、そうか、前期の支払いを受けて今期働いた所得がVだけある。今期前払いを受けたのがV＋Mavだから。なるほどMavだけの差額がある。

A　そう考えてもいいし、今期の収入V＋Mavのうち、契約済みの労働の増分Mavは資産の食いつぶしとおなじとみて差し引いてもいい。

C　差額がそこにあることはそれでいいんだが、問題は国民所得だ。これがA−Uつまり総生産物から使用者費用を引いただけでは事態は変わらない。

A　それはこういうことでしょう。いまFを今期支払った要素費用とすると、ここで企業家の所得がA−U−F。Fが労働者の所得とすると、企業家・労働者を合わせた収入はA−Uとなる。しかし、労働者の真の所得はF'＝F−Mavだから、国民所得は（A−U−F）＋F'＝A−U＋（F'−F）＝A−U−Mav。これで余分なMavがひとつ消えて、国民所得は純生産物V＋Mと等しくなる。

B　計算上はつじつまが合うね。だが、マルクス経済学者としていうと、すでに買い取られた労働力商品が労働が実行されるまで価値実現しない形になってなんだか気持が悪い。

A　売れたけれども欠陥商品で返品があった場合と並列に扱えるんじゃない。

C　ま、ボクもだいたいこんなことを考えていたんだが、都留さんは何ていうかな。

A　用役の利用と売買とに時間のずれが生じる場合には、支払い要素費用と要素所得とを区別する必要が明らかになったわけだし、都留さんの主張はそれを明らかにするきっかけになったのだから、賛成してくれるんじゃあない。

B　いや、都留さんはやっぱり新しい労働力商品が対価をもって市場に現れることの意義を強調したいんだと思う。追加可変資本Mavに対応して、ちょうど同額の労働力商品が新たに市場に登場する。そのことによって社会全体としての所得はMavだけ余分に増加する。都留さんはここにドラマをみるのであって、所得と純生産物の不一致という形でケインズ派の人たちにも、この問題について考えるように仕組んだような気がする。

C　最後に強力な逆襲か。ま、これで個別の問題点は大部分かったから、今度はもっと大所高所から本格的にやろう。

A　もう少し勉強しておきます。

14　アルチュセールにおける科学論の意味

一九七四年の夏、四年間の留学を終えて、わたしはフランスから帰った。こう書くと、フランスでの目標を達成し、やるべき仕事があったように聞こえるが、実情はまったく異なっていた。ほぼ一年間、わたしは母の暮らす信州の田舎にくらしていた。その間になにかできることはと始めたのがアルチュセールの翻訳だった。飯沼二郎が紹介してくれ、一九七五年の七月、『甦るマルクス』の訳者である河野健二の主催する研究会でアルチュセールにかんする発表をさせてもらった。そのとき、原題が『哲学と学者の自然発生哲学』と訳される本を翻訳・出版したいと相談した。ほぼ三分の二の訳稿を作ったところで、この本は、すでに西川長夫と阪上孝のふたりが翻訳権を取っていることが分かった。しかし、河野の仲介で、三人で共同翻訳することになり、福村出版から『科学者のための哲学講義』という表題で一九七六年二月出版された。本章は、この本の巻末解説として書かれた。

わたしの社会科学の出発点がアルチュセールとスラッファにあることはまちがいない。そのことは、すでになんどか書いた。フランスで数学をあきらめ、経済学に転身する決意を固めたあと、最初に読み出したのが、一・二冊の経済学の教科書を除けば、このふたりであった。一九六〇年代の理学部の学生として、わたしもマルクスやケインズ、サミュエルソンも買ってはいたが、とうてい読んでいたとはいえなかった。アルチュセールとスラッファに注目したのは、アンリ・ドニ『経済学説史』の導きによる。ただ、アルチュセールのことは渡仏以前に知っていた。六八年五月の影響は、すぐに日本にも届き、構造主義とマルクス主義との結合としてアルチュセールの名は知っていた。当時わたしは、ブルバキかぶれの数学者として「構造」を金科玉条としていた。そこにすべての鍵があるかに思っていたから、アルチュセールは当然、注目すべき存在だった。熱い政治の時代であった。日本で全共闘が丸山眞男を乗り越えたと意気込んだとおなじように、フランスでは若い世代がアルチュセールに異議を申し立てていたが、日本にいてはそのことまで分らなかった。

経済学をやろうと決めてから、しばらくは数理経済学の定式化で遊んでいたが、新古典派に満足はできなかった。マスペロの文庫本で最初に『資本論を読む』の第一巻、第二巻を読んだ。ランシエールの第三巻、エスタブレとマシュレの第四巻は、当時は手に入らなかった。読んでよく分かった気にはなったが、本当に分かったかどうか。アルチュセール一派のものはなんでも買って読むようになり、アルチュセリアンを自称していた。この時代は一九七〇年代のほとんどのあいだ続いた。

本章の第七節で、わたしはアルチュセールの科学論にいくらかの疑問を出しているが、それが決定的だと考えていたわけではない。わたしの中のアルチュセールばなれは、古典派とマルクスの間に切断を置き、『資本論』を新しい科学の出発点と考えるアルチュセールのテーゼに対する疑問として徐々に生じた。スラッファを通してマルクスを読み、マルクスの価値論を詳しく調べてみると、アルチュセールのテーゼを主張しつづけることは困難であった。このあたりの考えの主要部分は『近代経済学の反省』の第六節に収められている。

付録のトムソンの本の紹介は、『現代思想』の連載「歩行と思索」のひとつとして書かれた。八六年から八七年に掛けて、主としてイギリス滞在中に書かれた。外国にいて、そのことを種にしてものを書きたくないと考えていた。多くは書評で代替したが、あまり成功したものではない。この連載には「思索はあっても、歩行がない」というのが山田登世子の評であった。掲載のものは、アルチュセールに対するトムソンの異議をほとんど認めている。理論の立場に立ち続けながらも、理論に対する歴史からの抗議を認めるところにまでわたしも近づいていた。

本書収録にあたって小見出しをつけた。原文では節の番号のみがつけられている。

諸科学の大陸

「マルクスは、歴史科学という新しい科学をうちたてた。わたしはひとつのイメージを使いたいと思う。われわれが知っている科学はいくつかの《大陸》のうえに置かれている。マルクス以前には、ふたつの大陸が科学的認識にたいして開かれていた。数学の大陸と物理学の大陸である。第一の大陸はギリシア人たち（タレス）によって開かれ、第二の大陸はガリレイによって開かれた。マルクスは第三の大陸を科学的認識に開いた。歴史の大陸である」（『ウニタ』一九六六年二月一日、「革命の武器としての哲学」日訳『国家とイデオロギー』所収）。

　これは、アルチュセールに何度となくでてくるモチーフである。ほとんどおなじことばが、『甦るマルクス』の「日本の読者へ」、『レーニンと哲学』のなかで語られるほか、フランス語版の『資本論・第一巻』の再版にさいしての解説（« Avertissement aux lecteurs du Livre I du Capital » dans: K. Marx, *Le Capital*, Paris, Garnier-Flammarion, 1969、日訳『歴史・階級・人間』所収）などにも見られる。わたしは、諸科学の歴史にたいするこの把握ひとつで、アルチュセールが諸科学および諸科学の歴史についてもつ、正確で深い知識を立証するのに十分な気がする。コント以来の伝統によって、数学は、諸科学の階梯のどこか（それが最下位の基盤としてか、横から割りこむ形であるかは重要ではない）に位置づけられて、気づまりな思いをしてきた。ロバチェフスキー以後の数学者ならだれでもそう感じていたのであるが、たとえ数学者出身の科学史家においても、数学を科学論のなかに正しく位置づけられるひとは少ない。アルチュセールは、このあまり気づかれなかった問題を、「大陸」という概念の導入により、設定＝解決した。

　各「大陸」には、それぞれ種別的な因果性が対応する。アルチュセールは、それらをそれぞれ、論理的因果性（数学の大陸）、物理的因果性（物理学の大陸）、構造的因果性（歴史科学の大陸）と呼んでいる。現代においてめざましいのは、ひとつの大陸に属する諸科学の統合である。たとえば、物理学の大陸を見てみよう。個別科学の成立点（認識論的切断が働いた点）においては、動力学（ガリレイ）、化学（ラヴォアジエ）、電磁気学（クーロン、ファラデー）、熱力学（カルノー）、細菌学（パストゥール）、遺伝学（メンデル）[1]のように、それぞれ孤立していたものが、その後の発展によって、ひとつの統一した理論の内部に位置づけられるようになった。統一の各階梯として、わたしたちはたとえば、ニュートン力学の成立、量子力学の成立、相対性理論の成立、分子生物学の成立などをあげることができよう。数学の大陸においても、たとえばブルバキのような形で、整理・統合が進んでいる。ブルバキの『数学の原理』(Eléments de Mathématique) は、フランス語の慣例にさからって、「数学」を単数形で用いている。ところで、数学と物理学との関係はどうであろうか。歴史的には、このふたつはもっとも親しい関係にあった。「精密科学」ということばが、それを証明している。数学はガリレオ物理学の成立に不可欠であったし、逆に、その成立は数学を大きく変えた（解析学の成立）。しかし、数学と物理学とは統一されていないし、されないであろう。なぜなら、ふたつの科学は、まったく異質の因果性によっているからである。数学と物理学とのあいだに「構成の関係」がなりたち、「数学は理論物理学の存在そのもの」（日訳『科学者のための哲学講義』「第一の講義」三六ページ）であるにもかかわらず、数学が物理学を基礎づけるものではないのは、このためである。

アルチュセールは、うえの三つの大陸のほかに、新しい大陸の可能性として（断定は避けている）、精神分析学（フロイト）、言語学（ソシュール）をあげている。わたしは、このほかに、生態学を中心とする生物学の大陸（ダーウィンによって切りひらかれた。遺伝学・発生学などは、生物学のなかでも物理学の大陸に属する）があるのではないかと考えている。この大陸が、将来とも、物理学の大陸に吸収されることがない、と保証することはできないが、現時点での両者の論理構造のちがいは大きく、しかも現時点においては、その統一をはかるよりも、「生態的因果性」（予備的にこう名づけておこう）の種別性を明らかにすることが要請されていることから、こうしたカテゴリーを立てることは有効であろう。進化論をめぐる混乱のひとつは、物理的因果性と生態的因果性との混同にあるのではないだろうか。

アルチュセールは、科学論 (épistémologie = epistéme 科学＋ logos 論＝認識論) に、新しい問題領域を提示している。

構造的因果性

歴史科学の大陸に対応する「構造的因果性」がいかなるものであるか、それを解明＝創出してゆくことが、アルチュセールの基本的な哲学的努力であったと言うことができよう。かれは、マルクスの『資本論』を読むことから、（多くのうちのひとつとして）つぎのテーゼをひきだす。

「経済的諸現象が、その複合性（すなわちその構造）によって規定されるとすれば、これまでのように、線状の因果律（causalité＝因果性）という概念を適用できはしない。経済学の対象の新たな定義によって、その「複合性」によって、すなわちそれに特有の限定、構造による限定によってもたらされた、新しい形態の因果律を斟酌するには、ある別の〔諸〕概念が必要になる」（『資本論を読む』第二部IX）。

アルチュセールは、マルクスにとって既存の理論としての古典哲学には、effet＝効果を想定する概念のシステムがふたつあったという。ひとつは、デカルトの流れをくむ機械論的システムで、因果性を他動的で分析的な効果に還元する。いまひとつは、ライプニッツによって、諸要素にたいする全体の効果を考慮すべく想案された「表現」のシステムである。ヘーゲルの思想は、後者に支配されている。この「全体」の論理は、しかし、その原理として「全体」が単一の内在的本質に還元されることを前提としている。ここでは諸要素は、本質の表現としての現象的諸形態でしかなく、それらは実質的には「全体」を構成していない。

「もし全体が、構造的なものとして……措定されるなら、もはや事情は異なるのであって、構造による諸要素の規定を、分析的で他動的な因果律というカテゴリーのもとで考えることばかりか、諸現象に内在する包括的な内在的一要素のグローバルな表現的因果律というカテゴリーのもとで考えることもまた、不可能になるのである」（『資本論を読む』第二部IX）。

分析か総合かという対立のどちらもが、〈問題〉を解くのに不適切なのだ。いや、〈問題〉それ自身を考えることが不可能であった。〈問題〉を設定し、それを解くための哲学的カテゴリーそれ自体が用意されていなかったからである。「この問題を措定し、最初の解答を素描するという、前代未聞の大胆さを発揮した理論家は〔マルクス以前には〕ただひとり、スピノザであった」と、アルチュセールは注意する。歴史科学の創始者として、マルクスは、ドラマチックに、この〈問題〉にぶちあたった。

「この問題を「創出」したマルクスが、問題としてこれを措定せずに、非常な天才をもってして、その概念を欠いたまま、それを実践的に解決しようとしたものの、この問題を措定して解決するには全く不適当な、以前の諸図式のなかに、不可避的にのみ込まれてしまったからである」(『資本論を読む』第二部Ⅸ)。

マルクスは、哲学にまったく新しい革命的な〈問題〉を「提出」しながら、かれ自身は、その哲学を残さなかった——これがアルチュセールの、『資本論』を哲学的に読んだ結論である。「哲学は科学におくれてやってくる」。

二重のカテゴリー系列

構造的因果性にみあうカテゴリー系を構成することは、基本的かつ現代的な、理論的課題である。それは、「精神分析や言語学における、さらには生物学のようなその他の学問における、あるいは物理〔学〕においてもそうかもしれないが、現代的理論が、マルクスがはるか以前に本来的意味において「創出」してしまっているのも知らないで、他の道を通じて、この問題にぶちあたっている」(『資本論を読む』第二部Ⅷ)からであり、かつ、その〈問題〉がいまだ完全に解けていないからである。

アルチュセールは、マルクス、ヘーゲル、レーニン、バシュラール、毛沢東などを「読む」ことから、「構造」・「過程」・「重層的決定 surdétermination」・「最終審級における決定」・「統一 unité」・「不均等な発展」などの諸カテゴリーを抽出＝再構成する。これによって、かれは、マルクスをそのヘーゲル的なひずみから解放しようとする。わたしは、この試みにおいて、アルチュセールはかなり成功していると考えている。

ところで、アルチュセールには、これらとは別の一系列の諸概念が登場する。「問題設定 la problématique」・「認識論的切断」・「兆候的な読み方」・「イデオロギー的／科学的」・「認識対象／実在の対象」・「知識の生産」などなど。これらはすべて、認識論の概念である。

アルチュセールが、マルクスとともに現れるあらわれかたは、二重である。まずかれは、〈認識論〉者として現れ、かれの〈認識論〉のしめす方法によって、マルクスを解剖し、マルクスの構築した〈科学〉の所在を明らかにする。つぎにかれは、哲学者として現れ、マルクスの切りひらいた〈科学〉が提出する、〈認識論〉上の問題を考察する。アルチュセールのおこなう、この循環的アプローチこそが、かれをして現在の高みにまで登ることを許した秘密であろう。かれにおいては、〈認識論〉は哲学と不可分なのである。伝統的なマルクス主義の哲学に対比してわたしたちの感ずる、アルチュセールの異質さ・特異さは、この〈認識論〉の特異性に求められる。

認識論的障害

アルチュセールの〈認識論〉に、その基礎を提供したのは、ガストン・バシュラールである。

バシュラールは、量子力学がほぼ完成に近づき、素粒子論の誕生をつげる、物理学の激動期の科学哲学者として、〈観念の冒険〉に立ちあいつつ、みずからの認識論を展開した。かれの基本的な主張＝問題意識を表明する概念として、「認識論的障害」がある。無知を白紙の状態と考えて、知識の獲得を、その白紙に書きこんでゆく過程ととらえる素朴実在論的考えに、バシュラールはまっこうから反対する。「精神の闇が構造を持っている」こと、「無知が、積極的で、強固で、まとまりを持った誤謬の織物である」（中村雄二郎・遠山博雄訳『否定の哲学』）ことを、科学者たちは理解しなければならないと、かれは主張する。

バシュラールにとって、「認識論的障害」は、構造をもち秩序だった対象として、独立に研究するに値するものである。それは、〈認識論〉の問題そのもの・対象そのものといえよう。たとえばかれは、『科学的精神の形成』（及川馥・小井戸光彦訳）において、前科学的精神を精神分析にかけている。真に進歩を記録する「認識論的切断」（たとえば、前科学から科学への）の考察と、「認識論的障害」（たとえば、前科学的精神の）の考察とは、ひとつの研究の相補的な側面である。なぜなら、「切断」とは、「障害」を乗りこえることであるからだ。

バシュラールは、しかし、過去にさかのぼって発言するばかりでない。現在わたしたちが到達している諸科学と哲学のなかで、もしわたしたち自身の「認識論的障害」が分析されねばならないとしたら、どうだろうか。これが、バシュラールがみずからに課した問題であった。そのとき、わたしたちは、もはや、デカルトあるいはカントとともに、先験的なカテゴリー（コギトの明証性、先験的感覚形式）によって、知識を断罪する（あるいは基礎づける）ことはできない。逆に、科学の進歩にしたがって、みずからの哲学を括弧のなかに入れ、それに「いな non」ということで、「開かれた哲学」としなければならない。かれは、科学的認識の哲学を、「未知なるものにたいして働きかけ、先立つ認識に反するものを実在のなかに求め、そうすることによって自己を確立する精神の自覚」（『否定の哲学』）として定義する。人間の知識は、ユークリッド幾何学―アリストテレス論理学―ニュートン物理学から、非ユークリッド幾何学―非アリストテレス論理学―非ニュートン物理学へと進む。それは、哲学の分野でいえば、カント的形而上学の閉鎖性から、概念構築の自由への弁証法に対応する。バシュラールにおいては、認識論自体が自己生成してゆく。したがって、その哲学は、必然的に、多元的で「分散的」である。科学的精神の創造の現場、切断の瞬間を、かれは「法悦の夢想」と呼ぶ。それは「弁証法的超合理論」の領域である。バシュラールの詩学への探究は、ここから始まる。

継承と切断

「今日的時点」（日訳『甦るマルクス』所収）のなかで、アルチュセールは、「認識論的切断」の概念を、ガストン・バシュラールから借りた、とみずから宣言している。また、かれのカテゴリー系のカギとなる「重層的決定 surdétermination」についても、かれ自身は、言語学と精神分析学から借用した（『甦るマルクス』所収、「唯物弁証法について」注46、一四〇ページ）としているが、これもすでにバシュラールに見られる。では、弁証法論者であってもマルクス主義者とはいえないバシュラールと、マルクス主義者アルチュセールのあいだには、いかなる継承＝切断があるのか。

この問題にかんしてのアルチュセール自身の発言は、見うけられない。アルチュセールは、マルクスを読むために、「理論構成一般（哲学的イデオロギー、科学）の現実性を考察することのできるマルクス主義理論の諸概念」（『甦るマルクス（II）』）が必要であったという。そのため、かれは、ふたつの主要な概念、「問題設定 la problématique」と「認識論的切断 coupure épistémologique」とを、マルクス（およびマルクス主義哲学）のそとから借りた。しかし、これら二概念は、「マルクスにたいして恣意的あるいは外在的であったことを意味するものではけっしてなかった」、とアルチュセールは考えている。この「借用」のあと、かれの努力は、マルクス主義理論にそそがれる。かれにとっての出発点となった二概念の「借用」問題は、しばらくのあいだ括弧に入れられねばならなかった、と言えるであろう。アルチュセールを「読む」ときに重要なこの問題は、いまだわたしたちに開かれている。

バシュラール＝アルチュセールの関係を考えるにあたって、手がかりとなる点をひとつだけ指摘しておこう。「統一 unité」と「重層的決定 surdétermination」とは、アルチュセールのカテゴリー系の核心をなしているが、バシュラールでは、負の価値を与えられている。このことの証明には、つぎのふたつの引用で十分であろう（『科学的精神の形成』）。

「前科学的精神にとって、一元性 unité という特性はつねに望まれた原理であり、いつも大安売りされていた原理である」。

「世界の調和的なこの一元性を信じたために前科学的心性にじつに特徴的な多元的決定 surdétermination を下す例はいくらでもある」。

前科学的精神に特徴的であった、unité と surdétermination とが、マルクス主義理論（それは歴史科学の成立を前提としている）のカテゴリーとして、どう再構成されるのか。バシュラールの科学哲学からアルチュセールの哲学の理論への組みかえは、おなじ「認識論的切断」の概念を支点としながら、このふたつの概念では反転している。これはひとつの切断の兆候である。

学者の自然発生哲学

アルチュセールが、かれの哲学体系の大枠（『甦るマルクス』と『資本論を読む』）をほぼつくり上げたのちに、いま一度、認識論に戻っていったのはふしぎではない。(2)『哲学と学者の自然発生哲学』は、その貴重な証言である。

この本において、アルチュセールはひとつの転換を記録する。「構造主義」からの明確な「訣別」、哲学にたいする最終審級での決定項としての政治という定式化、哲学の定義の改変、これらは、のちの『レーニンと哲学』、『ジョン・ルイスへの回答』、『自己批判の諸要素』へと続く航跡を予告している。六六年から六七年のあいだに、小さいけれどもひとつの切断がアルチュセールのなかで起こったとも言えよう。それが、まず、「科学論」という形をとったところに、かれの出発点としての〈認識論〉の重大さがうかがわれる。

さて、「科学論」の観点からは、「学者の自然発生哲学」というアルチュセールの導入した概念にまず焦点をあてなければならない。かれは、はじめに、つぎのテーゼをおく。

テーゼ25　科学的実践において、さまざまな学問の専門家たちは、哲学の存在と、哲学の諸科学に対する特権的な関係を「自然発生的に」認める。この再認は一般的には無意識的である。それは、特定の状況のもとでは、部分的に意識的になりうる。しかしそのときでもそれは、いぜんとして無意識的な再認に固有な諸形態に包まれたままである。これらの諸形態が、「学者の」あるいは「科学者の自然発生哲学」（ＰＳＳ）を構成する。

テーゼ25に続く、「危機」によるＰＳＳの存在証明は説得的である。しかし、なぜ科学者たちは、つねにＰＳＳを維持するのだろうか。科学的知識の生産とＰＳＳとのあいだには、いかなる構造的関係があるのか。これらの当然でてくる問いにたいして、アルチュセールは答えていない、とわたしは思う。かれは多くの材料を提示するが、それらは「経験的」な議論に終わっている。非常に圧縮されながらも明確に〈理論的〉な「哲学」の提出にあたっての論述にたいして、科学とＰＳＳとの関連の考察（「科学論」の本論）は、つねに「経験的」におこなわれており、はっきりした対比を示している。これは、一面では、「科学の内部には介入しない」という、アルチュセールの哲学的自制によるものであろうが、他面では、準備不足あるいは定式化の不徹底があるのではないだろうか。

「科学的なもの」と「イデオロギー的なもの」との対概念を構築し、それによって、「哲学は哲学のなかにしか介入しない」というテーゼを、アルチュセールは立てる。ここの議論は微妙であるが、非常に重要な点をついており、アルチュセールの科学論の精髄といえよう(そして、後半の「科学論」のなかでは、ここだけが理論的である)。しかし、ここの議論そのものも、「自然発生哲学」と「科学的実践」とのいまだ不分明な関係に基本的には依存しているので、やはりすっきりしないものが残る。第三の講義の注(日訳『科学者のための哲学講義』一三三ページ)で、アルチュセールは、「哲学的諸カテゴリーは、――それらが《正しい》ときには――科学的知識の生産および再生産の関係として機能する」と考えても良いと言っている。このナゾめいた表現の意義は重大であろう。もしこの点が解明されれば、多くの疑問は解消されると思う。

政治的なもの

慎重なアルチュセールに一種の「いそぎ」が生じたのは、かれがひとつの「要請」をもっていて、結論をそこへもってゆく必要があったからだと考えられないことはない。たとえば、六六年の「アルジャントゥイユの批判」が、かれにたいしてもつ意味を考えよ。別に考えれば、かれは、マルクス主義の古典的なテーゼ――哲学の歴史は唯物論と観念論との抗争の歴史である――を、なんらかの形で、みずからの体系のなかに基礎づけるよう、みずからに課した、とも言える。

「自然発生哲学」の矛盾的な諸要素を分析して、要素1(科学内的)と要素2(科学外的)とに分け(「境界線を引く」)、要素1を唯物論的、要素2を観念論的と整理されてしまうと、あまりの明解さにかえってとまどう。要素2が、外的な起源をもち、したがって支配的な哲学である観念論に影響されていること、これが科学を「利用」しようとするかぎりで、必要以上の歪曲が起こり、「科学の進歩」を阻害する要因となること、唯物論哲学が(もしそれが正しいものであるならば)、観念論哲学と有効に闘い、要素2による要素1の支配をくつがえすかぎりで、「科学の進歩」を助ける(＝障害をとりのぞく)

こと、このように整理することが「まちがっている」とは言えないだろう。近世の歴史は、かなりの程度まで、このことを立証している。しかし、このように整理することが、〈科学論〉の主要問題かと問われれば、わたしは首をかしげざるを得ない。

バシュラールは、「認識論的障害」という概念を導入している。アルチュセールの体系のなかでは、バシュラールの「障害」の占める位置を、「自然発生哲学」、より特殊には、その「要素２」が占めている。要素２が阻害要因であることを認めよう。だが、要素１が自然発生哲学のなかで支配的な位置を占めることで、「障害」は消えさるだろうか。バシュラールの考察は、それを肯定しているとはいえない。かれは、「素朴な実在論」が、近代科学の歴史のなかで、いかに障害になったかを立証している（『否定の哲学』）。「素朴な実在論」が、自然発生的哲学のなかで、もし要素２に分類されねばならないとしたら、アルチュセールの提出した、要素１・要素２の区分法が妥当なものとは思えない。「あるきまったＰＳＳにたいして、できあいの哲学を単純に《応用》することが問題なのではない」、「弁証法的唯物論の哲学は、この〔観念論にたいする唯物論の〕闘いのなかで、それ自身みずから構成しなければならない」、とアルチュセールは言う。たしかにそうなのだが、その弁証法的唯物論の哲学を創出していく作業そのものが問われるべきではないだろうか。

アルチュセールは、哲学の決定関係として、政治（最終審級での決定）と科学（種別的な決定）を考えている。『哲学と学者の自然発生哲学』およびそれに続く著作では、かれはおもに政治的な契機を考えている（この本では、「政治的なもの」が、「科学」をとりまく理論領域のどこにまで及びうるか、を考察したといえる）。その文脈のなかでは、科学と哲学の関係、とくに科学の哲学にたいする関係は、主要なテーマとなりにくい。そしてかれは、故意にこのことについて沈黙していると解釈できないこともない。それは、別の場所で――講義[3]の別のところで、たとえば、Ｍ・ペシュウとＭ・フィシャンによる『諸科学の歴史について』、Ａ・バディウの『モデルの概念』において、あるいはまったく別のだれか（アルチュセール自身を含む）によって、いつか――研究さるべきものと考えられなくはない。じつは、「沈黙」は、二重に存在しているのだ。かれは、ＰＳＳと科学的知識の生産との関係を理論的には語らない。かれは、マルクスがきりひらいたとする「歴史科学」の大陸の諸科学についても、その大陸に固有な「構造的因果性」についても語らない。わたしたちは、この沈黙が、のちの研究・論争を予定していると考えて良いのではあるまいか。

日本の科学論

最後にアルチュセールの考え方と、日本における科学論の歴史とのふれあいについて、簡単にのべておこう。

「学者の自然発生哲学」という概念は、日本の科学論の歴史において、本質的に新しいものではない。一九四六年の論文「哲学はいかに有効さを取り戻すか」(武谷三男著作集第一巻『弁証法の諸問題』勁草書房)において、武谷三男は、「物理学そのもの」と「物理学の解釈」という区別をたてている。これは、アルチュセールにより、より一般的なカテゴリーとしてたてられた、「科学」と「学者の自然発生哲学」に正確に対応する。しかし、この区別をたてることの重要性は、当時において、理解されなかったと言って良いであろう。武谷三男は、戦後の科学論・技術論のなかで欠くことのできぬ位置を占めてきた人であるが、「物理学そのもの」と「物理学の解釈」との区別から出発した、系統的な展開は、その後もおこなわれなかった。(4)

武谷の論文は、密度の高いものなので、それを要約するのは適当でないが、「物理学の解釈」にかんするコメンタールは、アルチュセールの考え方と驚くべき一致を見せている。たとえば、武谷は、「科学者は、科学の方法をそれ以前の科学そのものの学習から反省しない形でうる」と言ったあとで、しかし、ときに反省がおこなわれることがあっても、「反省方法の制約」があり、「世界観が決定的な影響をもつ」ので、そこに作りだされる認識論・科学論は、「自己の経験の貧弱な形での固形化か、俗流認識論のうけうりにすぎない」と、主張している。またかれは、それらの「解釈」は、「科学の発展に障害を与える」とも言っている。

武谷三男の科学論については、かれの三段階論があまりにも有名になっているので、そのほかの点に注意が行かなかったという事情があるかもしれない。アルチュセールの仕事は、日本の科学論の歴史に、いまひとつの可能性がありえたことを示していると言えよう。それは、日本の科学論の長い伝統（ときに不毛な議論が続いたことがあったにしても、輸入学問の段階を越えた蓄積をもっている）のなかで、十分議論されるに値する、と思われる。

（1）括弧内の人名は、切断が働いたおおよその時代を示す。

（2）なお、その間、一九六六年三月、アルジャントゥイユで開かれた、フランス共産党中央委員会における討論（そこにはアルチュセールの「理論主義」にたいする批判がふくまれている）が与えた意味を無視することはできないだろう。

（3）『哲学と学者の自然発生哲学』は序文にあるように、「科学者のための哲学講義」と題する一連の講義の最初の四つをなすものであった。日本語訳の表題は後者からとられている。

（4）『武谷三男著作集』付録月報①のなかで川上武はつぎのように書いている。『弁証法の諸問題』にぶつかり、はっと眼がさめるような思いにうたれた。それは有名な三段階論ではなく田辺元批判のなかの科学と科学の解釈とのちがいをはっきりさせた部分であった。」

[補足] 理論のカンガルー躍び
――トムソンのアルチュセール批判を読む――

E・P・トムソンの『理論の貧困』(一九七八年)を読んでいる。「の」ということばはたいがいの関係をつなげるから、この表題はすくなくともふたつの解釈が可能である。理論が貧困だからまともな議論ができない、もっと理論的努力を強めよ、と読む解釈がひとつ。もうひとつは、理論というものはもともと貧困なものであって、思考を地についたものにするためには経験ないし歴史にもっと学ばなければならない、という読み方である。わたしがこの表現を用いたとしたら、たぶん前者の意味に使ってしまうが、トムソンはあきらかに後者の意味に使っている。

『哲学の貧困』がそうであったように『理論の貧困』も論争的な書物であり、直接的にはL・アルチュセールが批判対象である。アルチュセールとトムソン、このふたりのマルクス主義者がたがいに相容れないのは当然のことのように思える。作風あるいは文体、つまり思考の様式がまるでちがうのである。本書の中でなんども繰り返されているようにトムソンは歴史家であり、世界は歴史の雑多さのなかにこそあるとかれは信じている。一方、アルチュセールは哲学者で、スピノザやマルクスやモンテーニュなど少数の著述家たちを通して世界を解釈してきた。アルチュセールの主要な主張のひとつは「マルクスによって歴史という新しい科学の大陸が切り拓かれた」という点にあるが、同時にかれは「史的唯物論は歴史主義ではない」と主張して素朴な歴史分析を切ってしまっている。そこからはじめて強い理論化が可能になるのであるが、トムソンの立場からすれば、それはとうぜん地に着いたものではない。

アルチュセールを批判するにあたってトムソンは「カンガルー要因」という比喩を使っている。一部を引いてみよう。「理論家は概念的諸元素をとおして巨大な跳躍により前進する。思想の曲率はもっとも典雅であり、跳躍しながらかれは優美な曲芸的旋回を行い、絶妙な仕種で宙をつかむ。しかし、ときには（重力の法則を永久に無視するわけにはいかないから）かれは地上に降りてくる。バンプ！　かれが降りたつところは世界にかんする仮定である。しかしかれはこの仮定にながくとどまらない。臭いをかぎ、草を味見する。ホップ！　かれはふたたび空中へと飛び立つ」。たいへんな皮肉の効かせ方である。このような「理論的実践」（アルチュセール）の方法では「社会の現実とのいかなる生きた経験的かかわりあい」をも禁じられてしまう結果、けっきょくもっとも通俗な経験主義の手におちてしまう。アルチュセールの認識論では経験に正当な場が与えられておらず、かれの史的唯物論はマルクスを最後に地上から永久に飛び去っている、というのがトムソンの批判である。

十年前に読んでいたら、わたしはこの本を読んだであろうか。いちいちの主張に反論を試みていたかもしれない。スラッファとアルチュセールとがわたしの出発点だからである。いまわたしはこの本の散文を楽しんでいる。いくらか過剰なきめつけに会って楽しくないところもあるが、おおかたにおいてわたしは著者の見解に同意する。しかしここからが説明に困るところなのだが、この同意はけっしてアルチュセールとの訣別ではない。地上に降り立てない危険を冒しつつする理論の跳躍をわたしはいまだに信じているのである。

アルチュセールとトムソンとの対立はけっきょく理論の立場と歴史の立場との対立であろう。学問としての歴史に理論がないわけではないから、理論と歴史という対比には問題があるが、前者を理論すなわち概念的・論理的思考の必要性と可能性に賭ける立場、後者を歴史すなわち人間の経験の豊かさと（思考を超える）超越性とを重視する立場とすれば、わたしにはこの双方にじゅうぶん理由があって、一方から他方を否定できないように思われる。

問題はこのふたつの立場の両立が個人においてばかりでなく学問として難しいという点にある。宇野弘蔵が『資本論』の経済学の純化をめざしたとき、そこに「純粋資本主義」の想定が必要であった。一九世紀中頃までのイギリス資本主義の発展傾向を背景としていたとはいえ、その後の発展が「純粋化傾向の逆転」と捉えられるように、それは歴史との分離を前提としている。この分離なくして理論化の作業が十分な強度に推し進められることはない。しかし、分離が強すぎれば、現在の新古典派一般均衡論がそうであるように、理論の必要のための理論化のみが肥大化することになる。現実との接点を保ちつつ理論構築するということは絶望的なまでに難しい。学問の世界に弁証法があるとすれば、理論と歴史のふたつの立場のこの解けざる対立と発展とにあるように思われる。

15 合理化と計画化——ノイラートの社会像

この論文は、岩波講座『社会科学の方法』の第Ⅱ巻『二〇世紀社会科学のパラダイム』への一章として書かれた。この講座の編集委員に選ばれて、わたしは第Ⅳ巻『社会科学の現場』となったアイデアを出したほか、第Ⅴ巻「分岐する経済学」のラインアップなどに当たった。第Ⅱ巻は、主として山之内靖の構想に基づく巻で、山之内はわたしに対して両大戦間期の経済学を対象にした論文がほしいという要求を出した。このような思想史的な課題にわたしが適任とは思えなかったが、結局押し切られて、引き受けることになった。なにが書けるか考えた結果、ノイラートという人物に焦点を当て、当時の取り組みからみた社会科学の問題を取り上げることになった。

ノイラートへの関心は、かれがウィーン学団宣言の起草者であり、かつ経済計画思想をもった社会主義者であったことを知ったことから始まった。その両者がかれのなかでどう繋がっているのか知りたいと思った。鶴見俊輔の著作で紹介されていた、プロトコール・ザッツを巡るノイラートとデューイのやり取りが印象に残っていたこともある（『鶴見俊輔集』第二巻一〇八〜一〇九頁、第三巻一三六〜一三七頁。たぶん、後者を筑摩書房版の『鶴見俊輔著作集』第一巻で読んだのが最初の出会いであろう）。理論の展開にかんする「ノイラートの船」と呼ばれている考え方にも共鳴していた。しかし、この論文を書こうと決めるまで、ノイラートについてよく知っていた訳ではない。鶴見俊輔からマリー・ノイラートとロバート・コーヘン編による『経験主義と社会学』を借りて、中国の吉林大学滞在中に読んだ。ノイラートにかんする記事は、ほぼすべてこの本によっている。

ノイラートの経済思想がこの論文で解明されたとは思わない。ここでは、「戦争経済から現物経済へ」という流れの中でノイラートを取り上げたが、論理実証主義の哲学者あるいは統一科学の構想者としてのノイラートと社会主義思想・計画思想との関係はほとんどなにも扱われていない。シュリックやカルナップの陰に隠れてしまっているが、ノイラートは論理実証主義の成立に重要な役割を果した。しかも、かれは、ウィーン学団のなかで、ほとんど唯一といっていい社会科学者であり、明確な社会主義像を抱いていた人物である。ウィーン学団に対するハイエクやポパーの反発にも、ノイラートの介在がある。論理実証主義と社会主義・社会科学の関係を考えようとするとき、ノイラートはまたとない手掛かりを提起しているに違いない。この論文が、もっと本格的な研究への刺激となれば幸いである。

一　後戻りできない変化

一九八九年から九一年にかけての東欧・ソ連の大変動は、逆転不可能な変化を社会科学にもたらした。計画経済に基づく社会主義建設という二〇〇年来の夢は、すくなくともあと数世紀は、人類の冒険時代の失敗として記憶されることになるであろう。七〇年間の共産主義の実験のあと、最終的にそれを放棄した旧ソ連においても、軍事的占領下のほぼ強制的な共産主義化によってそれを経験した旧東欧諸国においても、共産党独裁と集権的計画経済の記憶は、けっして再現すべきでない事態として多くのひとびとの心に保持されていくにちがいない。もちろん現にロシアにおいて、凶暴といわれた帝政ロシアが懐かしく思い出されているように、今後の政治・経済の再建に失敗するならば、共産主義の時代が懐かしく思い出されるという可能性はある。しかし、今後の困難がいかなるものであろうと、そういう可能性を予測することが不可能なほど、共産主義計画経済の失敗は大きな代価を払った人類の経験であった(1)。

社会科学にとっての問題は、社会科学の少なからぬ部分が、この巨大な冒険主義的実験の共犯者であり、教唆者であったことである。一九世紀には、社会科学と社会主義とがしばしば混同された。現在ではこの混同・同一視はもちろん正当化されないが、社会主義社会建設の基礎理論として社会科学を理解することは、今世紀の社会科学者に幅広く見られた。このことはけっして偶然ではなく、社会科学のひとつの運命でもあった。人間社会にかんする理解は、人間の哲学的目覚めともいうべき時代から始まっている。ヤスパースはこれを枢軸の時代と名付けた。中国の老子や孔子、インドの釈迦、イスラエルの預言者たち、ギリシャのソクラテスといった精神史上の指導者たちが人類の長い歴史からいえば同時期ともいうべき紀元前七世紀から四世紀にかけて現れている。人間の基本的な倫理はここで整理されて、その後の一千年以上も根本的には変化していない。プラトンやアリストテレスに代表されるように、かれらにも人間社会にかんする考察と分析はあった。しかし、社会を可変なものとして、さらには進歩するものとして捉え、理性に照らして自己の社会を改良しようとする精神は、ルネサンス以降、とくに一八世紀の啓蒙の世紀以降のものである。政治的思考の分野では、まずいくつかのユートピア物語が現れ、社会のもうひとつの可能性がしめされた。資本主義（すくなくとも産業資本主義）の到来を予言したかのような経済学は、教会の倫理と王の規制をこえて、欲望の解放された社会が可能であることを示した。最後に現れた社会学は、その創始者コントの経歴に象徴されるように、すでに誕生のときから、社会主義の影響を色濃く刻印されている。そして、マルクスは一九世紀最大の社会科学者であった。社会科学は、社会を純粋に理解しようという観照的態度からではなく、それを改革・改良しようというひとびとのつよい衝動から始まったのである。これをある人は、社会科学の前提には、まず社会問題がある、と表現している。社会問題の認識とその解決への動機を欠いては、社会科学が力強いものであることはできないだろう。

もちろん、社会にかんする理解は、社会の改革・改良を志すひとびとによってのみ進められたのではない。スタニスラフ・アンドレスキーのいうように、社会にかんする深い理解は、改革・改良を目指す人たちと、その可能性に強い危惧をもつ人たちとのあいだの熾烈な討論の中から生まれてきた。[2] 後にとりあげる社会主義経済計算論争も、そのような熾烈な討論のひとつであり、経済学はそこから貴重なものを学んだが、それは社会主義者たちの計画へのつよい思い込みから始まったものであった。

一九九〇年代の今日に立つとき、社会を「合理主義」的に設計・制御しようという思想は誤りであることが分かる。ここにいう「合理主義」とは、ものごとを合理的に考え、整理しようとする態度のことではない。そのような態度は、いまだ有効性を失っていないし、今後も要求されるものである。ここにいう「合理主義」とは、社会の諸制度や経済活動のすべてを、あらかじめ合理的に考えられた方針や計画によって導入・運営することができ、かつそのことにより社会の正義と効率とが達成される、と信ずる考えのことである。このような「合理主義」は、一九世紀末から二〇世紀にかけて、社会主義者たちに根強いものであったが、社会主義者だけに抱かれた信念ではない。つぎにみるように、「合理主義」は、両大戦間期の危機の時代における、政治的態度の左右を問わぬ共通した期待であった。社会科学の大部分は、この「合理主義」にのっとり、それを推進した。その危険性を警告できた社会科学者は多くはなかった。これが、二〇世紀を振り返ってみた場合の社会科学の問題であり、責任問題である。[3] 社会科学は、ふたたびおなじ過ちを犯してはならない。そのために社会科学のすべきことは何か。その理論内容に欠けるものは何だったのか。この反省なくしては、社会科学は二一世紀を展望することはできない。

現在は社会科学に保守化の波が押し寄せている。とくに経済学では、この傾向がいちじるしい。この流れの第一波は、アメリカ合衆国における反ケインズ主義の台頭であった。これは一九六〇年代の民主党のリベラルな政策（進歩的自由主義）にたいする反動であり、幻滅の結果であった。宇沢弘文が報告するように、ベトナム戦争への若者の反対運動が結果として学園の保守化を推し進めたという事情もあるであろう。[4]「偉大な社会」の建設は、もしそれが合衆国の最盛期になされたのであれば、このような反動を引き起こすことなくすんだかもしれない。しかし、国際競争力の喪失と三子の赤字を抱えながら、そのような高い理想を掲げつづけることはできない。過度な社会的保護がアメリカ経済の体質を弱めた、という認識は早晩生まれざるをえない社会の反射であった。それが具体的に、マネタリズム（貨幣数量の裁量的調節に反対する貨幣主義）であったり、サプライサイド経済学（供給重視の経済学）であったりしたのは重要ではない。合理的期待形成などという経済のごく一部にはたらく機構が理論経済学の一時の中心問題になりえたのも、それが知的退廃でないとするなら、その政策上の帰結が歓迎されたからにほかならないであろう。現在はこの流れの上に、ソ連・東欧の共産主義崩壊にともなう第二の波が押し寄せている。この第二の波は、すでに十分保守化している合衆国の社会科学においてよりも、日本において顕著な現れをみる可能性がつよい。すでにハイエクにたいする強い関心が若い経済学者のあいだに広がっているし、私権の配分を問題にする所有権の経済学などが今後注目されてこよう。これらの経済学は、新古典派＝一般均衡論やケインズ経済学の見落としてきた重要な論点を提起するものであり、理論的に追求されなければならないが、そこに付随するきわめて保守的なイデオロギーは、じつは分離して判断されなければならないものであろう。

「合理主義」に傾いた社会科学を是正するには、現在世界的にみられる社会科学の保守化が、当然の反動として必要なのかもしれない。しかし、それがたんなる時代の流れにたいする追随であるならば、社会科学には構造的進歩はないことになる。一九世紀から二〇世紀の半ばにかけて、社会の合理化と計画化という運動において、社会科学が大勢として有効な警告を発しえなかったとおなじように、今度はその反対の方向への社会の運動にも、社会科学は有効な知見となりえないかもしれない。すでに述べたように、社会科学が純粋の観照にとどまれる可能性は少ない。それはなんらかの形で社会の作り替えの運動とつながっている。現在アメリカ合衆国で盛んな新保守主義にしても、これまで確立されてきた慣行や法制を別のかたちに変えようとする点では、社会の改造運動である。その内容が、たとえばブキャナンの「憲法的財政学」（財政均衡を憲法上の規定として確立することを要求する理論）や、マネタリストの一定パーセント規則（貨幣数量の伸び率を経済の潜在的成長率とおなじ一定パーセントにすることを要求する考え方）のように、政府の裁量的政策運営を縛るものであろうと、やはり改革の要求である。それらは、かつての共産主義運動のような、社会全体を対象とする包括的なものでない。したがって、そこから生じうる行き過ぎや誤りは、容易に訂正可能であるかもしれない。しかし、いまアメリカ社会がひょっとして直面しているかもしれない社会の全面的崩壊といった事態には、社会にたいする不信と個人への依存を基調とする合衆国の社会科学では対応できない可能性も否定できない。現に個人の選択を至上視する自由主義者（liberrarians——類似の名称をもつリベラル liberal 派とは反対に社会の一切の介入を拒否しようとするひとびと）の中には、麻薬や銃器による犯罪にたいしても、すべて個人の選択にまかせるのが良いとする教条主義者が生まれている。かつて共産主義の教条主義者たちが、現実の失敗にもかかわらずなかなか学び得なかったとおなじように、現在の「保守主義者」たちは、保守主義が本来もっていた柔軟性を失って教条化していく可能性をもっている。社会科学が二一世紀に有効な学問であるためには、このような右の危険にたいしてもきちんと対応できるものでなければならないだろう。

反動の行き過ぎにたいする適切な歯止めは、より緊急に旧ソ連・東欧に必要とされるものであろう。社会科学はその有効な知見となりうるであろうか。ナチス・ドイツからの自力解放と労働者自主管理社会主義という輝かしい歴史をもつユーゴスラビア共産主義者同盟は、四五年以上の民族融和政策によっても、連邦の崩壊に瀕してけっきょく内戦を防ぐことができなかった。理性の力による歯止めなどという概念は、この厳しい歴史事実に照らしてみるかぎり、荒唐無稽なのかもしれない。まして、権力をもたない社会科学にどんな有効性がありうるだろうか。社会科学はきわめて無力である。しかし、それにもかかわらず、社会科学にはこんにち大きな責任がおおいかぶさっている。かつて預言者や宗教家たちが社会の規範を作り出していったように、社会科学は今後の人間社会の行く末を照明するものでなければならない。たしかにそれは弱々しい光でしかないが、しかしそれに代わるべきものをわれわれは他にもっていない。二〇世紀の社会科学は、すくなくともそれが社会主義と連結されているかぎりでは、大きな誤りを含んでいた。一九九〇年を前後する歴史的変動は、その誤りを内容的には急速に書き換えていくであろう。だが、それは別の場面での同様な誤りを繰り返さない保証になるであろうか。

共産主義が人類にとって（規模においても代価においても）巨大な実験であったように、二〇世紀の社会科学そのものが、われわれにとって、つまり社会科学じしんにとって大きな実験であった。その歴史から、われわれは学ぶ必要がある。以下の論考は、そのような試みのひとつとして意図されている。その当面の課題は、両大戦間の社会科学のある側面——合理化と計画化の思想をオットー・ノイラートというひとりの社会科学者に照らして追いかけてみることである。二〇世紀の社会科学の抱えていた問題を探り出すとともに、将来おなじような失敗を犯さないための条件を検討するという遠い目標への、それがひとつの置き石になれば幸いである。

つぎの第二節では、かならずしも社会主義に関係しない思想の潮流においても、両大戦間には合理化・計画化・組織化への大きな期待があったことを示すため、ヨーロッパにおける産業合理化運動の推進者のひとりであったアーウィックの考察を紹介する。第三節では、第一次世界大戦に先駆けて戦争経済の研究を社会主義計画経済の研究につなげようとする、おそるべき予見性をもったオットー・ノイラートの計画思想を紹介する。第四節は、ノイラートの提起に触発されて始まった社会主義経済計算論争の概要をまとめる。この論争は、一九五〇年代には、いわゆる可能派の勝利に終わったと一般に理解されたものであるが、その後しだいに評価が変わって、現在ではいわゆる不可能派の先見性が高く評価されている。ハイエクの社会思想はこの論争の中から形成されてきた。最後の第五節は、ふたたびノイラートに戻って、かれの思想の全体像を取り上げつつ、この偉大な思想家にして、なぜ社会の全面的計画化という無謀な思考を抑制できなかったのかを考える。ノイラートは、けっして空想的な夢想家ではなく、事実の延長線上に社会設計を考えようとする、きわめて正統的な科学的思考の実行者であった。しかし、その外挿の範囲にはやや慎重さを欠いていた。工学的設計において段階を追ったスケール・アップが欠かせないように、社会の実験においても何段階かの中間規模での検証が必要であった。計画経済はじつはそのような中間規模での実験が不可能な制度である。ここにノイラートの、そして集権的社会主義者に共通した不運があった。

二　両大戦間の産業合理化運動

「合理化」という言葉は、多重の意味をもっている。字義通りには、それはあるものをより合理的にすること、理性の光に照らしてあるものをより妥当な形に変えることを意味する。心理学者たちがこの語を使い出したときには、それは心に不安をもたらす原因となる事態にもっともな理由をあたえ、自己を正当化することを意味していた。社会科学の分野では、マックス・ウェーバーが近代化の特徴のひとつとして制度・思考・生活態度がより合理的になる過程として「合理化」を考えている。[5] 本節が取り上げる産業合理化運動は、経済の国民的規模での効率化のために、労働の仕方から産業構造までを改変する努力をいう。

合理化運動は、第一次世界大戦に敗れたあとのドイツに始まった。当時、ドイツは、過大な賠償債務を支払いつつ、国民経済を維持していかねばならない立場にあった。賠償金の原資となる外貨を獲得するためには、輸出を伸ばさねばならず、そのためには、厳しい国際競争のなかで、各産業がより一層の競争力をもつことが必要であった。こうした状況のもとで、ドイツ工業全国同盟の提唱にもとづいて、国家的機関である帝国合理化本部が設置され、その指導のもとに広範な産業合理化運動が展開された。兵藤釗によれば、「この運動は労働の生産性をできるだけ高めるために必要なあらゆる技術的・組織的手段を講ずることを目的とし、これに対する労働者の協力を組織しようというもの[6]」であった。じっさい、同本部は合理化をつぎのように定義している。[7]

「合理化とは、技術的・体系的組織化を通して、経済の一般状態を改善するため、あらゆる手段を理解し、適応することにある。その目的は、より良く、より安い商品をより大量に供給することによる、生活水準の向上である。このことは社会のすべての階級の共同の努力を必要とする。」

この目的を達成するため、合理化運動は、アメリカ合衆国で発展したテイラーの科学的管理法を取り入れるほか、外資による新鋭設備の導入などを図った。しかし、この運動はいわゆる「科学的管理法」よりも、はるかに広い視野をもっていた。「合理化」の語でひとびとが理解したのは、もっぱら、個々の小企業を大組織にまとめあげ、非効率的な生産者を排除することであった。ドイツでは、「合理化」は、企業内の生産過程の改善よりも、産業構造の改編を意味した。すでに一九世紀の最後の四半世紀に、合衆国とドイツとでは、カルテルやシンジケートが成長をはじめていたが、ドイツではそれは国家の産業政策として庇護され、促進された。このような産業強化政策は、敗戦後のドイツにおいても強く感じられていたが、他方ではトラスト形成にたいする少なからざる警戒の念があった。マルクの安定化ののち、経済界の指導者たちは、自分たちの考える産業の再組織化と企業合同を進めるために、ひとつの標語を採用した。それが「合理化」の語であった。したがって、ドイツの合理化運動は、企業内の労働組織の「合理化」とともに、最初から産業構造の「合理化」をも含意していたのである。

ドイツで「合理化」の標語が、とくに選ばれた理由は明確ではない。「合理化」と類似の記号作用をもちうる言葉は、ほかにも多数あった。たとえば、より直接的な「生産性向上」あるいは「効率向上」（能率増進）という標語で、おなじ運動を指示することが可能であったにちがいない。合衆国では、戦後しばらく能率技師、能率コンサルタントと自称するひとびとが輩出し、能率向上の名目でテイラー主義に類似の活動を行った。しかし、この運動は、その指導者たちの水準が低く、能率増進運動はたちまち悪評判の対象になってしまっていた。他方、テイラー自身がもちいた「科学的管理法」という名称も、労働者側から執拗な抵抗を引き起こしていた。フランスでは、早くから「科学的管理法」が導入されたが、「マネジメント」に正確に相当する言葉がフランス語にないため、最初「労働の科学的組織化」organisation scientifique du travail という表現を使っていた。しかし、ここでも「科学的」という限定はもっぱら非人間的な要求として理解される傾向があった。そこで、フランスでは、「労働の合理的組織化」organisation rationnel du travail という表現が「科学的管理法」の訳語として確立することになった。ドイツでは、学術的著作の用語とはいえ、「合理化」にかんするウェーバーの考察がすでにあった。周知のように、ウェーバーは「正当な利潤を使命として組織的かつ合理的に追求するという精神態度」を「資本主義の精神」と名付けている。それはいいかえれば、「厳密な係数的打算の基礎のうえにすべてを合理化し、また経済的成果をして計画的かつ冷厳に整理していくこと」であるが、このような態度をウェーバーは「資本主義的私経済の根本的特徴のひとつ」と考えていた。(8)両大戦間の合理化運動も、資本主義とともに古いこの態度を所与の経済に貫徹することであった。指導者たちが自分たちの運動の目標として「合理化」の語を選んだのは、さまざまな含みをもった近親単語群の上のような場においてであった。その内容がもっぱら産業構造の再編を意味したのは、当時の経済界の指導者たちの緊急の課題にたいする理解のありかたによった。

ドイツの合理化運動は、一九二〇年代中にヨーロッパ各国に広まった。一九二七年に国際連盟の肝いりでジュネーブで世界経済会議が開かれた。その最終決議のひとつが「合理化」と題されている。それは政府・公的諸機関・職業的諸団体・一般公衆にたいし、合理化の全面的採用を勧告するものであった。この会議には、使用者側代表・労働者側代表とあらゆる学派の経済学者が含まれていた。この会議での討論と勧告から、一九二〇年代のヨーロッパ各国の一般的雰囲気を知ることができる。それをアーウィックによりながら紹介しよう。

アーウィックはジュネーブの国際経営学院の経営者であったが、イギリスにおいても、「経営研究集団」という団体に依拠して活動していた。世界経済会議のころ、すでにイギリスにはさまざまな政府機関や職能団体が合理化運動に関心を示していたが、分散した動きでしかなかった。そこで世界経済会議の決議をきっかけとして、合理化を国民的運動として展開するため、関係する約五〇の諸団体がひとつの会議に結集された。この会議は諸問題を討論するためひとつの委員会を設置した。そこにはイギリス産業連盟、イギリス技術標準協会、産業心理学会などの理事者たちが代表されていた。この委員会は、産業能率に関係する多くの団体・機関のダイレクトリーを便覧としてまとめるなどを行ったが、その作業のなかで「合理化」の意味とその適応範囲にかんしさまざまの誤解を正す必要が感ぜられた。しかし、この点にかんしては議論も多いところなので公式の便覧にそれを収録せず、委員会の委員個人の資格でひとつの著書が発表されることになった。それがこれから取り上げるアーウィックの『合理化の意味』(一九二九年)である。アーウィックは、この本によって、イギリスにおける合理化運動の主要な推進者となった。

アーウィックは、その本を、ジュネーブにおける世界経済会議の討論のくわしい紹介からはじめている。世界経済会議では産業にかんするひとつの作業委員会が任命された。そこではさまざまな項目が検討された。その主要なものは、①病理学・心理学の個人の労働生活への応用、②賃金体系・利益分配方式・労働関係・その他の協力方法などに関わる問題への同様の研究、③物理学・化学・鉱物学・数学のより広範な利用による生産技術に科学的基礎を与える試み、④単一企業内のより一般的な技術問題すなわち配置・運搬・会計・事務方法・計画・送達・マーケティングなどについて同様の思考路線を適用する努力(これは一般に「科学的管理法」と呼ばれている)、⑤むだの排除、単純化と標準化、水平的・垂直的統合、産業内協定、政府・公共機関あるいは使用者組織・労働組織の活動、大量生産と大量流通、景気動向予測、世界全般の経済状況にかんする統計的研究、などによる国内的あるいは国際的範囲における生産と流通の全般的組織を改良する努力、などであった。この多様な方面のすべてを包含し、経済にかんするこの一般的態度を表す言葉として委員会が採用したのが、「合理化」であった。委員会では合理化にかんする一連の決議が起草され、会議は最終全体討議でそれらを一括して採択した。(9)

この合理化にかんする決議を説明してアーウィックは、つぎのように述べている。

「これらの展開に天啓を吹き込んだ特徴であり、ひとびとに共通していたものは、次の信念、すなわち世界の経済生活のより合理的な制御が可能でありかつ望ましいこと、それは関係する諸問題の総体に、諸発見さらには科学の知的方法および標準を周到に適用することによって達成できるという信念であった」(10)。

より合理的な制御がどのようになされ、そのために何が必要かあいまいなところがあるが、ここに表明されている信念が、その方向性において社会主義の計画経済の考えと大差のないものであることに注意しておこう。この解釈には、当然アーウィックなりの偏りがあるにちがいない。たとえ、かれの解釈が世界経済会議の一般的雰囲気を伝えるものでないとしても、すくなくともそれが会議の決議をイギリスに紹介し、その国の合理化運動の先頭に立った人間の抱いていた思想であるという点にはまちがいはない。アーウィックは共産主義者でも社会主義者でもない。かれの本が示すように、かれはむしろ経営者側に立つ人物であり、その本職は経営コンサルタントであった。そのような人物が経済計画にきわめて近い考えをもっていたことに注目すべきであろう。一九二〇年代には、経営者たちのあいだにさえ、市場と競争への信頼よりも、カルテルやトラストという形態による市場のむだの排除と合理的制御の可能性が表明されていたのである。

アーウィックは、世界経済会議で採択された決議が、経済的思考におけるひとつの革命を示していると考える。以下にその議論の大筋をたどってみよう。

人工動力が機械に応用されるようになって物質生産はとんでもない増大を見せた。しかし、活動と複雑さがますます増えたのに、それを指導すべき経済理論は比較的簡単かつ初歩的なものに止まってきた。この理論は、個人主義、資本主義、レッセフェール、私企業経済学、などさまざまな名称をもっており、さらにさまざまに細分化されている。しかし、それらに共通した特徴は、世界の必要な財・用役の供給を組織するのに唯一の頼りになる原動力は個人の欲望であるという要請である。この理論にとって、経済生活に関係する国家の役割は、財産の安全を保証することにより、その原動力の作用の場を確保することにすぎない。客観的にみると、ヨーロッパの思想界において、この理論が過去一〇〇年以上も支配的であったことは驚くべきことである。なぜなら、実際には何百回となく、この理論は蹂躙され、公共の利益のために国家の介入が不可欠であったからである。実業家たち自身も、トラスト・企業合同・取り決め価格・その他により、競争の完全な作用から逃れようとしてきた。好況と不況が相次いで、過剰生産による膨大な資本の損失や失業に直面しながら、われわれの産業文明は競争こそが経済機構の舵をとる力であると仮定してきた。

合理化にかんする世界経済会議の決議は、したがって経済思想におけるひとつの転換を意味する。なぜなら、ここではじめて、経済学の一般理論が実際的立場からの挑戦を受けたからである。会議そのものは演繹的ではなく、帰納的に、事実・経験・運動に基づき作業された。しかし、そこではじめてこれらの諸事実がひとつの観念にまとめられた。それは、経済の動向に責任をもち、共通の善のために熟慮に基づいてそれを方向づけるために、一国ないしは国際的規模で行うべき努力の最初の表明であった。決議は、競争を原則として、また総体として、否定してはいない。しかし、それは市場の自己調節という古い見解にたいする決定的な修正を意味していた。競争の効果は、実際にはゆっくりとしか現れない。価格水準の急速な変化は計画化された秩序だった生産には致命的災害となる。好況・不況の急激な交替も、経済活動や産業資本の安全を破壊してしまう。決議は「社会により一層の安定性とより高い生活水準」を獲得することについて語っている。これは、当面実際的として受け入れるべき組織形態がいかなるものであれ、工業と商業には個別企業の利益を超えるひとつの目的があることの承認である。われわれの経済機構は個人を豊かにするために存在するのではなく（それは付随的結果である）、社会全体に貢献すべきである。

世界経済会議の「合理化」決議には、このような意味が暗に含意されているとアーウィックは主張している。アーウィックによれば、「合理化」は、テイラーが科学的管理法についていったとおなじように、ひとつの「考え方の革命」である。それはたんに経済理論の新しい見方、ないしは諸方法と諸システムの新しい一組ではなく、事業にたずさわるすべてのものの全面的な態度の変化、新しい精神を包含している。その態度とは「科学的方法の適用により世界の経済生活のより合理的な制御が可能であり、かつ望ましいという信念」であると、アーウィックはかさねて強調している。[11]

すでに注意したように、これはあくまでアーウィックによる決議の解釈である。しかし、会議への主要な参加者のひとりであるかれにこのような解釈を許すだけの空気があったことは確かであろう。世界経済会議は一九二七年、世界恐慌の勃発に先立って開かれている。もし、それが恐慌の最中に開かれたとすれば、経済の現況にたいするより介入的な発言がなされたことは疑いない。四年後に書かれた『明日の経営』では、アーウィック自身、より急進的な発言をしている。合理化の考えが競争的レッセフェールの限界を超越するものであり、経済体制そのものにまで適用されねばならない、とかれは主張する。そこには工業文明にたいする危機の感覚があったにちがいない。かれはつぎのようにいっている。

「F・W・テイラーが機械工場の経営について語っている「考え方の革命」は、たんに現存の経済体制のもとにおける個別企業の運営において一般的でなければならないだけでなく、その体制そのもの、行政、政府、政治、および国際問題にかんしても支配的でなければならない。もしそうならなければ、われわれの文明は支配することのできない物的生産の重みのもとに混沌に陥るであろう。[12]」

アーウィックのいう「経済的思考における革命」は、ひとつの転換の証言として重要である。それは時代の精神を指示している。それをアーウィック個人の見解と見なすことはできない。そのことはケインズ理論の受容の歴史からもみることができる。いわゆるケインズ政策の基礎づけは、ケインズの『一般理論』(一九三六年)により与えられた。しかし、そのような理論的基礎づけをもつことなく、公共投資による景気刺激を要求する声が根強くあったことは、学説史的研究からも明らかである。ケインズ自身がそのドイツ語版序文で語っているように、ドイツその他の国では、そういう名前をもつことなく、ケインズ政策が現実に採用されていた。時代はレッセフェールから、公的介入へと大きく動いていた。ケインズの画期的な理論は、むしろ、このような時代を背景とし、その支持のもとに生まれてきたのである。ケインズ自身も、アーウィックとおなじく、経済を合理的に管理しよう・制御しようという立場にたっている。アーウィックが国民経済の全体の制御についてはたして具体的な表象をもっていたかどうか疑問である。しかし、ケインズの理論が提示され、それによってマクロ経済の運営ができると知れば、かれがケインズの新理論を諸手をあげて歓迎したであろうことは容易に推測できる。ケインズの『一般理論』は、イギリス・アメリカ合衆国のみならず、日本を含むおおくの国々に急速に受け入れられた。出版から第二次世界大戦の勃発までわずかの年数しかなかったのに、多くのひとびとがそれを読み研究したことを証言している。それが可能であったのは、ひとびとの心のなかに「経済的思考における革命[13]」が完成していたからに違いない。

「経済の合理的制御」という表現はいまだ曖昧であり、アーウィック自身がしばしば計画について語っているとしても、かれが集権的計画経済を構想することはなかったであろう。しかし、アーウィックと同一の出発点に立って、経済の合理的制御という概念をその論理の極にまで推し進めることは可能である。次節で紹介するノイラートは、まさにそれを行った人であった。

三　戦争経済から計画経済へ

オットー・ノイラートは一八八二年にウィーンに生まれ、生涯の大部分をその地に過ごした。しかし、一九三四年ヒットラーのドイツのオーストリア侵略に伴いオランダのハーグに移り住み、さらに第二次世界大戦勃発後は、イギリスのオックスフォードに移り、一九四五年その地で死んだ。ノイラートは学問が細分化した二〇世紀には珍しい、ルネサンス型万能人であった。かれはときに、あるいは同時に、文芸批評家、経済学者、哲学者、社会学者、都市計画家、博物館教育家、視覚教育運動家であり、しかもそのどのひとつをとっても平凡な専門家ではなかった。しかし、かれの知的世界の全貌とその相互の関係については第五節に譲って、本節ではノイラートの経済思想を問題とする。

ノイラートはウィーン大学とベルリン大学に学んだ。その一年目には数学を学び、ベルリンに移ってからも、論理学に興味をもっていた。しかし、一九〇六年のかれの学位論文は古代経済を主題としたものだった。ノイラートは青年期からのマルクス主義者ではなかった。かれはマルクスや当時の社会主義者たちの著作をよく読んでいたが、マルクス主義とは一線を画し、学者として身を立てるため政治的活動には慎重であった。かれがどういう契機で社会主義者になったか、よく分からない。後の『戦争経済から現物経済へ』(一九一九年)への序文で述べているところによれば、経済学者の家に育ったかれは若くから伝統的な自由経済が恐慌や貧困に満ちていて、人類を幸福にできないことに気付いていたという。そこでかれは新しい時代を告げると期待される諸傾向を探し、国家によるカルテルやトラストの形成が未来の経済組織となりうると考えるようになった。もうひとつの契機は戦争経済だった。ノイラートはウィーンの職業学校の経済学教授として数年勤めていたが、一九〇九年ごろから、戦争経済に興味をもち始める。かれはカーネギー財団から研究資金をもらい、バルカン戦争時(一九一二年と一九一三年)にはその地域に旅行し、戦争の実態を目撃するとともに、戦争経済にかんする多数の時論をあらわしている。これが第一次世界大戦の開始以前であることが注目される。たぶんこのころまでにはノイラートは将来の経済がかれのいう「行政経済」つまり国家による計画的指令経済になることを予測し、その研究を始めたものと推定される(14)。

第一次世界大戦に服役したノイラートは、戦争末期には自分の進言で戦争省の一部局として戦争経済の記録担当部を作るとともに、ライプツィヒの戦争経済博物館の館長として招待されている。これがかれの視覚教育活動の始まりだった。かれはまたこの間にハイデルベルク大学の教授資格を得て、戦争後はマックス・ウェーバーのもとで講師になる予定であった。しかし、時の偶然が働いてノイラートは思わぬ道に踏み出すことになる。

戦争の終わりはドイツとオーストリアにとって混乱と革命の時代の始まりだった。戦争経済博物館で事務長としてノイラートに協力する予定だったヴォルフガング・シューマンは戦争が終わるとすぐ、「社会化計画」を早急にまとめ、その普及のためにかれが働くようノイラートを説得する。独立の学者の生活から政治の世界へと自己をかかわらせることはノイラートにとってつらい選択であった。しかし、経済の「社会化」にかんするかれの信念と、経済学者としてのかれの名声とが、かれを社会主義と革命へとおしやることになる。かれは社会化のためにいくつものパンフレットを書き、集会で大衆に直接訴えもするようになった。ミュンヘンを首都とするバイエルンでは戦争最末期にアイスナーの社会民主党が革命に成功していた。アイスナーは、政権に就くとすぐ社会化委員会の議長にルーヨ・ブレンターノを任命する。ブレンターノは新歴史学派を代表する有名な経済学者であり、労働問題・社会政策に詳しかったが、自由主義的思想をもち、自由競争・自由貿易を主張していた。一九一九年の一月初め、すでにいくつかの社会化にかんする論説を発表していたノイラートは、同月の二三日、アイスナーと会う機会があった。ノイラートは、そこで社会化の計画をその反対者に任せることはできないことを説得しようとする。同席した財政大臣のジャッフェは、この問題を労働者評議会で議論することを提案し、ノイラートはそれを受けて、「社会化の本質と経路」という論文を用意して報告する。このあとノイラートはザクセンに移り、シューマンの紹介で、経済学者で社会民主党員のハーマン・クラノールドに会う。かれはザクセンの社会民主党政府から社会化にかんする覚書を執筆するよう要請されていた。かれらの構想には、共通点が多かった。クラノールドとノイラートは、シューマンの協力をえて、自分たちの社会化計画を「クラノールド・ノイラート・シューマン綱領」にまとめて発表する。しかし、ザクセンの中央委員会はそれを印刷に付しただけであった。一方、バイエルンの情勢は急を告げていた。アイスナーが暗殺され、権力は分散しつつあった。ノイラートとシューマンは、ザクセンとバイエルンの経済協力の可能性を探るためミュンヘンとのあいだを往復する。三月二一日、バイエルンの通商産業大臣ヨーゼフ・シモンはノイラートに電報を送り、かれがバイエルンの中央計画局の設立・指導・運営の任に就くことを求めた。ノイラートはそれを受諾し、一九一九年三月二七日、中央計画局の長官に着任し、精力的に仕事を始めた。しかし、それから二週間もたたない四月初め、共産主義者・アナキスト・独立社会主義者などによって「バイエルン・レーテ共和国」（ババリア・ソビエト共和国）が宣言される。ノイラートはこのとき逃げることができたかもしれない。じっさい、かれの協力者のシューマンはそうしている。しかし、ノイラートとクラノールドはミュンヘンに踏みとどまり、社会化計画の作成に引き続き努力している。このときの行動を振り返って、ノイラートは次のように弁解している。

「中央計画局のわれわれは何をすべきであろうか。わたしは、社会化を、政治形態から独立な、ひとつの社会事業と考えた。わたしはレーテ政府が一週間もちこたえることができるかどうか確信をもてなかった。しかし、社会化が生き残ることは信じていた。わたしは中央評議会に対しわたしの政治的中立と仕事を続行する意志とを明らかにした。[15]」

レーテ共和国は一カ月経たないうちに崩壊し、ノイラートは反逆罪の容疑で逮捕され、裁判にかけられた。この裁判にはマックス・ウェーバーも証言に立っている。最悪の事態をおそれたノイラートの友人たちがオーストリア社会民主党の指導者オットー・バウアー[16]に通告した。かれは当時のオーストリア共和国の外務大臣であり、ノイラートの理解者だった。バウアーの介入により、ノイラートは数週間投獄されただけでウィーンに帰ることができた。レーテ共和国の瓦解とともにバイエルンの社会化計画も、水泡に帰した。一九二〇年に書かれた回顧のなかで、ノイラートはバイエルンの社会化は「事故の犠牲」のように崩壊したと述べたあと、「しかし、もしより高い歴史的視点に立つならば、社会化を目指した他の運動もさまざまな理由でおなじように終息したことに注意せざるをえない。オーストリアの全体計画の輪郭を描いたオットー・バウアーは、いくらかの政治的議論の後に解任されたし、ドイツのヴィッセルとメレンドルフ[17]はなんの政治討論もなく解任された」と注意している。

半年あまりの激動の期間、そして計画局長官としての日々、ノイラートはどのような構想をもっていたのだろうか。そのおおよそは、ミュンヘンの労働者評議会への報告で知ることができる。上にしばしば現れた「社会化」は、当時、第一義には資本家から企業の支配権を取り上げることを意味していたが、ノイラートは所有権・支配権の変更だけで十分だとは考えていない。社会化はある中央機関により作成される経済計画を前提とする。もし全経済がひとつの計画によって指導されるのでないなら、個別企業を社会化するというのは誤解を招く言い方である。なぜなら、その場合には伝統的経済の混乱と非効率とを回避することができないからである。経済を社会化するということは、それを社会による社会のための計画行政に導くことである。経済計画は、国民経済の全体をひとつの巨大な企業とみなす特別な役所により作成されなければならない。そのような計画局では貨幣価格による評価が廃止され、実物での評価が取って替わる。そこでは「通貨」「交換比率」「好況」

「不況」などによって曇らされてきた関係が清算され、すべてが透明かつ支配可能になる。分配においては、個人の実績や年齢・性・健康状態などの特殊性が考慮されるほかには、生まれや地位、相続財産などによるいかなる特権グループも認めない。社会の必要物は統計局に調べられ、生産と消費の調和が図られる。経済全体にわたって原材料や燃料・人員・機械の行方と運動とが調べられ、それらの需要と供給とが各産業において釣り合うようにしなければならない。このような現物経済はすでに戦時中にかなりの広がりを見せていた。社会化された経済では貨幣はもはや原動力ではなく、利潤獲得のための生産も廃止される。利潤の座は増産のプレミアムに取って替わられる。貨幣は、個人の消費を調整するために、消費財と用役にたいする請求権としてのみ機能する。以上が、ノイラートの構想の概要であるが、最後に結論としてかれは、「社会化が成功するためには、全体に上からそれを行わなければならない。もし社会化をいくらかでも行おうとするなら、それは一度限りで素早く行わなければならない[19]」と忠告している。

ここに描き出された「計画行政」は、ネップのあと、一九二九年からスターリンが強行する五カ年計画の理念にほぼ類似のものである。それはロシア革命の直後に共産主義者たちが抱いていた表象に近いものでもあるだろう。ノイラートは社会主義者・マルクス主義者ではあっても、共産主義者だったことはないが、それでもその経済思想は共産主義者たちのものと大差ないものであった。政治的態度の差は、たぶん、そのような社会を実現するためにもちいる政治的手段にかんする意見の差であったのであろう。しかし、それさえも、もしノイラートの最後の忠告にしたがうならば、そう大きな差ではなかったにちがいない。上から一挙に改革するには、民主的政治過程によるよりも、レーニン主義的独裁による方が効果的である。もしかれが冷徹な計算を行う政治家であったならば、民主主義の一時的放棄という道をかれも採用していたかもしれない。ノイラートが中央集権的計画経済の非効率とその政治的帰結であるスターリン主義の危険に気付いていたと考えうる兆候は、すくなくとも一九一九年の時点ではない。

波乱に満ちた半年は、見事な失敗として終わった。裁判にかけられた結果、ハイデルベルク大学の講師の口も捨てなければならなかった。ノイラートはその後、最後まで、どの大学に属することもなく、文字通り「独立の学者」として生きていくことになる。しかし、一九一九年の失敗は、ノイラートをして社会主義を放棄せしめはしなかった。一九二八年に発表された『個人的生活と階級闘争』という小冊子においても、その第二章において、いつの日か社会主義的行政経済が実現する希望を語り、その日のために計画がどのように立てられるか、例を挙げて詳細に語っている。[20]

より晩年の一九四二年、イギリス亡命中に書かれた「自由のための国際的計画」という論文は、第二次世界大戦後の平和の建設について論じたものである。ここでノイラートは、戦争経済が計画を実地に持ち込んでおり、戦争終了後、（第一次世界大戦後そうしたように）それらを急速に破壊すれば、戦勝国にも不況は避けられぬことを指摘し、現在はすでに「産業革命」の時代をこえて、それに匹敵すべき変化をもたらす「計画革命」の前夜にあると主張している。戦争経済から計画へという枠組みにおいては、第一次大戦中の考えとおなじであるが、もちろんいくつかの注目すべき変化が見られる。まず、「社会化」「行政経済」という概念が表面から消え、計画に基づく社会も社会主義社会ではなく、ラテン語で societas societatum と呼ばれ、社会主義社会よりより広い概念のものとされている。ノイラートがこの論文で「計画」と呼んでいるのは、もはや一元的に統制された計画経済ではなく、都市計画・産業計画・財政計画・投資計画・社会計画などと同水準のもののようである。この論文では、一元的な世界よりも、中世を範にとった多元的な社会制度が提案されている。また計画がかならずしも私有財産制度の変更をともなうものでないことが強調され、反対に社会主義においても対立・矛盾が容易に解消しないと注意されている。この主張の変化は、かれ自身の思想の変化によるものであろうか、それともこの論文がマルクス主義的社会主義を容易に受け入れそうもないイギリス読者のために書かれたものであるためであろうか。経済計画としてノイラートが触れるのは、不況対策としての計画であり、雇用対策としての計画である。このときノイラートの念頭にあったのが、いったいどのような内容のものなのか、論文からははっきりしない。たんなるケインズ政策の計画と呼べば呼べないことはなく、かれが漠然とそのような政府の（ときに国際的に協調された）介入を考えていた可能性はある。[21]

もし、この推測が正しいとすれば、ふたつの疑問がうまれる。ひとつは、集権的計画経済から国家・社会の部分的介入・計画へと経済運営の原理を変えたとして、ノイラートにそれを迫ったものは何であったか、という疑問。もうひとつは、このようなほぼ原理的・全面的内容の改変にかかわらず、なぜかれが「計画」というものに最後まで絶大な期待を寄せ続けたか、という疑問である。第二の疑問はたぶんに心理学的なものであるかもしれない。しかし、第一の疑問は、明確な社会科学の問題である。ノイラートの学問の性格から、かれがこの問題を理論的に突き詰めていって考えを変えた可能性は少ない。しかし、ノイラートと同時代に、集権的計画経済の運営可能性をめぐって、激しい理論的戦いが展開された。社会主義経済計算論争と呼ばれるほぼ二〇年にわたる討論がそれである。ノイラートは、じつは、その火付け役に火薬を提供したのであった。

四　社会主義経済計算論争

多数の参加者により二〇年以上にわたって続けられた論争の経緯をわずかな紙数で明らかにすることはできない。ここでは、論争のごく大まかな経過を紹介したあと、その中で取り上げられたいくつかの論点について、今日の時点に立って論評してみよう。

一九一七年のロシア革命と一九一八年・一九一九年のドイツ・オーストリアの革命的状況は、社会主義を実際に運営するという課題を突き付けた。マルクス主義は社会主義革命を目指していたが、社会主義社会がいかに運営されるべきかについては、意図的に回避していた。その理由は、マルクスが自己の社会主義を科学的社会主義と規定し、きたるべき社会主義社会にかんする空想的な構想を禁欲することをその基本指標としたからである。社会主義社会の経済問題を検討することは、このため一種のタブーになってしまっていた。しかし、第一次世界大戦とその後の状況は、この事態を根本的に変えた。第一に、社会主義が具体的日程に上り、社会主義経済をどう運営するかの問題を解かなければならなくなった。第二に、緊急の課題に答えて、社会主義経済の機能と運営につき、社会主義者たちの構想が明らかにされた。ノイラートの『戦争経済から現物経済へ』もそのひとつであった。しかし、それらの構想には、いまだよく検討されていない、たんなる標語的部分も少なくなかった。こうした事情のなかで、「社会主義共同体においては合理的経済活動は不可能である」という衝撃的な主張を掲げて社会主義の構想を批判したのはルードウィッヒ・フォン・ミーゼスだった。[22] この論文は社会主義の経済運営の原理的不可能性という社会主義者にとってきわめて挑戦的主張をもつものだったため、社会主義者たちの反論を引き起こし、その後ヨーロッパが第二次世界大戦に突入する一九四〇年頃まで、約二〇年にわたる論争の火ぶたが切られることとなった。この長い論争には、多くの著名な学者が参加しており、問題にかんする関心の広がりと深さを感じさせる。計画経済に疑問を投げかけた側では、火付け役のミーゼスのほか、ハイエク、ロビンズ、ハルムなどがおり、計画賛成派には第三段階の立役者であるランゲのほか、ラーナー、ディキンソン、テイラーなどがおり、さらにランゲらの疑似的な市場利用に反対して中央計画経済を擁護しようとした「左派」としてドッブ、スウィージー、ベトレームら、戦後の西側マルクス経済学の代表者たちを数えることもできる。初期にはカール・ポラニーやジャック・マルシャクの参加もあった。ミーゼスとほぼ同時期に、ミーゼスとは独立に、マックス・ウェーバーも社会主義における経済計算の可能性に疑問を提出している。[23]

この論争の重大な意義を認めて、社会主義批判の側からのアンソロジーを編んだハイエクのまとめによれば、この長い論争には三つの段階が認められる。[24] 第一段階は、現物計算による計画という社会主義経済の考えとそれに対する批判の段階である。時期的には、社会主義思想の発生から、一九二〇年のミーゼス論文の発表までを含み、論争の前史というべき段階である。第二段階は、ミーゼスの論文にたいする批判と反批判として、中央計画当局による合理的な経済計算の可能性をめぐって展開されたほぼ一〇年である。計画経済の運営原理が経済学の課題としてはじめて集中的に取り上げられ、計画経済が空想から科学へ一歩近づいた時期である。この過程のなかで、計画経済の合理的計算は、(いくつかの重大な前提を認めれば)原理的ないしは論理的には可能であるが、必要とされる膨大な計算量のゆえに実際的には大きな困難があることが確認された。第三段階は、一九三〇年前後から第二次世界大戦突入まで、社会主義経済の弁護者たちが疑似的市場の導入を含むより分権化された社会主義経済の構想に基づいて、その経済の運営可能性と効率性を主張し、これにたいし社会主義反対派が市場の基本的働きとしての分散した知識の利用可能性という新しい主題を発見していく過程である。現在から考えれば、このあと、じつは第四段階が展開されるべきであったにちがいない。しかし、戦争による中断が争点の紛失を招き、戦後にふたたびこの主題のもとに議論が再開されることはなく、戦後の経済学は社会主義経済計算論争を過去形で語るようになる。

計画の思想は社会主義思想のきわめて早い段階から表明されている。たとえば、サン＝シモンは、次のようにいう。「一国家を、全体の境遇の改善に到達するために、各成員の労働が他の成員の仕事と結合される、ひとつの広大な産業的アトリエとみなすべし。そのときから、すべては明確でポジティヴになる」。かれは、また別のところで「フランスは一大製造工場になった。フランス国家は一大作業場〔アトリエ〕になった。この一般的製造工場は、個々の製造所とおなじ仕方で管理されねばならない」[25]。これはマルクスが「社会的生産過程の意識的社会的統制」[26]と呼んだことのより直接的な表現である。レーニンも計画経済を「ひとつの事務所とひとつの工場」にたとえている[27]。この構想に貨幣を罪悪視する思考が結び付けば、現物による計画という考えがうまれる。エンゲルスも、「社会が生産手段を掌握し、そしてこれを生産のために直接結合せる集団」においては、「ひとびとは一切万事を、はなはだ有名なる「価値」の介入なしに、きわめて簡単に処理する」といっている[28]。さらに一九二〇年前後において、ソビエト経済学者の頭の中を支配していたのは、W・ブルスの表現を借りれば、「社会主義建設の進歩と、もっとも詳細な細目に至るまでのすべての要素が計画により直接規定される現物配分経済運営制度の形成とのあいだには不可分の関係がある」という確信であった[29]。ネップの導入は、この確信からの戦術的後退をもたらすが、それは理論上・原理上の困難に基づくとは考えられていなかった。ミーゼスの論文はこのような一般的な雰囲気のなかで発表された。

ミーゼスの主張は、つぎのように要約される。社会主義では、生産手段の社会化がおこなわれ、実質的に国家がすべての生産財の所有者であり、そこには交換がありえない。したがって、生産財にたいする市場が存在せず、そのため生産財の生産においていかなる技術を用いるのがよいか、計算の基準が存在しない。このような社会では経済の効率の良い経営は不可能である。これにたいし、生産技術にかんする知識を中央計画当局に集めることにより、市場価格を用いないでも経済計算が可能であることが主張された。もちろん、その議論は一様ではない。E・ハイマンは消費者価格からの帰属計算により、生産財の価格が算出可能であることを指摘した。これはヴィーザー以来のオーストリア経済学の正統を継ぐ考えである。他方、K・ティッシュも、数理経済学は「市場とそこにおける過程の助けがなくても生産手段の均衡価格を決定する」手段を与えていると指摘し、方程式体系を解くことにより、計算により市場の機能を代替することができると主張した。この議論は、スウェーデン学派の創始者のひとりK・G・カッセルに影響されている。カッセルはワルラスの一般均衡理論を基礎にしつつも、原価原理による価格決定過程が競争の廃された社会主義経済でも有効であることを示唆したのであった。このような可能性は、じつは論争のおこる以前の一九〇八年に、すでにイタリアのエンリコ・バローネによって議論されていたが、イタリア語で書かれていたため、ドイツ語圏・英語圏での認知は遅れざるをえなかったのである。(30)

論争の過程では、この論文は正反対の評価をうけている。計画経済の擁護のための論文集を編集し、解説したリピンコットは、つぎのように書いている。「ミーゼスは、一九二〇年以来、社会主義者に挑戦してきたけれど、かれの議論は今世紀の初頭イタリーの経済学者バローネによって実際上論破されていたのである。一九〇八年に書かれた有名な論文「社会主義国家における生産省」において、バローネは社会主義経済の計算価格は原理的には競争的経済の市場価格と同様に経済的に意味が深いであろうと論証した。連立方程式を使用する数学的証明により、バローネはパレートの示唆にしたがって、社会主義経済が資源の合理的配分をしうることを証明した最初のひとであった」。ここでリピンコットが「原理的には」といっている点が重要である。ミーゼスは、かれの最初の議論において、「社会主義共同体においては合理的経済活動は不可能である」と結論したのであるが、これをもってミーゼスが、中央計画経済が「原理的にも」不可能である、と主張した、とランゲやリピンコットが解釈し、すでにバローネがその主張をすでに論破している、といっているのである。(31) これに対し、ハイエクやロビンズたちは、つぎのように主張した。社会主義においても、たしかに論理の上では価格に相当するものを計算することができる。しかし、計画経済の問題は、かかる論理の上の計算可能性ではなく、数百万元の巨大な連立方程式を立て、それを解くことが「実際的に」できるかどうかが、問われているのだ、と。じつはバローネは、一九〇八年の論文で、この点にも触れている。すなわち、かれは「均衡方程式は先験的には解けない」と見出しのついた第五五節を設け、つぎのようにいう。[32]

「問題の解決にとっては、（もはや繰り返す必要のない）良く知られた意味において集団的最大を得るためにもっとも適した方程式系を生産省がみずからのために書きあげることができるというだけでは十分でない。その後、方程式を解くことが必要である。そしてこれが問題なのである。」

「集産主義を批判した著者たちの多数は、各種の相当物を紙のうえで確立することの実際上の困難を証拠として利用することに躊躇している。かれらはそのような方程式を先験的に解くことの、何が本当に困難なのか、もっと率直にいえば、不可能なのか、を認識してこなかったかのように見える。」

バローネの論文の結論は、つぎのようなものであった。[33]

「われわれがこれまで見、証明したことから、集産体制における生産が〈無政府的〉生産におけるよりも実質的に異なる方法で秩序づけられる、と想像するこれら教義がいかに夢物語的であるか、ということは明らかである。」

この結論は、一方にハイエクとロビンズ、他方にランゲやリピンコットの主張を支持する両義性をもっている。バローネの目的は、計画経済においても市場経済（文中の〈無政府的〉生産）以上の成果を望めないことの証明にあった。そこで、かれは大いに譲って、計算できるとすればおなじことである、と議論したのである。そのことは、計画経済の優位を証明するものではないが、ミーゼスの不可能であるとの主張に反駁する根拠にはなりえたのである。しかし、バローネは、のちにハイエクやロビンズが強調することになる計算の実際的実行の困難にも十分に気がついていたのである。

ハイエクやロビンズの貢献によって、計算の「原理的」ないし「論理的」可能性と「実際的」可能性との区別が、こうして論争の中心に浮上してきた。すでに、バローネによって実質的には区別されていたのであるが、計算量の問題が経済学の重要な論点になった、これが最初の機会であった。[34] 社会主義における合理的経済計算の可能性の問題が、「原理的」不可能性の主張から「実際的」不可能性へとずらされたことにたいし、オスカー・ランゲは社会主義批判派の「第二防衛戦への後退」と評価した。しかし、ミーゼスはそのどちらの概念で不可能とも主張したのでなく、たんに「不可能である」といったのである。人間行動における「合理性の限界」というかたちで、計算量の問題がふたたび理論経済学の中心に取り上げられるようになるのはずっと後のことである。それは最初、経営学の基礎概念として提出されたが、一般均衡理論の枠組みと対立するため経済学からは長いあいだ無視され、それが経済学に影響を与えるようになるのは一九七〇年代以降のことである。[35]

ハイエクやロビンズの主張を契機にして、社会主義経済計算論争は第三段階に入る。たんに方程式体系の解として原理的にのみ解ける財の評価体系があることではなく、実際的に解け、機能する評価体系を与える実際的方式が探されることになる。ここで提案されたのが、ワルラスの模索過程にならった試行錯誤法であった。この方式の可能性は、すでに一九二八年、アメリカのフレッド・M・テイラーによって、市場価格にかわる「要素評価表」を実際的に求める方式として提案されていたが、詳細を欠くものであった。最初の重要な貢献はディキンソンによってなされた。その後、一部相互の論争をともなって、ラーナーとランゲの論文が現れた。後者は第三段階を代表し、もっとも影響力の強い論文となった。しばしば「ランゲ＝ラーナー式解決」と呼ばれるこの構想では、中央計画当局はもはやすべての生産と分配を決定するのではなく、ワルラスの競り人とおなじように、試行錯誤的な価格を社会に提示するにすぎない。[36]各企業および消費者は、与えられたその価格のもとで、製品の生産量と消費財の購入量とを決定する。[37]このとき、経済への参加者にはつぎの条件ないし自由が保障される。①消費者には選択の自由が与えられ、所与の価格のもとで消費による効用を最大化するよう行動する。②企業あるいは生産者は、もはや利潤を最大化するようには指導されないが、消費者の効用を最大にするため、ふたつの運営規則が与えられる。第一は平均費用を最小化する生産方法（すなわち要素の結合）を選択することである。第二は、製品価格と限界費用とを等しくさせる規則である。第一の規則は、企業の使うべき技術を決定する。第二の規則は、企業の生産量を決める。さらに一産業の全体の管理者には、当該産業の全生産量を決定する規則が与えられる。それは、その産業の生産容量を一単位追加するに必要な費用（産業の限界費用）を製品価格に等しくすることである。③職業選択の自由が保障され、労働者は仕事の内容と賃金とを比較して自己の好きな職業を選択する。これらの規則により、各種の財・用役にたいする需要と供給が決まってくる。中央計画当局は、各計算期間の終わりに示される各種の財・用役の不足ないし余剰を測定し、一定の計算規則によって価格を上下させる。かくして、ある特定の価格パラメータに対してのみ均衡がえられる。[38]

ランゲの経済運営方式の特徴は、それが一般均衡論が与える市場の働きを正確に模擬しているところにある。じっさい、計画当局は競り人以外の働きをしていない。ワルラスやその後の一般均衡理論では、価格の設定者が暗黙のうちに仮定されながら、その実体をもたなかった。これはこの理論の弱点であったが、ランゲの構想では、その弱点が埋められて中央計画当局という機関をもつようになった。この運営方式では、資本主義の競争市場が達成するものとおなじものが達成される。企業がおこなう決定は、所与の価格のもとに企業利潤を最大化する決定と同一のものである。したがって、ここでバローネが社会主義者に対して加えたとおなじ批判が当てはまることになる。いったい、社会主義の優位はどこにあると考えられるのだろうか。これに対する予想される回答は、つぎの二点である。第一点は分配にかかわる。ランゲは（労働の対価である賃金とは別に）社会の余剰の一部を、社会の成員であるという資格においてのみ配分することを考えている。これは資本主義においては、資本持ち分という財産に比例して配分されていたが、社会主義では遺産の多寡によって所得が異なるといった不平等を避けることができる。第二点は、蓄積の問題である。社会主義社会では、蓄積率は計画当局が恣意的に決定できるとランゲは考える。それは好況・不況の波に洗われている資本主義経済とちがって、社会の理性的な決定に従わせることができる。[39]

ランゲ・ラーナー式解決を今日の時点にたって振り返ってみよう。次元のまったく異なるふたつの問題が指摘される。第一は、これが市場型社会主義と呼ばれるものの原型となった点である。ほとんどの社会主義者たちが集権的計画経済を考えていた一九三〇年代に、論争上の必要とはいえ、このような大胆な代替案をランゲらが提出できたことに驚異を覚える。しかし、社会主義および社会主義理論のその後の展開との関係でいえば、ランゲの構想が中央集権型計画経済とのきちんとした対比のうえでなされなかったことが、体制の設計と選択という面においてこの構想を弱いものにしてしまった。ランゲは社会主義の「運営可能性」を示すという当面の課題には答えたが、しかし、この答えが暗に内包している集権型計画の「不可能性」＝非効率性について黙してしまっている。ランゲは、かれの代替案を出すことによって、中央計画当局が価格や生産・分配を合理的に決定・指令していくことは実際的にはできないとするロビンズやハイエクの批判を受け入れたのであるから、じつはその先にある集権的計画の効率問題（つまり非効率問題）にまで踏み込むべきであった。たぶん、政治的には、それは不可能なことだったにちがいない。そうしたとすれば、ランゲはたちまち社会主義への敵対者とみなされたにちがいないし、かれの考察は社会主義者になんの影響力ももちえなかったにちがいない。しかし、そのような考慮をひとまず棚上げにして、かれが自己の思索に忠実であったなら、かれはその危険な検討に足を踏み入れるべきであった。そして、そのことに躊躇したことが、かれの構想する経済の「効率」問題をも、検討不十分なものにする原因ではなかったろうか。ランゲは自己の構想の提示において、企業経営者たちのインセンティヴ（誘導刺激）についてなにも触れていない。かれらは命令に忠実に反応する機械のような存在として捉えられている。

ランゲ・ラーナー式解決の第二の問題点は、経済学の理論構成にかかわる問題である。ランゲは当時の経済学の枠組みにどっぷりと浸かって（といっても、ラーナー得意の「限界生産性理論」という最新兵器で武装しながら）、価格のみに需給調節の役割を課している。ランゲは限界費用の変化が生産数量を有効に増減させると仮定した。そのためには、生産量の増加につれて企業の限界費用（一単位増産するために必要な追加費用）がはっきりと上昇していなければならないが、じつはほとんどの企業は限界費用一定ないし逓減（生産量が増えても限界費用が変わらないかむしろ小さくなる）という事態に直面している。したがって、かれが仮定したような調節機構は、社会主義のみならず資本主義経済でも有効に働いていなかった。ランゲはまた、中央計画当局が価格改定をかなり頻繁に行いうると仮定し[40]、均衡が達成されるまでの取引においてどのように不足が調節されるのか検討していない。これは計画経済が最後まで悩んだ問題であった。さらに、価格はあてていど安定していなくては、択一的な技術の採用判断に役立てることはできない。分権的経済を機能させるには、需給の一致をもたらす数量の調節は（農産物のように早急な調節の不可能なものをのぞいて）価格の上下による効果とは別のメカニズムに頼らなければならなかったのである。旧東ヨーロッパの経済は、初期の厳密な指令的計画からしだいに市場を利用する方向に転換していったが、その作動機構はランゲの構想したものとは掛け離れていた。ランゲは一般均衡論に依拠して、市場経済の働きを分権化された社会主義経済で模擬しようとした。一般均衡論には隠れた経済主体として価格を叫ぶ「競り人」が必要である。ランゲは市場経済に欠けているこの主体を中央計画当局という形で与えることを提起した。ワルラス流の均衡論は、資本主義の競争市場よりも、むしろランゲの構想する社会主義において（けっして実際的ではないが、論理上）、より現実性をもつ。ランゲはこのことで一般均衡論への信頼を深めたが、可能性としてはその反対のこと、つまり市場経済の理論としての一般均衡論に疑問を深めることもできたのである。

ランゲやディキンソンの議論はハイエクによっても詳細に批判されている。[41] しかし、その反論をここに繰り返す余地はない。批判は多岐にわたっているが、一言でいえば、それはより現実的条件のもとで「解決」の運用可能性を検討するものである。そこでは、討論は「日々変化する諸条件にたいし、どの方式がより速くより完全な調整を行うことができるか」を議論するものとなっている。ミーゼスが最初に議論を起こしたときの絶対的な調子からみれば、かなり後退した議論と受け取られかねない。しかし、旧ソ連七〇年および旧東欧四〇年の社会主義の経験とそこでの討論とを踏まえてみれば、社会主義経済の非効率とその改善のための議論とがこの論文で基本的に予見されていることが分かる。ハイエクはこの論争を通して、分散した知識を生かす秩序としての市場という主題を発見し、オーストリア経済学に新しい次元を切り開いたのだった。

第二次世界大戦が始まると、社会主義の「可能性」をめぐる長く続いた論争は、明確な理由なく終結してしまう。戦争中の中断だけなら理由は明白であるが、戦争が終結したのちも、もはやおなじ主題をめぐって論争が再開されることはなかった。双方の議論がほぼ出尽くしたということがあるかもしれない。論争というものは引き続き闘われてこそ、持続するものかもしれない。さらに、社会主義の運用可能性を疑うことが場違いなものと感ぜられるようになったのかもしれない。その背景には、二次の五カ年計画に「成功」し、ナチス・ドイツとの戦争に勝利した社会主義国家ソビエト連邦の存在があったにちがいない。一九五〇年までにはソ連に占領された東欧諸国家とユーゴスラビア・アルバニア・中国が社会主義化し、計画経済がもはや例外的存在でなくなったことも影響していよう。一九五八年六月にカリフォルニア大学バークレー校において「東欧における経済計算と組織編成」という国際シンポジウムが開かれたが、そこではミーゼスやハイエクの議論はもはや取り上げられていない。十数人の報告者のすべてが、さまざまな側面から、現に社会主義国でもちいられている計算方法とそれにかんする考え方を論じたのである。ブルスは「論究の平面がこのように根本的に変わった原因」を説明し、それは「社会主義諸国の経済的経験の説得力に、また、一連の資本主義にみられる国家のはたす経済的役割の増大する方向に起因している」と述べている。[42] 論争がすでに過去のものとして話題にされる場合には、ミーゼスの主張はランゲ、ディキンソン、ラーナーによって決定的に反駁された、と多くの文献が総括した。ミーゼスやハイエクに近い少数の人達をのぞいて、社会主義支持派が論争に勝利したと信じられた。このことはオーストリア学派の現在の指導者イズラエル・カーズナーによっても確認される。かれは、大勢としてランゲの勝利と理解されていることに同意し、このような誤った評価が広まったのには理由がある、と考える。それによれば、ミーゼスもハイエクも、「かれらオーストリア学派の市場理解が同時代の他の思想潮流のなかに暗に含まれていた理解といかに鋭く異なるのか」に気づかず、オーストリア学派の立場の言明においてかれらはその基底に横たわる「過程」視点を十分明確に表現できなかった。[43] 論争の経過のなかで、市場にかんするひとつのぼんやりとした理解が、ふたつのはっきりと異なる成分へと分離されていった。ひとつは完全に静学的な一般均衡モデルであり、もうひとつが企業家的発見の動学的過程とみるものであった。論争のなかで、自分たちがこの第二の理解に立っていることを、オーストリア学派はしだいに自覚した。しかし、その理解は経済学に共通のものではなかった。[44] その重要性が学派をこえて一般に理解されるようになるには、社会主義経済の経験と改革とが積み重ねられなければならなかったのである。[45]

五　社会科学の運命

ブルスは穏当な表現を好む社会主義者であるが、オットー・ノイラートのことを「ドイツの戦時経済の経験から一部暗示を受けた現物配分経済の幼稚な支持者」[46] と呼んでいる。たしかに、現物経済の可能性を信じ、その路線にそって全面的社会化を考えていたところをみると、たしかにその考えには乱暴なところがある。近い将来、貨幣を廃止した社会、現物計算による経済が可能であるか否か、の予測においてノイラートは完全に誤っていた。もちろん、ノイラートひとりが誤っていたのではない。ブルスの表現を借りるならば、「社会主義のありふれた支持者の意識にも、（経済理論家をもふくめて）知識人のあいだにも、まったく文字通りの意味で生産要素及び生産そのものの直接的な現物配分管理制度が社会主義的経済運営の現実に照応するであろうという見解が形づくられていた」[47]。戦時共産主義からの「戦略的後退」を余儀なくされた時期にあっても、ソ連では「理論家および政策立案者の主要な努力は、なぜまだ、現物配分経済運営制度が実生活に取り入れられないか、ということを正当化する方向にむけられた」[48]。社会主義を現物経済で計画的に運営しようというのは、第一次世界大戦を前後する時代には、多くの人に共通した思いだったのである。

ノイラートがたんに教条をふりまわすマルクス主義者であったなら、ここにはたいして問題はないだろう。マルクスの教説をかってに膨らまして信じこんでいるだけなら、多くの狂信的社会主義者のひとりとして片付けることができる。しかし、ノイラートは教条主義から自由な民主主義者であり、論理学と経済史とに造詣の深い社会科学者として、当時期待し得る第一級の思想家のひとりだったのである。そのような思想家が、四〇年足らずのちには「幼稚」と呼ばれる構想をもって社会革命に参加し、その失敗の後にも、「計画」の夢から覚めることがなかった。社会科学の知識とは、いったい、なにを可能にし、いかなる誤りを防ぐものであろうか。

ノイラートの信じていた道は、たんなる偶然から選ばれたものではない。それはかれの世界観にきわめて密接に結び付いていた。かれは、まず徹底した合理主義者であり、いかなる神秘的なものも、深遠なるものも、信じなかった[49]。しかし、かれはすべてが計算し尽くせると思うほど、単純ではなかった[50]。かれは、歴史の必然を信じたかもしれないが、未来が確実に予言できると思うほど、傲慢でも無知でもなかった。科学を厳密に検討すれば、「われわれがなす予言が多くの点で未確定であらざるをえない」ことを、かれは知っていた。ラプラースの魔の地位にみずからを置くことを、かれは拒否した[51]。かれは経験の教えるものを重要視し、近似的理論をもって正しい疑問と正しい観察を行おうとこころがけた[52]。ノイラートは狭量で独断的なマルクス主義者ではなかった。それにもかかわらず、ノイラートは「計画はいずれはやってくる」と考え、それに備えようとしていた[53]。一九一九年にかれが考えた「計画」と一九四二年にかれが考えた「計画」とは、中身が違うかもしれない。しかし、生涯にわたって、ノイラートは「計画」にきたるべき可能性として期待していた。計画経済がいかなる結果をもたらすか、ノイラートは知らない訳ではなかった。計画経済を実行しようとすれば、単一の権威が発する指令に基づいてすべてを運営しなければならない。ミュンヘンの労働者評議会に対する報告のなかでかれ自身が警告しているように、ひとつふたつの工場を占拠し、自主管理することによっては、「社会化」は不可能である。社会化が計画経済を意味するなら、かれが好んで使ったように、生産と分配の「全面的社会化」が必要であった。すべてがひとつの計画によって動かされなければならない。それがどのような政治的結果を生み出すか、ノイラートには十分考える時間があった。しかし、かれはここにうまれるすべての問題を、社会学と社会工学の進歩によって解決しうる困難とみなしたのであった。

ノイラートが「計画」に期待したのは、教条に従っただけではない。『経験的社会学』の著者として、かれは二〇世紀前半の社会とその変化を冷静に見ていた。すでに述べたように、ノイラートは第一次世界大戦以前から、戦争経済が未来の経済組織をかいま見せるものとしてバルカン諸国に調査に赴き、第一次世界大戦中は、その経験を組織的な記録に残そうと働きかけている。戦争経済を計画経済に転化しようと考えた人はノイラートだけではない。しかし、その考えをもって戦争経済を実地に調査した人は多くない。ここにはノイラートの「経験主義」精神が躍動している。ノイラートの観察していた変化は、もちろん、戦争経済ばかりではない。ドイツでは一九世紀の終わりから、企業のカルテル化・トラスト化が進み、戦後の合理化運動でも、産業構造の再編＝合同・合併による独占企業化の推進は大きな課題のひとつだった。ヒルファーディングやブハーリンとおなじく、ノイラートも、産業の集中がどんどん進めば、経済の組織化と合理化が進み、計画経済を可能にする条件が形成されると考えた[54]。ここから計画経済の可能性を結論するのはきわめて乱暴な推論というほかないが、ノイラートを衝き動かしていたものは、このような正の予測だけではなかった。かれは資本主義の市場経済が周期的に引き起こす不況とその結果としての失業を知っていた。現代の組織と計画をもってすれば、このような制度の欠陥は回避できる。科学と組織の研究者であり、またそれらの信奉者であったかれに、この確信が芽生えても不思議ではなかった。

ノイラートの不運は、社会化された社会と計画化された経済の実現に経験主義を適用しようとしたことにある。かれに欠けていたのは、建設にあたっての仮説ともいうべき実験を段階を追って確かめることであった。建設しようとする社会について、経験に基づいて予見しようとすれば、一挙に飛躍はできない。ちょうど巨大プラントの開発において段階を積んで実験がなされるように、外挿を無効とする非線形性の効果がどのようなものであるか、中間的段階を通して様子をみる必要があった。しかし、指令的な計画経済は、ノイラートが気づいていたように、部分的実験の困難なことがらであった。市場とちがって、計画経済は部分的に発生し成長することはできない。計画経済は、一挙に全体に導入するのでなければ、機能しえない。このために、経験主義がつねにもたなければならない漸進性をノイラートは犠牲にせざるをえなかった。このような状況においては、経験主義はひとつの冒険であらざるをえない。二〇世紀の人類は、この冒険を共産主義の名においておこない、敗退した。経験主義は、ここから学ぶことから再出発せざるをえない。これも経験主義のひとつのありようであろう。ただ、その結論が出るまでに、あまりに犠牲が大きすぎたがために、このような冒険主義的実験をわれわれはふたたび繰り返すわけにはいかないのである。

もしノイラートがたんなる経済学者であったならば、これで話は終わりかもしれない。少しばかりの先見の明はあったが、時代の流ればかりを追いかけて、それがそれが導いていく結末を見通すことのできなかったひとりの経済学者がかつていた。それだけのことかもしれない。しかし、そう片付けるには、経済学のそとでのノイラートの業績はあまりにも大きい。かれは他方面にわたり活躍し、そのひとつひとつに大きな足跡を残している。簡単に列挙してみよう。ノイラートは、まずISOTYPE（国際絵文字教育システム）の創始者で、博物館の図表展示や絵記号による歴史の本の編集など視覚教育の発展に貢献している。かれが指導したウィーンの社会・経済博物館は新しいタイプの市民教育の場として国際的にも注目され、その展示はウィーン方式として多数の博物館で採用された。ソ連ではノイラートの考案した統計の表示方式（人口を表すのに、人の絵を並べるグラフなど）を普及させるため、特別に政令まで発布している。ノイラートの第二の業績は、論理実証主義哲学における貢献である。かれはのちに「ウィーン学団」（Wiener Kreis, ウィーン・サークル）と呼ばれるようになる哲学サークルの重要な一員であった。「科学的世界把握——ウィーン学団」という有名な宣言はノイラートが起草し、ハーンとカルナップが手を入れたものである。「プロトコル言明」などを除けば論理学の論文は少ないが、ノイラートがカルナップに与えた影響はカルナップ本人によって確認されている。ウィーン学団にかんする本を書いたクラーフトによれば、プロトコル言明の絶対的真理性という前提をカルナップが放棄するのはノイラートの議論を受け入れたからである。[55] ノイラートの第三の業績は、「統一科学」の提唱とその実現のための媒体としての『統一科学全書』の編集である。統一科学の構想をウィーン学団の論理実証主義と分離するのはむずかしいが、ノイラートはすでに一九二〇年ころからこの考えを暖めていたという。[56] ノイラートは組織能力に優れていて、いくつもの運動を起こしているが、それらを導く理念を自前にもっている人であった。

以上の三つの業績のどのひとつによっても、ノイラートは二〇世紀の知性史に名を止めるに値するであろう。現物計画経済の構想をふくめて、問題はこれらがすべて関連していることである。視覚教育は、かれにとって社会主義運動の一部であった。かれは、強権によって社会主義社会が建設されるとは考えなかった。それは教育により、ひとびとの同意を引き出しながら進めるべきものであった。かれはなんどか都市計画に参与しているが、計画には住民の同意と参加とが是非とも必要とかれは考えていた。[57]「統一科学」運動も、ポパーの証言によれば、後退した社会主義を盛り返すためであった。ノイラートによれば、すべての科学の分野は知的分業の必要から生まれたものであり、それらは共通の言語（とくに物理学の言語）を使って表されうるものであった。かれは諸科学を物理学の用語を用いて記述すれば、その哲学は必然的に唯物論的な性格を帯びると考えていた。社会科学の諸分野はどこにもまして神学と形而上学に満ちているが、物理学の用語を基礎とした社会科学を作り出すことで、ノイラートはこのような神学と形而上学を排除しうると考えたのであった。

これらが互いに関係しているとすれば、論理実証主義の哲学や統一科学建設の努力には、現物計画経済とおなじ種類（あるいは水準）の空想性が入り込んでいるのであろうか。統一科学についてのみいうならば、その構想はたしかに現物計画経済とおなじように実現の可能性に乏しいものであった。ウィーン学団の宣言に取り上げられた分野をとって考えれば、算術と物理学、幾何学をあるひとつの普遍言語によって書き上げることは可能だったかもしれない。しかし、生物学・心理学、それに社会科学を物理主義で書き上げる可能性はどのくらいあったであろうか。ポパーは『統一科学全書』が、その高い目標から掛け離れて雑誌のひとつに終わる運命にあることを警告して、その創設に反対した(58)。計画経済への妥協なき批判者であったハイエクも、サン＝シモンの批評に仮託して暗にノイラートをつぎのように皮肉っている。「こうしたすべての欠陥を有しながらも、この〔サン＝シモン〕の著作はひとつの注目すべき記録なのである。それは近代の科学主義組織者が備えているほとんどあらゆる特質を結びつけた最初の著作だからである。物理的世界観《フィジシスム》（現在では物理主義《フィジカリズム》、と呼ばれている）にたいする熱誠と、「物理学言語」の使用、「統一科学」の試みとこれを倫理学の基礎に据える試み、擬人的なあらゆる「神学的」推理に対する侮蔑、とりわけ膨大な百科全書の編集を通じて他人の仕事を組織することへの欲望、科学的方針に沿った生活一般の設計、こういった事柄すべてがこの著作には示されている(59)」。

ノイラートは単なる誇大妄想患者なのであろうか。一面にはその傾向があることを認めなければならない。しかし、それだけではない。ノイラートは科学の進歩をひとつの船にたとえたことがある。科学の営みは、航海に乗り出してしまった船のうえで修理を行うようなものだという。どのように始まったものにせよ、いったん航海に乗り出してしまえば、みずからの乗っている船（理論）に積んである材料を用いて修理する以外にない。このたとえは「ノイラートの船」のたとえとして有名なものであるが、ここには科学というものが進化・発展していく過程にかんする深い洞察が見られる(60)。なぜこのような考察のできる人が、ハイエクのいう「科学主義」に陥るのであろうか。第一次世界大戦後の分岐点にたつとき、資本主義か・社会主義かの選択に答えるには、いかなる学問が必要だったのだろうか。

（1）　共産党指導の社会主義を堅持している中国においても、一九九二年一〇月の第一四回党大会において、計画が放棄され、「市場経済社会主義」が採択された。中国共産党は、大躍進と文化大革命の失敗のあと、比較的速く教条主義から脱出し、計画と市場の最適な組み合わせを探ってきたが、今後は計画を資本主義国におけるものとおなじく誘導的なものにとどめ、市場経済による経済建設を基本路線としたのである。一九七〇年代に軍事クーデタによって政権獲得後マルクス・レーニン主義を採用したアフリカ諸国も、一九八九年には、いちはやくそこからの脱出を宣言している。集権的計画経済に基づく古典的な共産主義路線を追求している国は北朝鮮（朝鮮民主主義人民共和国）とキューバのみになってしまった。

（2）スタニスラフ・アンドレスキー『社会科学の神話』矢野修次郎・熊谷苑子訳、日本経済新聞社、一九八三年、第一一章。

（3）「理論の責任」という概念は、つとに丸山眞男によって議論されている。『日本の思想』岩波新書、一九六一年、六〇～六二ページ。

（4）宇沢のいたシカゴ大学を含めて、短期の業績主義が貫徹する合衆国では、ベトナム戦争などの社会問題に関心をもつ若者にとって、学界に残ることがきわめて困難であった。宇沢は多くの優秀で正義感あふれる青年が学問の世界に戻れなかったことを惜しんでいる。

（5）ウェーバーは「合理性」に多様な意味を与えており、その動詞形名詞としての「合理化」も、それに対応して多義的である。かれは、社会が合理的になることを計算可能性が高まることと同一視しているところがあり、次節の社会主義経済計算論争との関連が注目される。ただし、ウェーバーでは、社会の計算可能性の増大が、それを支える制度の出現・発達との関係で考察されている。

（6）「合理化」『平凡社大百科事典』一九八四年、第五巻、六四六ページ。

（7）L. Urwick (1929) *The Meaning of Rationalisation*, London: Nisbet & Co., p. 14 の引用による。重訳は塩沢。

（8）『プロテスタンティズムの倫理と資本主義の精神』尾高邦雄編『ウェーバー』中央公論社（世界の名著61、一九七九年、一二八ページおよび一三九～四〇ページ。

（9）Urwick (1929) pp. 16-20 および巻末付録をみよ。

（10）Urwick (1929) pp. 18-19.

（11）Urwick (1929) pp. 20-27.

（12）Urwick (1933) *Management of Tomorrow*, London: Nisbet & Co., p. xvii.

（13）ケインズ自身に「自由主義の終焉」（一九二六年）という論文がある。この論文は普通アーウィックのいう「経済的思考における革命」と同様の主張をしたものと理解されているが、それが当たらないことについては早坂忠の詳細な研究がある（早坂忠編著『ケインズ主義の再検討』多賀出版、一九八六年、三一～四四ページ）。早坂によると、ケインズは古典派の経済学者たちもレッセフェールを唱えたことはなく、そう一般に理解されているのは誤解だ、と言っていることになり、その論旨はアーウィックの主張と矛盾する。しかし、一般にレッセフェールがどのように理解されていたかも重要な歴史の事実であり、その実在の思想に働きかけるのに、ケインズが古典派の経済学者たちもレッセフェール論者ではなかったと指摘した、と考えることもできる。そのときアーウィックとケインズとは結局おなじ事態を捉えていた、と理解できる。

（14） Otto Neurath（1973）*Empiricism and Sociology*, ed. by Marie Neurath and Robert S. Cohen, Dortrecht-Holland and Boston-U. S. A.: Reidel Publishing Company 所載のマリー・ノイラートおよびヴォルフガング・シューマンの回顧、巻末著作目録、および『戦争経済から実物経済へ』への序文による。

（15） Neurath（1973）所収のシューマンおよびノイラート自身の回顧（pp. 15-28）による。引用箇所は同 p. 25。

（16） Otto Bauer, 1881-1938. オーストリア社会民主党の指導者かつオーストリア・マルクス主義の代表的理論家。一九一八年一一月から一九年七月まで共和国外相。その後社会化委員会議長。かれの「社会化」構想は *Der zum Sozialismus, Wien*, 1919 にまとめられている。

（17） 一九一九年当時、R・ヴィッセルは帝国経済相、W・V・メレンドルフはその次官だった。かれらの構想は Wissel, *Die Planwirtschaft*, Hamburg, 1920 と *Praktische Wirtschaftspolitik*, Berlin, 1919 にまとめられている。ハイエクによると、「計画経済」という表現はかれらが使い出したものである。Hayek（1935）*Collectivist Economic Planning*, London. Hayek（1975）*Collectivist Economic Planning*, A. M. Kelly, Clifton, New Jersey. 同書 p. 23 をみよ。

（18） Neurath（1973）pp. 27-8.

（19） Wesen und Weg der Sozialisierung, Gesellshaftliches Gutachten, vorgetragen dem Münchener Arbeiterrat am 25. Januar 1919,22p. München: Georg D. W. Callwey, Feb. 1919. 再版数回。Durch die Kriegswirtschaft zur Naturwirtschaft, München: Georg D. W. Callwey, 1919. の第一五章として再録。Neurath（1973）pp. 135-50 に収録。

（20） *Lebensgestaltung und Klassenkampf*, 152p. Berlin: E. Laub., 1928. Neurath（1973）pp. 249-98 に第八章"Personal Life and Class Struggle"として収録。

（21） "International Planning for Peace", *The New Commonwealth Quaterly*, April 1942, pp. 281-92; July 1942, pp. 23-8. Oxford: Basil Blackwell, 1942. Neurath（1973）の第一一章として収録。

（22） L. v. Miesses（1920）"Die Wirtschftsrechnung im sozialistischen Gemeinwesen", *Archiv für Sozial-wissenschaften*, Vol. 47. S. Adler による英訳が Hayek（1935: 1975）に第三章として収録されている。ほぼ同時期にミーゼスと同様の議論をした人として、Hayek（1935: 1975, pp. 34-35）はマックス・ウェーバーとロシアのブルツクス（Boris Brutzkus, 一九二〇年当時ペトログラード大学教授、のちに西側に亡命した）のふたりを挙げている。このうちウェーバーはノイラートの議論に刺激を受けたものである。尾高邦雄編『ウェーバー』上掲、三三七〜六六ページ。ミーゼスの論文は、『経済と社会』印刷中に発表されたと注記されている。同三五八ページ。

（23） 社会主義経済計算論争の経緯については、ハイエクの三つの解説論文などを見よ。Hayek (1935a) "The Nature and History of the Problem". Hayek (1935b) "The Present State of the Debate". Hayek (1940) "The Competitive 'Solution'", *Economica*, Vol. VII. No. 26 (New Ser.), April. 最初の二本は Hayek (1935) に、また三本とも Hayek (1948) *Individualism and Economic Order*, Chicago: University of Chicago Press に収録されている。Wlodzimierz Brus (1971)『社会主義経済の機能モデル』鶴岡重成訳、合同出版、第二章。最近の議論については、つぎを参照せよ。Lavoie (1985) *Rivalry and Central Planning : The socialist calculation debate reconsidered*, Cambridge : Cambridge University Press. 尾近裕幸「社会主義計算論争の意義」『経済セミナー』第四四〇〜四一号、一九九一年九〜一〇月号。また、後出注（43）のカーズナー論文をもみよ。

（24） Hayek (1948) pp. 181-82.

（25） 中村秀一（1991）『社会』が『会社』であるような——サン＝シモンの産業主義」『現代思想』第一九巻第八号、一一〇ページおよび一一一ページより引用。

（26）『資本論』第I巻第一二章、向坂逸郎訳、岩波書店、一九六七年、四五七ページ。『資本論』では、この表現は資本主義の弁護者たちの社会主義への非難のことばの中に現れ、おなじ文脈のなかで「ひとつの工場」という標語も紹介されている。

（27） V・I・レーニン『国家と革命』第五章。

（28） F・エンゲルス『反デューリング論』（『マルクス・エンゲルス全集』第二〇巻、大月書店、一九六九年、三一八〜一九ページ）。生産計画をたてるには、「直接労働量」ばかりでなく、とうぜん「間接労働量」をも計算しなければならないはずであるが、ここではそれらを考慮してえられる「体化労働量」としての「労働価値」ではなく、貨幣表示される「価値」すなわち「価格」による計算の不必要を主張したものとおもわれる。平館俊雄『計画経済論』東京大学協組出版部、一九五〇年、より引用。ただし、かなづかいを改めた。この箇所は、Mieses (1920) [Hayek (1935: 1975) p. 112], Hayek (1948), p. 182, Brus (1971) pp. 31-32 などに引用されている。

（29） Brus (1971) p. 73.

（30） Hayek (1935: 1975) 所収の各論文による。

（31） B. E. Lippincott (ed.) (1938) *On the Economic Theory of Socialism*, Mineapolis: Minessota University Press.（『計画経済理論』土屋清訳、社会思想社、一九五一年、一八ページ、七一ページ、七五ページ。

（32） Hayek (1935: 1975) pp. 286-87.

（33） *ibid*., p. 289.

(34) じつはほぼ同時期に、数学の世界でも「計算可能性」を定義することが、おもに論理学者たちによって、ひとつの中心的課題として研究されている。Gödel (1931), Church (1936), Kleene (1936), Turing (1936,1937) など。しかし、それは今日のことばでいえば、原理的計算可能性にかんするものであり、実際的計算可能性の概念が分離され、数学の問題としてひとびとの関心を集めるのは、計算機が発達した一九六〇年代以降のことである。

(35) 塩沢由典 (1990)『市場の秩序学』筑摩書房、第九章。O. E. Williamson (1985) *The Economic Institutions of Capitalism*, New York: The Free Press, Prologue.

(36) 論争の論理的進展としてはこの通りであるが、ソビエト連邦において五カ年計画が現に進行しつつあった一九三〇年代に、なぜこのような分権化モデルが提唱されたのか、という問題を別途問いうるであろう。

(37) ランゲは、賃金と消費財は市場が決めると考えているが、議論にとって本質的な修正ではない。

(38) O. lange (1936-37) "On the Economic Theory of Socialism", *Review of Economic Studies*, Vol. IV, No. 1&2, Lippincott (1938) 所収。

(39) 土屋清訳 (1951)、九八〜九ページおよび一二〇〜二七ページ。

(40) ソ連の実際の経験では、全般的な価格改定は一〇年に一回程度おこなわれたにすぎない。これには価格の安定性を確保するため、改定期間をあえて政策的に長くしたこともあるが、千数百万種類を数える全製品の改定に要する作業量の多さと、その改定を施行する準備の困難からより頻繁な改定ができなかったことにもよる。改定期間が実際にはかなり長くならざるをえない事情は、すでにHayek (1940) に指摘されている。Hayek (1948), p. 193.

(41) Hayek (1940).

(42) Brus (1971) p. 71による。

(43) I. M. Kirzner (1988) "The economic calculation debate: lessons for Austrians", *The review of Austrian Economics*, Vol. 2. Reprinted as Chp. 6 in I. M. Kirzner (1992) *The Meaning of Market Process: Essays in the development of Modern Austrian economics*, London and New York: Routeledge. p. 101.

(44) Kirzner (1992) p. 102.

(45) 未見であるが、論争開始後の論争関連の著作として、ノイラートには *Wirtschaftsplan und Natural-rechnung*, Berlin, 1925 ほかがある。

(46) Brus (1971) p. 40

(47) Brus (1971) pp. 36-37.

（48） Brus (1971) p. 40.
（49） Neurath (1973) p. 326.「物理主義（Physicalism）はいかなる〈深み〉をも認めない。すべては〈表層〉にある。」（原文はこの部分イタリック）。同様の主張はウィーン学団の宣言にもある。Neurath (1973), p. 306. ヴィクトル・クラーフト（1990）『ウィーン学団』寺中平治訳、勁草書房、二三〇ページ。
（50） Neurath (1973) p. 407.「疑似合理主義はすべてを計算可能と取り扱う傾向があるが、厳密な科学はその体系の多重の解釈を許すようになり、……」
（51） Neurath (1973) 引用はp. 407から。なお、直後に「帰納じたいも決断に基づいている」と注意している。ラプラースの魔については p. 404.
（52） Neurath (1973) p. 389.
（53） Neurath (1973) pp. 402-03. また、ハインツ・ウムラートの回想（Neurath, 1973, p. 41）をみよ。
（54） Neurath (1973) p. 255 & 259.
（55） Neurath (1973) R・カルナップの回想は pp. 43-45. ヴィクトル・クラーフトの本の抜粋は pp. 49-51. 寺中平治訳（1990）、一二〇ページ。
（56） チャールス・モリスの回想による。Neurath (1973) p. 66.
（57） Neurath (1973) p. 42 & 76. この考えは計画経済についても当てはまる。経済成果をひとびとに分かりやすく教えることをノイラートは目指していた。
（58） カール・ポパー（1980）『推測と反駁』藤本隆志・石垣壽郎・森博訳、法政大学出版局、五〇ページ、七五五～五六ページ。Neurath (1973) p. 56.
（59） F・A・ハイエク（1979）『科学による反革命』佐藤茂行訳、木鐸社、一八七～八八ページ。
（60） Neurath (1932/33) *Protokollsätze*, *Erkeetnis*, Bd. 3, pp. 204-14. 坂本百大編『現代哲学基本論文集』勁草書房、一九八六年、一六九ページ。また、W. van Quine (1980) "From a Logical Point of View", Cambridge, Massachusetts: Harvard University Press, p. 79 をもみよ。

16　A・ロンカッリア著『スラッファと経済学の革新』批判によるスラッファ理論の展開

国民経済協会が発行していた『国民経済』という雑誌があった。マイナーな雑誌で、若手の経済学者グループが編集していた。この書評は、青木達彦からの依頼であった。引き受けるに当たって「長さは自由」という条件をつけた。日本では、書評というと四千字程度のまでのものと相場が決まっている。しかし、きちんと議論するには相当の紙数を費やさねばならないことがある。『国民経済』は、そういう希少な機会を与えてくれるありがたい雑誌であった。その後、数年して、この雑誌は廃刊になった。費用に見合う効果が見えなかったのであろうが、経済理論のための自由な論壇がなくなったのは残念である。

本章の主眼は、A・ロッカッリアの本『スラッファと経済学の革新』（渡会勝義訳、日本経済新聞社、一九七七年）の書評を通して、スラッファの経済学に対するわたしの立場を表明することであった。スラッファについては、すでに「ピエロ・スラッファ／人・分配・認識」（『経済セミナー』一九七六年一二月号初出、『市場の秩序学』第5章に収録）を発表していたが、意義の紹介を主としていて、スラッファの主張にかんしてわたしが疑問とすることを書く機会はなかった。こういうことは、はしょらずきちんと書く必要があり、長さに制限のないことは重要だった。詳しくは本文を見てもらうべきであるが、標準商品という不変の価値尺度の発見をスラッファの最大の貢献とする多数派解釈には異を唱えている。経済分析の方法に、需給均衡の枠組み以外の接近法がありうることを示したことは、分配関係の測定方法以上に重要なことではないだろうか。このような考えが本章で十分展開されているとは言えないが、スラッファの意義を経済学の理論枠組みの革新とみるわたしの姿勢はその後も変わっていない。

当時のスラッファ解釈におけるもうひとつの重要な論点は、スラッファが収穫一定を仮定しているか否かにあった。ロンカッリアは、スラッファが生産規模の変化を想定していないのだから、収穫一定か否か議論すること自体に意味がないと主張していた。分配の変化を考えるとき、資本家と労働者の所得配分が変わり、最終消費財の構成比が変化する。それに応じて各財の生産量が変化する。したがって、スラッファの主張が意味をもつためには、スラッファが暗に収穫一定を仮定していると考えた方がよい。わたしはこう考えていた。

わたしの主張は、スラッファを正しく解釈するためにではなく、スラッファ後の理論展開をはかるには、どう考えるべきかにあった。新古典派一般均衡理論では、収穫逓減を前提しないと生産者は生産量を決定できない。市場価格で「売りたいだけ売れる」という枠組みを取っているからである。スラッファは、すでに一九二六年、この前提に疑問を提出している。価格を変数とする需要関数・供給関数を定義しようと思えば、このような前提が必要になるが、『商品による商品の生産』が示しているのは、そのような構成に基づかない価格理論が可能であるということだった。問題は、その先をどう展開するかである。やや数学的な議論がされているが、この書評の要点は、新古典派理論で主張されているのとちがって、考えるべきは収穫逓増の場合であるという主張にある。

ここにおける「収穫逓増」は生産規模にかんするものであり、「規模の経済」と言い換えられる。「収穫逓増」という語は、しかし、多義的に使われている。複雑系ブームの中でブライアン・アーサーの議論が紹介されてからは、使用の場面における「連結の効果」と呼ぶべき事態が「収穫逓増」という表現で語られるようになった。この他にも、範囲の経済、学習の効果もともに収穫逓増と表現されることがある。こうした事態は混乱のもとであるので、『複雑系経済学入門』を書いたとき、整理を試みた（同書、第一一章）。この整理は、その後、ときどき参照されるものとなった。

わたしはスラッフィアンとして出発し、その理論の基本骨格を受け入れている意味でわたしは、いまでも、スラッフィアンである。ただ、スラッファがその主著で扱った話題の範囲は極めて限られていた。六〇年代、七〇年代にスラッフィアンであった人達が、狭い意味でのスラッファ経済学に止まることなく、それぞれ新しい展開を試みたように、わたしもそれを基礎としながら、スラッファの著作そのものからはかなり遠いところまで来てしまった。

スラッファの枠組みの強みは、個々の人間の行動に依存しない関係があることを発見し、それを価格理論の基礎としたことにある。しかし、景気循環や経済発展を捕らえようとするとき、どうしても人間行動の詳細に入らざるをえない。そのとき、最大化行動を前提するのでなく、ひとつの類型として経済行動を捕らえようとするとき、どのような定式化が可能であろうか。これがわたしが長い間、模索してきた道であった。

すでに他の著書に書いたように、最大化計算の計算時間に注目すると、H・A・サイモンが強調していた合理性の限界が考慮すべき重要な要素となる。その点を突き詰めていくと、外界の特定の信号に段階的に反応するプログラム化された行動にこそ、世界にかんする経験を生かす実行可能な行動であることが分かってきた。

このような理解は、今では、ゲームの理論でもエージェントの限定合理性として普通に前提されている。しかし、なぜそのような前提が必要となるのか、その理由がよく分かっていない理論家に出会うことがある。経済学のような複雑な対象を扱う学問では、ただしい結論を得ることが大切なだけでなく、そこに至る試行錯誤もまた重要な意義をもっているように思われる。スラッファから複雑系まで、長い手探りではあったが、妥協せずに考え抜いたことは無駄ではなかったと思っている。

原論文には、節の区切を表す番号のみがあったが、本書収録にあたって小見出しをつけた。

さらなる展開のために

書評の義務のひとつに、取りあげる本の内容を簡潔かつ正確に要約して、もって読者の判断に資すということがある。わたしはここでこの義務をみずからに課さないことにしたい。ロンカッリアの『スラッファと経済学の革新』は、おおむね忠実なスラッファの祖述であり、それはそれとして受けとっておけばよい。ロンカッリアによるスラッファの解釈を原典に拠りながら（わたしの解釈の立場から）批評するというくどい手続きを取りたくない。さいわい、訳者渡会勝義による簡にして適切な解説が巻末に付されている。緊急なる読者はそれを読まれるとよい。

わたしがここで展開しようとするのは、ロンカッリアの全面的な批判である。かれの解釈が正しいとすれば、それはスラッファの批判でもある。わたしは、あえて、それをいとわない。わたしは、新古典派理論の徹底した敵対者であることを望んでおり、その意味で断固としたスラッファ主義者である。しかし、スラッファの理論をさらに大きく展開させることが可能でありかつ必要であると考える点で、ロンカッリアといささか立場を異にする。理論の発展のためには、スラッファ自身の不十分な要素、否定的な側面を明確にせざるをえない。『商品による商品の生産』（原著一九六〇年、菱山泉・山下博訳、有斐閣、一九六二年）以降一五年間の論争の流れをふまえながらも、ロンカッリアの本が〈祖述〉に終わっているのは、かれ自身における展望が欠けているからであろう。

ロンカッリアは一九四七年ローマに生まれたとある。かれが大学に入り経済学を学び始めたころには、スラッファの本はすでにイタリアでは神聖なまでの地位を確立していたにちがいない。ロンカッリアの経済学入門は、スラッファの本によったのかもしれない。そのような眼から見れば（というのは、わたし自身にも似たような経過があって良くわかるのであるが）、限界理論は説明をうければうけるほど不可解なものである。単純で明解な問題設定を、なぜわざわざ複雑で偏向した議論にねじまげてしまうのか、これは多くの先輩経済学者に対したときロンカッリアのいだいた感想にちがいない。このいらだちと怒りとが、かれをしてこの本を書かしめたのであろう。それがこの本に力強さと精彩とを与えている。しかしそれが同時に、この本の欠点をも生みだしている。かれの新古典派批判は正しいが、具体性を欠いている。かれのスラッファ擁護は徹底しているが、その理論構成の態度はあまりにも防衛的である。かれは、まだ、スラッファ理論の殻を内側からうち破る必要も欲求も感じていない。

『スラッファと経済学の革新』は、スラッファの注釈書であると言ってよい。そして、このような注釈書はいま必要とされている。ロンカッリアはそのひとつを書きあげた。この種のものとしては最初のものである。それだけの功績はある。しかし、これが決定版になることはないであろう。決定版がでるためには、まだいくつかの試行が必要である。

スラッファ理論の核

スラッファの中心的対象が生産価格の分析にあるというとき、ロンカッリアは一面において正しく一面において誤っている。スラッファの主要な貢献を「不変の価値尺度」ともいうべき標準商品の発見にあると考える人たちに対して、核心的議論がそこにないことを示す点で、ロンカッリアの立言は正しい。そしてこのことは強調されなければならない。スラッファの貢献は、かれの理解者たちにあっても、しばしば「資本測定論争」やその中心論題となった「技術の再切替え」問題への先導的役割に限定される傾向があった。かかる人たちにとって、スラッファの著作は、(かつてケインズが表現したように破壊的ではあっても、建設的なものではなかった。事実は、しかし、スラッファは「供給の力と需要の力との基本的均斉」という均衡概念を廃棄して、需要と供給とにもとづかないまったく新しい(といってもリカードやマルクスにはかつて厳然と存在した)経済過程の概念化に成功したのであった。ロンカッリアがこの理論を「生産価格の分析」と呼ぶとき、かれは遠からざるものを表現している。しかしそれが、価格の分析にとどまるかぎり、かれは誤っているとわたしは言わざるをえない。なぜか。

スラッファは、『商品による商品の生産』への序文の冒頭に、つぎのように書いている。「需要と供給の均衡のタームで考えることに慣れている人なら誰しも、これからのページを読むにあたって、そこでの議論が一切の産業における収益不変という暗黙の仮定に立っていると想定しようとするかもしれない。このような仮定が役に立つことがわかれば、読者はそれを一時的な作業仮説として採用しても、なんの困難もない。だが、実際には、そのような仮定は立てられていない。……そこでの研究は生産規模の変化だとか「要素」割合の変化だとかに依存しないような経済体系の性質に、もっぱら係わっている。」

(強調は塩沢)

生産規模の変化に第一義的に依存しないような経済体系の性質に注目することについては、わたしはスラッファに賛成である。しかし、このことは、ロンカッリアがことに強調するように、いかなる場合にも(わたしは分配関係の変化する場合を頭においている)、生産水準が固定されなければならないことを意味するだろうか。ロンカッリアは生産量は与件であるという。だからスラッファの理論はすばらしい、マルクスの理論ともケインズの理論とも両立可能であるという。わたしは、逆に、もし生産量が固定されなければならないとスラッファが考えたとしたら、それはかれの十分考慮したらなかった点であると考える。

スラッファの理論の出発点となる核はどこにあるだろうか。それは、かれの本の第一章と第二章に提示されている。第一章において、スラッファは「ちょうどそれ自身を維持するだけのものを生産するような」社会を考えて、価格を「もしそれが市場によって採用されれば、生産物の当初の配分を復元し、上の過程を反復することが可能になる」交換比率として定義する。この価格は剰余のない経済においては一意的に定まる。剰余のある経済においては、もはや価格は一意ではない。分配が介入するからである。「剰余の分配は商品の価格とおなじ機構を通じて、しかもそれと同時に、決定されなければならない」。

ふたつの重要な観念をとりだすことができる。ひとつは、経済を循環として過程としてとらえる考えである。付録D「文献引証」においてスラッファが、ケネーにふれながら、生産と消費の体系を「循環的過程」とみる見方が近代理論における生産要素から消費財へと導く一方通行的見方といちじるしく対照的であると述べているのは興味ぶかい。第二の観念は、分配が価格を規定するとともに、剰余の分配それ自体が経済循環の一部をなすという考えである。しかし、この第二の観念の後半は、スラッファにおいては以後忘れられてしまう。なぜなら、スラッファは生産価格の成立にのみ注意を集中して、その分配関係によって与えられる利潤や労賃が商品の循環としてどのように実現されるかという問題を落としてしまったからである(マルクスはそのような見落としをしなかった。再生産表式を見よ)。

生産価格が他の価格一般から区別して取りだされる意味があるとすれば、それはこの価格が特定の循環過程を可能にするからである。ロンカッリアは、かれの著書のなかで、「いかなる意味で生産価格が現実理解の根拠を与えるのかを明らかにするように、われわれと努めなければならない。これはスラッファ体系における重要な問題であって、しかも通常無視されているもののひとつである」（第一章の九）という。そして論をすすめて、かれは「生産価格決定のスラッファ体系は、明らかにこの設定〔＝循環的過程としての生産と消費の体系〕に依っている」（第一章の一二）と結論を下すにいたる。にもかかわらずかれは、分析をいま一歩進めようとせず、生産量不変という師のことばにしがみついてしまう。

問題はつぎの点にある。労働者と資本家という二大所得範疇を考えよう。（単純）再生産のために必要な商品をさしひいた生産の剰余すなわち純生産物は、当然のことに、生産量が一定なら一定である。ところで、労働者と資本家とはその所得から与えられた価格＝分配状態のもとで購入しようとする商品の組み合わせを異にするだろう。資本家は（拡大再生産のために）生産財を、労働者は消費財を求めるかもしれない。分配状態が変化すれば、それにしたがって、所得として実現さるべき純生産物の構成も変わらざるを得ない。もし変わらないとするならば、財の循環は〈完結〉しないのであって、労働者あるいは資本家は与えられた価格のもとにおいてみずからの購買を実現できない、すなわち分配関係の変化は見せかけにすぎないことになる。

では、いかなる条件で、任意に可能な生産価格に対応する完結した循環は存在するのか。わたしは、第4節において、十分広い設定のもとにこの問題に肯定的な解答を用意する。ただし、ひとつだけ重要な保留がある。それは規模にかんする収穫一定を仮定することである。ここでも、わたしはロンカッリアと真向から対立することになる。規模にかんする収穫一定の仮定は、ロンカッリアが危惧するように、またしばしば多くの論者の主張するごとく、それをいったん認めてしまうとスラッファの全理論が新古典派の特殊例になってしまうようなものではない（この問題はつぎの第3節で展開する）。スラッファと新古典派の対立はなにを問題とみるかという出発点から始まっているのであり、分析手法上の一仮定を認めるかどうかで、一方が他方に吸収されるものではない。

わたしが右に提出した問題が、需要・供給の一致すなわち均衡の存在の問題ではないかと考えるひとに、ひとこと注意しておきたい。たしかにそれは「均衡」であると言っても良い。生産された商品が過不足なくつぎの生産のために分配・消費されることは、考察の対象となる経済過程がうまく進行するために必要である。このとき、生産物が供給でありその消費が需要であるならば、供給と需要とは一致しなければならない。しかしこのことは、いかなる意味でも、供給の力が価格をひき下げ、需要の力がそれをひき上げることを含意しない。われわれの例では、価格すなわち生産価格はすでに与えられている。価格の上下が需給を均衡させるのではない。その意味では、右の問題は循環の完結性の問題であっても「均衡」の問題ではない。しかも正確にいえば、それは伝統的な意味での需要と供給の一致の問題でもない。生産量の構成が定まる以前には、需要も供給も定義されていない。われわれの理論には、価格を変数とする需要関数も供給関数も存在しない。

収穫一定から収穫逓増へ

議論を正確なものにするために類似概念の区別が必要である。ここでは、まず、費用逓増（逓減）と収穫逓減（逓増）が区別される。後者は技術体系の性質であって、価格の上下とは独立に定義される。一方、前者は市場価格の変動による影響をも内包する。たとえば、収穫不変であっても生産量の増大につれて投入財の価格が上昇すれば単位費用は増大する。

費用法則は、価格の決定機構が明らかにされたのちにしか語りえない。現在ではもはやそのようなことはないが、均衡の成立に先立って、ある産業の生産量の増大が限界量に近いある生産要素の価格をつりあげることから生じる費用逓増によって収穫逓減を説明することがあったようだ（スラッファの一九二五年の論文に引かれている）。一九二五年の論文「生産費用と生産量との関係について」の注のひとつで、スラッファは「収穫逓減」と「費用逓増」のふたつの表現をとりあげ、両者をおなじものと仮定してもちいたが、区別が可能である、と示唆している。わたしがここで議論しようとするのは、収穫法則についてであって、費用法則ではない。

スラッファは土地にたぐいした本源財の量的制約の経済におよぼす影響を、ひとまず商品の商品による生産から切りはなして考える。商品は定義によって（再）生産可能な財である。そして、この商品と商品との関係こそが現代の産業社会における支配的なものであると考える点で、希少な財の配分を主要なものとする新古典派とスラッファは対立する。スラッファの立場は、リカードとマルクスの立場でもあり、わたしもそれを受け入れる。わたしたちが念頭におくべき技術とは、まず工場生産におけるそれである。

技術の体系をみるために、ふたつの基準を導入しよう。ここで、技術体系とは当面知られているものであって、社会的に容認される（たとえば、毒を排出しない）ものの全体であり、そのひとつひとつの技術は商品の投入と産出とによって同定されているものとする。第一の基準は、〈加法性〉である。ある生産水準をもつふたつの生産が技術的に可能であるとすれば、両者を加えた生産水準をもつ生産が可能であるとき、技術体系は加法的であると言われる。(a, b) と (a', b') とをそれぞれ投入 a, a'、産出 b, b' をもつふたつの生産とする。Σにより技術的に可能な生産の集合をあらわせば、加法性は $(a, b) \in \Sigma$, $(a', b') \in \Sigma$ ならば $(a+a', b+b') \in \Sigma$ を意味する。加法性がなりたてば、可能な生産の自然数倍もまた可能である（0生産はつねに可能であると仮定する）。第二の基準は、〈分割可能性〉と呼ばれる。ある生産水準の生産が可能であるとき、その何分の一かの生産が可能であることをそれは主張する。k を0以外の自然数とするとき、$(a, b) \in \Sigma$ ならば、$(1/k)(a, b) \in \Sigma$ とも表現される。

われわれの設定においては、加法性はつねに成立すると仮定してよい。ふたつの工場で別々に生産が行われているとき、それらを単一の生産と見なせばいいのである。同時に操業することをさまたげる技術的理由はなにもない。一方、分割可能性はかならずしも成りたつとは言えない。じっさい、年産三〇〇万トンの高炉で可能な資材の単位あたり投入係数を年産一〇万トンの高炉で実現することはむずかしい。一般には〈規模の経済性〉があるからである。以下では一応、両基準ともに成立するとして議論を進める。しかし、重要なことは、もしこの仮定が強すぎるとして理論の拡張がもとめられるとしたら、それは第一の基準をはずすことではなく、第二の基準すなわち分割可能性の仮定をはずさなければならないということである。

生産可能集合Σが加法性・分割可能性を満たすとき、それはどんな特徴をもつであろうか。簡単のためにΣは閉集合であると仮定する。このときΣは①規模にかんして収穫一定、②構成要素の比率変化について収穫非逓増となる。あるいは数学的に、Σは原点を頂点とする凸錐体であると言ってもおなじことである。このことは、第一・第二両基準を適用することによって、一生産の任意の正の有理数倍が生産可能であること、連続性から任意の正の実数倍が生産可能であること、したがって任意のふたつの可能な生産の内分点が生産可能になることからしたがう。

ドブルーやアローに代表される一般均衡理論の数学的形式化にあたっては、規模にかんする収穫一定は仮定されず、より一般な凸性の仮定がおかれている。しばしばひとは、このことをもって、新古典派の成果が収穫一定をごく特殊な場合として含む広範なものであると考える。そして暗に、スラッファの理論は（規模にかんする収穫一定を仮定しているから）、特殊な、現実社会ではありえない、理想状態に対応するものであると推論する。しかし、これはまったく誤りである。先にも注意したごとく、加法性と分割可能性のうち、とりさらなければならない仮定は、第二の、分割可能性である。生産可能集合Σが凸であるという仮定は、反対に、加法性の仮定をすて、分割可能性を生かしたものである。一般化は、規模にかんする収穫逓増に向かわなければならないのに、「一般均衡理論」は収穫逓減の方向に進んでいる。

なぜこのような逆転が起きたのか。もっとも明白な理由は、凸集合の方が凹集合より数学的にははるかに扱いやすいものだからである。しかしわたしは、この明白な自体の背後にかくれる深い動機を疑わざるをえない。スラッファはすでに一九二五年の論文において、「供給の力と需要の力との均斉《シンメトリ》に立脚する理論」の必要が「費用不変というヨリ単純でヨリ明白な形態を無視しながら、これよりももっと複雑で、ありそうもない形態ばかりを考慮」させていると指摘している。需給の均斉理論の後裔たる数学的一般均衡理論においても、理論の必要が仮定を支配している。アローとハーンの有名な本『一般均衡分析』[(1)]を見てみよう。著者たちは、その第三章第二節において「加法性の仮定はつねに弁護することができ、事実それは究極において自明の理〔＝同語反復〕に帰着させることもできる」と述べ、それにひきつづいて組織の管理能力をもちだす通常の反論を「何らかの必要な投入物の欠如」を意味するとして棄却している。ところがかれらが凸性の仮定を導入するのは、「企業に固有な私的な要素」すなわち市場化されない財の観念を引いてのことである。結局かれらは経済外的要因に逃げ場を求めているのだ。

商品による商品の生産という立場にとって、規模にかんする収穫一定を仮定することに格別の支障はない。もしそれ以上に進もうとするならば、規模の経済性をあつかわなければならない。この問題は今後に残されている。新古典派の多くの数理経済学者の努力にもかかわらず、事態は依然として開かれている。

新古典派とそれに対立するリカード・マルクス・スラッファの系統とのどちらがより一般的な理論であるか争うことは意味がない。重要なのは、どちらの問題設定がより正しいかである。われわれの理論が正しいものであるならば、たとえその設定範囲がより狭くても、まよわず研究をすすめていけば良い。対象領域の広狭は、対立する二理論のどちらがより古い歴史とより多くの学者をかかえているかによる。理論の正しさとは関係ない。にもかかわらず、あえてつけ加えれば、進むべき方向においては新古典派はスラッファより少しも一般的ではない。そしてわたしの勘からいえば、規模の経済性にかんしては、「一般均衡理論」よりも生産価格による拡大再生産過程の分析の方に見透しがある（第四節末の素描を参照せよ）。

ロンカッリアが循環の完結性をも犠牲にして生産水準一定の仮定にしがみついたのは、生産量の変化が収穫不変の仮定を必要とし、そのためにスラッファ体系が「一般均衡モデル」の一特殊ケースになってしまう、という限界主義者たちの宣伝に乗せられてしまったからであろう。かれは、この宣伝からスラッファを擁護しようとして、宣伝の内容を吟味することなく信じこんでしまった。もちろん、この背後には、序文におけるスラッファの不正確な表現がある。かれが収穫不変を仮定しないといったとき、需要・供給理論における「収穫不変」すなわち生産量の変化に対応する費用不変という価格理論以前に論ずることのできない「仮定」をまず考えていたにちがいない。かれが一冊の本をもって批判しようとしたものは、「需要側の力と供給側の力との間に基本的な均斉《シンメトリ》が存在するという考え」（スラッファ一九二六年論文）そのものであろう。このテーマにおいて、二五・二六年の論文と六〇年の本とは一貫してゆらぐことがない。批判が効果的であるためには、スラッファの設定が一般に限界主義者たちが排除する仮定にたつものではなく、それと無関係にありうるものだと強調する必要があった。しかし、生産量固定の設定を絶対視する理由はどこにもない。

技術選択と循環の完結

生産可能集合Σは閉凸錐体と仮定する。これは前節にみたように、技術の加法性・分割可能性・連続性の仮定と同値である。規模にかんする収穫一定がなりたつから、たがいに比率の等しい生産はおなじ技術に属するとして、ひとつの技術を定義しよう。いいかえれば、ひとつの技術τはΣの一点（a, b）とその正数倍の全体からなる。生産（a, b）は技術τの代表元と呼ばれる。代表元のとりかたは一意ではなく、τに属する任意の生産は代表元になりうる。

以下、簡単のためにΣは〈単純〉と仮定する。これは結合生産の可能性を排除する。そのため固定資本の考察を行うことができない。これは重大な制約である。しかし、耐久資本財の「効率」がその耐用期間中一定であれば、固定資本の存在の場合にも以下と同様の結果がえられることがわかっている(2)。

「単純」という概念を定義するには、生産空間をいますこし具体的にしておかなければならない。商品空間Eは、労働力商品一種類と商品財n種類とからなる（n+1）次元の非負象限である。労働力を第0座標、財を第1から第nでの座標であらわすと約束しておく。商品財のみの空間は、n次元の非負象限でE_+と表わされる。E_+はEの部分空間でもある。ひとつの生産とは、Eの元xとE_+の元yとの組（x, y）である。生産可能集合Σはしたがって$E \times E_+$の部分集合として与えられる。Σの任意の元が、$b_j > 0$なる指数jの個数がたかだか1であるようなΣの元（a, b）たちの内分点であるとき、Σは単純であるという。$b_j > 0$, $b_i = 0$ $(i \neq j)$ なるとき、（a, b）を代表元とする技術τは第j産業に属するという。このような技術については、代表元のとりかたを指定して、つねに$b_j = 1$とおくことにする。最後に、各産業にそれに属する技術をひとつずつ指定する関数をひとつの〈技術系〉という。すべての技術系の集合をΓとかく。

経済は全体として〈生産可能〉とする。すなわちΣの元（x, y）で、任意のj（j = 1, …, n）について$y_j - x_j > 0$なるものが存在すると仮定する。単純で生産可能ならば、Γはすくなくともひとつの技術系γをもつ。γの指定する第j産業の代表元を（a^j, b^j）とおく。b^jは約束にしたがって、第j要素b_j^jは1、その他は0である。a^jは第0座標a_0^jとあとのn座標a_+^j =

$(a_1^j, \ldots, a_n^j)$ とに分割する。これらを縦に並べて行列を作り、$a_0 = (a_0^j)$, $A = (a_+^j)$ と定義する。b^j をならべた行列は単位行列Eとなる。$\gamma(j)$ に属する生産の和としてえられる生産を技術系γに属する生産という。γに属する任意の生産 (x, y) は、$s = (s_1, \ldots, s_n)$ を生産水準ヴェクトルとして、$y = s$, $x_0 = \langle s, a_0 \rangle$, $x_+ = sA$ とあらわされる。ここで、x_+ は x のうしろの n 座標からなるヴェクトルで E_+ の元。この慣用はのちにも断りなく使用する。正確にいえば、a^j, a_0, A などすべてγに依存している。

正の実数λについて、技術系γに属する生産 (x, y) で、$x_+ < \lambda \cdot y$ を満たすものが存在するとき、技術系γはλ認容であるという。経済が生産的であれば、1に十分近いλ $(0 < \lambda < 1)$ について、λ認容な技術系が存在する。$\lambda^{-1} = 1 + \pi$ として、λ認容な技術系γをひとつとると、斉一利潤率πをもつ価格 $p = (p^1, \ldots, p^n)^\tau$ が存在する。$(\ )^\tau$ は転置行列をとる作用素、労働力の雇用一単位あたりの賃金で規準化してある。p は a_0, A を使ってつぎのように行列表示される。

$$(1 + \pi) \cdot (a_0 + Ap) = p \qquad (4 \cdot 1)$$

技術系γが労働の〈弱不可欠性〉を満たすとき、$p > 0$ となる。ここで、労働の弱不可欠性とは、いかなる商品をγに属する生産で純生産するにしても労働投入量が正でなくてはならないことをいう。すなわち、(x, y) がγに属する生産で、$y - x_+ \geqq 0$, $y \neq 0$ のとき $x_0 > 0$。

以上の準備のもとに、つぎの最小価値定理がなりたつ。(3) 経済が単純で、$\lambda = (1 + \pi)^{-1}$ とおいたとき、すくなくともひとつλ認容な技術系が存在するとする。さらに、任意の技術系γについて、ある正の $(n+1)$ 次元縦ヴェクトル w が存在して、γに属する任意の生産 (x, y) について $\langle x, w \rangle \leqq \langle y, w \rangle$ ならば（このときγは評価可能という）、γは労働の弱不可欠性をみたすとする。最後に生産可能集合は閉じていると仮定する。このとき、ある技術系γ^*が存在して、γ^*に対応する利潤率πの生産価格p^*は、他のいかなる技術系γに対応するおなじ利潤率の生産価格p_γより（もしそれが存在すれば）、各要素ごとに大きくない。すなわち、$p^* \leqq p_\gamma$ がなりたつ。これは斉一利潤率πを確保しながらとりうるもっとも小さい、その意味でもっとも競争的な価格である。γ^*は一意にさだまるとはかぎらないがこの最小の生産価格は一意である。以下の議論では、与えられたπにかんして、最小の生産価格を与える技術系γ^*をひとつ選んで固定する。他の技術系を選んでも価格p^*のもとでは、利潤率はたかだかπに等しいかそれ以下である。以後、最小生産価格のみを考えるから、簡単のため$p^*=p$とおく。

技術系γ^*にかんする生産規模がsであるとき、経済の一循環がどのように完結するかを見ていこう。先に見たように、生産（x, y）はつぎのように与えられる。$x_+=sA$, $x_0=\langle s, a_0\rangle$, $y=s$. 価格は（4・1）式を満たしている。この期の労働者全体の賃金はx_0に等しい（価格は労働力一単位あたりの賃金を基準にとっていることに注意）。労働者は貯蓄しないとすれば、ある商品財のヴェクトルdがあって、$x_0\cdot d$だけの生産物を購入する。dは予算制約式$\langle d, p\rangle=1$を満たさなければならない。一方、資本家は再生産を確保するために消耗した資本を補填し、利潤に相当する部分はみずからの消費あるいは新規投資のために生産物を購入する。資本家全体として、利潤一単位あたりfなる財を購入するとしよう。fは予算制約式$\langle f, p\rangle=1$を満たし、資本家全体としての利潤部分からの購入財は、$[\pi/(1+\pi)]\langle s, p\rangle\cdot f$で与えられる。$F=p\cdot f=(p^i\cdot f_j)$ $i=1,\dots,n$, $j=1,\dots,n$とおくと、これは$[\pi/(1+\pi)]\cdot sF$とも表現される。生産物yがすべて需要として表明されるためには、したがって、つぎの等式がなりたつ必要がある。

$$s=sA+[\pi/(1+\pi)]\cdot sF+\langle s, a_0\rangle\cdot d \qquad (4\cdot 2)$$

右辺第一項は資本補填分、第二項は利潤からの購入分、第三項は賃金からの購入分である。

ここで注意しておこう。dおよびfは平均として与えられれば良いので、各労働者あるいは各資本家がたがいにおなじものを購入すると仮定する必要は全然ない。計算にとって総量のみが効いているのであるから、個々の労働者あるいは資本家の購入ヴェクトルを知る必要がない。与えられた価格のもとに、生産水準sにかかわりなく、安定した需要が総体として表明されればよい。新規投資が、現在の生産水準に比例的におこなわれる場合（たとえば、均斉成長はこれにあたる）、資本家の貯蓄性向σと成長率gとが$g=\sigma\cdot\pi$なる関係で与えられるので、$[\pi/(1+\pi)]\cdot sF$を$g\cdot sA+[(\pi-g)/(1+\pi)]\cdot sF$などと置きかえれば、同様の議論ができる。

さて、ｆおよびｄが与えられたとき、（４・２）式は解ｓをもつであろうか。すぐわかるように、（４・２）式はｓにかんして一次同次であるから、もし解があるとすればその定数倍もまた解である。そこで規準化するために総労働時間$\langle s, a_0 \rangle$を1とおいてみよう。単位として、たとえば一年間の国民総労働時間をとれば、想定がはっきりするかもしれない。整理すると、

$$s\,[E-A-\{\pi/(1+\pi)\}F]=d$$

となる。そこで、$E-A-\{\pi/(1+\pi)\}F$が非負逆転可能であることを証明すれば良い。そのためにつぎの考案をしよう。ｐは（４・１）式を満たすとともにFの定義から$Fp=\langle f, p\rangle \cdot p=p$なる関係を満たす。そこで、

$$[E-A-\{\pi/(1+\pi)\}F]\,p=a_0.$$

Aが分解不可能であるか、$a_0>0$ならば非負行列にかんするフロベニウスの定理から［　］のなかは非負逆転可能である。結局、$s=d\,[E-A-\{\pi/(1+\pi)\}F]^{-1}$と与えられる。

これで、経済が単純との仮定のもとにおいてであるが、技術選択を含む十分広い範囲で、経済循環が完結しうることを示した。資本家が新規投資をおこなわなければ、経済は次期も同一の生産をおこない単純再生産となる。新規投資がおこなわれる場合、拡大再生産となり、生産水準は必然的に変化する。

われわれは規模にかんする収穫の一定を仮定してきた。そのかぎりでは、おなじ技術によって、あらたに拡大された規模において（４・２）式が解かれる。規模にかんして収穫逓増がえられる場合には、規模の拡大によって、あらたに可能になって生産に対応する技術をもふくめた技術集合のなかで技術系の選択をしなおすことにより（４・２）式の状態に還元することができる。このとき、技術系が変化すれば均斉成長径路も変化する。そこで投資の不調合が起こるかもしれない。しかし、投資はつねに不確実性のなかで行われ、錯誤がかならずともなうのであるから、この点を完全予測型の理論につくりなおすことはかえって誤りであろう。

たとえ単純再生産の場合であろうと、たとえば労働者の嗜好の変化によりｄが変わったとき、（４・２）式の解は企業にた

だちに認識されるものではない。dやfが正しく推定できるかどうかについても疑問がある。完結した循環の存在することと、循環を完結させることとは別である。生産物の実現の問題は、多少のちがいはあれ、つねに残る。理論においては典型的な場合をまず考察する。われわれは、市場価格ではなく、生産価格の可能性を、まず研究する。おなじように、われわれは、まず完結した循環の可能性を研究しなければならない。このことは、毫も、セイの法則の承認を意味しない。

基礎財と標準商品

スラッファは商品の循環とそれにともなう分配をみることから出発したが、価格関係の考察におわれて商品そのものの循環にたち戻ってくる機会を失っている。ロンカッリアはスラッファの序文における一注意を絶対化して、生産水準不変をかれの公理にしてしまった。「産出高の変化も、また……各種の生産手段がひとつの産業によって使用される割合の変化も、考えられていない」とスラッファがいうとき、明らかにそれは「限界的接近方法」にたいする警告であった。変化がなければ何事も考えられない限界主義者はまちがっている。しかし、分配の変化、とくに労働と資本のあいだの分配関係の変化のもたらす商品循環の必然的変化を考えない（あるいは考えられない？）のもまちがいである。

スラッファは価値と分配の関連を問題とした。ロンカッリアはそれを「分配変数と相対価格の関係」（第一章の15結論、強調は塩沢）にかえてしまった。分配とは、わたしの考えによれば、まず商品の分配すなわち商品にたいする支配権・処分権の各階級（所得範疇）への分配である。商品の支配を媒介とする人間の人間による支配を考えるとき、分配のもつ意味は大きい。ロンカッリアはこれをふたつの変数（利潤率と賃金率）に還元してしまった。たしかにこれらの変数は分配関係をしめす指標である。しかし分配は商品の領域で行われる。ふたつの分配状態の比較はたんに利潤率あるいは生産価格を抽象的に論じることではない。具体的に商品の動きのふれるものでなければならない。

ロンカッリアにおける分配の考察の無内容さは、比較の一方にある分配状態を「純粋に仮想的なもの」であるという主張にもあらわれている（第四章の2脚注、なお第一章の8をも参照）。わたしに言わせれば、理論は少しく現実的であったり純粋に仮想的であったりするものではない。仮想的といえば、すべての理論は仮想的である。しかしこの仮想的なるものは理論的具体性すなわち〈現実性〉をもたなければならない。ロンカッリアは「純粋に」という修飾語をひとつつけることにより、この義務をいっさい放棄してしまう。さまざまな分配状態を商品の循環の水準にまでおりて考察していないという不十分さは、すでにスラッファにおいて表れている。ロンカッリアは、この不十分さを補うのではなく拡大する方向で極端化し、ついにそれを美徳のひとつにまで誤認するにいたった。生産量所与という仮定がいかにすばらしいか、かれはくりかえし強調している。

考察が商品の循環過程にまでとどいていないことは、第Ⅱ部における論考を不十分なものにしている。そこで論じられている内容の大部分については、わたしはすでに別の機会に発言しているので、[4]くわしくは触れない。ロンカッリアの強調点とわたしの強調点とには大きなちがいがあるが、ロンカッリアの読書によってもわたしの考えは基本的に変わっていない。ここでは補足的な二、三の注意にとどめよう。

スラッファは、かれの本の第二章、通節6の末尾において、「どのような体系もすくなくともひとつの基礎的生産物を含むものと仮定」する。これがまず躓きの石である。ある商品が基礎的であるかどうかは、それが他のすべての商品の生産に直接・間接にはいるか否かである。ところが、この「はいる」という用語は、スラッファの本において二重に使われている。かれは第7節までは賃金財を「エンジン用の燃料だとか家畜用の飼料だとか」とおなじ資格で体系にはいるものと見なしている。ところが第8節以降、「賃金の全体を変数として取扱う慣例的な手法」にしたがうと称して、必要賃金財までもが商品の生産にはいることを否定してしまう。すべての混乱はここから始まる。

「はいる」の第一の定義（第7節まで）によれば、すべての商品の生産に労働が直接・間接に必要であり、必要賃金バスケットがすくなくともひとつの財をふくむかぎり、基礎的生産物（基礎財）はかならず存在する。生活必需品はすべて基礎的となる。第6節末尾の仮定は不必要となる。ところが「はいる」の第二の定義（第8節以降）では、消費の必要資料は基礎的となるとはかぎらないし、一般には基礎財の存在は保証されない。この定義のもとにおいては、第6節末尾の仮定は非常に強いものとなる。たとえば鉄は基礎財となるであろうか。スラッファが奢侈財の例としてあげている競争馬やダチョウとダチョウの卵の生産に鉄がたとえ間接的にせよ使われると仮定する必然性はない。厩舎は木で作りエサは干草で良い。刈取りには青銅の鎌でも使ったら良かろう。あるいは年中放牧によるヒツジを考えたらもっと適切かもしれない。このとき、鉄は定義にしたがって基本財ではない。他のいかなる想像可能な商品をもってこようと、それが労働とその商品自身とによって再生産されているときには、鉄は基礎財ではありえない。しかもそれぞれがそれ以上分解できない既約類を構成させる点において、鉄は競争馬やダチョウと同列に扱われなければならない。たとえば、鉄を含む既約類において極大利潤率Rとそれに対応する標準商品を定義せんとすれば、おなじ資格で、競争馬やダチョウの増殖率に規定される極大利潤率$R_{(\text{競争馬})}$や$R_{(\text{ダチョウ})}$を考察しなければならない。

労働者の必要資料（これに対応する賃金の部分が生存賃金であるが）、これはいくら小さくても良いが、ある0でない財のバスケットでなければならない。例えば、豊かな社会においては、生存賃金部分が賃金総額の1/4ということは可能である。しかし、もしそれを0と見なしたとき、基本財存在の仮定も、したがってまた標準商品の構成の可能性も根拠のないものとなってしまう。限界理論の伝統を破壊したスラッファにして、たんに慣習にしたがうとの理由で、このように疑問の多い妥協をおこなったことは、かれのために悔まれる。

師の欠点においてつねに極端にまで走るロンカッリアは、スラッファが剰余賃金部分のみが可変的と考えるのが「適当」であると言っているにもかかわらず「賃金全体を可変的と考えた結果、スラッファは、剰余の分配をめぐる資本家と労働者の利害の衝突に強調点を置くことができることになる」（第2章の4、強調は塩沢）と主張する。これではまるで、剰余賃金部分のみを可変的と考えたのでは、分配をめぐる両階級の対立が明らかにされないということではないか。慣例的なやり方で「いっそう適切な賃金の解釈」の場合を示唆できると考えたスラッファにたいして、ロンカッリアは賃金のふたつの見方のあいだの相違は「少しも重要でない」ことを証明するために第二部の三つの章を費やす（第2章の5）。ことに第4章はほとんどこのためだけに書かれた。ところが、ふたつの相違から起こる肝腎の問題については考えていない。問題は基礎財の存在をいかに保証するかにある。

「不変の価値尺度」としての標準商品をめぐる議論においても、ロンカッリアの考察は不十分さをまぬがれていない。根本の理由は、かれが分配を商品循環の水準でとらえていないところにある。かれにとって標準商品は「純粋に仮想的な」「現実の変化との関連を一切もたない」構築物にすぎない。しかし問題は、ある国に現在存在しているという意味での「現実性」ではなく（理論にとってそれは例にすぎない）、その構築物が理論にとっていかなる現実性をもつかということである。たとえば、標準体系においては「各種の商品が、生産物として現れるのとおなじ割合で、その生産手段全体の中に入っている」（スラッファ第25節、強調も）。ところでここにいう「生産」とは、いかなる意味における生産なのか。現行技術体系にいかなる関連ももたないのなら、わざわざ複雑な手続きをとって複合商品を構成しなくても、ヒツジがヒツジを生む生産なり、もっと空想的な〈こねまわすと増殖する砂糖菓子〉なりを考えればすむはずである。わたしの考えによれば、標準体系とは、現行技術の規模にかんする収穫一定との想定のもとに、それらの技術により実現可能な生産（前項「技術選択と循環の完結」のわたしの表現によれば、現行の技術系に属する生産）である。たとえ技術が規模にかんして収穫逓増であろうとも、拡大化された規模における収穫は未知であるか予測にすぎないのであるから、規模にかんする収穫一定という理論上の想定をおくことに意味がある。そしてこの想定によらざれば、標準商品のもつ現行技術系にたいする特殊な関係を主張することはできない。

標準商品が「不変の価値尺度」であるとの解釈についても、わたしは疑問をもっている。標準体系においては、投入も産出も比例している。もし資本家と労働者が剰余をやはりおなじ比例関係をもった商品のバスケットによって分けるならば、すべては一次元空間での話に還元される。そのときには、価格は何であろうと（生産価格であろうとなかろうと）利潤率 r と賃金率 w とのあいだに周知の $R(1-w)=r$ という関係が成立する。しかし、標準商品が分配にかんするなんらかの尺度であるならば、与えられた賃金率あるいは利潤率のもとに成立する分配状態を（これは前節で考察したごとき完結した循環を代表的に考えなければならない）、標準体系とそこにおける分配とに読みかえる、手続きと意味とを考えなければならない。たんに利潤率と賃金率とのあいだに一次（あるいは簡単な）関係がもとまるというだけでは不十分であろう。

ロンカッリアは、生産技術は不変にとどまるが分配が変化する場合に「投下労働」が価値尺度になれないことを論じて、利潤率が正のとき投下労働量の比が相対価格に等しくならないという（第3章の4）。ところで標準商品の場合に剰余生産物の分配はどのように測られるのであろうか。わたしの想像するところでは、現行の価格をもちいてある商品の山を相当する標準商品の一定量に同定するのである。もしそうであるとすれば、標準商品で「測れば」、各商品の相対比は相対価格に等しい。しかしこのことが何の意味をもつのか。

じつは投下労働量と標準商品とはおなじ「価値尺度」とは呼びえぬ異質さをもっている。それは両者が比例するか否か以前の問題である。じっさい、投下労働量は各商品にある実数を対応させる線型関数であり、この意味で商品空間の双対空間の元である。他方、標準商品は、その名のごとく複合された商品であり、商品の空間の元である。この意味で、両者の比例・不比例という問題はおきえないのである。標準商品は、第一義的には、双対空間の元としての「価値」を測ることができる。しかし分配が商品の分配であってみれば、それは分配を「測る」ことはできない。もしなんらかの意味で分配を測ろうとすれば、価格を介入させなければならない。「支配労働」が標準商品とおなじ性格をもつのは、まさにこの点においてである。「支配労働」は、現行価格によって商品を等価な労働量に換算する。標準商品が商品空間のうち財空間の一点であるにたいし、「支配労働」の単位は一単位の労働力すなわち商品空間のうち労働力空間の一点であるというちがいがあるにすぎない。

リカードが追求した価値尺度が分配の変化と生産技術の変化にたいして不変というふたつのあいいれない機能であったとする、ベイリーを引きあいに出してのロンカッリアの説明は明解で教えられたが（第3章、なおこの考えはその発端をC・ナポレオーニによるという）、標準商品がどの問題の解決になるか考える以前に、その「問題解決」の中味をよくみることが必要ではなかろうか。そうとすれば投下労働量と標準商品とをおなじ「価値尺度」ということばで括るようなあやまりは起こさないはずである。もっともこの混乱はロンカッリアにのみあるのではなく、リカード以来のものであろう。

科学観の問題

わたしとロンカッリアとの対立点をつきつめていくと、科学観の相違に到達する。ロンカッリアの新古典派批判はおおむね正しく賛成できるものだから、それについては言わない。問題としたいのはスラッファ擁護のためになすロンカッリアの解説である。

かれによれば、「ある特定の瞬間に撮影した「写真」から得られる特定の経済体系の状態が、議論の対象とされる」。そして理論家の仕事は「分析の対象の外にある経済的変数」をすべて与件とみなすことにより、「いくつかの変数の仮想的運動、およびそれらの変数相互の間に依存する諸関係」に注意を集中することであるという（以上、第1章の10）。ロンカッリアにとって、ひとつの理論体系は、それこそ「真空中に孤立している」かのように、自由にその問題領域を切りとれるものらしい。さまざまな経済的なものは、分析の都合によって、与件すなわち「問題の前にくる」ものであるか、当面無視して良いもの、すなわち「問題の後にくる」ものにふり分けられる。そして、この与件として、スラッファが生産水準を固定したことが、なににもまして重要な選択であったとロンカッリアは考える（以上、第1章の12）。

ロンカッリアはスラッファ体系というひとつの理論の背後にいまひとつの理論すなわちメタ理論を想定している。このメタ理論がスラッファを真空中に位置づける。ところがこのメタ理論たるや奇妙不可解なものである。まず、なぜ価格が生産量に影響しないのか説明がない。影響するというのが需要と供給の均斉という伝統的理論の基本的な考え方である。それを反駁するのに、たんに価格決定と生産量決定のふたつの問題を分けたというだけでは十分ではない。なぜ分けられるかが問われるからである。しかも、ロンカッリアによれば、「需要は相対価格に影響を及ぼさないという仮説をスラッファがとっているという見解」は誤りであるという（第1章脚注42）。ここでの「相対価格」とは市場価格の意であるから現実の問題としてスラッファのあとにくるなどとは、まさか言いのがれできないだろう。すると需要はいかなる回路をもって生産価格に影響するのだろうか。もしそれが生産量という「与件」を変えるものであるなら、もはや生産所与という仮定からは始められないことになる。

「すべての始まりは難しい」とは、科学についてマルクスが言ったことばである。なぜか。ひとつの科学の出発点には前提すべき仮定がないからである。数学・物理学のような基礎科学にはこのことが良くあてはまる。地球物理学のように、他の科学（この場合物理学）の特殊領域を構成するような科学については事情が異なるかもしれない。経済学は明らかに前者に属する。基本をなす〈経済的なるもの〉の諸概念は一挙に構築されなければならない。スラッファの理論は、ロンカッリアにとってあるメタ理論によって位置づけられるべき経済学の一理論にすぎないが、わたしにとってはまさにそれによって経済学が始められるべき理論なのだ。スラッファにたいする期待と評価が、ロンカッリアとわたしと、どちらがより大きく高いか明らかであろう。

生産量所与の仮定によって、スラッファの理論はケインズの一般理論およびベインやシロス＝ラビーニの産業組織論と両立可能となった、としばしばロンカッリアは力説する。わたしに言わせれば、可能性はあるにしてもそんなことはまだ分かっていないし、重要なのは両立可能かどうかではなく、たとえばケインズの投資理論の内実を「技術選択と循環の完結」で示唆したような枠組みのなかに取りこめるかどうかである。限界生産力理論にもとづく「一般理論」とそのまま両立可能になってしまうとしたら、それはスラッファの理論をおとしめるものでしかない。

新古典派の経済学は、まず経済活動を行う主体があり、財の付与・分配が所与とされ、さらに〈重要だが通常いい落とされていることとして〉固定資本が既存のもの・所与とされているところから始まる。ところが説明さるべきなのは、これらの主体の行動を規定し、所与とされた経済量を規定する関係なのである。この明らかな理論的循環は、経済を〈過程〉とみることによってのみ解きうる。この道に先鞭をつけたのはマルクスであり、その意味でマルクスは偉大とされなければならない。マルクスは、後世の限界主義者たちのように所与を所与とするのではなく、それらを説明する理論を作ろうとしたのだ。ここには経済学を科学にしようとする努力があった。スラッファは生産量をきめるものについて語らなかった。その沈黙は、しかし、生産量を所与とすることを主張するのではなく、それは説明する理論への憧憬と解さねばならない。スラッファの理論はかれの本で終わるものではない。それは再出発への手がかりなのだ。

ロンカッリアの科学観をかたちづくるものに、おそらくかれのヴィトゲンシュタインへの傾倒があると言えよう。第6章においてかれは、一方における限界主義とスラッファの理論、他方におけるヴィトゲンシュタインの前期思想と後期思想、とのあいだに「平行関係」を論じている。前期ヴィトゲンシュタインのあやまちは、要素命題を想定し、それを構成している概念系とも、またそれを位置づける全体とも無関係に、その真偽が決定されていると考えた点にある。『論理哲学論考』におけるヴィトゲンシュタインは要素命題の真偽の自明さから出発した。たしかに現代の記号論理学にとって、要素命題の真偽の決定は問われざる問題である。なぜなら、それが真であろうと偽であろうとどちらかに決まっているところから論理学は始まるからである。しかしある命題がひとつの科学の命題であるとき、事態は別である。科学はその命題の真偽を判別すべき手続きを提出しなければならない。それはその科学の理論の一部である。この意味でヴィトゲンシュタインの論理的原子論は科学にかんする認識論として受けいれることができない。前期ヴィトゲンシュタインと限界理論とのあいだに類似性が見られるとしたら、それはそれとしておもしろい。経済学と哲学におけるふたつのウィーン学派の交渉史のひとつに考えられよう。しかしこれは、われわれの当面の課題ではない。

ヴィトゲンシュタインはスラッファによる批判に大きな影響を受けてその前期思想を否定し、後期思想の構築にむかった。しかしこのことは『哲学探究』の方法論がスラッファの分析のよってたつべき認識論を用意していることの証拠にはならない。かえって逆に、『哲学探究』の曖昧な立場が、スラッファ解釈におけるロンカッリアの不十分さを説明するものになっている。後期ヴィトゲンシュタインをまとめるかたちでロンカッリアはいう。「諸命題を本質的に分析不可能な要素に分析する仕方は、唯一ではない。どのようなタイプの分析が有用であり、また有効な解明をもたらすかは、状況、検討対象の諸命題に関連する特定の問題に依存する」(第6章の5)

これはまさに、ロンカッリアが生産量所与という議論を主張するとき、背後にひかえている思想である。問題と状況におうじて適当に仮定を選ぶことによって科学が成立するという怠惰な思考がここにはある。この思想は、ロンカッリアの自戒にもかかわらず、プラグマティズムへの明らかな傾斜を示している。かれによれば、経済学という学問はいくつかの対象領域に分割可能であり、それらの部分部分はたがいたがいに両立可能であることのみが要求される（全体を統一する理論がないのに、どうして両立可能かどうか判定できよう）。

いま一箇所、ロンカッリアから引こう。

「……与えられた問題（相対的価格に対する所得の分配の直接的影響）に対して、その解決に必要なすべての要素を考慮し、そして、その問題に最終的な解決を与えるけれども、それが経済研究のすべての領域を占めるとする主張をもつことのない理論がつくりあげられる。それどころか、その理論は、自己の対象領域を制限する仕方そのものによって、その領域外に存在する一連の問題を浮かび上がらせる。分配、活動水準、技術がすなわちそれである」（第6章の6、強調はロンカッリア）。

これはロンカッリアの精髄である。そしてここには美しい詩（うた）がある。しかしこのなかに、かれの基本的な欠陥もあらわである。「直接的な影響」という。間接的な影響はどう捉えられるのか。「自己の対象領域を制限する」という。しかし対象を語るべき理論の構築なくして、そもそもいかにして対象を指示できるのか。理論は既存領域を制限するのではなく、それを現出させるのである。

科学の出発点となるべき核は小さなものであって良い。この点で、わたしはロンカッリアに同意する。しかし、それは仮定なき出発であり、爆発的な過程である。ちょうど宇宙の始源にあってすべてがほとんど瞬間的に作られたように、科学の始発も劇的である。しかもそれは矛盾した試みである。いかなる科学的言説 discours も線状の順序にしたがってなされる。しかし中核をなす諸概念は、円環的に、他のものによりみずからを、みずからにより他のものを定義する仕方でしか定義されない。ここに科学が一挙に始められるべき理由がある。形式的には線状の、内容的には循環的の構築物を、ロンカッリアのように勝手に切りとっては、いつまでたっても科学は始まらない。そしてそのとき、つねにメタ理論が密造される。サミュエルソンの〈変分原理〉[5] はその最たるものであろう。メタ理論をともなう「科学」にはつねに警戒をおこたってはならない。

(1) Arrow-Hahn, *General Competitive Analysis*, 1971, 福岡正夫・川又邦雄訳『一般均衡分析』岩波書店、一九七六年。

(2) Shiozawa Yoshinori, "Durable capital goods and their valuation", *Discussion Paper*, No. 91, Kyoto Institute of Economic Research, Kyoto University, 1975.

(3) Shiozawa Yoshinori, "On the non-substitution theorems", *Technical Report* No. 181, Research Institute for Mathematical Sciences, Kyoto University, 1975. なお論文標題から分かるように最小価値定理はいわゆる「非代替定理」と同値である。この定理によってスラッファの理論が新古典派の一部になるのではなく、新古典派理論の特殊性が明らかにされる。すなわち需要の価格への影響は「収穫逓減」の仮定に本質的に依存していることが分かる。

(4) 塩沢由典「ピエロ・スラッファ――ひと、分配、認識」『経済セミナー』一九七六年、一二月号。

(5) P・A・サミュエルソンの基底を流れる思想をこう呼んでおく。すべての現象はある関数あるいは汎関数の極値問題として解くことができるという主張がそこにはある。『経済分析の基礎』における「極大行動」からのちの「ターン・パイク」にいたるまで、かれのテーマは一貫している。サムエルソンはこの思想を明らかに一九世紀の物理学に負っている。

17 時間、認識、パタン——渡辺慧の軌跡

この長い架空鼎談は、思想の科学社が「渡辺慧初期論文集」（表題『フランス社会主義の進化』）を出すことになり、その解説を頼まれて書いた。渡辺慧《さとし》については、かれの『認識とパタン』を書評したことがあり（『週刊ポスト』一九七八年六月一六日号、八〇〜八一頁）、時間論については別に興味をもっていたので渡辺慧の時間関係の本は二、三冊読んでいた。経済学をやっていて、社会主義にも関心があるから、わたしならできると鶴見俊輔が判断したのだった。

なぜ、この時期に「初期論文集」が編集されることになったのか、その経緯は知らない。北沢恒彦が思想の科学の「七人の侍」（創立時の同人七人のこと）の特集を一冊ずつ組もうという構想をもっていて、すでに都留重人特集が組まれていたから、その構想の一環として考えられたものであろう。最初は、一九六〇年までに渡辺が『思想の科学』に書いたものだけで編集することになっていたが、渡辺慧の発言で影響のおおきかった「原子党宣言」などはわたしの提案で入れてもらった。

解説を頼まれたが、都留重人のように全集がある訳でなく、重要らしい多くの文献が手に入らないまま、書く以外になかった。一九四〇年代の後半、渡辺が書いたさまざまな文章についても、その反響も知ることなく、この解

説を書くはめになった。解説を書くにあたってのもうひとつの難点は、渡辺の物理学における貢献をどう評価したらいいかということだった。素粒子論関係の論文を読んで判断するような力は到底ない。だれかの解説を借りるべきであったろうが、探しだす時間もなかった。正面からの解説は諦めるしかなかった。そこでまた、架空の鼎談という方法をもちいた。渡辺慧特集を組んだ雑誌の座談会という設定で、専門分野の異なる人に集まってもらったことにした。本来ならその中に物理学者を入れるべきであろうが、聞きかじりの物理学をわたしが解説するのはいかにも危ない。予定された物理学者が急遽欠席したという想定をもちいた。それでも、理解不足・調査不足は争えないが、いずれにしても架空の鼎談であり、虚構であるとして許してもらうこととした。

この解説には、開始ページにわたしの個人の名前を出した。その後、『フランス社会主義の進化』の書評が二、三出た。その内のひとつに、架空の登場人物に苦言を呈していたものがあった。書評者がこの解説を実際の座談会をわたしがまとめたものと勘違いしたらしい。虚構であることを明らかにした積もりであったのに、この誤解が生じて、わたしの文学的才能も捨てたものでないとひとり悦に入った。

解説にもあるように、渡辺慧はマルクス主義者ではない。戦争直後の時代にあって、社会主義に興味をもちながら、マルクス主義の影響下になかった珍しい知識人のひとりである。この渡辺慧を第三部に入れるのは分類上は正しくないが、マルクス主義と対峙した社会主義者の一例として、この部に加えたのを許していただきたい。

一　人と仕事と著作

A　『初期論文集』がでるのを機会に四人で渡辺慧を論じようという趣向だったんですが、残念ながら物理学のDさんが急用で出られなくなったと、さきほど連絡がありました。Bさんは数学者で哲学にも造詣が深い。Cさんはシステム工学が御専門ですが、最近はやりの認知科学にも興味をお持ちで、渡辺さんのおもに後期の仕事と関心が重なっています。

わたしの専門は理論経済学で、渡辺さんのお仕事からはもっとも遠いところにいるんですが、社会主義に興味を持っているということで指名されたようです。あまり物理学も分かりませんので、平均的読者の代表ということで、お話しを聞くことになろうかと思います。

今日は物理学者のDさんにもっぱら話のリード役を務めてもらう予定だったんですが、急に欠席ということで、話の進め方によわっておりますが、比較的渡辺さんのものを沢山読んでいられるBさんに、急遽お願いして、まず渡辺さんの半生の軌跡というか、全体の見取図というか、いろんなお仕事を総覧してもらうことにしました。

B　突然のことで、うまく整理できるかどうか。わたしが渡辺さんのものを比較的よく読んでいるとの紹介でしたが、読んだものは全部一般読者を念頭においたもので、物理学の専門論文は一本も読んでいませんし、英語で書かれたものも読んでいません。とうぜんとんでもない見落としがあると思います。

まず渡辺さんの専門ですが、本の奥付けをみますと、理論物理学とか情報科学とか、原子核・素粒子論と情報科学となっています。これがまあ渡辺さんの自己規定といっていいでしょう。しかし、わたしなどから見ますと、渡辺さんはなんといっても時間論の哲学者という印象が強いですね。日本語で出された単行本でも時間を主題にしたものが三冊あります。『時』（河出書房、一九七四年）、これは以前、白日書院から『時間』という表題で出ていたものです。最初に書かれた年でいいますと一九三六年から五一年までの論文を集めてあります。つぎは『時間の歴史』（東京図書、一九七三年）。これは戦争中に『科学日本』という雑誌に書きつがれたものが主で、発表年でいいますと一九四二年から四四年まで。最後は『時間と人間』（中央公論社、一九七九年）。これは奥さんのドロテアさんとの共著の本ですが、これら三冊は版が変わってからでもすでに十数年たっているのですが、今でも書店で容易に手に入ります。非常に息の長い読まれ方をしているわけです。

略歴はもう一度あとで触れますが、渡辺さんは戦後の五年ぐらいジャーナリズムではなばなしい活躍をされたあと、一九五〇年からアメリカ合衆国に移ってしまい、日本の論壇からはやや遠ざかります。『初期論文集』の「数理的認識論の建設へ」はこの時期に日本語で書かれた数少ない論文のひとつです。ところが七三年、四年と続けて時間論の本がでるのは七三年に国際時間学会が日本で開かれ、渡辺さんがその会長だった、という事情があります。ついでに肩書をもうひとつ言っておくと、国際科学哲学アカデミーの副会長もやっています。これは時間論を含む現代物理学の解釈にかんする多数の論文が評価された結果だろうと思われます。まとまったものとしては、一九六九年に英語ででたKnowing and Guessing (New York: John Wiley) でしょう。これは四分冊で『知識と推測』(東京図書、一九七五、七六年。八七年に二分冊の新装版がでた) として翻訳されています。日本語訳の副題が「科学的認識論」、英語の原副題が「推理と情報の量的研究」となっているので大体の傾向は知られますが、エントロピー関数の情報論的な検討にはじまって、帰納の論理の分析、学習、論理と確率、パタン認識、非ブール論理と多岐にわたっており、全体としてちょっとつかみにくい。逆H定理などがこの本の中心部分かと思われますが、それは一部で、全体としてはもっと広く、科学の研究における帰納の論理を追及したもの、といった方がよいかもしれません。

最初に渡辺さんの専門は原子核・素粒子論と情報科学のふたつであるといいましたが、情報科学の方はパタン認識にかかわるものが中心です。一九八五年にPattern Recognition: Human and Mechanical (New York: John Wiley) という大部な本を出されていますが、わたしはこれは読んでいません。この方面では岩波新書で『認識とパタン』(一九七八年) と認知科学選書のひとつとして『知るということ——認知学序説』(東京大学出版会、一九八六年) がでています。とくに『認識とパタン』は大変な名著です。小さな本の制約を受けて、渡辺さんの考えがより骨太に提示されています。最初でたとき書評したことがありますが、今度読んでみて、前に理解したことよりずっと深いことが書かれていることを発見しました。

わたしの読んでいるのはこのくらいですが、Cさん何か補足することがありますか。

C 『認識とパタン』のでたのも学会がらみで、七八年の秋にパタン認識にかんする国際学会が開かれ、その会議録が渡辺慧編ででています。渡辺さんは組織の才もあるらしくて、ハワイに移って間もない六八年にもハワイで国際会議を開いています。これもアカデミック・プレスから会議録が出ている。

著書としては、いま触れられた以外に、河出書房の物理学集書として『原子核理論の概観』と『場の古典力学』がともに一九四八年にでている。教科書的なものですが、前者は渡辺さんの戦争中の研究につながっているのでしょう。学生時代に図書館から借りて読んだことがあります。

A　初期のものではアカデメイア・プレスから出た『物理学の小道にて』がありますね。これは四八年の出版ですが、戦前から戦後にかけて発表された短いものが中心です。それから中央公論社から『未来を指さす者』があるようですが、これはわたしどもの大学図書館には入っていません。

B　もうひとつ『生命と自由』（岩波新書、一九八〇年）を落としていました。

A　そうそう、これは今でも読めるものですね。渡辺さんの関心の幅の広さと学識がうかがえます。翻訳をのぞけば、日本語の著書としては、このぐらいですか。

それではBさん、つづいて経歴的なことも少しまとめて下さいますか。

B　本の奥付けに書いてある程度のことしか知らないのですが、簡単にメモを作ってみました。

渡辺さんは一九一〇年、東京に生まれ、東京高校から東大の物理に進んで一九三三年に卒業、その年すぐにフランスに留学しています。フランスではド・ブローイに師事して、二年後の三五年にはもう学位論文を書いています。「熱力学の第二法則と波動力学」という表題で、その紹介が『時』の第七章、八章にでていますが、すでにここで時間の可逆性・不可逆性が重要なテーマとしてでてきます。そのあと三七年から三九年までドイツに留学し、ハイゼンベルグに師事しています。パリ大学で知り合ったドロテアさんと結婚したのもこの時期です。ヨーロッパで第二次世界大戦がはじまると、ひとまずデンマークのコペンハーゲンに出、ここで船待ちしてアメリカ廻りで三九年一二月に帰国しています。コペンハーゲンではボーアに世話になったりしています。量子力学の確立期の三人の巨人に師事しているのだから、すごいというか、運がいいというか、とにかく大変なつきあいをしています。

日本にかえってからは、しばらく理化学研究所に籍を置いて、原子核理論を研究します。理研は仁科芳雄が率いる原子核理論のメッカで、理研からほぼ同時期にハイゼンベルグのところへ留学していた朝永振一郎さんも帰って、一緒だったはずです。渡辺さんは、その後、四〇年末に東大物理学科の助教授に迎えられます。

東大では色々あったようです。ジャーナリズムでは活躍するし、ヨーロッパ風の考えで遠慮会釈のない議論をして生意気だと思われたのでしょう。戦後、東大を飛びだして、立教大学理学部の創立を教授として助けたあと、結局一九五〇年、アメリカ合衆国に渡ってしまいます。その間、英語の勉強のために進駐軍の通訳をしていたこともあるそうです。

アメリカではウェーン大学、IBM研究所を経てイェール大学教授、一九六五年にハワイ大学に移り、七七年名誉教授として退任しています。科学の基礎論的な関心はもともと深かったのですが、それが情報科学という形で後半生の専門になっていたのは、やはりIBMの経験が大きなきっかけになったのではないでしょうか。アメリカに移られてからの方が時間的にはそれ以前の研究生活より長いのですが、あまり事情が分からないこともあり、これくらいにしておきます。

A　座談会の前に急遽お願いしたにもかかわらず、大変うまくまとめてもらいまして、ありがとうございました。これから自由に討論を進めていきたいと思いますが、最初にいくつか、柱だけは立てておきましょうか。今のお話しですと、大きな柱としては、まず専門の物理学、それから時間論、三番目がパタン認識、最後に今は紹介がありませんでしたが、この『初期論文集』に収められたおもに社会論的なもの、といった順序でしょうか。

B　科学哲学という項を独立に設けた方が話しやすいんじゃないかな。時間論にもパタン認識にも入れにくい、いかにも渡辺さんらしい議論がいくつかあるから。

A　じゃあ、科学哲学を三番目に入れましょう。柱は五つということになりますが、厳密に分けようもないので、時々あちこちしながら、段々に進んでいきましょう。

二　量子力学から素粒子論まで

A　最初は理論物理ですが、これもやはりBさんに口火を切ってもらうしかない。

B　いや、わたしは物理の方は聞きかじりだけです。むしろバック・グラウンドからいうとCさんの方が詳しいでしょう。

C　いえ、いえ。たしかに大学では物理学をやりましたが、途中で転向して学士入学して工学部へ入っているので、科学雑誌に時々載る程度の知識しかない。Bさんからどうぞ。

B　仕方ないですね。物理の方の専門論文は、さっきも言ったように、全然読んでないので、時間三部作から推測される仕事についてしか言えませんが。

出発点になるのは、やはり一九三五年の学位論文でしょう。ここで渡辺さんは、まず量子力学の法則が可逆的かどうかを問題にしている。まずシュレーディンガーの方程式が可逆かどうか。これは波動関数の絶対値が粒子の存在確率を与えるというボルン流の解釈によると、可逆性がすぐでます。方程式の解である波動関数の複素共役を取るとそれが時間を逆転させた解になる。しかし、シュレーディンガーの方程式は相対論的に不変でない。そこで特殊相対性理論を組み入れた量子電磁力学での可逆性を考える必要がある。ディラックの多時間理論をもちいてこれを示したことが、渡辺さんのひとつの貢献らしい。

こうして、量子力学の基礎にある法則の可逆性を確認した上で、渡辺さんはつぎに量子力学における熱力学の第二法則を考える。これは渡辺さんの前にすでにパウリが証明しているが、渡辺さんは波動力学の枠のなかでそれを再定式化するのに成功している。

ちょっとおもしろいのは、かれが熱力学的状態をヒルベルト空間の部分空間と考えて、その次元をエントロピーと考えている点です。こう表現するとエントロピーが離散的な量であることが良く分かります。

で、ここで古典力学の枠内でロシュミットが提出した問題「ニュートン力学の基本法則は時間にかんして可逆的なのに、統計力学ではなぜ時間の正の方向のみにエントロピー増大がいえるのか」の量子力学版を考えて、みずから解答を与えるのです。「熱力学的な不可逆性はそれゆえ……知識の変化、すなわち観測に帰せられるべきものである。」これが一九三六年の「量子力学における可逆性」という論文のむすびです。つまりフォン・ノイマンの観測の不可逆性を熱力学的な不可逆性に結びつけたのです。

正確にいうと、この最後の部分は学位論文とは独立の小論文として書かれたもので、予定の雑誌が創刊されず、フランス語では未公刊のままだそうです。

この論文を詳しく紹介したのは、この論文に渡辺さんのその後の全軌跡が未発の形で閉じ込められているように感ずるからです。

A　やはりちょっと難しい話になってきましたから、すこし質問させてください。

まず第一に、物理法則が時間にかんして可逆的かどうか、という点。これは、映画やヴィデオテープを逆に回して見たとき、物理法則がやぶれて見えるかどうか、と理解していいのですね。

B　そのとおりです。

A　ニュートン力学というのはわたしたちの身の廻りの物質から天体の運動までも支配している法則ですね。それが可逆的だというのがよく分からない。ボールを投げれば、転がっていってどこかで止まる。これを逆回転ヴィデオで見れば、止まっていたボールが突然動きだして、ぴょんぴょんはねて、ついに手に収まる、ということになりますが、こんなことは本当には起こりえない。不可逆な運動だと思うのですが。

B　そのとおりです。摩擦があると運動は不可逆になります。

A　摩擦のある場合でも、摩擦力を考えれば、ボールの運動はうまく記述できるのではないですか。するとニュートン力学が可逆的だというのは、ちょっとおかしい。

B　さきほど、ニュートン力学の基本法則は可逆的だ、と言って、わざわざ基本法則に限定したのは、そのためです。たしかにニュートン力学とか、古典力学といわれているものの中には不可逆な現象を扱うものがありますが、いわゆるニュートンの法則と呼ばれる力学の三法則と万有引力の法則の四つは、時間にかんして可逆的です。例としてあげれば、弾性係数が1の象牙の玉がたがいにぶつかり合って運動しているような場合です。この場合、任意の時点で運動を止めて、その地点で運動量をちょうど反対にして動かしてやれば、時間をその時点で反転させたとおなじ運動がえられます。

C　ニュートン力学に電磁気学を加えても可逆的ですね。

A　そうすると不可逆性はどこから出てくるのですか。

B　それが熱力学の第二法則なのです。これはエントロピー増大の法則ともいって、孤立した系のエントロピーは増大することはあっても減少することはない、ということを保証している。だから、摩擦で熱が発生するとか、熱が散逸して、いったんエントロピーが増大してしまうと元に戻ることはない。つまり不可逆になります。

A　摩擦の法則も熱力学の第二法則から導けるわけですか。

B　摩擦抵抗がどのくらい、どう働くかということまで第二法則から導くのは大変でしょう。しかし、摩擦が働く結果、運動エネルギーが熱エネルギーに転換する、いったん転換してしまえば元に戻らない、というのは、まさに第二法則の内容です。

A　そうすると、不可逆的な過程には、熱力学の第二法則がつねに働いていると考えていいのですね。それでひとつ疑問は解けました。熱力学の第二法則なんて名前がついているので、なにか特別な設定が必要かと思っていたのですが、それが作用している場面はあらゆるところにあるというわけですか。ところで、先ほど第二法則を証明するという話がありましたが、不可逆性をいう定理が、より基本的であっても可逆な法則から証明されるわけですか。

B　ある意味では証明される。ただ、可逆な過程をいくら集めても、そのままでは可逆ですから、どこかに論理の切れ目というか飛躍がある。物理的にいえば、ミクロからマクロへの観点の移行、数学的にいうと統計集団の導入がそれに当たります。

Ａ　どうも良く分かりませんが。

Ｃ　最初から可逆・不可逆の問題に入っちゃったのがまずかったかな。これはまさに一九世紀からの大問題で、渡辺さんの時間論も、つまるところこの問題をとっかえひっかえ議論している観がある。

Ａ　じゃ、この点はあとの時間論のところにまわしましょう。量子力学という新しい枠組みのなかで、可逆・不可逆の問題を本格的に議論したのが渡辺さんの出発点であった、という整理でいいですか。これが渡辺さんの最初の大きな仕事として、そのあとどう進まれますか。

Ｂ　物理学で一九三〇年というと量子力学がだいたいの完成をみて、つぎに原子核の研究が次第に本格化する時期です。三二年にチャドウィックが中性子を発見します。ディラックの予告した反陽子の発見もこの年で、原子核が陽子と中性子とからできているという説が急速に確立していく。そして三年後の三五年には、もう湯川秀樹の中間子説がでている。他方、量子力学では三二年にフォン・ノイマンの『量子力学の数学的基礎』がでますが、これは公理主義的立場に立った整理・体系化です。これで数学的にはだいぶ見通しがよくなりますが、量子力学としての大発見はもはやほとんど出なくなります。渡辺さんも量子力学の分野で最初の仕事をされながら、その後は原子核の研究、素粒子理論の研究へと進まれる。これは時代の必然的な流れといっていいでしょう。ただ、一般向けの本などを読んでいる限りでは原子核や素粒子論の分野での活躍はあまりうかがえませんね。

Ａ　Ｃさんは『原子核理論の概観』を読まれたそうですが、そのあたりはどうですか。

Ｃ　学生時代には、どこが著者のオリジナルな仕事の部分か、なんて気をつけて読んでいないんです。ただ、時期はすこし後になりますが、時間空間の対称性について早くから議論しているのは、素粒子論の大きな流れから言って重要じゃないかな。

Ａ　『時』の第九章「輪廻と微小輪廻」の「はじめに」に触れられているＣＰＴ定理ですね。

C　そう。渡辺さんはこの電荷（C）、空間（P）、時間（T）の反転にかんする物理法則の不変性を双反定理の形で示しているのに、名前だけ別の人にさらわれたというので、だいぶ不満のようだ。

B　こういうものの評価は難しいところがある。パリティの保存のような基本的なものは、それが成立すると信じられているかぎりでは当たり前のことと理解されることが多いからね。それが素粒子論の重要なテーマとなるのは、ある場合にそれが保存されないことが明らかになったからだ。当たり前と暗に思われていたことをきちんと言ったからえらいと考えるか、みな分かっていたけれども書かなかっただけと考えるか、で渡辺さんの評価は大きく別れる。

C　そういう感じの発見は他にもあるんじゃない。『知るということ』で紹介されている「原子の順列交換に対する不変性の定理」にしても、原子的ブール束では当然の対称性とも言える。ストーンの表現定理を使えば、それが原子全体のつくる集合束に同型で、これが元の交換から生成される自己同型写像をもつことも明らかだ。しかし、双対自己同型がほとんどどんな教科書にも解説してあるのに対し、原子の交換についてはたしかに触れていない。

B　原子核の話のすぐあとに、束論の原子の話をするなんて、ややこしいことを言ってくれるよ。あれは定理そのものの意味というより、渡辺さんの認識学的相対論の一環として、ああいう注意がでてくる点が重要なのだと思う。原子の取り替えという設定は、グッドマンの「グルー色のエメラルド」という例題なんかに触発されたのでしょう。

C　そうねえ。ある変換を考えて、そこに不変なものを求めていくというのが、渡辺さんが一貫して物理学で追求したテーマかも知れない。対称性の追求といってもいいかな。

B　近いけれども、ちょっとちがうんじゃない。可逆性・不可逆性についても、対称という点からだけ言えば、時間の反転にかんする法則の不変性で終わるはずだけれど、渡辺さんはそれを見極めた上で、非対称になる部分、つまり不可逆性がいかに発生するかに集中していくでしょう。

C　南部陽一郎さんの「対称性の自発的破れ」という考えにも一脈通ずるところがあるわけか。そうすると、ワインバーグ＝サラムの統一理論や大統一理論の考え方とも無縁じゃない。対称性の破れ方によって四つの力の固有の領域がでてくるのだそうだから。

B　まあ、物理学のしろうとが集まってほめてもけなしても、渡辺さんはあまり喜ばないだろうけれど、とにかくかなり一貫した問題意識をもっていたことだけは確かだね。

三　時間の可逆性と不可逆性

A　少しまとまったようですから、いそいで時間論の方に入りましょうか。時間の問題については『時』の初版の「はしがき」（一九四七年）のなかに、こういう文章があります。

　時間の問題はわたしにとって生涯の課題として残るであろう。そしてわたしの一生を終る時に、やはり何物をも解決しなかったことに気づくであろう。

これは、なんとなく自己実現的な予言にちかいですね。八六年に書かれた『知るということ』にも「時の向き」という章が設けられています。ここには宇宙膨張とエントロピー増大が関係するかという新しい議論とともに、三五年の学位論文がもう一度取り上げられて紹介されている。じっさい、時間の問題は、何度も何度も、繰り返し繰り返し、やや別の観点から取りあげられて議論されるのですが、渡辺さんをこのように駆りたてているものは何でしょう。

B　『時』の扉の見返しに聖アウグスティヌスの言葉が掲げてあるでしょう。「時間とは何か。人がわたしに問わなければ、わたしはそれを知っている。問う人に説明しようとすれば、わたしはもはやそれを知らない」これだと思います。ただ、渡辺さんの場合、かれに問う人は渡辺さん自身なんです。自問自答するが、やっぱり完全には腑《ふ》に落ちない。だから何度でも問い、また答える。ただ、その時、その時で強調点もちがうし、ニュアンスもちがう。それが説明におけるゆらぎとなって表れ、読者のわたしたちをも迷わすわけです。たとえば『時間の歴史』の第五章で「第二法則をもって物理的時間の向きを定義」すべしと言っておきながら、すぐ次の第六章では第二法則の一表現である「H定理は時間の向きを定めるものではなく、われわれの認識の順を表示するもの」であると修正することになります。

C　最初はごく抽象的に言われていたことが、だんだん内容豊富な主張に成長していくという例もある。今の「認識の順」でも、後には遡言《そげん》不可能という点に焦点が絞られていく。

A　予言はできるけれども、遡言つまり過去の事態を確率的に推測することはかならずしもできないという非対称を問題にしていますね。これもわたしのような常識的立場からいうと、よく理解できない主張ですね。あしたのことよりきのうのことのほうが、よほど良く知ることができますから。

C　それは前提がちがうんです。現在の状態は知られているが、過去にかんする知識が失われているという状況で、物理学の法則を使って過去の一定時刻の状態を推定するのが遡言です。普通の状況では過去の記憶が頭の中に残ってしまうから、遡言以外の要素がからんでしまう。

ただ、遡言の不可能性が渡辺さんのいうような意味をもつかどうか、わたしは疑問に思っています。渡辺さんの議論の出発点は、t_1とt_2というふたつの時刻において、$\{E_i\}$ $i \in I$ と $\{F_j\}$ $j \in J$ というふた組の排他的かつ網羅的な事象のあつまりを取って、t_1がt_2より時間的に前にある時、条件確率 $P(F_j|E_i)$ が物理系の性質のみによって決定される、という点にある。『時間と人間』に収められた「時間と確率」では、これが「要請1」つまり公理として置かれています。このとき $P(F_j|E_i)$ がすべての i と j にうまく定義されていても、逆向きの条件確率の $P(E_i|F_j)$ が矛盾なく定義されるとは限らない。渡辺さんは、このことから、予言はできるが、遡言はかならずしもできない、と結論する。しかし、なぜ前向きの条件確率 $P(F_j|E_i)$ のみ存在して、後向きの条件確率が存在しないのか。時間の向きに対称な要請を立てようとすれば、両者とも存在すると考えるべきです。このとき前向きの条件確率は通常仮定されている以上の特別な性質をもつはずで、そのような「逆転」可能な条件確率にもとづく遷移のみを考えれば、予言も遡言もおなじように可能になるはずです。

B　前後双方の向きに条件確率の存在を要請することは事象群 $\{E_i\}$ $i \in I$, $\{F_j\}$ $j \in J$ の取り方に強すぎる制限を置くことになって、統計力学が扱えなくなる可能性があるよ。それより、渡辺さんの主張をこう解釈しなおしてみてはどうだろう。

先ほどの「要請1」をなにも根拠のあるものと考える必要はないので、仮にこういう仮定を置く。するとH定理が証明されて、時間の正の向きへのエントロピー増大がいえる。反対に、後向きの条件確率$P(E_i|F_j)$を考えて、その存在を「要請2」として仮定することにすれば、要請2からは逆向きのH定理が証明されて、時間の負の向きへのエントロピー増大がいえる。これはH定理において、なぜ時間の反転にかんして対称性が破れて見えるか、の論理構造を明らかにするものとしては非常にうまい整理になる。

C　なるほど、それならわたしにもあまり異存はない。ある理論上の仮定がある理論的結論を生むのは当然で、その仮定に対称性の破れがあれば、結論も非対称になる。ただ、わたしの気になるのは、渡辺さんがこのあたりをいつも「主観的」にというか、「主意的」にというか、いつも人間が介入して世界を秩序だてている面を強調している点だ。たしかに理論もひとつのパタン認識で、そこには人間の選択ないし創造が入っているけれど、そういうもので時間の向きを決められてはたまらない気がする。人間は一方向に流れる時間のとりこのようなものではないだろうか。認識の順にしても、t_1時刻の認識からt_2の時刻の認識へ向かうのは、時間の流れに規定されているので、その逆ではないと思う。

B　予言と遡言のあいだには、たしかにひとつの非対称な点がある。それは渡辺さんも言っていることだけれども、予言は、予言ののちに、その正否を確認することができるが、遡言ではその推測内容の正否を確かめる手段がないということだ。しかし、これは渡辺さんの言う遡言が不可能というのとはだいぶ違い、もしそのような遡言が不可能としても、それは人間が一方向に流れる時間の中に生きていることから派生した事態で、とうていそれで時間の向きを決められるようなものではない。

ただ、渡辺さんに言わせれば、時間にひとつの方向のあるのは、人間がそのように整理する機構があるからで、それこそが時間の向きを決めるものということになる。

A　量子力学におけるエントロピー増大の法則をいうのに観測の不可逆性をもってくるというのはどうですか。これも随分と人間中心主義的主張のように思えますが。

B　観測の問題というのは非常に微妙で、われわれのような物理学のしろうとが口を出さない方が無難ですよ。

C　どうせこれまでしろうと談義をして来たのだから、急にここで遠慮することもないよ。観測の不可逆性がエントロピーを増大させるというようなことを言いだすと、例のシュレーディンガーの猫のようなパラドックスができる。渡辺さんの主張は、観測しなければエントロピーは増大しない、ということをも含意している。だから、鉄の箱の中の右半分に気体を入れ、左半分を真空にして、あいだの仕切りを取り除いたあと、観測せずに二〇分間まって、鉄の箱の中の状態を推定してみるという問題を考えてみるとおもしろい。渡辺さん流に考えるとエントロピーは一定だから、どこか分からないが、気体は鉄の箱の体積二分の一の領域にまとまっているか、それとエントロピー的に同等の状態になければならない。わたしは観測しなくても気体は鉄の箱全体に広がっていると推定するけれど、それはnをモル数、Rを気体定数として、気体のエントロピーがnRだけ増えたと考えていることにあたる。だけど観察しないのであるから、渡辺さんの推定とわたしの推定のどちらが正しいか分からない。というより言えない。箱の中を観察してみてエントロピーが増えていても、渡辺さんは観測したから増えたと言えるから、両方の主張は水掛け論になってしまう。観測によって増大するエントロピーの増分が上から評価できれば判定の方法はあるでしょうが。

B　観測によってエントロピーが増えるというのは、マックスウェルの魔が不可能であるという議論によくでてくる主張で特に問題はない。渡辺さんの主張で特異なのは観測しないとエントロピーが増えないと受けとれる主張にある。で、ここでもし「観測」をなにか実験装置を使って人間が同時的に数値を読んでいることとするなら、奇妙なお話はいくらでもできる。最近の宇宙論ではビッグ・バン直後の宇宙は現在に比べてエントロピーが高かったか低かったか。というようなことを話題にしているけれども、観測をあまり人間主義的に理解すると、人類誕生以前にはエントロピー増大はなかったことになってしまう。もちろん、こんな疑問には渡辺さんは反論を用意していて、エントロピーの法則は「働きかけられるべき世界」を支配している法則として理解しなければならないというのだけれど、苦しいんじゃない。

A　時間論と一概にいっても、じつは多様な切り口があって、渡辺さんの時間論は、H定理の解釈を中心とする物理的時間論の上に、生命とか創造とか信仰とか、物理学からかなり離れた話題を重ねていくところに特徴があると思いますが、物理的時間論という狭い範囲にかぎっても、何か渡辺さんらしい特徴がありますか。

B　それは、それこそ、Dさんに語ってもらったらおもしろかった話題だね。渡辺さんは七〇年代に入っても時間論の論文をいくつか書いているけれど、その基本型はやはり四〇年代までにできあがっていたと思う。その後の物理学の発展はめざましいから、いくら新しい話題を取り入れているといっても、基本的なモチーフが多少古典的になっているのは否めない。たとえば世界のどこでも時間は一方向に流れているということを渡辺さんたちまでの世代は前提していたと思うけれど、ファインマン図で有名なファインマンなんか、反粒子は未来から過去に向かって走る粒子と考えれば良いと、じつに自由な考え方をしていますね。

それから、さっきちょっと触れた宇宙論の人たちなんかは、ブラックホールのエントロピーなんか考えたりしている。そうすると宇宙の歴史のイメージもだいぶ変わってくる。これまでだとビッグ・バンのときは熱平衡にあるからエントロピーが高くて、現在の宇宙のいろいろな構造はゆらぎの結果としてあると考えられていた。それが、重力の影響を考えると、反対のことが言えるらしい。ビッグ・バンのときがエントロピーがもっとも低くて、時間がたつにつれてどんどん大きくなってきた。その意味では、宇宙は、創成このかた、エントロピーを大きくする方にだけ進化してきたことが分かった。もちろん宇宙の出発点自身はきわめて起こりそうもないことが起こったということになって、不思議さは消えていないけれども、宇宙の進化については理解が一段と深まったといえる。で、こういう結論を受け入れると、エントロピーはつねに増大しているように見えるだけだという、エルゴード理論にもとづく説明も、宇宙規模ではむしろ成立しなくなる。

A　「時間と確率」の最初にでてくる「1　H定理の実例」はわたしなりに良く分かった気がしたのですが、あれも修正の余地があるというわけですか。

B　いや、局所的な孤立系のH定理の説明としては、あれでいいんです。ただ、渡辺さんの「エントロピー増大の方向は初期状態を準備するわれわれの特別な方法によって決定され、またこのことは自然自体のうちにある事柄ではなく、実験者の側に起源を持つと結論することができる」といった主張のうらに、われわれがそうすることを可能にするより大きな条件について語った方がよいということになるでしょう。

C　重力がエントロピーに影響するという話、すごくおもしろそうだけど、てっとりばやい解説がありますか。

B　松田卓也さんと二間瀬敏史さんの『時間の本質をさぐる』（講談社現代新書、一九九〇年）を読んだのです。あわてて読んだのだけど、良く分かるように書けています。

A　時間論では、このあと物理的時間論以外の時間論も取りあげたかったのですが、渡辺さんの人間中心主義に対する批判がだいぶきついようですから、必要なら最後の社会論で立ち戻ることにして、さっそく三番目の柱の科学哲学に入りましょうか。

四　認識論と科学哲学

A　渡辺さんの科学哲学というと、やはり主観論的立場で一貫したところが特徴でしょうか。

C　そう。『思想の科学』の創立メンバーでおなじ物理学者の武谷三男さんが一貫して唯物論的立場を貫いたのと好一対だ。武谷さんは、量子力学における観測の問題についても、ミクロからマクロに移行するところに一応切れ目を入れて、巨視的系に固定させた段階で不確定性は解消されると考える。これは後の町田・並木理論なんかにつながっていく考えでしょう。一方、渡辺さんは観測についても、フォン・ノイマンに忠実に、じつにオーソドックスな考え方をしている。これは若い時期に留学した影響だろうか。

B　ボーアやハイゼンベルグは概して機能主義的・マッハ主義的だ。それに対し、おなじ量子力学の完成者でもシュレーディンガーはもっと実在論的でしょう。渡辺さんはハイゼンベルグに師事したのだから、機能主義的な科学観をもっても不思議はないが、影響ってことばかり言うと、最初に実在論的なド・ブローイのところにもいたことが説明できない。やはり渡辺さんの傾向というか、気質というか、かれ自身のもって生まれたものが大きいと思う。

A 『物理学の小道にて』に収録されている書評の中に湯川秀樹の『量子力学序説』を取りあげたものがあります。じつは渡辺さんはこの書評を二本書いているのですが、そのうちの一本にこうあります。

湯川教授は勿論マルクシストではないが、物理学に於ける観測とか実在の問題となると、マルクシスト達に反対されない様な立場にある様である。即ち何か観測に独立した客観的な法則的な、多くの場合因果決定的な主観を離れた実在というものを頭に描いて論じているかの如くである。(中略)科学というものはひとつの観測によって得られた情報から他の観測の結果たる情報を因果的又は統計的に推論する道具以外の何ものでもないと考えるわたしにとっては、湯川教授の立場は既に科学を逸脱していると思われる。

日付を見ますと、これが発表されたのは一九四七年です。日本の科学者のなかで、これだけ徹底した現象論を唱えた人は少ないでしょう。

B さっき不用意に「マッハ主義」なんてことばを使ったが、「観測」を「感性的諸要素」と読みかえれば、渡辺さんの主張はたしかにマッハの哲学的立場に非常に近くなる。もちろん、渡辺さんは二〇世紀の物理学者だから、マッハの否定した原子説どころか、素粒子の存在まで信じているし、渡辺さんの得意とする統計力学はマッハの敵対者だったボルツマンの系統を直接引くものである、といったちがいはある。科学の領域を画する境界線は時代とともに変わっていくのだから、これは当然なんだが、その時代の当面した難題に対してどう答えようとするかで、やはり態度がふたつに分かれるようだね。一九二〇年代、三〇年代の問題でいえば、ハイゼンベルグの不確定性原理にあたるものをどう理解するかが大きな争点となった。一方がハイゼンベルグに代表される立場で、これは観測可能な量の関係のみを問題にすればよく、それを超えてまで思弁的に実在の構造に迫ろうとすべきでないと考える。他方は、不確定と見える関係の奥になにか実在の構造が隠されていると考え、それを探ろうとする立場。アインシュタインやシュレーディンガーがこの立場ですね。科学史的にいえば、一般には、ボーア、ハイゼンベルグの路線がより大きな実りをあげ、アインシュタインやシュレーディンガーは初期量子力学に対する大きな貢献にもかかわらず、その実在論が災いして発展から取り残されたということになっている。事実としては大体そのとおりでしょうが、わたしは、まあ、これは結果論だと見ています。これで機能論（ないし関数主義）が実在論に勝利した、とかは見ていないのです。既成の理論が行きづまったとき、より奥に進んで、そこに新しい解決を求めようとする立場と、一歩ひいて、問題は自分たちの理解の仕方にあると考える立場と、つねにふたつあると思う。で、渡辺さんは、総じて、みる側、観測する側、推測する側、理論化する側の役割を強調し、同時にそうする側の誤りを反省し、新しい見方、考え方をだそうと考えてきた。湯川さんの中間子のような何か新しい実在を導入したり、その時分かっている以上の深い構造を仮定して現象を整理しようとする方向はほとんど追求されていない。

C　量子統計力学から出発した物理学者が原子核理論に入り込みながら、一九五〇年以降、むしろどんどん人間の方へ近づいて、帰納法など自然科学の基礎を問う努力から、ついにはきわめて人間的なパタン認識にたどりつくという軌跡には、どんな場合にも人間側のことが気になるという精神の走向性みたいなものを感ずる。

A　それが渡辺さんの大きな軌跡を可能にしたのでしょうが、科学哲学とか認識論の分野での渡辺さんのお仕事というと、どんなものになりますか。

C　『知るということ』という本の題名が示唆的です。人間が経験から学ぶことのできる知識とはどういうものか。知るというのは一体どのような作業であり苦労なのか。こういう疑問の全般にわたっていますね。先ほど紹介がありましたが、『知識と推測』のなかから、おもな話題をひろってみても、情報理論、相互依存性分析、予見と遡見、帰納と学習、逆H定理、醜いアヒルの子の定理、非ブール的論理、と多面にわたっていますし、そのどれにも渡辺さんの貢献があるのだから驚きです。

B　しかし、量子統計力学の影響力というか、理論創造をうながす力も大変なものだ。非ブール的論理はフォン・ノイマンなんかの量子力学の論理をより日常的な場面でも有効とみる考えだ。相互依存性分析というのは、ふたつの確率分布があるとき、それがどのくらい独立性から離れているか測ることから出発するのだけれど、ここにエントロピーの概念がうまく使われている。情報理論にはシャノンが定式化したときから、エントロピーの考えがあった。逆H定理なんてのは、名前の付け方からして、もろに統計力学を意識している。ここでも問題にされるのは、仮説の信憑《ぴょう》性のエントロピーというものだ。だから、こう並べてみると、いろいろやっているようだけれども、ずっと量子統計力学の近傍にとどまっているとも言える。

C　それはずいぶんいじわるな言い方だ。物理学者で渡辺さんほど帰納法について真剣に考えた学者はいないんじゃない。理論的であればあるほど新しい仮説の発見にいそがしくて、仮説相互の優劣判定なんてあまりまじめに考えていない。それを渡辺さんはベイズ的な理論を使ってきちんと定式化したんだし、有限回の実験では事前信憑性の影響を取りのぞくことができないということの指摘なんかも重要だと思う。

A　渡辺さんの影響かどうか知りませんが、経済学でも七〇年代にはベイズ推定というのがかなりはやりでしたね。

B　それはワルトとかサヴィッジとかの、統計的決定理論の影響でしょう。だいたい五〇年代の仕事ですね。それがだんだん計量経済学にも入ったのだと思う。ただ、逆H定理が仮説選択の過程にあたるといった主張をされるとわたしなんか抵抗を感じる。

A　どんなところですか。

B　渡辺さんの世界の設定の仕方じしん、かなり特殊なものですよね。仮に有限個の事象から始めるというのはかまわないとして、各事象が一定の確率をもっていると仮定するでしょう。あれがまず気に入らないのです。

C　それは渡辺さんの方法論に対する全面的な異議申し立てだ。渡辺さんの議論はほとんど確率論的世界観に立っている。

A　例の決定論的世界観対確率論的世界観の対立ですか。

B　いや、そこまで言わなくてもいい。たとえば、0から9までの数字のでる試行の列があって、その生成規則をわれわれが知らないとする。そのとき、各数字の出現確率を考えて、結果の列から確率を推定していこうというのが逆H定理だ。しかし、リーとヨークの仕事以来、確率的に見えるものが、じつは簡単な差分方程式で決められることもあることが分かってきた。そうすると学習過程がまず確率の推定であるという設定も、事態に対するひとつの特別な推定だということになる。

C　渡辺さんの帰納の論理はパースと同様に二段階になっていて、ひとつが仮説形成、ひとつが仮説の評価だ。逆H定理は、仮説の集合のなかで、どれかひとつの仮説の信憑性を証拠によって高めていく過程だから、そのなかに発見の論理が含まれていなくてもいい。

B　それはそうだが、仮説選択のもっとも重要な過程は、わたしは仮説形成にあると思っている。ふたつ以上の競合的な仮説の選択も、渡辺さんのようにすこしずつ実験結果を増やして、それにより信憑性の程度を変えていくということはないのではないか。物理学の仮説であれば、通説に対して新しい仮説の正しさをどうすれば決定できるか、という考慮が必要になる。どういう実験を設計すれば両説の優劣が判定できるか。どういう現象が発見されれば判断がつくか。つまり仮説の発見と事実の発見とが、たがいにからみあっている。渡辺さんが逆H定理を定式化されたのは啓発的だけれども、そこにあまり力を入れられると、結局は重要さの適切な比率をゆがめることになると思う。

A　経済学でも、一時期、仮説を沢山作って、それら競合的な仮説のどれがいちばん現実適合的か判定すれば良い、という提案がなされたことがあります。おもに計量経済学の人たちの発想で、わたしはこれは、仮説の対立を計量モデルの構造係数の選択と同一視するものだと思います。しかし、具体的にどこが問題なのか、うまく説明することは難しい。仮説ばかりでなく、事実も発見されるのだ、という説明は新鮮に聞こえる。ただ、経済学で問題になるのは、反証というべき事実が発見されても、それで学説そのものが棄却されたことはかってない、ということです。ふたつの学説を判定する決定的実験とか事実とかが容易に存在しないことも事実です。

C　それはシステムの複雑性にも関係している。物理学の対象は、厳密にいえば、あらゆるものがあらゆるものに依存する体系だけれども、非常に小さい誤差を無視すれば、小体系に分解できる、ということが学問の発達を大きく助けている。

B　孤立系の仮定なんて、その最たるものだ。

C　そう。で、反対に、システムが複雑で大規模で、分解可能性もないというと、命題の意味じたいが曖昧になり、真偽がはっきりしないということになる。真偽の曖昧な命題や法則をも排除せずに、大胆に考察対象としたところに、わたしは渡辺さんのえらさがあると思っている。パタン認識なんて、まさにそうした不分明な部分なしには考えられない。

B 『知るということ』のはしがきで、渡辺さんははっきりウィーン学団の論理実証主義に反対していますね。科学の統一を叫んだのはいいんだけど、ウィーン学派は経験を「外界から押しつけられたもの」であるとみる、認識における受動主義から抜けだせなかった。認識における先験的要素の重要性を見落としていた、というのです。一種の急進的観念論です。わたしはこういう徹底した渡辺さんが好きなのですが、確率の存在だけはほとんど無意識的に認めてしまう。これはやはり渡辺さんのクセとしか思えない。ケインズやカルナップが仮説hのもとにおける命題aの論理確率を無条件に想定したことに反対する渡辺さんが、条件付確率についてはきわめて無批判的だ。

A ケインズが若いとき大部な『確率論』という本を書いて、論理必然的に含意されない推論の論理学を構築しようとしたのは有名な話ですが、これまで経済学の方面ではほとんど議論されていないのです。八八年に、一度に三冊ほど本がでて状況は変わりつつあります。ただ、依然として、ケインズは偉かった式の論調が一般です。わたしは、あれは偉大な失敗作であるという点をしっかり見つめないといけないと思うのですが。

C ケインズもヴィトゲンシュタインも、論理必然的な関係を超えて、より日常的な推論の論理学を築こうとしたところはおなじだ。ちがいはもちろん大きい。ケインズは古典論理との類似性の追求に重点が置かれているのに対し、ヴィトゲンシュタインは日常的言語の分析まで行ってしまった。科学的探究はわれわれの日常的思考とは違うということも考慮しなければならない。その点では物理学の方からでて、科学的探究の論理を幅広く考察した渡辺慧という存在は貴重だ。

A Cさんがまとめ的発言をしてくれたので、渡辺慧の科学哲学については、このくらいで切り上げましょうか。何か、重要なことで落ちていることがありますか。

B 量子論理について議論してもいいと思ったけれど、次のパタン認識のところでもかまわない。

五　パタン認識について

A　では、パタン認識に入りましょうか。ここはまずCさんに聞きますが、パタン認識における渡辺さんのお仕事には全般的にいって、どんな特徴がありますか。

C　お弟子さんのクリコウスキー博士が行った病気診断なんか応用として高い価値をもった例でしょう。これは病院で質問表に答えてもらったり、看護婦さんの行う問診を使って、患者の気づいていない病気、たとえば甲状腺異常活性の発見に役立てようというものです。一種のエクスパート・システムですね。渡辺さんのパタン認識は、もちろん、こういう実際的応用を含んでいますが、特徴といいますと、やはり方法論的・反省的なことでしょう。文字の読み取りとか、音声の聞き取りとか、パタン認識といっても特定の難しい課題に取り組んでいる人たちは、役に立つならなんでも使ってしまえというので、自分たちが本当は何をやっているのか無意識的なことが多いですね。渡辺さんは、そこらあたりのことを実にじっくり考えていて勉強になります。

たとえばデータの取り方についても、渡辺さんは、「生のデータ」などというものがあるだろうか、といった根本的な問いをなげかけて、否定的に答えるのです。しかし、渡辺さんは否定し懐疑するだけの哲学者ではない。ではデータはどのように取ったらいいか、きちんと三つの要求条件を提示しています。いちいち説明しませんが、①目的に適った特殊性、②適当な普遍性、③技術的経済的な最適性、の三つです。

パタン認識というのは、大まかにいうと、類を作りだすことと、個物を類に分けること、の二段階からなるのですが、類を作るときの発想にも、いかにも物理学者らしいものがあります。たとえば、多数の点をいくつかのグループに分けるのに水の中に油が浮いていると考えて、相互の引力でたがいにくっつけていったらどうか、などというものがあります。別のものでは、多次元の空間にちらばっている点を類に分けるのに、次元の低い部分空間を使う、というのがあります。

これなどたしかに渡辺さんらしい発想ですね。これは量子力学からのヒントでしょう。

B　量子力学の諸事象がヒルベルト空間の部分空間で表されるというのをクラスタリング（類を作ること）に応用したのです。で、このことを一般的に主張することになると、日常世界でも古典的なブール論理よりも量子論理を使った方がいい、ということになります。

A　量子論理というのは、量子力学では必然的にでてくるものですか。

B　いや、今いったように、事象というのはすべてヒルベルト空間の部分空間として表せる、という媒介を置けば、古典論理でも問題はない。ただ、そういう間接的な理解はいやだというと、新しい論理学が必要となる。

A　量子論理と古典論理とは、どこが違うのですか。

B　どちらも完備なオルソモジュラー束という点ではおなじだが、量子論理では分配法則が一般にはなりたたない。そこで任意の二命題を取ると、交換可能とか両立可能とか言われる場合と、そうでない場合とが起こる。たがいに交換可能な諸命題のあいだでは古典論理とおなじだけれども、交換可能でない場合にはちょっと注意が必要で、量子力学のふしぎな事態は、みな、交換可能でない二命題に古典論理を押しつけてしまう結果起こるのです。

A　そうすると古典論理よりもより一般的な論理ということになりますか。

B　数学の一分野に束《そく》の理論というものがあります。その束としてはより一般的ですが、論理としてはそうは言えない。というのは、量子論理では「pならばq」が命題として定義できないのです。そうすると、論理としてもっとも論理的な推論ともいうべきモードゥス・ポネンスが使えない。つまりpとp→qからqを導くこともできなくなる。その意味ではたいへん不十分な論理だということになります。

A　パタン認識の基礎論としては、渡辺さんの「みにくいアヒルの子の定理」というのが有名ですね。あれもずいぶん逆説的な定理です。アヒルの子どうしに共通になりたつ述語の数と、アヒルの子とハクチョウの子に共通な述語の数とがおなじである、というのですから。

B　あの定理の秘密は、ひとつの部分集合にひとつの述語、あるいはひとつの概念を想定するところにある。この前提を否定してしまえば定理はなりたたない。

C　ただ、あの定理は逆説的であるところに教育的効果があるので、前提を変更して、より現実的な定理に作りかえても意味はない。

A　「みにくいアヒルの子の定理」からどういう教訓を汲み取るか、という点にも渡辺さんらしい指摘がありますね。定理から、純粋論理的には、すべてあい異なるふたつの個物はおなじだけ似ているということになり、「自然な類」は実在しないことが言える。ではなぜ現実にアヒルとハクチョウとを区別できるかというと、それはある述語が別の述語より「より重要である」と判断しているからだ、というのです。そのとおりなのですが、その判断の基準が「われわれの生活に対する有用性」にあると断言されているのには驚きます。たいへん人間中心主義的かつ功利主義的な解釈です。経済学者がこういう断定をしても驚きませんが、物理学者が類別問題を人間にとっての有用性一本に還元するのは、やはり驚きです。

B　経済学者から功利主義的すぎると抗議がでたわけだ。たぶん、例が悪いんだろうね。アヒルとハクチョウは動物だ。高等動物にとってもっとも重要な関係はツガイを作って生殖能力をもつかどうかで、種はだいたいこの関係ひとつで区別される。海辺で任意に集めた漂着物をふたつに分けようというのとちがう。渡辺さんは、こうした恣意的な集合の類別と、自然のなかにいわば作り付けられた種や類別とを、まったく同次元で扱っている。そこに議論の無理がある。

C　弁解になりますが、コンピュータを使って類を作ろうというとき、いったい何に注目して類分けしたらいいのか、分かっていないことが多い。その場合にも、対象の何かに着目してデータを取り、それを基礎にふたつないし三つの類に別れるかどうか、見ていかなければならない。そういうときに、まず恣意的にも変数を選ぶ必要や、その選択に結果が依存することを教える点でも、「みにくいアヒルの子の定理」は意味がある。

B　定理そのものに文句をつけているのではないんだ。人間を離れても、自然界におのずと存在する分類の秩序のようなものを全部拒否できるかどうか。ここらあたりにも実在論と観念論との対立がある。定理の解釈も、渡辺さんの主張するほど一義的なものではない。

C　ボクもどちらかというと実在論の方だから、そのあたりの疑問は認めるけれど、動物が環境世界を構成する仕方は、生物学者のフォン・ユクスキュルの強調するように、きわめて主体的なものでもある。外界の信号を受けとるための変数なんて、それこそ無数にあるのに、昆虫たちなんか、それぞれ実にうまく少数の変数を選んでいる。パタン認識とはじつは情報圧縮なのだ、という渡辺さんのテーゼが感覚器官の特性の選択という形で実現している。

A　多くの入手可能なデータの中から、ごく少数の変数にのみ注目して判断するということは、経営学の方でもときに強調されている。

C　測定すべき変数を増やすにはかならず費用の増大がともなうけれども、そこから得られる成果の向上は急速に小さくなる。人間の情報処理能力に限界があると、データの変数が多いことは、反対に、対応の遅れや誤差の増大といった逆効果をもつ。だから、対象とする系にある程度の定常性があれば最初の一・二の変数をどう選ぶかがもっとも重要となる。

B　さっきは類の実在論の弁護をしたけれども、ちょっと豹変《ひょうへん》したい（笑）。パタン認識を何に使うかといえば、動物であれ、人間であれ、それにより状況の判断をし、行動の決定を行うことにある。そのかぎりでパタン認識の成果が「われわれの生活に対する有用性」で測られることに異存がない。いま聞いていて思いついたんだけれど、パタン認識のこうした道具性に類似のことが確率概念そのものにもある。渡辺さんじしんも、「時間と確率」のなかで、「確率の有用性は、自然の記述はあまり重要でない因子を意図的に無視することによってより簡単になるという事実に由来する」と述べて、「利用できるすべての情報を取り入れるべきである」と勧める哲学者たちに反対している。ただ、量子力学にこの考えを持ち込むと「隠れた変数論」になってしまうので、量子力学における確率を詳細の無視による簡単化と解釈することには渡辺さんは反対するだろう。そうすると渡辺さんの頭の中には二種類の確率論があることになる。

C　やけに確率論にこだわるね。「あまり重要でない因子を意図的に無視する」ということはパタン認識が意識的に利用していることであって、なにも確率論の専売特許ではない。こうして情報の圧縮のもつ意味を変に決定論的に考えようとするから、確率論的説明が必要となるのではないかな。確率論が有用というより、情報の圧縮が必要とされる場合が多いだけなのかもしれない。

B　そこなんだ。数学が決定論的なものと確率的なものとに二分割されている現状を固定化してはいけない。確率論がパタン認識で基礎づけられるといったことがあってもかまわないはずだ。

A　渡辺さんのパタン認識への関心はいつごろまでに溯りますか。もちろん本格的な研究は北米ということでしょうが、『初期論文集』に収められた「性格の幾何学」は、パタン認識を扱っているとも言えますね。

C　そう。性格の分類とはいったいどういうことなのか、かなり深く考えている。多数の人がいて、それぞれ少しずつ違う。どんな体系であれ、それを三つなら三つの型にきちんと分けられるだろうか。Aと非Aという対立二概念を取るとき、Aが三、非Aが七といった表現が許されるべきだと言っている。これは後のファジー集合の考えにも接続している。

B　「性格の幾何学」は一九四八年一月の発表だけれども、それ以前にも、天気の持続性と変化性とを定量的に測りたいというので、どんな変数を用いたら良いかまで考えている。これは、『時』の「持続性と変化性」によると、渡辺さんが中学一年生のときにお父さんから聞いた話が興味の出発点だそうだから、溯ればここまで溯れる。

A　持続性と変化性というと時間にも関係している。そう考えると、渡辺さんにおいては、時間論もパタン認識も根はおなじですね。

さて、この話題はこのぐらいで切り上げて、最後の社会論的方面での渡辺さんを取りあげましょう。

六　社会主義と科学技術

B　『初期論文集』は、『思想の科学』に書かれたものを中心に、有名な「原子党宣言」など三本を補ったものだが、これ以外に社会的発言としてどんなものがありますか。

A　全集や著作総目録がでている訳ではないから、見落としがあるかも知れませんが、ここに収められたもので大筋はわかるのではありませんか。

C　『物理学の小道にて』のなかに、戦後の科学研究について、いくつか発言したものがありましたね。ボス支配の排除から能力主義による資金の配分まで、かなり元気な発言だったように記憶しているけど。

A　ここに持ってきていますが、第四部ですね。「科学と制度」という主題で四本入っています。たとえば、最初の帝大新聞に書いたものは、「人民の為の科学を」という表題で、中身も戦争中の時流に乗って羽振りをきかしていた人たちに退場をもとめるといういさましいものです。ところが二番目の「科学者の政治熱」では、人民のため、民主化のためという看板を掲げて、自己の勢力拡大を図る人たちを指弾している。戦後すぐにもマルクス主義の熱に浮かされた形跡が全然ない。

B　マルクス＝レーニン主義の公式で単純に裁断すれば、渡辺さんは救いがたい観念論者、マッハ主義者で、そのイデオロギー的立場から、当然にも社会主義とプロレタリアに反対し、科学者である自己のプチ・ブルジョア的立場を過大に正当化し、宣伝した外国崇拝者ということになるだろうね。

C　そこまで言わなくても、通常のマルクス主義者にとって「原子党宣言」はじつに頭にくるものだったでしょうね。ブルジョア資本家の第三階級、労働者プロレタリアの第四階級に対し、科学者・技術者・芸術家・哲学者・宗教家など物心両面の創造的知性からなる第五階級を想定し、この第五階級の知性こそ真に力のあるものであり、人類を破滅より救うことのできる唯一の勢力である、というのだから。第四階級を率いる共産党員は権威主義的職業政治屋にすぎず、第四階級じしんは社会の寄生虫だというのだから、言いたいほうだいの悪口だ。原子力の人間による解放が労働者なき工業を可能にし、人類を物質的制約から解放するという預言は甘かったにしても、「原子力の破壊的効果に対する恐怖」が世界政治のあり方を変える力になるという見通しはまちがっていない。

B　原子力が豊富なるエネルギー時代を現出させ、多くの労働は機械に置きかえられ、ただ少数の独創的頭脳だけである、という予想はマンフォードの書評を兼ねた「原子力時代と道徳」にも述べられている。四十年以上のちの現在に立って考えれば、エネルギー源としての原子力の可能性については楽観的すぎたし、労働が機械で置きかえられていく速さについても、戦後四十年でようやくたどりついた自動化工場の入口に、当時もはや突入しているかの口振りだ。今後十年、日本での仕事の多くがますます高い知識と創造性を要求するものになるだろうとはいえ、少数の独創的頭脳だけでこの社会の生産が担われるなんていうのは完全な誤りだ。

A　そうですね。「フランスの社会主義の進化」を書いて、社会思想にも大変な学識を示した渡辺さんが、社会や経済の今後数十年の予想という点では、きわめて単純な希望的観測をしてしまうのは閉口ですね。渡辺さんは社会主義のことを考えながら、戦争直後にも、マルクス主義の思潮からはっきり独立した思考を行った、希有な思想家なんです。ただ、その独立を支えたのが、いまの全社会的自動化工場の観念であった、という問題があるわけです。

C　「フランスの社会主義の進化」ですが、渡辺さんのオリジナルなものがあるのですか。

A　今まで埋もれていた思想家を発見してきたとか、通説とはまったくかけはなれた、ある思想家の新しい読み方を示したといった意味での独創性はないでしょう。ただ、「はしがき」にもっとも典型的に出ていますが、ソ連型の社会主義が社会主義の唯一の可能な型だと考えず、一八世紀・一九世紀のフランスの社会主義思想についても、それらがマルクスに流れ込むためだけに存在するものと見ていませんね。一九四六、四七年当時の日本にあっては、これはきわめて独創的な立場の取り方なのです。日本の古典経済学者研究はその多くがマルクス主義者によって行われた結果、実に詳細に研究されているにもかかわらず、問題意識がどうしてもマルクスとの関係に行ってしまう。スミス研究とかケネー研究といっても、マルクスの眼を通して読んでいるものが多いのです。J・S・ミルの研究なんかでも、イギリス直輸入のものを除けば、ごく最近でしょう、そういう意識から逃れられるようになったのは。ですから、渡辺さんの「フランスの社会主義の進化」はじつに独特のものです。物理学者の渡辺さんが、なぜ七〇ページも越える長大な社会主義の歴史を書いたのか、不思議でならない。

B　フィジオクラシーを「物力主義」と訳したのも変わっている。リカードやマルクスの労働価値説に対し、フィジオクラットは自然力価値説を説えたという解釈に基づいている。農業にかぎらず、自然の巨大な力を解放して人間に役立てるのがフィジオクラシーだとしたら、さっきの渡辺さんの原子力エネルギー社会論も一種のフィジオクラシーと考えられる。

C　革命以前の社会主義の半分をフィジオクラシーが占めているし、渡辺さんのかなりな思い入れがあるのは確かだ。第四章では、サン＝シモンとフーリエが取りあげられているけれども、どちらかというとサン＝シモンに肩入れしている。「原子党宣言」などにでてくる「少数の独創的頭脳」という考えとサン＝シモンの「もしフランスがその五十人の一流の物理学者、五十人の一流の科学者、五十人の一流の生理学者、……を失ったとしたら、国家は魂を失った形骸となるであろう」という考えとはほとんど同一のものだ。

A　そのすぐ前に、渡辺さんがこう書いているところがある。

　サン＝シモンのいわゆる産業人は企業家・銀行家さえ含み、社会の進歩と共に、――特にかれの後継者において――労働者が主位を占めるに至るのであるが、かれ自身において特別重要なる地位を与えられているのは科学者、技術者であることは注目に値する。この点は後の社会主義者において、軽く取り扱われているのであるが、将来再び問題となり得る可能性が多分にある。

これは渡辺さん一流の科学技術至上主義からきた注意とも読めるけれども、中国の状況などに引きつけて読むと、最後の点などすごい現実性をもった預言になっている。

このあいだ『中国の幻想と現実』（学生社、一九九〇年）という劉賓雁《リュウビンイエン》の講演集を読みました。劉賓雁は方励之、王若望とならんで中国の反体制三思想家のひとりといわれる人ですが、かれが指摘している中国の病根のひとつに知識人の地位の問題があります。中国では長年、肉体労働を至上のものとしてきた結果、労働者の知識人に対する軽視、差別、排斥の傾向が強く、それが科学や技術の発展の大きな阻害要因になっているというのです。劉賓雁は、一千万人の労働者を集めても、カラー・テレビひとつ発明することはできない、とまで指摘して、聴衆に訴えています。おなじ中央集権型の社会主義でも、ソ連は技術者・科学者重視の社会で、中国はその反対なのです。労働者の解放という目標のためには中国の方がよほど頑張ったといえるでしょうが、それが行きすぎて大変なことになっている。そういった意味では、まったく対極から考えていた渡辺さんにしてはじめて言い当てえた、とも考えられます。

B　結局、渡辺さんの社会主義は、人間や社会制度にたよるよりも、科学技術の可能性に期待し、その成果として自然力が解放されたあかつきには、人間と社会の諸問題の多くは解決するだろう、といったたぐいのものらしいな。

C　その意味では渡辺さんは徹底した物力主義ですよね。エネルギー問題とエコロジー問題の両ばさみになっている現在からは、きわめて楽天的な科学主義だけれど、それが戦争直後の優秀な科学者たちの一般的雰囲気だったのでしょう。

A　「フランスの社会主義の進化」は、最初の計画では、「一九世紀の社会思想」のあと「現代の問題」を扱うことになっていた。第四章で「一九世紀の社会思想」が終わったのかどうか、たとえば、プルードンなどがなぜ全然でてこないのか、といった疑問もありますが、「現代の問題」に入っていないことだけは確かで、その意味でこの論文は未完のものです。全部完成していたらどんなものになったか。フランス一国とはいえ、社会主義の通史が少ないことに加えて、マルクス＝レーニン主義に立たない社会主義の通史といえば、渡辺さんのあとは関嘉彦さんの『社会主義の歴史Ⅰ、Ⅱ』(力富書房、一九八四年、八七年)に飛んでしまうだけに、中断してしまっているのがなんとも残念です。

C　なぜ書いたか、なぜ中断したか、など直接会って聞いておきたいことが色々ありますね。

A　ぜひ、そういう機会を作って欲しいものです。今日は、多方面にわたる渡辺さんの御仕事の一端にそれぞれの関心から迫ろうということだったのですが、群盲象をなでる結果になっていないことを祈って終わりとしましょう。長時間にわたり、ありがとうございました。

第四部　回顧と展望

18 マルクスから複雑系まで

この章は、本書全体への締めくくりとして書かれた。そうしたものを書かなければならないと思っているところへ『神奈川大学評論』から原稿の依頼があった。時間的にも、依頼の趣旨から言っても、独立のものを書くことは不可能だった。単行書の一章を雑誌等に事前に発表してしまうことはヨーロッパなどでもよくある。そこで、そういう体裁のものでも良ければという条件で引き受けた。その後、本書の各章に解題を付けるのに、ほとんど二年を費やしてしまった。この章も、『神奈川大学評論』の依頼と締切がなければ、いまだに書きあがっていなかったに違いない。

本章は、いわばわたしの思想遍歴の告白である。こうしたものを独立の論文として書くことは、通常は許されないことであろう。異例の原稿をそのまま掲載してくれた『神奈川大学評論』に感謝する。

内容は、ほぼわたしの半生をたどる形で、マルクスおよびマルクス主義との出会いとその後の付き合いについて、記憶する限りで正直に書いた。もちろん、そこには無意識の合理化がさまざまになされていよう。わたしの記憶が正確である保証はない。都合よくまとめてしまったこともあるだろう。ただ、現在に近い時点で、わたしの過去のマルクスおよびマルクス主義との関係をわたしがこんなように考えているという証言にはなるだろう。

「マルクスから複雑系まで」といっても、マルクスを読むことだけから複雑系へ進んだのではない。複雑系への歩みにおいて、わたしにとって重要だったのは、マルクス自身よりも、むしろ新古典派との対決であった。わたしが日本のマルクス経済学にもつ不満のひとつは、少数の例外を除いて、それが主流の経済学に正面きって対決する姿勢をもたないことである。平和共存の考えは政治的には正しいと思うが、理論においてはそれは進歩を阻害するものであろう。理論においては、たがいに戦ってこそ進歩がある。こう信じている点で、わたしはいまだアルチュセールの徒である。ただ、理論における闘争は階級関係を代表するだけのものではない。社会を変革しようとする革命派の情熱に対する保守派の留保の中からも、社会にかんする知識が生まれてくる。革命派と保守派の熾烈な理論的討論の中から社会に対する深い認識が生まれるという視点は、スタニスラフ・アンドレスキーから教わった(S・アンドレスキー『社会科学の神話』日本経済新聞社、一九八三年)。

本章の最初にわたしは「出会いの後に、ある思想・ある思想家とどうつきあうか、どう別れるか」、それは学者の選択であると書いた。本書は、わたしがマルクスとマルクス主義にどのように付き合ったかの証言であり、申し開きでもある。その全体については、本文と解題とを通して、読者に判断してもらう以外にない。

マルクスとの出会い

社会科学を専攻するものなら、かならずどこかでマルクスと出会う。そのとき、どのような出会いをするか。それは、ほとんど運である。よい出会いも悪い出会いもあるだろう。出会い方については、学者はほとんど責任を負えない。しかし、出会いの後に、ある思想・ある思想家とどうつきあうか、どう別れるか。これは学者の選択である。かれの思想の問われるところであろう。

わたしが最初にマルクスと出会ったのは、けっして深いものではなかった。一九六〇年代の中頃、数学科の学生であったわたしも、「科学と社会」といったテーマへの関心から、ひとなみにマルクスやエンゲルスの小冊子や解説を読んだ。価値と価格の違いといった経済学の基礎や、認識の反映理論といった唯物論の基礎をひととおり学んだ。ソ連の実情については懐疑的であったとしても、人類の未来が社会主義にあることを疑っていなかった。教養課程では、「政治経済研究会」という小さなサークルに所属していたので、その多くはそこで学んだ。丸山眞男の『日本の思想』や久野収・鶴見俊輔の『現代日本の思想』を読んだのも、そのサークルの中であった。しかし、それらはすべて通り一遍のものであった。時代の風潮のある幅の中で、多少の選択を働かせた結果でしかなかった。

わたしが数学者の道からそれて経済学へと転換する流れは、六〇年代後半の政治状況から生まれた。[1] 第一にベトナム戦争があり、次に中国の文化大革命があった。そのころ、鶴見俊輔の主宰する「家の会」(雑誌『思想の科学』の読書会)に出入りしていたわたしは、自然と「京都べ平連」の集会に出るようになり、定例の街頭デモにも参加するようになった。一九六八年の日大と東大の紛争は、京都で開かれた「反戦と変革にかんする国際会議」の準備や後始末をしながら眺めていただけだったが、一九六九年一月東大安田講堂が陥落し、大学闘争が全国に飛び火すると、わたし自身もその渦中に巻こまれてしまった。その運動はわたしにとってさまざまな意味で不本意なものとして終わり、そこから脱出するかように、一九七〇年、フランス政府の給費留学生としてフランスに渡った。

ニースにいた一年は、数学者としてリハビリに努めた。数学への焦りはあったが、ベトナム人の学生と友達になり、映画をみ、郊外をドライブして楽しい一年だった。翌年、指導教授がパリ転勤になり、追随してわたしもパリに移籍させてもらった。しばらくして教授に会いにいき、経済学への転換を伝えた。不十分な沈潜から、ついにいかなる切り口も見つけることなく、数学から脱落せざるをえなかった。

経済学への転向を決め、手初めにアンリ・ドニの学説史の本を読んだ。『数理経済学の基礎』(一九八一年)の後書きにも書いたように、そこでアルチュセールとスラッファを知った。この選択が偶然のものであったのかどうか。アルチュセールの名は、すでに構造主義を通して知っていた。スラッファとの出会いも、たぶん、マルクスの現代化という文脈があったのだろう。アルチュセールの『資本論を読む』とスラッファの『商品による商品の生産』を読み、たったその二冊で、自分の経済学の構想を立てた。今から思えば不遜なことであるが、それが若さの特権だろう。アルチュセールとスラッファを通して、わたしはマルクスに再会することになった。より正確にいえば、マルクスに再会する手段としてのドニとスラッファとアルチュセールだったかもしれない。一九七四年に日本に帰ってからは、森嶋通夫と置塩信雄を読み、青木昌彦編の『ラジカル経済学』や、日本経済新聞社から出ていた『季刊現代経済』をバックナンバーを求めて愛読した。帰国した当時、まだ経済学に「ラジカル」な空気が残っていたのは幸運だった。尾上久雄教授・青木昌彦教授に助手として採用してもらった京大経済研究所の七年間がわたしの経済学への本当の入門時代となった。

それ以来、わたしはマルクスからつかず離れず付き合ってきた。しかし、その出会いが示すように、わたしのマルクスは、マルクスそのものではなく、多くの人の「読み」を介した間接的なものである。そこには思想の読み方として問題があるが、テキストに忠実に読み進むことで、マルクスの思想を真に生かすことができるかどうか、そこにも疑問がある。意図せずしてわたしのとった方法は、マルクスやかれを取り巻くさまざまなテクストからあるヒントを読みとり、それを自分なりにふくらませることだった。それが強引な（あるいは牽強付会の）解釈に過ぎないことをわたしは自覚している。しかし、あの大部な『資本論』の中で、わずか一回か二回、マルクスがもちいた（たとえば「個体的所有」といった）ことばを手掛かりにその全思想を組みなおそうとする「読み」に比べれば、わたしの解釈はむしろ常識的であろう。

わたしのマルクスの読み方をあえて特徴づければ、教条主義・公式主義・スターリン主義などとして排除されることになった理解をも、誤ったものと決めつけない仕方にある。解釈は社会的存在であり、その歴史自体にも意味がある。広く読まれた読まれ方は、たとえ間違ったものであっても、そのような間違った解釈を生み出したことに原テキストの著者は責任を取らねばならない。マルクスというテキストは、マルクスが手で紙に書いたもののみでなく、書かれたものを多くの人が解釈し、再解釈し、再々解釈した歴史をも含むと考えたい。現在では、マルクスとマルクス主義とを切り離して考える読み方が流行であるが、二〇世紀の思想として力をもったのはマルクス主義である。それから切り離されたテキストとしてのマルクスに一九世紀の思想家以上のものを見いだせるか、わたしには疑問に思える。

新古典派との格闘

スラッファとアルチュセールを通して読んだマルクスは、リカードの経済学、つまりは古典派の経済学と大差ないものかもしれない。『資本論を読む』の中でアルチュセールがマルクスと古典派との断絶をあれほど強調したにもかかわらず、わたしにはその差異がしだいに小さなものに見えてきた。労働力の価値という概念ひとつで、その差異を支えることは困難に思えた。マルクスはむしろ古典経済学の大成者とみることがよいのではなかろうか。一九七〇年代の経済学の全体状況の中で、わたしには、こう思えた。

通常のマルクス経済学者と違って、わたしは、経済学の主流をなす新古典派＝一般均衡理論をつねに意識し、それと格闘してきた。『近代経済学の反省』（一九八三年）は、その格闘のひとつの中間生成物である。経済学における学派の対立の主要な軸が新古典派＝一般均衡理論とそれに対立する経済学との間にあるとすれば、ケネーから古典派を通ってマルクスまで、広義の古典派が考えられる。リカードとマルクスの差異は、広義の古典派内部における小さな対立にすぎない。これがスラッフィアンを自称したそう多くはない経済学者のほぼ共通した感情であっただろう。『反均衡の経済学』の中で、コルナイは、一般均衡理論に対決する諸学派の大同団結を提唱していた。わたしの考えもそれに近かった。

現実の経過では、しかし、スラッファとマルクスとの対立が逆に強調されることになった。イアン・スティードマンの諸論文がやや挑発的であったということもあった。より深刻な理由としては、多くのマルクス経済学者にとって、対話の可能なのはスラッファとその流れの経済学どまりという事態があった。主要な対立軸よりも、小さな差異が問題になったのは、マルクス経済学にとって幸運なことではなかった。スラッファや置塩、森嶋らによるマルクス・ルネサンスは、その後の経済学の流れを変える力をもちえなかった。マルクス経済学は、その理論の強さによってではなく、社会主義への隠された期待によって支えられていた。一九九〇年以降、マルクス経済学が急速に弱体化する伏線は、すでに七〇年代に敷かれていた。

マルクス経済学に対するわたしの戦略は、明示的に批判して泥沼の論争に巻き込まれることを避けることであった。マルクス経済学の中心的核は搾取理論にあるが、その理論的構造と論理的破綻は明らかであった。わたしは、なぜ搾取なのかを説明するのでなく、なぜそう見えるのかを問題にして、『近代経済学の反省』の第六節「マルクスの搾取理論」を書いた。説得的定義を鍵とする搾取論の解明にはすでに碧海純一がいたが、二重の概念系列を構築することの効果を問題にしたのは、わたしの創見とおもう。これにより、わたしは搾取理論の分析次元を一段階高めたつもりであったが、マルクス経済学者からはほとんど理解されなかった。例外は、哲学者の廣松渉だった。氏は、わたしの議論に興味をもち、氏を中心とする座談会にいちど招待してくれた。

視野をやや大きく取って俯瞰してみると、一九七〇年代前半は、五〇年代から六〇年代へかけての主流の経済学に対する批判の噴出した時期であった。合衆国でも、イギリスでも、会長講演や記念講演で、新古典派経済学に対する反省・批判が述べられた。(2) 初期の『季刊現代経済』には、そうした空気が如実に感じられた。たまたまこの時代に経済学を始めたことが、経済学に対するわたしのスタンスを大きく決めているかも知れない。ジョーン・ロビンソンは、もっとも華やかな闘将であった。その活躍には、宇沢弘文の演出も与っていた。

ロビンソンの批判は二点あった。ひとつは、経済学は需要の質を問題にすべきだという主張だった。経済学の第一の危機において、ケインズは需要の総量を問題にしたが、経済学の第二の危機においては、需要の質が問われるというのだった。第二の批判は、経済学が時間を無視し、不確実性を理論の中に取り入れていないというものだった。第一の批判の趣旨を、わたしはながく理解できなかった。ずっとのちに並木信義の『幸福の経済学』を読んで、ひょっとしてロビンソンは、こういうことを考えていたのかもしれないと了解が付いた。第二の批判は、静学を動学化するというミル以来の主張のように思えた。しかし、わたしは、動学化の道を取らなかった。動学理論と称するものの多くは、旧来の概念的枠組みを維持したまま、時間変数を導入し、微分ないし差分の発展方程式を考察するにとどまっている。不均衡動学は、わたしには、均衡理論の諸構成をほとんど認めた上で、ただ等号を不等号に置き換えたものに見えた。理論の基礎を不問にして、形式だけを動学化しても、それによって理論的突破が可能であるとは思えなかった。

わたしが採ったのは、古典派と新古典派の差異を抽出する作業だった。おなじく定常状態を取り扱っているかにみえる両理論の基本的な対立点はなにか。「分析方法からみたマルクスの現代性」（一九八四年、本書第二部所収）や「現代古典派の経済学」（一九八五年、同上）の目的は、その作業結果を明示的にすることであった。この作業は、なんども反芻されて、最終的には「定常の第一義性」（一九八九年、『複雑さの帰結』ＮＴＴ出版、一九九七年、所収）という論文にまとめられた。一九八〇年代前半のわたしの方法論的思考は、ほぼこの点に限られる。

経済学にかんするわたしの構想に特異な点があるとすれば、再生産＝定常過程にさいごまでこだわったところにあるだろう。最初の手掛かりは、プリゴジンにあった。揺らぎつつ、平衡から遠く離れて存在する安定な構造という観念がそこにあった。これによって、均衡と定常過程とを概念的に分離することが可能になった。定常過程とゆらぎを対《つい》にして考えるヒントもそこにあった。

行動への問い

新古典派の選択理論に対する疑問もあった。方法論的個人主義に対する懐疑は、マルクス派のものであった。しかし、その懐疑をどう具体的に展開したらよいか、方向をつかみ切れないでいた。最初の手掛かりは意外なところから飛び込んできた。『数学セミナー』の増刊として「入門――現代の数学」というシリーズがあり、その第一三巻が『計算の効率化とその限界』（一九八〇年）であった。これを読んだのは偶然であるが、そこでナップザック問題がＮＰ困難であること[3]を知った。予算制約条件付き効用最大化問題は、ナップザック問題を含んでいる。これはいったいどうしたことか。『市場の秩序学』（一九九〇年／一九九八年）の解題にも書いたように、その事実はにわかに信じがたいものであった。コンピュータを用いても計算できないような問題が経済学の人間行動の定式の中に潜んでいたとは、最大化や合理的計算に疑問をもっていたわたしにも、にわかには信じられなかった。どこかに理解の間違いがあるのではないか。たとえば、数千の変数や制約条件をもつ線型計画が解けることと、ナップザック問題がＮＰ困難であることとは、どう整合するのか。効用関数が二次関数であるとき、効用最大化問題をラグランジュ法で解くとき、どうなるのか。連続問題と整数問題の差異を経済学は、どう受け止めるべきか。こうした疑問が次々と浮かび、長い逡巡を続けた。

こうした数学的問題とは別に、経済学としては、「人間の目的行動をどう定式化したらよいか」という問題があった。ひとつの手掛かりがサイモンにあると考え、「限定合理性の理論」や「実質合理性から手続き合理性へ」といった一九七〇年代の論文を読んだ。こうした中から、「ルーティン」や「定型」や「プログラム」といった行動の捉え方が出てきた。一九八六年から八七年にかけてイギリスのケンブリッジに滞在したときには、ハイナーのＣＤギャップ論とロースビーの複雑さにかんする考察を読み、ネルソンとウィンターが「ルーティン」をかれらの進化理論の基礎においていることを知った。在庫の切り離し機能（decoupling function）やゆるやかな結合系（loosely connected system）といった概念とも、ここで出会った。帰国後、ユクスキュルの『生物から見た世界』とデービスの『計算の理論』（Computability and Unsolvability）とが結びついたときは、うれしかった[4]。これにより定型行動の普遍性ないし万能性が示唆できることになった。

経済行動にかんする長い迂回的考察の結果、過程の定常性のもつ重要な意味が浮かんできた。人間が有限の合理性をもつ存在であるとすれば、その行動はある作用の結果をすべて見通した上で選択されたものではありえない。定型行動あるいはルーティン行動は、状況Ｓにおいて行為S'を行うという一般形をもっている。これがなんらかの意味をもつものとすれば、それは行動する人間の側の「推論」の成果ではなく、環境の側にそのような定型の有効性を保証する性質があるからに違いない。状況の定常性と行動の定型性とは、密接な関係をもつ二項だとそこで気づいた。

新古典派＝一般均衡理論には、こうした認識が欠けている。アロー&ドブルー型の一般均衡理論は、資源と効用と技術とをもって主体たちがあつまれば、そこに即座に市場均衡が成立すると想定している。しかし、この想定の代価は大きい。そこでは過去の記憶と学習とが意味をもちえない。習慣的行動は排除されている。意思決定する主体に無限の合理性を仮定せざるをえないのは、一般均衡理論がこのような理論構造をもっているためである。定常過程においては、事情は異なる。人は過去に有効であった行動パタンを繰り返すだけで、過去と同等の成果を上げることができる。高度な計算能力は必要とされない。能力に限界のある人間が、あるていど効率的な行動を行うことができるのは、人間の予測や推論能力の結果ではなく、かれらの活動の場に隠された性質を人間がうまく利用しているためであろう。

この発見は、わたしにとって「コペルニクス的転回」といってよいものだった。人間の思考や記号処理を観察するだけでなく、状況の側に経済行動を解く秘密がある。こういう目で、わたしは新しい探索を始めた。事例はさまざまなところで見つかった。たとえば、老舗の社長さんたちは、景気には良し悪しがあることを知っている。したがって、いま、売れ行きが伸びているからといって、むやみに事業拡大はしない。景気が反転したとき、対処できる程度に投資を抑えておく。このような判断をしているからといって、社長さんたちの頭の中に、景気循環理論が入っているわけではない。景気の反転を読むのは難しいという、先代から引き継がれた知恵があれば、難しい理論は必要はない。経済人は、「小さな科学者」であるが、その主要な働きはパタンを読むことであり、現実がどのように運動するか、擬似的モデルを構成することではない。

人間は、その場で、すべてを思考し決定するのではない。気づいてみれば当然な、こうしたことも分かってきた。多くの場合、ひとは状況を類型化し、それに応じた行動パタン＝定型行動を取る。もちろん、そのような定型はひとつとは限らない。複数の定型があれば、それらの良否の比較があり、行動の進化がある。頻繁に繰り返される事態には、よく整理され、ルーティン化された行動が対応する。あらゆる場面で、すべてを予測し、諸結果の比較の上で取るべき行為を決めるという設定は、均衡理論が作りだした大きな虚構である。そこには、人間の選択行為に対する抽象度の取り違えがある。

古典派の伝統は、事態の再生産に注目していたが、それを経済主体の行動に還元する思考はなかった。市場には正常価格があり、それは生産費から説明される。これが限界革命以前の経済学であるとすれば、事態の再生産を保証するものは、人間行動ではなく、経済の物質的・制度的な諸関係であった。スラッファは、この関係をより純粋に取り出して見せていた。かれが検討したのは、一定の状況の再生産を仮定するかぎり、人間行動に依存することなく成り立つべき量的関係であった。このような枠組みの中で、人間行動を考えようとしたからこそ、わたしは限定合理性と過程の定常性とを結び付けることができた。わたしがスラッファから経済学に入ったことは幸運であった。ひとびとの経済行為から考えはじめていたら、たぶんここまでたどりつけなかったに違いない。

ただ、事態の再生産と定型行動と結び付けて考える説明には、ひとつ弱点があった。一定の事態が再生産され続けていくかぎり、問題はない。しかし、経済には再生産と同時に変化がある。この変化に対応しつつ、事態の基本的な再生産を保証するものはなにか。これを説明する必要があった。しばしば誤解があるが、ひとびとが定型行動を取るからといって、事態が再生産されるわけではない。一定の行動をとりつつ、破滅に向かうということもありうる。

ひとつの理論モデルは、企業の生産調節からえられた。需要の変化に対応して生産量を変化させるとき、調節のありようによっては、経済は全体として、原材料在庫の不足にぶつかるか、生産容量の壁にぶつかるまで、変化を拡大させてしまう。谷口和久と森岡真史は、数期にわたる過去の実績で需要を予測する調節では、このような発散の問題が生じないことを示してくれた[5]。これがヒントになり、ミクロ・マクロ・ループという見方が生まれた。経済に安定的な再生産があるとすれば、それはひとびとによる行動定型の選択と経済の総過程との共進化とでもいうべき関係の結果であるに違いない。この見方は、古くからの方法論上の対立、すなわち方法論的個人主義と方法論的全体主義とを乗り越える第三の方法（あるいは、すくなくとも、その手掛かり）になり得るとわたしは考えている。

啓示された主題

効用最大化問題に潜む計算量の問題を考え続けるうちに、経済学がこれまで見落としてきた大きな主題があることに気が付いた。後で整理された用語を使えば、それは複雑さとそれが経済行動および経済理論に対してもつ含意を明らかにすることだった。それが自分自身にはっきりするようになったのは、「複雑系」というひとつの標語であった。この間の事情は、『市場の秩序学』の解題に書いた（第Ⅳ部の冒頭）。一九八五年の一〇月、偶然の機会から、猪口孝とハイエクを通して、わたしはワレン・ウィーヴァーの「科学と複雑さ」（一九四八年）に出会った。そこでは、複雑さが科学の大転換の鍵になっていた。

経済学が目指すべきは、ウィーヴァーのいう「組織された複雑さの問題」の科学であることは明らかだった。これまで経済学は複雑さを仮象としか見てこなかった。しかし、ここに経済学という学問の特質を決める核がある。それを徹底して考え抜くことで、新しい突破口がひらけるのではないか。わたしはそう確信した。それはひとつの啓示であった。

目指すべき主題の標語として、「複雑さ」でなく「複雑系」を選んだのは、すでにこの語にわたしが出会っていたからだと思う。しかし、どこでその語に出会ったのか、記憶はない。それ以前に読んだことのある本（ハーケンやサイモン）に当たってみると、「複雑なシステム」という訳語が見られる。「複雑システム」か「複雑系」か、いくらか迷ったかすかな記憶はあるが、「複雑系」で十分通ずる感覚はあった。古い太陽系・銀河系はともかく、力学系や大規模系という用語からの連想だったかもしれない。

「複雑系」には、複雑さといってては得られない、ひとつの利点があった。それは経済を複雑系と特徴づけることができることだった。複雑さでは、たんに研究者の視点に過ぎないと思われることが、複雑系と名付けることで、対象の性質であることを暗に示唆することができた。

複雑系という主題を摑んだことで、さまざまな話題に新しい橋がかかった。一挙には調整不可能な大規模系という見方からは、ワルラスの一般均衡理論よりも、マーシャルの部分均衡理論の方に現実性のあることが分かる。社会主義経済計算論争は、計算の複雑さが経済のシステム設計に関係した最初の大論争だった。この論争の中から、ハイエクは後期の思想の手掛かりを摑んだ。知識論にも、新たな展望が開けた。人間の行動を支える知識の多くは、記述的な真理の上に構成されるものではない。それは、より直接的な指令的知識の形態を取っている。知識論は、真理中心の理論から有用な知識の理論へと、その領域を広げるべきものであった。

複雑さという主題は、制度についても、あらたな視点を与えてくれた。慣習や習慣のような、定型行動として捉えられる制度は、制約であるよりも、開示された可能性と捉えるべきである。所有制度や貨幣・度量衡などは、その定型がよって立つ秩序を作り出している。このように考えると、経済発展の困難がたんに技術や資本の問題ではなく、国民的規模でひとびとの行動習慣を変える問題でもあることが分かる。計画経済から市場経済への移行の困難も、同質の問題を抱えている。

株価やフロート制のもとでの為替レートのように、変動の激しい経済変数は、複雑な現象の代表と見なされている。定常過程を重視してきたわたしにとって、このような市場は考慮の外におくべき例外的なものであったが、最近になってひとつの接近法が見つかった。それはミクロ・マクロ・ループが逸脱増幅機構を内包する場合として、それら市場を考察することである。逸脱増幅機構が介在することで、ひとびとの投機行為の背後にある思惑が市場の現実に反映され、それがさらに思惑に作用している。クォンタム・ファンドの総帥ジョージ・ソロスは、主観的思想と客観的事象とが関係しあうこの過程を reflexivity（再帰性、相互性）と名付けているが、ここにはかつてわたしが空想した「急進客観主義と急進主観主義の結合」のみごとな一例がある。

複雑系は、さらに、科学哲学をも変えるかもしれない。科学哲学の対象は、これまで自然科学、とくに物理学だった。しかし、このような科学の成功を基準にして、経済学のような「組織された複雑さの問題」に取り組む科学を推断することはできない。経済学は早くから科学哲学の議論をその方法論議の中に取り入れてきたが、それはなかば物理学の模範を社会科学に押し付けようとするものであった。二〇世紀の始めにはこのような「自然主義」に対しさまざまな異議申し立てがなされたが、経済学がなまじ数学的な学問になったことで、ながくこの異議の意義が忘れられていた。諸方面における複雑系科学の登場は、こんご科学哲学の言説を大きく変えていくであろう。経済そのものが複雑であるとともに、複雑さが行為主体にとって実在の条件であるという意味で、経済学は複雑系科学の中で特異な位置を占めている。経済学を典型事例とする科学哲学が形成される可能性がある。

マルクスへの想い(6)

複雑系に出会ったことで、わたしはマルクスから遠く離れてしまったのであろうか。そうともいえ、そうでないともいえる。マルクスが共産主義社会を構想したとき、かれはいったいどんな経済を想定していたのであろうか。もっとも確率の高いのは、何らかの形での計画経済であっただろう。傍証はいくつかある。しかし、より重要なことは、二〇世紀という時代に、かれの構想がそのようなものとして読まれたことにある。それが誤読であったとしても、マルクスの膨大な著作はそれを防ぐ力をもたなかった。マルクスの経済理論の中には、計画経済を拒否する契機はない。マルクスは、市場の無政府性を強調したが、中央集権化された経済の非効率性には気づいていない。当然ながら、マルクスといえども、時代の子であった。エンゲルスほどの感慨をもたなかったにしても、一九世紀の後半に生きたマルクスは、企業の巨大化の動きを驚きをもって見つめたに違いない。その延長線上に共産主義を想定すれば、経済はほぼ必然的に計画経済になるであろう。

マルクスをこのような構想において捉える限りで、わたしはマルクスから遠く離れてしまった。複雑さに注目するとき、情報の中央集中・一括処理というシステムは、一定限度を越えて大規模になればなるほど、非効率なものになることが分かる。ひとびとが革命の情熱に燃え、少数の重点目標を追求した時代には、計画経済はなんとか機能した。ひとびとがみずからの近くで自発的な調整を試みたからであろう。革命が遠くなり、生活が高度化してくると、計画経済の非効率性は顕著なものとなった。

市場経済の優れたところは、二者間の相対《あいたい》取引を繰り返すことですべての調整が進行するところにある。私利が公益をもたらす構造がそこには組み込まれている。その構造は、貧富の差を拡大する傾向がある。マルクスたちが弾劾したのは、市場経済のこの構造であった。マルクスないしはマルクス＝レーニン主義が誤ったのは、角を矯めるために市場経済という牛を殺してしまったところにある。その意味では、わたしは現在、市場主義者である。

市場経済を擁護しなければならないのは、それが計画経済に比べてより効率的であるだけではない。所有制と市場経済とは、政治的にも必要なものである。中央集権的経済の下で自由と民主主義とを確保しつづけることはきわめて難しい。スターリン主義は、スターリン個人のものではなく、中央集権的な計画経済がほぼ確実に生み出してしまうものである。この点では、セルツキーの分析に教えられる所が大きい。マルクスの政治の構想と経済の構想との間に両立しえない矛盾がある、とかれは指摘している（『社会主義の民主的再生』一九八三年）。政治の理想を語るマルクスが独立した個人の自由な連合を語っていたからといって、かれの経済的構想がそれを許さなかったという問題に目をつぶるわけにはいかない。

もちろん、マルクス主義の中には、マルクス＝レーニン主義とは異なる伝統がある。ベルンシュタインの修正主義から社会民主主義への流れがひとつ、もうひとつが既になきユーゴスラビアの労働者自主管理経済である。その双方が市場を採用している。これがマルクスの正系とはいえないであろう。しかし、異端であっても、正しい判断はこちらにあった。社会主義の大きな流れの中には、アナキズムもある。この政治思想・経済思想には不明な点が多い。国家を否定するかれらは、経済にかんしては市場を容認していたが、喜んでそうしたとも思えない。圧政に対するテロルとして、しばしば、暴力的な噴出を行ったとしても、アナキズムの政治的理想にはみるべきものがある。特に、そのマルクス主義批判には正当なものがある。しかし、ではわたしがその思想を全面的に受け入れるかというと、そうともいえない。革命後の社会に、やや矛盾した表現であるが、もしアナキズムが権力を握ったとしたら、そこに出現する社会はスターリン主義以上に残虐な側面を露呈したかもしれない。理想を追求することは大切だが、ひとつの思想で社会を設計することにはあまりにも危険なことである。

煮え切らない折衷主義と受け取られても仕方がない。人間社会という複雑な存在をわれわれの知恵で作り変えようとしても、かならず意図せざる負の側面にぶつからざるをえない。ハイエクは、人間の諸制度が「人間行為の結果であっても、設計されたものではない」ことを強調した。これは、スコットランド学派からオーストリア学派に受け継がれた知見というべきものだが、だからといって制度設計をすべて放棄する訳にはいかないだろう。自然発生したものがすべて完全である訳でもない。わたしは、むしろ反対に考えている。人間の設計したものには、かならず負の側面がある。そのことを考慮にいれて制度の設計と運営に当たるべきなのだ。

こうした考えは、部分的には社会を複雑系と考えたことの帰結であるが、より直接的には岩田昌征に学んだことである。岩田は、『現代社会主義の新地平』（一九八三年）に収められた一連の著作で、資本主義と（計画と協議に基づく）ふたつの社会主義の比較をおこなっている。その論述の中で、わたしにいちばん印象深かったのは、ひとつの社会が追求する理念・価値の裏側に、かならずそれに対応する負の側面（社会問題や象徴死）を生み出しているという指摘だった。要約すると、自由・平等・友愛というフランス革命の三つの価値のひとつを、市場・計画・協議の三つの経済体制がそれぞれ一面的に追求した結果、それぞれ不安・不平・不和の社会病理を生んでいるというのである。三つの価値を同時に追求するのが望ましいのであろうが、それは矛盾をはらんでいる。もしわれわれの理想追求がこのような構造をもつものだとしたら、そして理想の追求を放棄できないとするなら、われわれに残されている道は、正の価値を追求するとともに、負の側面の噴出を緩和すべく努力することではないだろうか。

こうした考えからいえば、市場主義者であるといっても、わたしはけっして市場原理主義者ではない。市場は、個人の自立と自由を保証する、現存する最良の制度であるが、そこにも固有の負の側面がある。効率のみを指標として、市場の暴政が社会を崩壊させるのを許してはならない。

社会思想家としてのマルクスから、わたしは遠く離れてしまった。マルクスの偉大さがその社会思想にあるという考えからすれば、わたしはすでにマルクスの棄教者である。しかし、マルクスを経済学者としてみれば、複雑系はかれの経済学を新しい解釈の地平に引き出してくれる。それは複雑系経済学のモデルとしての『資本論』という読み方である。

古典経済学の集大成として読めば、『資本論』には興味ある構成がいくつもある。まず、それは商品語を語っている。再生産の明示的な検討がある。諸制度の変化を利害の対立から分析する視点がある。技術の進歩にかんする深い関心がある。つねにすでに所与の全体への分析がある。過程分析のみごとな実例がある。

こう並べてみると、複雑系と出会った後も、わたしは依然としてスラッフィアンであり、アルチュセリアンである。複雑さの視点は、かれらの言説をややすこし先にまで延長することを可能にしているにすぎない。いま、わたしは経済学の理論書を構想中であるが、こうした意味では、それはなお、スラッファとアルチュセールを通して読んだ『資本論』の延長線上にある。三〇年近い年月をかけて、わたしはわたしの経済学の出発点から何歩先に進んだのであろうか。

こうした感慨をもつからといって、わたしはマルクスを「良いマルクス」と「悪いマルクス」とに腑分けし、良いマルクスだけを継承すれば良いと考えているのではない。社会体制とおなじく、いかなる偉大な思想も、光の部分だけからなることはないだろう。そうとしたら、負の側面をも含めて、ひとつの全体としてマルクスを受け入れ、その反省の上に再出発するしかないだろう。負の遺産を意識的に受け継ぐのでなければ、わたしたちもまたマルクスとおなじく巨大な過ちを繰り返すにちがいない。

（1）　こうした状況がなければ、わたしは数学者のままにとどまっていたであろうが、転向そのものを時代状況のせいにする積もりはない。
（2）　それら批判のリストについては、『市場の秩序学』第9章注2を見よ。
（3）　計算量の理論という数学分野の一概念。ある問題群がＮＰ困難であるとき、問題の規模（たとえば、変数の個数）がすこし大きくなると、解を求めるための計算時間が爆発的に増大してしまう。このため、原理的には解ける問題であっても、実際的にはコンピュータを用いても解くことができない。概念の正確な定義は計算量の理論の教科書に譲る。
（4）　『市場の秩序学』第一一章の§3の2「プログラム行動」に書いた。
（5）　詳しくは塩沢由典『複雑さの帰結』第三章の4「ミクロ・マクロ・ループ再説」をみよ。
（6）　第19章を設けるにあたり、この見出しを変えた。

19　現在の思想

本章は書き下ろしであり、本来は解題の不要のものである。他の章とおなじ形式をもたせるため、この章を設けた理由について述べておきたい。

本書の当初の構想では、第18章「マルクスから複雑系まで」を最終章とする予定であった。それを前提に「まえがき」まで書いた。それを大学院の学生たちに読んでもらったところ、次の指摘を受けた。現在わたしがやっていることと、本書に取り上げられた諸章との関係が不明であり、そのことはどこにも解説されていない。その説明がないとわたしの活動を知っている人であればあるほど、本書とわたしの現在との関係がどうなっているか疑問になる。そのような説明をすることは読者に対する義務ではないか。

そのような説明が必要だとは考えていた。しかし、自分自身、どう説明してよいか迷うところがあった。できるなら、複雑系にたどりついたところで、本書は終わりにしておきたかった。しかし、それでは肝心のところを「逃げている」ことになる。急に考えがまとまるわけではないが、現在のわたしの活動とその経緯を説明し、そのような活動をおこないつつ、現在わたしがマルクスとマルクス主義について、また社会や経済についてどう考えているか、まとめてみた。

第18章がわたしの考えがわたしの内面でどう変わってきたかという流れに即して書かれたものであるのに対し、本章は、社会・経済のおおきな流れを見直した上で、わたしの現在の思想を自己診断したものである。これは完結したものではない。経済学者として今後どう考えていこうとしているか。そうした考えも、わたしの「現在の思想」の一部としてある。その意味で、いまなにを目指しているかについても触れた。全体としてうまく構造化されているわけではないが、あいまいにつながっていること自体が現在のわたしの思想であるとしてお読みいただきたい。

自分自身の思想について語るのは容易ではない。それは自分自身にとっても混沌としている。まして現在の思想について、どう語ったらいいのか。ここでは、わたし自身を社会的存在として捉え、わたしと社会とのつながりの中で、わたしがどのように考えようとしているのか整理してみた。最初に、現在わたしが引き受けている仕事やわたし自身が課題としている主題について大略を示し、なぜそのような課題に取り組むようになったのか説明した。偶然に始まったものもあり、最初から目指して取り組んだものもある。しかし、それらが現在に継続していることにはわたし自身の選択がある。まず、その背景を説明することに努めた。後半では、このような活動を続けながら、現在、マルクス及びマルクス主義についてどう考えているか、とくに市場経済についてどう考えているか、そして最後に経済学のありかたについて、今後の研究方向をも含めて考えを述べた。

現在の仕事と経緯

現在わたしが引き受けている課題・仕事の主なものは、本務の教育・研究をのぞき、以下のようなものである。

まず、学会活動としては、古い順に［1］社会・経済システム学会、［2］進化経済学会、［3］ベンチャー学会がある。過去には理論・計量経済学会（現日本経済学会）に入っていたが、ながく幽霊会員を続けたので、数年まえに退会した。

［1］社会・経済システム学会

社会・経済システム学会に参加したのは、数学の師の一人である山口昌哉から誘われたのがきっかけである。山口先生は、一九八二年の創立以来三期六年、会長を務められていた。「わたしは今期で会長を降りることになったから、君、入りなさい」という妙な理由の誘いだった。この学会では、経済学者以外のいろいろな専門家と会えるのが楽しい。阪神大震災の直後に関西支部長を引き受けたときは、二年間にわたり震災をテーマに例会をもったが、これといった成果をうみだすことができず、学会運営の難しさを知った。機関誌の編集長を三年間務めたが、連絡事務をさばききれず、大幅な遅れを出して学会に迷惑をかけた。管理範囲（span of control）の限界を身をもって知ることになった。この学会では、市場にも国家にも入らない社会的領域について学んだ。

［2］進化経済学会

経済学者として現在わたしが基盤としているのは、進化経済学会である。この学会は、一九九七年三月に設立された。はじめは「制度経済学会」という名称が提案されていたが、現会長の瀬地山敏が「進化経済学会」の方がひろく技術なども含みうると提案して現在の名前になった。対象よりも方法を名称にしたのである。このことで進化という視点から複雑系を問いなおす機会が与えられた。商品・技術・制度・行動は、経済の重要な構成要素であるが、それらはすべて複製子（自分自身を複製して増殖するとともに、ときに突然変異を引き起こして進化する単位）として捉えられる。現在では、複雑系経済学は進化経済学の原理論になりうるのではないかと考えている。経済になぜ進化という視点が必要なのか、なぜ経済の重要な諸単位が複製子という形態をとるのか、といった問いにそれは答えを与えるものだからである。

［3］ベンチャー学会

学会の項目を立てたが、ベンチャー関連の仕事は多岐にわたり、学会活動に限定することはできない。学会活動も、研究としてよりは運動としてかかわってる側面が強い。

わたしがベンチャーに関わりだしたのは、まったくの偶然である。大阪市立大学経済学部の企画講座として「ベンチャー・

ビジネス論」を企画・主宰したのが始まりである。そうした講座を開いたらどうかと卒業生の伊藤彰彦の提案があり、わたしが買ってでた。その成果は阿吽社から『大学講義ベンチャー・ビジネス論』として出した。これがきっかけで関西ニュービジネス協議会のNBK大賞審査委員長をたのまれ、その後、同協会がベンチャー大学を企画・運営することへのつながりもできた。

「ベンチャー・ビジネス論」を企画したのは第二次ベンチャーブームのポシャった時期だった。なんでいまさらベンチャーなのといった批評も聞いた。当時は、ベンチャーが現在のように重要な議題になるとは考えもできなかった。伊藤彰彦の提案に飛びついた理由ははっきり覚えていない。一九八六年から八七年のイギリス滞在中、ドラッカーの『イノベーションと企業家精神』を読み、経済発展にしめるイノベーションの重要さに印象付けられたこと、それを担い実現する企業家の活動に興味を覚えたことがあっただろう。講義を企画・担当することで、生身の創業者企業家と知りあいになれるなら、願ってもない機会だと考えたにちがいない。

一九九七年の秋、日本ベンチャー学会の設立に際し、声がかかり理事として参加した。設立大会で「ベンチャー学会は研究とともにベンチャー振興の運動もする」という説明を聞き、衝撃を受けた。ベンチャー振興に学者も責任があるとすれば、関西でもなんとかしなければならない。こう考え、賛同者をつのって、二〇〇一年二月、関西ベンチャー学会を立ちあげた。この学会は、まだ小さいが日本ベンチャー学会にはない研究部会などもでき、関西をベンチャーの叢生する地域とすべく活動している。今では、ベンチャー振興のためのさまざまな企画に声がかかることがある。それらにはできる限り協力している。それがわたしの社会的貢献だからである。

次に、いくつも引き受けている社会的活動のうち主なものを紹介する。

[4] 関西文化学術研究都市

関西文化学術研究都市との関係は、後藤邦夫に声を掛けられ、同都市の推進機構・学術委員会に参加したのがきっかけである。学研都市は、筑波研究学園都市に対抗すべく関西財界の後押しで進められてきたものであるが、国立研究所や大学など公開の研究機関の数が少ないという構造上の問題がある。民間企業の研究所のみでは、企業秘密の壁に遮られて集積のメリットがでない。しかし、学研都市は民間主導で形成してきた世界的にも類例のない大規模な科学都市である。それが成功すれば世界的なモデルとなりうる。そう考え、現在の条件の中で集積のメリットを生かす工夫などについて提言をおこなってきた。学研都市を実りのあるものにすることは、関西の活性化のためにも重要な主題である。

［5］研究開発マネジメント

関西生産性本部の異業種交流研究会「R＆D交流フォーラム」として始めたものが最初である。生産性本部の役員を引き受けることになったとき、わたしの方からお願いして、このような場を作ってもらい、コーディネータを引き受けた。

経済の研究を進めるうち、わたしは「経営」とはいったいいかなる働きなのか知りたくなった。すこしは経営学をかじってもみたが、やはり経営の現場を知ることが必要であった。経営の諸分野の中でも研究開発を選んだのはふたつの理由による。ひとつは、研究開発マネジメントは、まだ日本では比較的新しい事象であり、専門家も少なかったこと。もうひとつは、経営のなかでも研究開発のマネジメントは、もっとも難しい種類のものと考えられたからである。ここから「R＆Dサマー・フォーラム」や学研都市推進機構の「TBIセミナー」（CTO養成プログラム）などが生まれてきた。

「R＆D交流フォーラム」を始めるとき、わたしには何の知識もなかった。調べてみると、同種のセミナーは東京には七つもあったが、関西にはなかった。だれかが初めてしまえば、そこに知識が集積されるから後はいけると考えた。研究開発の現場でマネジメントに携わる幹事さん数名と協議しながらテーマと講師を決め、わたしはコーディネータとしてテーマの趣旨説明などをさせてもらっている。

「R＆Dサマー・フォーラム」は、研究開発のトップ・マネジャーといえども、企業という単位を超えて地域共通の課題を議論する機会が関西には少ないと感じたのがきっかけである。「交流フォーラム」のコーディネータと学研都市推進機構の学術委員を務めていること生かして、生産性本部と推進機構の両者に提案した。一九九六年から毎年夏に開かれ、すでに六回を数えている。今年は八月にそれを拡大する形で「技術政策とイノベーションに関する第六回国際会議」を学研都市で開催すべく準備している。

［6］関西経済の活性化

関西経済の活性化というテーマは、関西に住むすべての経済学者が考えてもよい主題であるが、実際にはそうではない。経済政策が財政政策や金融政策と等号で結ばれていた時代には、経済政策とはまず日本全体の政策であり、いまでもそう考えている経済学者が多い。大阪市立大学に就職するまでは理論経済学のみをやっていたが、大阪に赴任するにあたり大阪に関することだけは政策立案にも関わってみようと考えた。ただ、大阪は範囲として狭すぎ、結果として関西全体の問題を考えるようになった。大阪商工会議所・関西ニュービジネス協議会・大阪市・近畿経済産業局・国土庁などの調査や委員などを引き受け、いろいろな主題に取りくんできた。最初のきっかけのほとんどは、現大阪市長である元同僚の磯村隆文が作ってくれた。

これらの取り組みの中でわたしが一貫して考えてきたことは、関西を新産業が輩出するような都市圏にするためにはなにが必要かという問題である。そこにはふたつの切り口があった。ひとつは、ベンチャーの叢生であり、もうひとつは研究開発による新事業の展開である。ベンチャー育成と研究開発マネジメントは、わたしにとって社会との接点のふたつの柱であり、この点ではわたしの興味と関西経済の活性化策とがうまく結びついたのは幸運だった。

関西経済の活性化という課題で、もうひとつわたしが追求してきたのは、関西を知的中心性のある地域とすることである。「知的中心性」という言葉は熟していないかも知れないが、ある地域が知的・文化的に求心力をもっていることが、地域の持続的な創造活動のために不可欠である。関西には、大学や研究所などの学術・研究の集積は多いが、それらをむすびつける神経機能が弱い。その結果として、自分たちで自分たちの議題を設定することもなかなかできない。その意味では、頭脳機能も弱い。これは突き詰めていえば、関西の情報構造の問題である。そこで、BS放送のチャネル配分について発言したり、エディターズ・ハウスの設立を提案をしたり、雑誌文化の重要性を強調したりしてきた。メディアの問題に取り組んでいる学者はたくさんいるが、それを経済政策の一部として考えているひとは多くない。しかし、これは重要な政策分野だと考えている。この関連では、現在は、メディアのチャンネル特性に関心をもっている。

［7］新大学院開設準備

これは本務の一部ではあるが、わたしが現在もっとも力を注いでいる課題である。大阪市立大学が二〇〇三年四月に開設を予定している社会人向け大学院研究科の開設のため、開設準備委員会の副委員長を引き受けている。これも、なかばわたし自身が買ってでた仕事である。経緯としては、すでに一〇年以上も前、全学教務委員会に設けられた第二部教育検討小委員会の委員長として第二部の社会人大学院への改組を提案したこと、その後も、関係委員会の委員を務め、社会人大学院にかんし発言しつづけてきたという事情がある。

現在、多くの大学が社会人大学院の設置を進めているが、なかには一八歳人口の縮小にともなう新市場開拓といった消極的な対応もみられる。しかし、わたしは、社会人大学院がもっと積極的な意義をもつものと考えている。ひとつは、それが二一世紀の人材育成の中核になると考えられるからである。これは関西経済の活性化に直結している。もうひとつは、それが社会科学分野における学問形成の新しい装置になりうるものだからである。

二〇世紀までの大学は、図書館といった知識集積装置によって社会の知的中心でありえた。インターネットの普及は、そうした大学の地位を脅かしつつある。他方、社会には職業上の必要から獲得された大量の知識が存在している。社会科学が社会にかんする学問であるなら、これら社会に分散して存在している知識を集合し、体系化する装置が必要である。学生が現場の問題をもってあつまる社会人大学院は、そのような装置になりうる。そうした新しい学問創造の仕組みを作りだしたいというのがわたしの願いである。R＆D交流フォーラムでの経験がこうした構想にあたって大きなヒントになった。(1)

これらの活動のなかから、学んだことが多い。ベンチャー振興の困難さは、かつての社会主義国の市場経済化の困難について示唆を与えてくれた。計画経済から市場経済への移行とは、まさに、起業家つまり創業者企業家を大量に生み出すことだからである。ベンチャー振興について考えていくなかで、最近では、「政策」概念そのものをも考えなおす必要があると考えるようになった。ベンチャー振興に果たしうる中央政府・地方政府の役割は大きくない。ベンチャーを盛んにするには、社会の気風・慣習を変えなければならない。この点では、学会もひとつの役割を果たしうるし、大学などの教育機関も重要である。非営利のヴォランティア団体がベンチャー支援に大きな成果を挙げている例もある。こう考えてくると、政府だけが政策の担い手ではない。政策は、官僚や委員のみが考えればいいことではない。人びとが何が必要か考え協力するとき、そこには社会の政策がある。そのような政策を議論し、みなの合意を作りだすことに学者などのオピニオン・リーダーは責任を負っていると思う。

現在にたって反省すること

以上のような取り組みと本書の中心課題であるマルクスとマルクス主義および社会主義とは、どのように関係しているのであろうか。そのような思想をすべて放棄して、わたしは考えを改めたのだろうか。社会主義は、社会の連帯によってよりよい社会を実現する思想である。その理想まで捨て去った積もりはないが、それを実現し生かしていく方策については、大きく考えが変わった。

簡単にいえば、こういったところであろう。マルクス主義の世界観にかつて強い影響を受けたことからいえば、その重要な主張の多くはまちがいだったと反省しなければならない。しかし、その反省がただかつての考えを現在の考えに入れ替える、両者のあいだにはなんの有機的関係もないというのでは、思想は深まらない。かつてマルクスのとりこになったとおなじように、いままた現在流行の思想に翻弄されているのかもしれない。そうではなく、マルクスの思想に基づいて、マルクスのどこにまちがいがあったのか、社会主義計画経済の構想のどこに問題があったのか考えることが必要であろう。

ノイラートの説くように、われわれは大海の中に乗り出した船のなかにあり、われわれの思想という材料のほかには、その船を修理するものをもたない(2)。マルクスの死後、一二〇年。その間、人類はさまざまな経験を重ねてきた。二〇世紀最大の実験だった社会主義計画経済の失敗の上に、わたしたちはどう考えていくべきなのか。そうした課題をもつことは、それがたとえ負の遺産であれ、それをもたない人たちよりはより深く考える機会を与えられているといわなければならない。そのことにわたしは感謝したい。たぶん、そのような強制を受けることなくては、社会や経済をみるわたしの思想は（たとえ、それがそう深いものでないとしても）現在ほどの深さをもちえなかったであろう。

マルクスの最大の課題は、資本主義を乗り越え、新しい社会・経済を創出することだった。資本主義にくるべき社会・経済について、マルクスには簡略な素描しかない。かれの残した片言隻語を集めて解釈してみても、あまり確かなことは言えない。そこから空想をたくましくすることは自由であるが、かれが考えてもみなかった社会や経済を創作することになりかねない。したがって、わたしはマルクスの思想を受けて発展したマルクス主義がどのように考えたかが、マルクス自身のことばよりも重要だと考えている。二〇世紀を動かしてきたのは、マルクス個人の思想ではなく、思想としてのマルクス主義だからである。

このような観点から、マルクスとマルクス主義の思想について反省してみるとき、次の二点について考えざるをえない。

［1］組織と計画への過大な期待

マルクス経済学は資本主義の解剖学であるといわれている。しかし、それが計画経済の非効率についてほとんど注意するところがなかったことは、その経済学の一面性を示している。一九世紀の後半にあって、マルクスやエンゲルスは巨大企業の息吹を感じていた。その時代に大企業や国家の非効率に思いを馳せられるひとはまれであったに違いない。その意味で、情状酌量の余地がある。とはいえ、これは資本主義の解剖においても重要な論点であり、マルクスとマルクス経済学は企業家の働きをきちんと理解できていないと言わなければならない。『資本論』においてマルクスは特別剰余価値の創造者としての資本家に言及しているが、資本主義の競争が必然とさせる革新を、社会主義社会ではだれが担い進めていくかにかんし思考の欠落があった。

［2］計画と民主主義との矛盾

セルツキーは、マルクスの政治的構想と経済的構想の間に大きな矛盾があったと指摘している(3)。計画経済を効率よく運営しようとすれば、その組織は必然的に指令によって動くヒエラルヒー型とならざるをえない。人類の経験のなかでは、効率的な軍隊はつねにヒエラルヒー型であったが、計画経済もそれが一々の財やサービスを配分するものであるかぎり、ヒエラルヒー型であらざるをえない。社会の中にこのような巨大なヒエラルヒー組織があるとき、その社会は民主的に運営できるだろうか。社会主義計画経済の歴史は、この疑問に対する反証を提供することはできなかった。マルクスが如何に自由や民主主義を説こうと、その言説と計画経済の思想とには、解消しえない矛盾がある。

マルクスは、自由で民主的な社会を作り出そうと望んでいたに違いない。しかし、その手段として組織をもってくるとすれば、それがソ連で実現した計画経済に近いものになることは否めない。マルクスにもマルクス主義にも、組織に対する過大な期待があった。

マルクス経済学を研究した人の大部分は、あきらかに市場経済を止揚することを目指す人びとであった。マルクスを含めてかれらは、市場の無慈悲さとその冷徹な論理を明らかにしようとしてきた。現在の時点にたってみると、その構想には大きな誤りがあった。その理論装置は、しかし、市場がいかに機能するかを冷静に解明する部分をも含んでいた。経済の全体機構を明らかにしようとしたため、技術形成や諸制度の体系、それらの相互関係が生み出す緊張の場、そのような場における制度・技術の進化を問題としてきた。スタニスラフ・アンドレスキーが指摘するように、社会にかんする理解は、社会を変えようとする改革主義者とそれに反対する保守主義者の間の熾烈な討論によって進歩してきた(4)。さまざまな不十分さがあり、大きな誤謬があったとしても、このような真剣な問いかけを行ってきた点では、マルクス経済学の伝統を無視することはできない。

市場と計画の評価においてマルクス経済学は誤っていたが、そのことは、それが市場経済の分析理論として誤っていたことを意味しない。それは市場経済の解剖を進めるにあたり、参考にすべき重要な先行研究である。計画経済型社会主義が崩壊し、市場経済の意義が見直されているからといって、マルクス経済学の伝統を捨て去ってよいわけではない。現代の分析理論としてそれらを再構築することがいま求められているのである。

市場経済について

マルクスとマルクス主義が国家と組織、およびそれによる制御に過大な期待をかけたのは誤りであった。しかし、歴史の大きな流れの中で経済思想を捉えてみれば、国家とその制御に対する期待は、マルクスとマルクス主義だけのものではない。ロシアの社会主義革命ののち、計画経済に対抗しようとした自由主義経済の思想家たちも、結果として国家という組織に頼って経済を制御しようとした。さまざまな変種があれ、一九三〇年代の世界的大不況をくぐったあとでは、多くの国民が、国家による経済の制御と経済活動に対する国家の介入を歓迎し、それらをうまく生かすことが経済を適切に管理する秘訣と考えられた。市場に対する信頼は地に落ちていた。第二次大戦後、この考えは、先進資本主義国においてはケインズ政策、途上国においては国家主導型の産業育成政策として定着した。社会主義政党の強かった一部の資本主義国では、主要産業の国有化が試みられた。レーニンのいう経済の「管制高地」を国家が管理することは、一国の経済の健全さのために必要なことと考えられた。国有化が進められなかった諸国においても、経済活動への規制は当然のことと考えられた。企業活動を規制する法律・規則が数万ある国は珍しくない。一九八〇年代ペルーでは、法律・規則・手続きが五〇万件もあり、小さな個人企業の設立許可を得るのに延べ二八九日の書類作りを必要とし、それらすべての長さは三〇メートルに達したという。(5)

わたしが経済学を学び始めた一九七〇年当時、このような考えはほとんど世界の常識であった。行き過ぎをなげく声があったとしても、それを抜本的に改革しようとする発想はきわめて少数の声にかぎられていた。ところがしばらくして、人びとの経済をみる目が、大きく変わりはじめた。社会主義計画経済の停滞、国家主導による経済建設の失敗、規制の過剰による経済活動の不活性化といった問題がごくみじかいあいだに経済のもっとも重要な議題として人びとの意識に上るようになった。サッチャー改革、鄧小平の改革開放、社会主義国での市場再導入の試み、旧社会主義国の市場経済への移行、インドの経済自由化、ラテンアメリカにおけるワシントン・コンセンサスの成立、これらすべての動きがほとんど二〇年以内に起こった。これは経済思想における二〇世紀最大の転回であった。(6) 民営化と規制緩和、自由化に代表される世界大の動きからみれば、日本のそれは後追いにすぎない。

二〇世紀の大半を支配した国家依存の思想＝国家信頼の思想からみれば、現在の思想は市場信頼へと大きく揺れている。近年では、すべては市場が決め、市場が解決するかの発言がみられる。しかし、市場の本質が変わったわけではない。一九世紀には一〇年ごとの不況に見舞われた。二〇世紀前半には長期の景気後退に苦しんだ。その経済がもっていたおなじ特性を現在の市場経済ももっている。新古典派の経済理論では、このあたりの分析ができない。それが理論的基礎とする一般均衡理論は、均衡が自然に成立するという前提になっている。新古典派の経済学は、かつてはケインズ経済学を基礎付けるものと期待された。現在は、市場原理主義を正当化するものとして機能している。しかし、それはかつてのマルクス主義とおなじくイデオロギー的なものにすぎない。

新古典派経済学は、市場が当然にも成立すると考える。したがって、新古典派経済学には市場がうまく機能するための条件をさぐろうとする問題意識がない。市場がこれほどまでの高い信認を得ている時代にもかかわらず、市場の働きを説明する真の経済学が求められているのである。進化経済学は、このような求めに応えようとするものである。

市場経済がうまく機能するためには、市場における活動を支える適切な制度・慣習が必要である。経済の重要な一部である金融市場には、逸脱増幅機構が組み込まれている。経済に対する壊滅的な破壊作用を抑えこもうとすれば、金融行動に対する一定の規制は必要である。経済が発展する以上、さまざまな変化があり、調整が必要である。その中には、失業や倒産や貸し倒れがある。そうした調整費用を個人が負担するのが妥当でないとすれば、社会は適切な安全網（セーフティー・ネット）をもたなければならない。からだの健康、自然環境の健全さ、働くものの人権を守ろうとすれば、さまざまな規制が必要となる。経済成長は、しばしば貧富の差を増大させる。それが極端にまで進むと、経済が活発化しても社会がもたないという状況が生まれる。市場経済には固有の弱点があり、それを補正しようとすれば、社会はなんらかの制度を必要とする。市場経済をただしく理解するかぎり、このような必要を否定することはできない。

問題は、市場経済を支え、さまざまな不都合をふせぐ制度や方策をどのように社会に実現するかである。それらの整備のすべてを国家に押し付けることはできない。それではかつて国家依存に傾いた二〇世紀の経験を生かすことはできない。国家の介入を最小限にとどめ、社会の合意・慣習・制度を作りださなければならない。経済学として制度と制度進化を研究する重要性はそこにある。ＮＰＯやＮＧＯなど、社会の連帯に依拠する社会的セクターの役割が重要となってこよう。

資本主義の衰亡

介入国家がその多くの領域を放棄しつつあるとき、資本主義そのものも変わりつつある。一九世紀までと二一世紀の現在とでは、資本主義の性格が変化している。

ひとつは資本の暴政というべき労働者に対する苛酷な支配がなくなったことである。資本主義のこの性格を変えさせたのは、主として資本主義に対抗するものとして現れた社会主義＝共産主義である。企業はいまだ完全に民主化されたとはいえないが、ヒエラルヒー組織である以上、一部の非民主的な手続きはやむをえない。

変化のもうひとつは、資本がもっとも重要な制約条件であった時代から、現在は別の時代に入りつつあることにより引き起こされている。かつては、資本は希少であった。資本＝資金をもてるものには、もたざるものには許されない可能性があった。現在は、資本＝資金をもつものが、投資先を求めて営業活動をしている。ベンチャー・キャピタリストつまりベンチャー資本家は、有望な案件を探しだすべく、ベンチャー起業家たちと朝食をともにしている。

このような変化は、経済が資金不足から資金過剰にモード転換したことによってもたらされた。このようなモード転換がすべての国で起きているとはいえない。日本にかんしていえば、一九六〇年代まで、この国ははっきりと資金不足であった。貯蓄が美徳とされ、政府は貯蓄増強を叫んでいた。一九七〇年代に入ると、日本は次第に資金過剰経済に転換する。このことの反面として、日本の貿易収支は黒字基調となり、無制限労働供給の経済から労働供給に制約のある経済へと転換が起こった。これは経済の基調における変化であり、社会における資本の役割を変えてしまう性格のものである。現在では、才覚つまり工夫と創意のある若者には、資金が供給される道が開かれつつある。

新古典派経済学には、このような変化を問題にする枠組みがない。それがすべてを均衡において見ようとしているからである。労働過剰経済(無制限労働供給)から労働不足経済への転換、資本不足経済から資本過剰経済への転換、輸入超過基調から輸出超過基調への転換。戦後の日本経済をみるだけでも、このような大きなモード転換(相転換)があった。新古典派経済学では、このモード転換を主題化することができない。歴史は経済が均衡をはずれ一方に偏る傾向のあることを示している。モード転換は、一方に偏りがちな状況から他の偏りがちな状況への転換である。しかし、はじめに均衡ありきの新古典派経済学では、そもそも経済が均衡を外れて一方のモードに偏りうるということ自体が排除されている。モード転換を考える以前に、特定モードに分極すること自体、それは理論化できない。

大規模な機械工業の勃興期にあってマルクスは、資本家が協業や機械化による相対的剰余価値や特別剰余価値の獲得に努力するさまを活写している。それがテイラー主義にいたる経路だとすれば、一九世紀の資本主義は労働者の自主管理能力を資本家の手に奪いとる過程であった。二〇世紀は、組織の力に資本家も労働者もからめとられた時代だった。二一世紀は、もういちど個人の才覚がものをいう時代になりつつある。このような条件が生まれたことには多くの経済関係が輻輳しているが、詳しい説明はしない。資本主義を資金のあるなしが活動の幅を決める経済と定義すれば、現在は、そのような資本主義は衰亡しつつある。

経営の思想も、経営者だけのものではなくなりつつある。社会の多くの人びとが独立した個人として活躍する時代にこそ、民主主義は機能する。その意味で、ベンチャーの盛んな社会・経済を作ることは、マルクスが空想的に期待した自由で民主的な社会を作りだす基礎でもある。小野瞭は、すべての人が企業を運営する機会のある社会を「万人起業家社会」と呼んでいる。小野は、その実現のために相続の撤廃を提案するが、そのような手段に訴えなくとも、すこしずつその基盤は作られつつある。経済学者としての三〇年間にわたしの経済にかんする理解と理想を目指す方法とは大きく変わったが、その目指すところはむしろ不変に止まっている。社会主義の理想は、市場経済を発展させ、そのなかに自由で民主的で創造的な気風を育てることから徐々に実現されていくだろう。かつての社会主義が革命といった強制手段によって社会と経済を一挙に転換させることができると考えたのは、それは社会を機械的にみていたのである。

革命により一挙に社会を変えようとするのでなく、市場経済を生かしつつ、人びとの同意を作りだしながら徐々に社会を変えていく。こう考えている点で、わたしはいまや保守主義にたっているが、社会を可変的なものと捉え、その改善を目指す限りにおいて、マルクスと通底するものをいまだもっていると考える。

もうひとつの経済学のために

わたしが複雑さの問題にぶつかったのは、効用最大化問題を解くことの困難にあった。これは、ミクロ経済学の消費者理論の基礎を崩すものであり、現代の数学化された一般均衡理論においては、需要関数の構成を無効にするものだった。複雑さの問題に気づくとすぐ、それは計画経済の困難という大問題にも関係していることが分かった。しかし、複雑系の含意は、この二つに限られるものではない。

わたし自身はあまり議論してこなかったが、より頻繁にとりあげられる問題としては、マクロの経済政策にかんするものがある。かつてケインズ政策が全盛だった時代には、ひとびとは「予測・制御パラダイム」に基づいて経済を見ていた。長いあいだ、マクロ経済の中心課題は「いかに予測し、いかにうまく制御するか」にあった。計量経済学という学問分野全体がそうしたパラダイムのもとに成立していたと言ってよい。その当時は、政府や中央銀行が財政政策や金融政策をうまく微調整（ファイン・チューニング）すれば、経済は大きな失業やインフレーションを起こすことなく制御できると考えられていた。この信念にふかい根拠があったわけではない。それは戦後の経済成長という一種の偶然が作りだした幻想だった。複雑系の立場からは、これは経済を制御可能な単純系と見ていたことを意味する。

一九七一年一月、ニクソン大統領は「われわれはいまやケインジアンだ」と宣言した。共和党の大統領がここまで発言したことは、いまから思えば驚異だ。ケインズ政策に対する信認はここまで高まっていた。しかし、ドル危機と石油ショックに続くスタグフレーションによって、この信念にはすぐに修正が必要になった。大統領の経済学は、その後、マネタリズムやサプライサイドなど、いくつもの冒険主義的な政策に振り回されることになる。いろいろ痛い目にあった教訓は、結局、マクロ経済を調節・制御することなどほとんどできないというものであった。おなじ教訓が他の多くの国でも得られた。これは、現在、一般にケインズ政策の無効性と捉えられているが、マネタリズムやサプライサイド政策が有効だったわけではない。ただ、ケインズ政策全盛の介入主義から、民営化と規制緩和に象徴される動きへと、政策の大きな転換が各国でみられた。予測・制御パラダイムは、経験によって崩壊した。

一九八〇年代に成立した複雑系経済学がこうした事態を事前に予見しえたわけではない。しかし、後知恵であろうと、複雑系経済学が予測・制御パラダイムの誤りを理論的に説明していることには注目すべきであろう。(7) 他の経済学には、そもそもこういう主張を議題にあげる問題意識がない。複雑系経済学の特徴は、事前予測的な知識を生み出そうとする仕方にではなく、そのような努力に厳しい限界があることを指摘するところにある。

この限界の認識は、当然に、複雑系経済学自身にも当てはめられる。複雑系経済学の行動理論は、人間の目的行動を定型行動と捉えるが、それは目的関数をひとつ与えれば、推論によって取るべき行動が導出されることを意味するものではない。現実に人びとがどのような行動をとっているかは、原理的には決められない。多様な行動プログラムが可能であり、観察されるのはそのとき優勢な行動でしかない。行動は進化しうるものである。複雑系経済学の多くの部分は、観察されてはじめて分かる事実を基礎に組み立てねばならない。たとえば、ある状況において、いかなる在庫管理法が採用されるかは実際の調査を必要とする。肘付き椅子に座ってばかりいては、経済学は進められない。経済学が経済という対象をもつ科学である以上、これは当然のことであろう。しかし、理論経済学者の中には、理論からすべてを推論できると考えているひとがいる。「理論的にはこうであって、実際にそうでないのは現実が間違っているのだ。」こういう驚くべき発言をわたしはなんどか聞いたことがある。

このような現実離れを起こさないために、わたしは理論を本領としながら、現実との接点をもとうと考えた。経済の全領域を総覧できるなら、それにこしたことはないであろう。しかし、そのようなことは個人には不可能である。調査報告を読むという形なら、もっと広がりをもつことはできよう。しかし、自分自身で経済の現場というべきものを体験することは理論構築をはかる上で重要なことではないだろうか。できれば経営者がどのような認識と心理において経営を行っているか体験してみたかった。しかし、そのためには自分自身が企業家になる以外にない。それが理論研究の片手間にできるとは思えなかった。かわりにわたしが選んだのは、実地の経済学者として社会に使ってもらうことであった。

そのような接点は、深く行うならひとつでよかったにちがいない。しかし、いくつかの偶然とわたし自身の好みとが重なって、気がついてみると、現在ではやや多すぎる接点をもっている。この点は、反省しなければならない。日本の理論経済学は、これまで、外国の文献をよみ、その問題意識を受け取ってパズル解きをすることを中心的な活動としてきた。学問への習作として、そのような訓練が必要であることは認めるが、それだけが経済学の理論研究であってはならない。社会の現実から新しい課題を見つけ、それを問題化しうる理論装置を作りだす。こうしたことにもっと力をそそがなければならない。

残念ながら、経済学は、現在、あまり尊敬される状態にない。社会からも信頼されていないし、内部の理論状況から言ってもそうである。新しい経済学、もうひとつの経済学が必要とされている。複雑系経済学は、その一部を構成するものとわたしはみている。より広くは、進化経済学に期待している。新古典派の経済学は、これまで、数学化しやすい問題ばかりを追いかけてきた。そのため、古典経済学がもっていた豊かさを失っている。新しい問題領域を切り開かねばならない。そのためには、理論における新しい方法が試みられなければならない。

進化という視点からは、商品・技術・行動・制度はすべて複製子と捉えることができる。これらが相互に関連しながら進化していく仕組みを研究するには、歴史に学ぶとともに、それらを分析するにふさわしい理論装置を作りだす必要がある。エージェント・ベースのシミュレーションは、そのひとつの可能性である。ただ、目的にふさわしい装置にまで仕立て上げるには、経済学者が個人的に勉強しているのでは追いつかない。最先端の研究を進める物理学者たちが必要な実験装置を開発するために工学者たちと協力するとおなじように、われわれも工学者たちの協力をえて、経済学の研究装置を作りだす必要があろう。情報工学の方面にＧＡ（遺伝的アルゴリズム）という考えが広まるにあわせるかのように進化経済学会が設立されたのは幸運だった。現在では、かなりの工学者たちが進化経済学会に参加している。日本の進化経済学会は北米やヨーロッパにはないひろがりをもつことができた。この利点をうまく生かして、二一世紀の経済学を作っていきたい。

複雑系経済学や進化経済学の骨格はひとりでは作り上げることはできない。工学だけでなく、多くの専門家の参加が必要である。進化経済学には経営者の視点が必要であり、経営学・会計学・マーケティングとの連携が必要であろう。マルクスがすぐれた技術史家であったように、二一世紀の経済学者はすぐれた経営学者・会計学者・マーケティング理論家でなければならないだろう。これが至難の技であることは認めざるをえない。ひとりの個人がそれを達成することは不可能である。さいわい、学問は個人のものではなく、開かれた冒険（venture）であり共同作業である。複雑系を主題とした会計学者や経営学者の著書もあらわれつつある。すぐれた経営学者・会計学者・マーケティング理論家が複雑系経済学・進化経済学に参入してそれぞれの貢献を行うことにより、あたらしい学問が形成されていくだろう。

これまで、経済学と経営学・会計学・マーケティングなどが切り離されてきたのには理由がある。新古典派の経済学とそれらの学問には、原理的にあいいれないところがあった。新古典派経済学が前提するように経営者が利潤を最大化できるならば、経営学はいらない。もしそうなら、H・A・サイモンがかつて述べたように、すべての経営学は「利潤を最大化するよう決定せよ」という一文に還元されてしまう。新古典派経済学は、会計学の主眼とする事後の報告の経営にとっての意義を明らかにすることはできない。所与の価格で売りたいだけ売れると仮定する経済学には、マーケティングは不要のものである。複雑系経済学はこれらの機能がなぜ必要なのか明らかにしようしている。無限の合理性と価格均衡という枠組みを放棄してしまえば、このような機能の説明は難しいものではない。新古典派理論の枠組みが、これらの存在理由を認めないだけなのである。

Ｕ－Ｍａｒｔと第三の科学研究法

進化経済学の骨格づくりには、経済史との共同作業もかかせない。上にたどったように、人類が現実の経済から読み取った教訓を生かし、理論化することも大切である。しかし、すべてのことを一度にやることはできない。わたしが、現在、力を入れている方向は、数学という理論装置の限界をおぎなうあたらしい研究方法の開発である。それは具体的には、U－Mart計画として進められている。

U－Mart計画は、株価指数の先物市場をコンピュータを使って作ってしまい、それを実験台（testbed）として金融市場の制度設計を考えようとする研究プロジェクトである。工学者たちの協力をえて、決済執行と安全面をのぞけば、本物の市場として機能するものができている。証券会社が提供している株式の模擬投資を想像される方もいると思われるが、U－Martでは参加者の行動によって価格が決まるところが模擬投資とはまったくことなる。この擬似市場の特色の第一は、期末における現物指数による清算を通して現実に接合されていることである。第二の特色は、人間もプログラムもともに参加できる点にある。

この研究プロジェクトは、計測自動制御学会の創発シンポジウムに「夜話提供者」として呼んでもらったことから始まった。取りもってくれたのは社会・経済システム学会で知り合った出口弘である。そこから工学と経済学者が協力してひとつの研究計画を進めるという、魅力的でかつ得がたい機会を作りだすことができた。最初の構想は、進化経済学会のシンポジウムとして発表された。その後も、各段階における紹介や公開実験などは、進化経済学会と計測自動制御学会の両学会に報告され、評価と検討を受けている。

値付けができる市場という点では、すでにU－Martはうまく動いている。先物市場を疑似体験してもらうための教育キットも公開されている。罫線を読んで売買をするテクニカル・エージェントのプログラムを書くことは、情報工学の学生にとっても興味をもって工夫してもらえる機会となっている。

ここ一・二年の目標としてU－Mart計画が目指しているのは、制度の実験的検証である。市場にはさまざまな制度があり、ときに併存している。まさに進化論が想定する状況であるが、制度のちがいが市場にどのような影響を及ぼすのか検証することは容易ではない。さまざまな市場を調査し比較することによって、いくらか推察することはできる。しかし、どのような要因が影響して結果が出ているのか確定できないことも多い。

Ｕ－Ｍａｒｔ計画は、このような問題に迫りうる「実験」枠組みを作りだそうとしている。現在具体的に課題としているのは、制度の違いにより市場の成立比率がどのように変わるかという研究である。大阪証券取引所の株式欄をみると、ほとんどの銘柄が「できず」となっている。市場が開かれても、売り買いが一致して市場が成立するとは限らない。そのような薄い市場においては、証券の流動性を高めるため、さまざまな制度的工夫がなされている。マーケット・メーカーをおくというのは、そのひとつである。市場により板《いた》情報の公開にかんする制度もさまざまである。Ｕ－Ｍａｒｔでは、情報の流れを制御することは簡単である。マーケット・メーカーのいる市場、いない市場を作りだすこともできる。そこで異なる制度のもとで、市場の成立比率がどのように変わるか、「実験」する計画を進めている。

断っておかなければならないのは、Ｕ－Ｍａｒｔは経済において直接的な実験が不可能である状況を補うものであるが、実験そのものではないということである。あくまでも、それは模擬市場における実験であり、シミュレーションである。それがどのような知識を与えうるのか検討すべきことは多い。しかし、市場経済のような複雑な対象を分析するには、従来の「理論」や「調査」といったものだけでは不十分である。近代科学の発展が実験装置の開発と密接に結びついているように、経済学もその分析装置の開発を真剣に考えなければならない。

この三五〇年、科学は、理論と実験という二つの研究方法によって進歩してきた。近代物理学がその典型である。しかし、複雑な事象・システムを対象とする学問分野では、二つの研究方法ではたりない。多様な科学分野において複雑系の考えが生まれてきた背景にはこうした事情がある。理論と実験にならぶ第三の科学研究法（第三モードの科学研究法）が提案されなければならない。それは数学的な解析がうまく進められない複雑な相互作用のある現象について、なんとか確実な知識をえようとする試みである。現在、それはほぼ全面的にコンピュータ実験という形を取っている。

社会科学の方法としてそれで十分かどうかは分からない。社会や経済が人間の介入する事象である以上、あるていど人間が参加できる枠組みが必要であろう。限定された合理性しかもたない人間にとって、一回かぎりの選択というかたちで問題を提出されても理解できないことがおおい。多段階ゲームのように、逐次の選択にしたがって事態が進行するという状況の方が、よほど人間にとって理解しやすいことがある。しかし、これまで経済学は、ゲームを体験することからえられる知見などは系統的に排除してきた。それが均衡という枠組みに載らないというのが第一の理由であろう。もっと掘り下げていえば、合理性の限界に直面する人間に経済学は関心をもってこなかったのである。複雑さの発見とコンピュータ・シミュレーションの発達がこうした事態を変えつつある。これからは、コンピュータの助けをかりて適切な環境を作り、ゲームをおこなうことから得られる結果などを検討・分析することから新しい知識がえられるようになるだろう。Ｕ－Ｍａｒｔは、そのような新しい研究方法を創造するひとつの試みでもある。

このような試みがすぐに完成するとは思っていない。近代科学の黎明期にも、実験が科学の方法として確立されるまでにはながい試行錯誤が必要であった。Ｕ－Ｍａｒｔなどエージェント・ベースのシミュレーションが確実な知識を生みだすには、まだながい模索が必要と考えている。しかし、学問はこのような新しい冒険を必要としている。研究もひとつのベンチャーであり、それが成功するかどうかはわからない。大きな賭けである。しかし、だれかが乗り出さなければならない。大学における研究のよいところは、そのような賭けに自分の判断で乗り出せるところにある。そこには市場経済のよさと共通するものがある。

（1）この考えの概略は「大学は二一世紀に生き残れるか」（磯村隆文・大川勉編『新しい日本型大学』阿吽社、一九九五年、第一章）に書いた。

（2）ノイラートの船のたとえは、Ｗ・Ｖ・Ｏ・クワインなどによりしばしば引かれている。Ｗ・Ｖ・Ｏクワイン『論理的観点から』飯田隆訳、勁草書房、一九九二年、一一七頁あるいはＷ・Ｖ・Ｏクワイン『ことばと対象』大出晁・宮館恵訳、勁草書房、一九八四年、四、六、二〇一頁などを参照せよ。

（3）ラドスラフ・セルツキー『社会主義の民主的再生』宮鍋幟・西村可明・久保庭真彰訳、青木書店、一九八三年。原題は“Marxism, Socialism, Freedom: Towards a General Democratics Theory of Labour-Manged System”（マルクス主義、社会主義、自由／労働者管理システムの一般理論のために)。

(4) S・アンドレスキー『社会科学の神話』矢沢修次郎・熊谷苑子訳、日本経済新聞社、一九八三年。原題は "Social Sciences as Sorcery"(呪術としての社会科学)。

(5) Hernando De Soto, *The Other Path, The Invisible Revolution in the Third World*, Harper and Row, New York, 1989. 数値は、p. xviii、p. 134 および写真説明による。

(6) この巨大な転換については、以下のドキュメントを参照せよ。D・ヤーギンとJ・スタニスロー『市場対国家/世界を作り変える歴史的攻防』上・下、山岡洋一訳、日経ビジネス人文庫、二〇〇一年。

(7) P・オームロッド『バタフライ・エコノミックス』塩沢由典監修・北沢格訳、早川書房、二〇〇〇年は、この考えを展開したものである。

〈反歌〉わたしの履歴書
——数学から複雑系の経済学へ——

（聞き手・吉永良正）

本章は、『大学への数学』という受験雑誌向けのインタビュー構成である。各界の識者に数学の勉強を軸に思い出を語らせるというシリーズのひとつで、吉永良正からインタビューを依頼されて喜んで受けた。小学生時代から現在にいたる思い出で構成されており、文字どおり半世紀におよぶわたしの歩みをまとめてもらった。三分の二程度の時代は、終章の「マルクスから複雑系へ」と重複しているが、視点が数学や科学哲学を中心としたものなので、後者をよく補完するものと思う。

インタビュアーの吉永良正とは、京都の科学哲学コロキュアムにおける複雑系にかんする吉永氏の講演の折、知り合った。氏は、京都大学数学科を卒業の後、文学部で哲学を専攻された。現在は、日本には数少ないサイエンス・ライターであり、著書『「複雑系」とは何か』（講談社現代新書）は、日本の複雑系ブームを演出した一冊である。

数学科を出たのち、違う世界に足を踏み入れ、今は複雑系について考えているという意味で、吉永氏とわたしとはよく似た道をたどっている。その気安さと、主として数学好きの高校生向け記事ということで、これまであまり触れてこなかった数学時代の話が三分の一以上を占めている。当然、いままで書いたことのない話題がいくつかあり、中にはほんらい公表すべきでないものも含まれているが、そろそろ時効であると判断した。

複雑系のような新しい考えや学問が社会に受け入れられるためには、その学問を専門とする人間が専門分野の解説に努めるというだけでは足りない。読者と専門家とを結ぶ人が必要である。その役割を担うのがサイエンス・ライターである。こうしたライターの層の厚みが、英語圏の科学に奥行きをあたえている。一・二の専門分野を超えれば、学者といえども、一般読者の一人であり、あたらしい学問の動向を知るのは主としてサイエンス・ライターの活動に負っている。サイエンス・ライターは単なる普及者ではなく、新しい学問を創造するに必要な社会装置である。こうした認識が日本の知的世界には、まだまだ欠けていると思われる。吉永氏を含む日本のサイエンス・ライターの活躍に期待するとともに、かれらにもっと活躍の場が開かれることを希望したい。

学生のときは哲学者になりたかった

―― 塩尻でお生まれだと、松本のすぐ隣りですが、高校は長野高校なんですね。

塩沢 生まれたのは塩尻なんですが、六カ月もたたないうちに親父が戦争で出征して、まず飯田の親父の実家に移るんです。戦争が終わって親父が帰ってくると、今度はすぐに伊那へ行って、親父が警察官だったものですから、それからは二年ごとに長野県中を動きました。

―― すると、花の転校生ですね。

塩沢 小学校は二回変わって、三つの学校に行っています。中学でも一度変わりましたが、その後は高校卒業までずっと長野にいました。だから、長野にいたのが一番長くて、おなじ学校に最初から最後までいたのは高校がはじめてでしたね。

―― 僕も父が公務員だったので、小学校を三回変わって、中一の夏休みに浜松へ移り、それからは高校卒業までずっと浜松でした。読者の中にも、父親が転勤族の人は意外にこういうパターンが多いのかもしれない。幼少期から数学というか算数はお好きだったのですか？

塩沢 小学校の三年か四年のときには、将来は哲学者になろうと思っていたんです（笑）。

―― それはすごい！ そのときの哲学者というのは、どんなイメージを描かれていたんですか？

塩沢 よくは憶えていないんだけれど、カントとかデカルトなんか読んでいたわけではないですからね、たぶんその頃はニュートンだとかエジソンだとか、ああいうような人たちを自分なりに「哲学者」と考えていたんでしょうね。伝記は好きで、随分読んでいましたから。

―― 要するに、世界の秘密を解き明かしたいという感じですね。先生は哲学的な問題意識というものを、「自己の思考を可能にすると同時にそれを限界づけているものへの反省」と――多分にカントを踏まえて――定義されていますが（『市場の秩序学』八二頁）、そういう志向というのはむろん顕在的・意識的ではないにせよ、かなり小さい頃から芽生えるのかもしれませんね。

塩沢 いやぁ、どうなんでしょう……

―― 哲学少年が（笑）、数学少年に転向したのには、かきっかけがあったのですか？

塩沢 何が数学への関心に結びついていったのか、いまでもよくわからないんですよ。中学のときに、ガモフの『一、二、三、…、無限大』を読んで印象深かったことは憶えています。それで、高校時代には集合論や論理学に興味をもった。培風館の新数学シリーズという小型のやさしい数学入門シリーズがあって、あれで吉田夏彦さんの『論理学』や赤摂也さんの『集合論入門』を読んだり、それから図書館で数学の本を借りてきては読んでいましたね。高二のときには、数学の好きな友人といっしょに数学同好会を創って、勉強したり、遊んだりした。このあたりが数学に関心をもった理由と経緯になるのかもしれません。ただし、はっきり言えることは、すごく形式的な数学をやっていたということで、あの当時はだいたい集合論が流行だったから仕方がないのだけど、それが後々のことを考えると、基本的にはよくなかった。

――『大学への数学』は読まれてました?

塩沢　見てはいてたけど、あまり熱心にやっていたという記憶はないな（笑）。練習問題を解くのが好きでなかったから。もうひとつ高校時代で憶えているのは、数学の先生から「数学をやりたいのなら高木貞治の『解析概論』くらい読みなさい」と言われて、読んでみたりしていました。それが大学受験に役に立ったかどうかはわかりませんが、それなりに意味があったのかもしれないと思いますけどね。問題を解くテクニックということではなくて、全体の構造を知るみたいなところでね。

実験にこりごり、もうこれは数学しかない

――大学では初めから数学科へ進もうと……

塩沢　いや、そうでもないんです。入学してすぐにオリエンテーションがあるでしょう。わたしが入ったのは六二年だから三八年も前の話だけど、当時は理学部からわざわざ先生方が来られて、新入生の進路や勉強についての質問や相談にのってくれたんですね。それでわたしが尋ねたのは、「将来は数学基礎論か素粒子論をやりたいのだけど、どちらへ進むべきか迷っています」なんて言ってね（笑）。随分大袈裟な質問をした。そしたら相手の先生から「そんなこと言ったって君、すぐには決まらないから、もう少し基本を勉強してからでよろしい」なんて言われ（笑）、「そんなもんかな」と思って帰って来たんだけど。当時は生意気だったから、内心では「それならもうやりたくない。なんで初歩ばかりしつこく勉強しなきゃいけないんだ」と思っていたんですよ。

――高校時代に形式主義的な数学に染まりすぎたことのひとつの後遺症だったのかもしれませんね。僕自身もおなじような体験をしているので、身につまされます。生意

気盛りの頃は目先の勉強や練習がつまらなく思えるけど、でも絶対に必要なんですよね。内容なき思惟は空虚ですから。

塩沢　この話には後日談があって、そのときはお名前は知らなかったけど、アドバイスをくださった相手の先生は、実は溝畑茂先生だった（笑）。恐れ多いことに。

――　溝畑先生は、後に塩沢先生の指導教官になられる、偏微分方程式論の世界的権威ですね。ところで、素粒子論という言葉が出ましたが、物理学にも興味をおもちだったのですか？

塩沢　それはね、今から思うとわたし自身には全然適性もないし、とくに物理を勉強していたわけでもないけど、その当時は、だって、素粒子論がいちばんの人気だったじゃないですか。湯川秀樹先生は、わたしが三回生ぐらいのときに定年になられたのかな。だからまだ基研（基礎物理学研究所）の先生として現役でいましたし。

――　そうすると、京都大学理学部という選択は、きわめて自然だったわけですね。

塩沢　すくなくとも素粒子論をやるなら京大がいいだろうと思ったのがひとつあったのは確かですね。それと、兄貴がふたりとも京大に行っていたこともあった。

――　おいくつ年上？

塩沢　上が六歳年上で、下が四つ違い。下の兄貴は一浪して工学部へ行きましたから、学年では三年上です。この兄貴は大学でサボってばかりいたので、卒業できなくなりそうになって、結局、教授の家に下宿させられたりしてね（笑）。

――　お兄さんの学科はどちらだったのですか？

塩沢　工業化学。だから、その教授はノーベル賞の福井謙一先生なんかとおなじ系列の人ですね。大学の近くの吉田あたりに結構な家をもっていたので、学生を下宿させることもできたのでしょう。

――　いくら家が広くても、そこまで学生の面倒をみてくれる先生は、いまはほとんどいないんじゃないですか。当時はよほど師弟関係が厚かったんでしょうね。さて、先生ご自身の大学時代に話を戻しますが、オリエンテーションの衝撃（笑）の後は、どのような勉強を？

塩沢　京大の理学部は学科への分属が三回生になる前まで決まりませんから、いろんなことをやりましたね。数学ではＳＳＫという――何の略かは忘れましたが――他大学の数学科の学生との交流サークルがあって、あまり熱心にやったわけではないけど、ときどき参加した。小さなガリ版刷りのパンフレットを年に一回作ったり、夏休みに大町の木崎湖へ三泊四日で合宿に行ったり。縦長の湖で、全長二km以上あるのかな、そこを遠泳した憶えがあります。生物学にも興味があって、当時はまだルイセンコ論争の余燼《よじん》が残っていましたから、それこそ進化論なんかを熱心に読んだ。

――それでも結局は数学科へ進まれるわけですね。

塩沢　実験とかあるでしょう。実験は物理実験・化学実験・生物実験・地学実験と、全部とったんですけどね。みんないい点をとれなかった（笑）。物理だと理論物理学と実験物理学では全然違うでしょうけど、でもやっぱり基礎的な実験でもいい点がとれないようでは、物理をやっていくのは難しいだろうと。そのうちに、もうこれは数学しかないということになって（笑）、何か自然に数学科へ進むことになったんです。

――そこで、あのオリエンテーションのときの溝畑先生と再会されるわけですね。

これから必要なのは証明のない数学!?

塩沢　学部の四回生になると専攻するゼミを決めますが、わたしはそのとき溝畑先生のゼミに入り、大学院でもお世話になった。ですから、一応、溝畑先生の門下ということになりますが、修士課程のとき、溝畑先生が一年間、外国へ行かれて、大学院では松浦重武先生の指導を受けた。それから戸田宏先生のトポロジーのゼミにも一応出させてもらっていました。

――それは専攻された分野との関連からですか。

塩沢　当時何をやっていたかというと、楕円型の偏微分方程式っていうのをやっていた。物理数学でよく知られたものでは、ポテンシャル方程式が楕円型ですが、このタイプは数学的にはもっと拡張できて、たとえばドーナツ面のような閉じた曲面の上で考えると、すごく面白い性質がいろいろあるんです。そのあたりのことを一気に解明したのがアティアという人とジンガーという人が創った「アティア＝ジンガーの指数定理」という理論で、一九六三年にわずか一二頁ほどの短い論文の形で発表された。この難解な論文が米国のプリンストン高等研究所とパリのカルタンとシュワルツが主宰するセミナーで研究され、何百頁ものセミナー・ノートとして刊行される。それが一九六五年頃で、翌六六年にはモスクワでの国際数学者会議でアティアがフィールズ賞を受賞したんです。ちょうどわたしが大学院に進んだ夏ですね。

――当時、人気絶頂の分野だったのですね。

塩沢　ということは逆に言えば、ほとんど解けた、終わっていたところでもあったわけですが、わたしとしては勝手に「大域の偏微分方程式論」なんて名前をつけて、その先をやりたいと思っていた。アティア＝ジンガーの理論の特徴というのは、解析学とトポロジーが交差するところにすごい定理を見つけたところにあって、要するに解析の一部の性質がトポロジーから決まってくるという話なんです。だから解析から入ってもトポロジーから入ってもいいわけですが、ただわたしは将来トポロジーとしてやるにしても解析学は基礎として重要であろうと思って、微分方程式のほうから始めた。また、この理論の発展にはK理論と呼ばれるものが有用なんですが、戸田宏先生のゼミがK理論をやっていたので、そちらにも出席させてもらっていたんです。

――ゼミはどんな雰囲気でした？

塩沢　溝畑先生のセミナーが、確か金曜日の午後でしたでしょうか、松浦先生や山口昌哉先生も参加されていて活発に議論される。それが終わると、みんなで百万遍の方へ歩いて行って、喫茶店でいろいろ話をしていたんです。セミナー中の話はよくわからない難しい話が多いんだけれども、その後の喫茶店での話はいろいろ面白いことが聞けて、結構楽しみでしたね。席が決まっているわけじゃなくてその週その週で座り方が変わりますから、溝畑先生とも松浦先生とも、その他の先生ともすぐ近くでお話が聞けるんですけど、結局いちばん最後に影響を強く受けたのは山口昌哉先生でしょうね。山口先生はその頃から応用数学や非線形の数学をやられていて、当時のわたしは論理学や集合論への興味から数学に入っていたわけだから、純粋数学でしかもすごい形式的な数学観をもっていた。それからみると応用数学、とくに非線形の方程式なんかは何も一般論がないわけでしょう。この方程式はこうやったら解けるというのはあっても、少し形が変わると全然解けない。あとは数値的に近似解を出すとか、ごちゃごちゃしていてほとんど理論らしい理論がないといってもいいくらいでしたから、何であんなに汚い数学（笑）に興味があるのかなあと、不思議でした。

――アティア＝ジンガーと比べれば正反対ですね。でもきれいは汚い、汚いはきれいともいいますし……

塩沢　いまでもいちばん印象に残っているのは、「これからは証明のない数学をやらなきゃダメだよ」と言われた山口先生の言葉なんですね。もうお亡くなりになりましたが、ご生前にその話をしたら、「僕がそんなこと言ったかなあ」と言って笑っておられましたけど。ともかくそのときは「証明のない数学」なんて言われて、ビックリ仰天するわけですよ。だって、わたしにとって数学の定義というのは、「証明できることをやる」のが数学ですからね。この定義をまったく否定してしまうような発言でしたから、本当に驚いてしまったんですけど。ところがそれから一五、六年たってみると、自分の立場がまったく変わってしまって、山口先生がおっしゃったようなことをやりはじめている。直接的な影響を受けたわけではないでしょうけれども、まあ頭の隅にこびりついていて、経済学へ転向し、しかも経済学の中でも数学をあまり利用しないというか、むしろ数学の限界を感じるようになって行く中で、山口先生のあの言葉がもう一度甦ってきたという感じですね。

「昼は運動、夜は勉強」で数学が荒れる

——大学院を修了されると、すぐ助手に?

塩沢　その当時は運がよくてね。ちょうど理系倍増論の最後で、学生数はまだ増えてなかったんですけど、講座は増えたんですよ。五講座半から一〇講座へとほぼ倍に増えて、助手の口がたくさんできた。だから、修士二年を出るとほとんどみんな助手になれたんです。それが六八年の四月で、それからいろんなことがあったんですよね。東大と日大の学園紛争がこの年でしょう。六九年には京都大学でも、一月から九月まで紛争のまっ只中に入った。

話は少し戻りますが、『思想の科学』といういまはなくなった雑誌があって、学生の頃、わたしはこの雑誌の月例会みたいなのに入っていたんです。それで六五、六年頃この会が母体になって、「京都べ平連」と略称してますけど、正式には「ベトナムに平和を！京都集会」という運動が始まった。わたしも会の人たちとつきあいがあったし、ベトナム戦争には反対でしたから、毎月のデモに参加するようになっていた。そしたらあるとき、事務局長さんがある事情でいなくなって、わたしが暇だったからその代理を引き受けたら、どんどん変な具合になって（笑）。

——要するに、知らない間に運動になくてはならない人物にされていた。よくあることです。

塩沢　六八年には、べ平連がアメリカとか各国から活動家を招いて、宝ヶ他の国際会議場で「反戦と変革のための京都会議」というのをやったんです。当時としては、国立の施設を使ってそういうことをやれたのは異例中の異例だったんですが、桑原武夫先生がちょっと関係されてい

て、桑原先生のお弟子さんが館長をやっていらしたから、まあ認められたのでしょうけどね。そんなわけで、助手になった頃はいまでいう政治運動みたいなことに髄分時間をとられていた。

――それでは数学にあまり集中できませんね。

塩沢 その当時はね、「昼間は運動をやって、夜勉強すればいい。どうせ夜型だから」（笑）と言ってたんです。でも、やはり本当に勉強すべき時期にきちんと集中できなかったということはあると思うんですね。そうこうするうちに京大でも大学紛争が始まって、何やかやと飛びまわっているうちに、あるとき松浦先生から、「お前、最近はゼミに出て来ても途中で眠ったりするときもあるし、やってる数学も荒れている。少し場所を変えて勉強してみたらどうか」と言って、フランスへの留学をすすめられたんです。わたしもフランス語はずっとやっていましたし、やっぱり自分でもこのままでは問題があると思っていましたから、いい転機だと思って松浦先生のすすめに従うことにし、フランス政府の奨学生試験を受けることにしました。

――奨学生試験はどんな感じだったのですか？

塩沢 フランスは数学偏重の国ですから、数学専攻は比較的楽なんです。ところが数学専攻でもフランス語ができる人は少ないようで、わたしのときは結局東大からは応募者がなくて、京大からふたり。東北大から一人だったかな。こういうことまで話していいのかちょっとわかりませんけど、彌永昌吉先生が審査委員でね、試験前日に東京へ来いという通知が来たんですよ。何だろうと思って東大の彌永先生の研究室へ行ったら、応募者三人が研究室に呼ばれていた。先生は「君たちは数学は一生懸命にやっているんだから問題ないだろうけど、フランス語は大丈夫か？」と言われて、フランス語のどんな本を読んだかと聞かれるんですね。で、各自が「わたしはこれこれを読みました」とお答えすると、本棚からそれら三冊を探してこられてしばらくながめ、「じゃあ君には明日、ここのところを質問するから、ちゃんと読んでおきなさい」と言われて、ちょっと小さなしるしをつけてコピーを渡された。翌日の試験では、面接官が何人かいて、数学専攻者には彌永先生が主として質問されたのだけど、例の前日決めておいた本をバラバラとめくられて、「ここからここまで読んでください」（笑）。それで合格しちゃったんです。

――実に優しい先生ですね！

塩沢 希望者があまりに多くなると、そんなこともできなくなってくるんでしょうけれどね。

——本当は書いちゃいけないのかもしれないけど、実にいい話だと思います。先程のお兄さんを自宅に下宿させて卒業させた教授といい、昔の大先生方には学生への無償の信頼があった。また学生もその信頼に応えた。いまの社会にいちばん欠けていることではないでしょうか。

数学の女神に蹴飛ばされて経済学へ!?

——一九七〇年七月から、数学科の助手をお辞めになって、ニース大学に留学されたのですね。

塩沢 いや、助手の職はそのままで給料をもらって行ったんですよ。留学先がニース大学になったのにはちょっと事情がありましてね。本当はパリのアンリ・カルタンのゼミに行きたかったんです。でも、フランスはなるべくパリに学生を集めたくなくて、留学生を地方にやりたがる傾向がある。まあ、あまりにパリに集中しすぎていますからね。それで、まだ留学先が決まる前の語学研修の終わり頃だったでしょうか、たまたまニースで国際数学者会議が開かれるというので、遊びに行った。

——第一六回ICMニース大会といえば、広中平祐先生がフィールズ賞を受賞されたときですね。

塩沢 そうそう、わたしは何も知らなくて行ったら、日本人が受賞したというのでビックリしたんです。そのときカルタンに会って自分がやりたいことを話したら「それなら君、ニース大学にブテードモンベルという人がいるから、かれのところで勉強しなさい」と言われてしまった。結局、パリ希望から外されてニース大学になったというのが本当のところだったんですよね。

——その後、ご希望通り、パリへ行かれますね。

塩沢 これも半ば偶然で、ニース大学で数学をやっていたんですけど、わたしの先生が翌年ニースからパリに移ることになった。これ幸いと思って「先生について勉強を続けたいので」と交渉して（笑）、いっしょにパリ第七大学へ移籍させてもらった。それから三カ月くらいたってからでしょうか、パリ第七大学へ移ったブテードモンベルのところへ相談に行って、「いろいろ考えたけれども、数学から経済学に転向したい」という希望を話した。で、結局は奨学金を継続したままパリ第九大学へ移してもらったんです。「決定の数学」というUER（教育研究単位）でした。UERというのは、学部より少し小さなところで、名目上は一応そこで経済学の数学をやるということになっていたんですけど、わたし自身はそのときからもう経済学そのものをやろうと考えていました。

――数学に見切りをつけられたのは、なぜ?

塩沢 結局そのときには、すくなくともわたしが選んでいた研究分野では、アティア＝ジンガー理論の先を行くなんてところまではどうもたどりつきそうにないと思ったんですね。ひとつにはわたし自身の才能の問題もあるんでしょうけど、準備の仕方がちょっとまずかったかなと、今にしてみれば思います。その当時トポロジーでできるようなところはアティア＝ジンガーがあらかたやってしまっていた。

あと残った問題は、もうちょっと細かいというか、それこそ解析とか数量的にできる範囲は残っていたんですけど、それには微分幾何がすごく重要で、微分幾何のテクニックがかなり自由に使いこなせないとなかなかやれないところだったんですよね。わたしは微分幾何をそんなにはやっていなかったし、もう一回きちんと勉強し直そうという気にもなれなかった。一方で、フランスに来てからも政治の世界ではいろいろなことが起こっていたし、数学以外の本も読んでいましたから、「まあ数学でなくてもいいじゃないか」(笑)と思えるようになって、それで経済学へ移ったわけです。

――数学だけが人生じゃない!?

塩沢 いや、それほどじゃなくて、まあ簡単に言うと、数学に落第した(笑)。よく「何で数学から経済学へ転向したんですか?」と聞かれるんだけど、普通は「数学の女神様に蹴飛ばされた」と答えているんです。

[後日談 インタヴューの後、吉永は塩沢氏の学生時代の先生の一人にお目にかかる機会があり、上記のことをお話しすると、意外な顔をされて、およそ以下のような感想を述べられていた。(塩沢君の年の学生たちはみんな優秀で、特にかれは大学院へトップの成績で進んだ。だから、数学の女神に蹴飛ばされたのではなくて、かれが自分で蹴ったのではないか。)]

――数学の第一線で目覚ましい成果をあげるためには、それまでにどのような勉強をし、またどのような問題に取り組むかといった、多分に偶然が絡む要素も大事になってくるのでしょうね。

塩沢 それと、やはり本当に数学の専門家になるためには、まずは二カ月とか三カ月とか、そのことだけに集中するという時間を確保しなければいけないし、そういう性格の人でないと難しいんだろうなという気がします。まあ、わたし自身はそういう意味では、いろんなものに興味がありすぎたかなと思います。

アルチュセールとスラッファに注目

――いろいろなご興味の中から、第二の人生（笑）の仕事として、特に経済学を選ばれた理由は？

塩沢　いちばん最初の動機は、何て言うのかなあ、経済学ってわたしたちの学生時代には社会科学の中ではすごく尊敬されていて、影響力のある学問だったんですよね。それで、やってみたいという気は前からありましたし……

――それはマル経［マルクス経済学］も含めて。

塩沢　マル経も含めてね、学生時代には、あまり読んではいないのだけれど。一応『資本論』を本棚に飾ってみたり（笑）。ケインズの『一般理論』［ジョン・メイナード・ケインズが一九三六年に刊行した主著『雇用・利子・貨幣の一般理論』のことで、こう略称する。ニュートンの『自然哲学の数学的原理《プリンキピア》』を単に『プリンキピア』と呼ぶのとおなじ］をアジア・エディション版で買ったりね。

これも「買ったり」ですよ、その頃は通読はしていませんよね。あと、ポール・サミュエルソンの本も定番でしたね。みんな買っただけで読んではいない（笑）。だけど、大学生なら誰もが当たり前の教養として経済学に興味をもつ、そういう雰囲気があったのは確かですよね。時代の雰囲気ですね。

――では、初めから近経［近代経済学］、とくにその数学理論の研究を目指されたのではなかった？

塩沢　かならずしも近経でなくても、マル経でやれるところがあればやってもいいなという気もあったのですけどね。だけど実際に少し勉強してみたら、今のマル経をそのままやってみてもおそらくしょうがないだろうと思えた。それで、まあ数理経済学でもいいかなあって思ってはいたんですよ。ところが、こちらもいろいろ勉強してみると、ものすごく数学化されてはいるのだけど、本当にこれでいいのかなあという気がした。ですから、経済学に転向はしたけれど、それまでは聞きかじりですからそんなによく知っていたというわけではなくて、一方では数学的な経済理論をにらみつつ、一方では経済学の全体像をつかむためにその歴史を勉強し直すことから始めた。それで、アンリ・ドニという人が書いた分厚い『経済学説史』という本を買って読んでいたんですね。いかにもフランスの本らしく、最初はアリストテレスの時代から始まる学説史なんですけど、中世の終りまではすっとばして（笑）、近代から読んでみると、その中で面白いなと思ったのが、スラッファとアルチュセールだったんです。それで、じゃあこのふたりだけはきちんと読んでみようと考えた。スラッファは、翻訳された小さな本があったのでそれを読んで……実はこれが、原著では本文がわずか八七頁しかない小著なのだけど、スラッファがその三〇年間の思索をまとめた主著で、とんでもない本だったんです。それから、アルチュセールもいちばん影響力のある時期はすぎていたのだけど、パリの本屋さんにはまだたくさん本が並んでいましたから、それを買って読んだり……。

——一時は、レヴィ＝ストロース、ラカン、アルチュセール、フーコーを構造主義の四天王と呼んだ時代もありましたが、六八年の五月でだいぶ状況が変わりましたよね。

塩沢　アルチュセールは、日本でいえば丸山眞男みたいなところがあって、六八年に随分叩かれてから後はある意味で乗り超えられちゃったという印象が強い。だけど、わたしは本当は乗り超えられたとは思いませんけどね。

ヴィトゲンシュタインを変えた男

——スラッファという人は、どういう人なんですか？

塩沢　ピエロ・スラッファは一八九八年にイタリアのトリノで生まれて、後にイギリスのケンブリッジ大学で活躍した経済学者ですが、これが面白い人なんですよ。伝記的なエピソードを紹介すると、グラムシやヴィトゲンシュタインとの交友が有名です。グラムシという人はイタリア共産党の創始者の一人で、イタリアの共産主義がトリアッチ路線に行くまでの指導者ですよね。で、ムッソリーニの支配下で牢獄に一〇年間もつながれて、一九三七年に死んだ。その間、獄中で書きとめた思索が『獄中の手帳』として出版されていて、共産主義の中では独自の思想家として評価されている。スラッファはそのグラムシと二〇歳ぐらいの頃からの友人で、一九二六年にグラムシが逮捕されたとき、スラッファはケンブリッジにいたのだけど、すぐさま手紙を送ってグラムシに支援を申し出るわけですね。食料や衣類で不自由はないか、あったらすぐに手配すると言って、まずスイス製のコンデンス・ミルクを送っている。それから、わざわざミラノの書店に自分の口座をひらいて、グラムシに対し、「代金はわたしの口座から引き落とすから、読みたい本は自由にこの書店に注文してほしい」という具合で、非常に気配りの利いた援助の仕方をした人なんです。もちろん、グラムシ釈放のための運動にも熱心で、国際世論に訴えるためにさまざまな努力をした。グラムシが獄中で亡くなると、その遺稿の安全保管のためにも動いています。三二冊のグラムシの獄中ノートを実際に救い出したのは、タチアナ・シュフトというグラムシの奥さんの妹さんなんですけど、それらははじめイタリア商業銀行の金庫の中に隠してあって、後にスラッファの手で、ムッソリーニの目をかすめてパリまで届けられたんです。

――フッサールの遺稿もナチスの手を逃れてオランダへ運ばれましたけど、あの時代は思想の世界でも本当にスパイ小説並のドラマがたくさんあったんですね。

塩沢　ヴィトゲンシュタインとの関係はもっと内的なドラマで、ヴィトゲンシュタインが『論理哲学論考』に代表される前期の思想から、かれの死後に出版された『哲学探究』にみるような後期の思想への大きな転換点となったのが、スラッファの批判だったといわれていますね。これは有名な話ですが、ヴィトゲンシュタインの弟子だったノーマン・マルコムの「思い出」の中に、こういうエピソードが書かれている。

もうひとつの事件は、こうした「命題が写像であるという」考えかたの破壊を促進したことがらにかんするものである。ヴィトゲンシュタインと、ケンブリッジ大学の経済学講師であったP・スラッファは、一緒に『論考』の思想について沢山の議論をとりかわしていた。ある日（ふたりが列車に乗っているときだったとわたくしは思う）、ヴィトゲンシュタインが、命題とそれが表現していることがらとは、おなじ「論理形式」、おなじ「論理的多様性」を共有していなくてはならぬと言い張ると、スラッファは、片方の手の指先でアゴを外側へこする動作、つまりナポリの人にはよく知られていて、嫌悪感ないし軽蔑感といった気持を意味するような身振りをしてみせ、それから「これの論理形式って何なのだろう」と尋ねた、というのである。スラッファの挙げた例は、命題とそれが記述していることがらとが、おなじ「形式」をもたねばならぬと固執することにある種の不合理がある、という気持をヴィトゲンシュタインに植えつけた。これが、命題は文字通りその記述する実在の「写像」でなくてはならない、というかれの固定観念をうち破ったのである。

（藤本隆史訳）

よくできた話なので、どのくらい正しいかわかりませんし、実際にヴィトゲンシュタインは他の弟子には幾分違ったように話したと、マルコム自身が断っています。しかし、スラッファが大きな影響を与えたことは事実で、ヴィトゲンシュタインも『哲学探究』の序でそのことを書いている。ともかく、スラッファは人物的にはそういうとても興味深い人です。

三〇年かけて書かれた経済学変革の書

―― アルチュセールの場合は一般にも比較的広く読まれていますから、サルトルなんかの実存主義的マルクス主義とは正反対で、重層的決定とか、あるいはバシュラール流の認識論的切断なんかの概念を使って客観的というか、構造主義的なマルクス主義を構想した人であろうというくらいの知識は誰にもあると思うのですが、スラッファとなると一般にはほとんど知られていませんね。これにはおそらく日本のマスコミや出版界の偏りや限界が一因としてあると思うのですが、スラッファの思想のどこが「すごく」て、どこが「新しい」のか、またそのことが先生が経済学の研究に踏み込まれるに当たって、どのような形でインパクトを与えたのかについて、なるべく簡単にお話いただけますか。

塩沢　簡単にと言われても困りますが、あるいは経済学の流れを説明して、その中でスラッファの仕事を位置づけるのがいちばんわかりやすいかもしれない。経済学の歴史というのは、二五〇年くらいの歴史ですよね。アダム・スミスの『国富論』が出たのが一七七六年で、そのちょっと前くらいから経済学は始まるわけですから。その後はマルサスやリカードなんかが活躍して次第に古典経済学ができてきて、それが体系化されるのがジョン・スチュアート・ミルの時代、一八四〇年代ですね。一九世紀後半になると、一八七〇年代からは古典経済学に対して新古典派というのが新たに出てくる。これは「限界革命」って言葉で呼ばれてますけど。

―― 「限界」って何ですか?

塩沢　「限界」っていうのは経済学の特殊な用語で、経済活動を表した関数について「微分をとる」という意味なんです。当時の経済学者たちは数学にあまり慣れていなかったから、一単位増加したときの変化量、つまり単位増分をとることを「限界」という言葉で呼んでいたんですよね。そういう「限界」的な変化が重要だということを新古典派が言い出して、それでまず第一に「限界効用理論」というものが出てきた。それまでは全部効用だけを考えていたのが、限界効用のほうが重要だというように考え方が変わって、そこではじめて、ある意味ではまともな数学化された経済学が出てくるんです。そのいちばんの完成者というか、その後の経済学の発展に大きな影響を及ぼしたのがレオン・ワルラスというフランス人で、一九世紀の最後の四半世紀に活躍し、数理経済学の確立者と呼ばれています。その路線は「一般均衡論」といわれるもので、これがその後の一〇〇年をずっと引っぱる。一二〇年といってもいいかな。

——二〇世紀を迎える時点で、経済学が高度に数学化されて行く基盤というか、下地はできていたんですね。

塩沢 一般均衡論による数理経済学が発展を遂げるのは一九三〇年代以降で、とくに一九五〇年代がめざましかった。一九五四年にはワルラス以来の均衡解の存在問題が、ケネス・アローとジェラール・ドブルーによってきわめてみごとに解決された。方程式の数と未知数の数を数えるような段階から、位相幾何学を駆使する段階へと、数学でいえば二〇〇年の進歩に相当するぐらいの飛躍が、わずか三〇年でもたらされたわけですから。一九六〇年代には、高度な数学を使いさえすれば理論経済学の難問はすべて解決できるという自信というか幻想が、経済学者の間に広がった。六〇年代はそうした楽天的な雰囲気が支配的だったのですが、まさにその一九六〇年に、あたかもそうした風潮に異議申し立てをするかのように、スラッファの主著が刊行される。

——それが、先程のお話に出てきた本ですね。

塩沢 スラッファはこの本で、限界的な考え方で経済学、とくに価格理論をやるには無理がある、そういうものではなくて、もう一度古典派の伝統に戻って理論体系を組み直さなくてはいけないと主張した。ただし、数量的な関係を否定するということではありません。要するに限界理論を批判しているわけですが、『商品による商品の生産』という表題に、「経済理論批判序説」という副題がつけられているのに、当の批判対象である限界理論への言及は極力おさえられている。先程もいったように一〇〇頁足らずの無愛想な本でありながら、経済学批判ばかりでなく、深読みすれば哲学的な存在論まで含めて、かれの思想が非常にコンパクトに凝縮されている本なんです。

——その本をかれは三〇年かけて書いた?

塩沢 中心的な構想はすでに二〇年代の終わりには形をとっていたというんですね。それで三〇年代から四〇年代初めにかけて、いろいろな概念についての細かな検討作業が行われ、一九五五年以降の四年近くは整理と配列のために時間を使って、内容的につけ加えられたものは少ないといいます。スラッファの「熟成の時間」というものには、常人には計り知れない独特のものがある。しかし、三〇年かけて書かれた本は、やはり三〇年読まれ続けるといいますか、その後の経済学の動きに大きな影響を与えて、新古典派の一般均衡論の流れから別の流れを創り出すうえで、かなり重要なマイルストーンになったんです。わたしはこの本を読んで、一般均衡論の理論の枠内でおかしな需要関数や供給関数をつくってその関係を解析するよりも、詳しい話は省きますが、まあ、スラッファの方向で考えていくほうがいいのではないかと思うようになった。それで、アルチュセールのような考え方と、スラッファの理論、一般均衡論とは違う理論ですね、その両者を組み合わせて自分なりの新しい経済学を作りたいというのが、わたしの目標というか希望になったわけです。

帰国後、七年間の「熟成の時間」

——フランスにはまる四年間いらしたんですね。

塩沢　最初の二年間は奨学金の他にも数学科助手の給料をもらっていて、三年目は一年間休職していたんです。四年目に入るとき、帰国して復職するか、助手の職を辞めるか迷った。わたしが数学から経済学に転向したことをご存じだったのに、溝畑先生はそれでも「帰って来い」と言ってくださった。そのあたりは京大は懐が深いなあと感謝しています。でもやはり経済学に変わってしまったんだし、助手を辞めるのは当然だろうと思って、辞職願いを書いた。辞職願いといっしょに溝畑先生へお送りした手紙には、「将来、『資本主義経済過程の理論分析』という本を書きたいと思っています」と書いた。それでもう一年間フランスにいて、三年間経済学を勉強したわけですが、まあ何てったってゼロから始めたわけですからものになるまでには至らない。それで、四年たって再び日本に帰るか、それともこのままフランスにいて、学者になるか、あるいは学問はやめて商売でもやろうかとか、いろいろ迷いました。ともかく一度日本に戻って将来のことを考えてみようと思って帰国したのが七四年の夏ですね。本当はすぐにフランスへ戻るつもりだったのだけど、いろいろなことがあってしばらくは飯田の実家にこもっていたんです。それで、京大の経済研究所の助手にとってもらったのが七六年の七月。それから七年間はそこで助手をしながら経済学の勉強を続けた。これで経済学に転向してからかれこれ一〇年になりますから、何とかある程度は他の人の単なるマネでないものをやっていけるという自信がついた。それで最初に書いた本が、八一年に朝倉書店から出した『数理経済学の基礎』という本なんです。これは、新しい知識というものはないんですけど、一般均衡論とは別の数理経済学をつくるんだったら、こういうようなことができるのではないかということを示そうとした本なんです。

効用最大化に仕掛けられた計算時間の爆発

――一九八一年の最初のご著書『数理経済学の基礎』については、浅田彰氏のちょっと面白い書評がありますので、読者の参考までにその一部を引用しておきます（『数学ブックガイド一〇〇』培風館、一九八四年）。

> この本は異端の書である。そこに展開された「数理経済学」は、普通この名で呼ばれるものとはまったく違っているのだ。（中略）しかしまた、異端的な内容を記述していく手つきは正統的すぎるほど正統的な正攻法に則っていて、まったく間然とするところがない。ベクトルの定義や加法からはじまってフロベニウスの定理あたりまでいく数学の展開も、ムダがなく明快である。最大化問題や価格変化の分析に微積分を濫用する正統派とは逆に、全体を通じてただいちど微係数の知識がつかわれるだけ、というのも、見事な反骨ぶりというべきだろう。

塩沢　「異端」とはいっても、まだまだ全体像というのではなくて、第一ステップみたいなものだったんですけれど、そういうものとしてひとつの取りかかりはできたかなということですよね。その後、京大経済研究所の助手時代の残りは、むしろ一般均衡論ないしは均衡理論全体にどういう問題点があるか、どういうようにそれに代わる経済学を組み立てなければいけないかということを、いろいろ考えていました。それをまとめて本にしたのが今の大学に移ってから出版した『近代経済学の反省』（日本経済新聞社、一九八三年）なんです。そんなことをやっているうちに、結局、複雑さというものをきちんと取り入れて考えないと、経済行動そのものさえ定式化できないのではないかと考えるようになったんです。なぜそういうことを考えるようになったか。数理経済学の限界、数学的に形式化して解析できることの限界というものをかなり感じたのは事実です。ただ、この場合はそのこと自体はあまり問題ではなくて、むしろ経済学が研究対象にしている人間行動というものをどのように捉えるかということが大問題だった。たとえば、いちばんわかりやすい例をあげれば、人間が予算制約下でどのような商品を選択するか。これが需要関数を作る基礎になるわけですが、一般均衡論ではそのときに効用を最大化するという仮定を置くわけです。

―― 完全合理性、つまり経済活動を行う人間の一人ひとりが、完全な知識と完全な計算能力をもっていて、合理的な選択を行うと仮定するわけですね。

塩沢 その仮定のうえで最大の効用を与える組み合わせ（最大解）を実際に求めるための計算時間を推定してみます。商品がn個あるとすれば、そのひとつひとつを購入するかしないかを決定するときの場合分けの数は2^nですから、非常に単純化してしまえばこの計算時間は2^nに比例する。コンピュータがひとつの組み合わせをチェックするためのサブルーティンの計算に一マイクロ秒要するとしても、$n=40$で一二日、$n=50$で三五年、$n=60$で三万五七〇〇〇年、$n=70$で三六六〇万年かかってしまう。計算時間の爆発で、商品の数が九〇、一〇〇ともなれば、実際に計算を完了することは絶対できない話になってしまう。

―― 完全合理性では、コンビニどころかドリンクの自販機の前でも、品数が多すぎて気軽には買い物ができなくなってしまう。

塩沢 実はこの問題は「計算量の理論」における「ナップザック問題」と同値なんです。ナップザックにいろいろなものを積めこんで、その総価額を最大化せよ、ただし荷物の総重量は一定以下に抑えなければならない、という問題ですね。制約としての総重量を予算制約、最大化すべき価値額を効用と読み直せば、表現が違うだけで数学的にはおなじ問題であることがわかる。

―― いわゆるP‐NP問題にぶつかってしまうわけですね。もっとも、P‐NP問題とは何かを簡単に説明することは、先生も書いておられるように、「説明しても、かえって分からなくなりかねません」から（『複雑系経済学入門』八一頁）、ここでは省かせていただきます。ちょっと宣伝になりますが、興味のある読者は、吉永著『数学・まだこんなことがわからない』のⅡ2をお読みになれば、少しわかった気になれるかもしれません。

［後日談 二〇〇〇年六月二四日、米国のクレイ数学研究所が「ミレニアム賞」を発表した。これは、数学の七つの未解決問題について、それを解決した者に一問につき一〇〇万ドル、合計七〇〇万ドルを懸賞金として提供しようというもの。その中で、一九七一年に、「NP完全問題」の概念を提起して、今日のP‐NP問題を定式化したスティーヴン・クックが、このP‐NP問題を賞の対象として選出している。他の問題は、リーマン仮説、ポアンカレ予想など。ミレニアム賞については、http://claymath.org/参照。］

経済学一二〇年の歴史を語るアネクドート

塩沢　一般均衡論の簡単な事例の中にさえ、計算時間の爆発に至るような計算量の複雑さの問題が組み込まれていることについては、わたし自身、八三年から八四年頃、かなり悩んだんです。これはどこかおかしいんじゃないか、どこかに間違いがあってこういう理解になってしまうので、本当は計算できるのではないか。極端な結論は自分が間違っている可能性が多いわけですから（笑）。それで長い間、このことは書かなかったんですけど、八五年になって思い切ってエイヤッと書いたのが、「「計算量」の理論と「合理性」の限界」（『理想』一九八五年四月）という論文なんです。そこで初めて、完全合理性を仮定した経済人のモデルでやっていくのではなくて、別の道を進まなければならない、と問題提起した。ただその場合、じゃあどうしたらいいのかという、より本質的な問題があるわけですよね。それで、たとえば定形行動という形でまず考えてみたらどうか、定型行動にはレパートリーがあり、このレパートリーが変化することによって行動の進化が生まれるとしてみればどうか、などというのが八五年から九〇年くらいまでの間に考えていたことなんですけどね。まあ、そんなことは今にしてみれば、何でそんなことがわからなかったのってものですけど、やっぱりわたしの中ではその当時は一生懸命に考えていた。どのようにすればいいのか、暗中模索でした。

——　生みの苦しみですね。

塩沢　もう少し経済学の中の話をすると——そんなに詳しくは言いませんけど——、結局、経済学の理論構造自体に大きな問題がある。数学化の進展により、理論がゆがめられてしまった。今では理論経済学と数理経済学とがほとんど同義語になってしまっている。理論化するということが、数学的に形式化するということとおなじと考えられている。先程の例のように消費者の行動を効用関数の効用最大化と捉えるのもその一例です。もうひとつは企業が利潤を最大化するという定式化ですね。利潤は本当はひとつの数値ではない。その決定に関係する変数も非常に多い。それを、簡単に最大化定式に持ち込むために、与えられた価格の下で企業は売りたいだけ売っているという、無理な仮定を入れてしまうんです。そうすると、価格に応じた供給量が決まる。ただ、そのためには別の非現実的な仮定が必要になる。今生産しているところで平均価格が上昇しなくてはならないことになる。平均価格が上昇しているということは、そこで収穫逓減《ていげん》だということです。ところが、収穫逓減になっている企業というのはほとんどどこにもないんですよ、すくなくとも工業でみるかぎり。それはやっぱりおかしい。結局、一般均衡論で最大化の定式を与え、それに基づいて需要関数・供給関数を作ろうとすることからいろいろな問題が起こってしまう。だから、いちばん基礎から理論を組み換えていかなければいけないだろうと……

——複雑系の科学の研究拠点として有名な米国サンタフェ研究所の経済学者ブライアン・アーサーが唱える収穫逓増論みたいに？

塩沢　アーサーのいう収穫逓増は、使用上の連結の効果にかんする概念で、ここでの話とは違う。わたしが言っているのは、非常に古く、マーシャルの時代から言われていた生産規模にかんする収穫逓増のことです。こういうものがあるということは昔からわかっていたのに、理論上、収穫逓減を仮定せざるを得なかったということなんですよね。これはまあ、経済学の中での問題なんですけど、これを科学哲学みたいなところに置き換えて言うと、科学理論としての理論経済学がどのような道をたどり、何を置き忘れてきたかがよくわかる。つまり、つまりここ一二〇年くらい経済学は数学化によって発展してきた。その場合の数学というのは純粋数学ですよね。形式的な数学理論としてもかなり程度が高いものだと思います。ケネス・アローとジェラール・ドブルーのノーベル賞をもらった論文なんてのは、集合関数の上半連続という性質を取り出してきて、角谷の定理を使って不動点として均衡解の存在を証明するというものです。この論理自体には一点の曇りもないと言ってもいい。それから、たとえば消費者の行動を考えるのに測度論を使うとか、経済学の定式としてはおかしいと思うんですけど、高級な数学を道具として使っていることは確かです。だけれども、結局そういうものを使いながら、それでもうまく定式化できない部分は全部ネグレクトしてきてしまった。

——物理学や工学で、カオスやゆらぎをノイズとみなして無視してきたことと、事情が似ていますね。

塩沢　こういう話があるんです。もともとはアラビアの寓話だったというんですが、経済学では有名なアネクドートです。夜、公園でひとつだけ点っている街灯の下で、酔っ払いが何やら深刻な顔でうろうろしていた。そこに通りかかった人が、「何をしているんだ」と尋ねると、酔っ払いは「鍵を落としてしまったから、探しているんだ」と答えた。通行人は可哀想に思って、いっしょに探してやることにした。しばらく探したが、鍵は見つからない。そこで、通行人は「こんなに探しても見つからないが、本当にここで落としたのか?」と尋ねた。すると、酔っ払いは平然とこう答えた。「いや、鍵を落としたのはあっちのほうだ。でもあそこは暗くて何も見えないから、光が当たっているここを探しているんだ」(笑)

――ああ、なるほど。数学の光が当たっている……

複雑なものを複雑なものとして見よう

塩沢 この話は、経済学の一二〇年の実情をよく示していると思う。数学の光を当てられるところだけをやった。そこが経済学のいちばん重要なところではないかもしれないということを、かなりの人がうすうす気づいていたし、もっと重要な問題があるということもわかっていたと思います。それに、光を当てるためには前提をかなり無理しているということもわかっていたと思うんです。だけど、やはり光の当たっていないところでは学者の商売にならないということがあって、なかなか踏み切れなかった。そういうことがずっと続いてきてしまったということが、やはり六〇年以降の経済学の堕落というか、退廃につながっている。そこはもう思い切って踏み込むしか仕方がないとわたしが思ったのは、六八年、六九年の大学紛争の中でかなり思い切った発言をした立場から言っても責任があるし、せっかく数学から経済学に変わった以上、それくらいのことをやらなかったら面白味もないじゃないかと(笑)。

――そうして生まれたのが、九〇年に出版された『市場の秩序学』ですね。「まえがき」の冒頭は衝撃的でした。

科学の主要な方法は複雑な現象のなかに単純な本質を見抜くことであった。わたしが本書で試みたことは、科学のこの長い伝統からはややはみだしている。なぜなら、それは複雑なものを複雑なものとして見ようという堤案だからである。

実はわたしが九六年に『「複雑系」とは何か』を書いたとき、経済学についてはまったく無知なのでそこまで手を広げられないと思って、この本を見ていなかったんです。今にしてみれば実に、実に残念なことをしたと悔やまれてなりません 巻末の解題で、先生が光の当たらないところ、つまり複雑系の経済学の領域へと踏み込まれた経緯をまとめられていますので、これまでのお話の確認と補足も兼ねて、引用しておきます。

臨界点に達していながら、ひとつの言葉を得ないために析出しえない思考というものがある。わたしは長

塩沢　自分でもよくわからないんですよ。たぶん物理学者がそういう言葉を使っていた影響じゃないかなあ……。

――著者をさしおいて恐縮ですが、やはり「複雑さ」の捉えどころのなさ、定義の難しさがあったのではありませんか。そう思ったのは、『複雑系経済学入門』の中にある、次の文章を読んでいたときなのですが。

わたしも、じつは一度、自分なりの複雑さの定義を試みて失敗したことがあります。一九九〇年に筑摩書房から出版した『市場の秩序学』は、副題に「反均衡から複雑系へ」という表題を掲げていました。まえがきにも、この本は「複雑なものを複雑なものとして見よう」という提案であると、大見えを切っています。そんなことをいう手前上、複雑さとはなにか、どこかにしっかりした議論を入れたかったのです。そこで、複雑さを主題に、かなり長い論文を書きました。四〇〇字語め原稿用紙で一〇〇枚ぐらい書いたと思います。しかし、それは結局、没になりました。現在、『市場の秩序学』の第一一章の第一節が、わずかにその痕跡を残しています。

いあいだ計算量の理論（あるいは計算の複雑さの理論）に注意を払ってきたが、「複雑さ」がすべての鍵になると気づいたのには、はっきりした契機がある。一九八五年一〇月の『数学セミナー』にわたしは「経済学はどんな数学を必要とするか」という一文を寄稿し、山口昌哉の「証明のない数学」という構想を紹介した。そのおなじ号に隣りあって猪口孝が「政治学からのラブ・コール」を書いていた。その最初の三分の一がワレン・ウィーヴァーの「科学と複雑さ」という論文の紹介であった。わたしはその簡単な紹介を読み、急に展望がひらけた気がした。それ以前にハイエクの論文を読んでいながら、わたしはこの論文の存在と意義にまったく気がつかなかった。わたしはすぐウィーヴァーの論文を読み、それを種にしてひとつの夢物語を書き、数学的解析の及びそうもないところへ踏み出す決意を固めた。

ところで、この本には「反均衡から複雑系へ」いう副題がついていて、「複雑系」という言葉がタイトルに入った本としては、とくに経済学では日本でいちばん早かったのではないですか。「複雑さ」でなく、あえて「複雑系」という言葉を使われたのはなぜですか。

経済学の科学哲学と第三モードの研究法

―― その「痕跡」の部分に、〈経済が複雑だということき、複雑という語は二重の意味をになっている。第一は、対象がそれを研究している人間にとって複雑だ、という意味である。第二は、対象がそのなかで活動している人間にとって複雑だという意味である〉とあって、この見方はその後さらに洗練されて、結局、複雑さの三つの様相となりますね。すなわち、①対象の複雑さ、②主体にとっての複雑さ、③認識における複雑さ、の三つですが、これまでの数理経済学は①の様相だけを見て、そこに既成の数学の光を当てようとしてきた、しかし先生は数学からそのような数理経済学へ移ったのではなく、三つの様相をトータルにみるような経済学そのものを目指されたとはいえないでしょうか。

塩沢 数学出身でいちばんやりやすいのは数学をきれいに使うことだし、そういう人も多いわけだけど、わたしが数学から経済学へ移ったときの気持ちとしては、「下手な数学は使うまい」と。数学者として一流だったのならともかく、そうではなく脱落したわけですから（笑）、そんなものを振り回すのは経済学をきちんとやってきた人たちに失礼だし、あまりよいことではない。本当に使わなければならない場面では使ってもいいだろうけど、やはり必要なかぎりで使うべきであって、重箱の隅をほじくるみたいに使えるところを探すようなことはやるまいと思ったんです。それはわたしが経済学に移るときに心に決めたことで、これまではまあ守ってこれたかなあと思いますけどね。数学化してきちんとフォーミュレートしたらうまくいくという場面はいくつもありますから、やれるところではやったほうがいいし、それではじめてわかることも多い。しかし、それ以外の非常に広い、大きな問題があるということも確かで、そういうことを考えている人は、やはりちょっと少ないかなという気はします。認識における複雑さというのは、経済学者としての発言ではないわけですしね。経済学をやっている人を――自分も含めてですが――もう一度、外側から見ている。でもこのことは、科学哲学からみればすごくわかりやすいし。面白い事例なんじゃないかと思うんですよ。

―― 結局、数学と経済学との関係を考えた場合、数学の知識や手法は経済学のための必要条件である、しかし十分条件ではない、ということになるでしょうか。

塩沢 今の経済学はすごく数学化されていますから、すくなくとも主流の経済学をやる以上は数学ができなければ無理。その意味では必要条件ですね。わたしのように新古典派を批判する者でも、かれらが何を言おうとしているか、その理論構成が何なのかを知るためには、どうしても数学は知らざるを得ない。だけど、それに振り回されてしまうのではその先へは進めないということです。論理で追いかけられる数学ではできないその先へ進むにはどうすればいいか。今わかっている方法はふたつしかない。ひとつは概念的に考えるという方法。これは非常に古臭いといえば古臭いのだけど、言葉による考察ということですよね。もうひとつはコンピュータを使ったシミュレーション。これは、第三モードの科学研究法といわれることもあります。第一モードが理論、第二モードが実験で、シミュレーションはその次に来る研究法だと……

——複雑系の科学は主にその研究法ですね。

塩沢　これにもいろんなレベルがあって、数学がかなりわかっているほうがいいものができる。経済学者もセル・オートマトンとかいろいろでき合いのものをもってきて、「こんなことができました。あんなことができました」と言っているけど、それで純粋数学でやっている経済学を凌駕できているかといったら、なかなかそこまでは行っていない。ちょっとしたお遊びで終わってしまっている。もう少し複雑なものでは、生物進化をマネてプログラムを進化させようという遺伝的アルゴリズム（GA）や、ルールを if-then（もし……ならば……せよ）の形で与えたクラシファイア・システム（CS）といった技法があって、こういうものを使って仮想の世界を作ると、そこである程度の行動の進化を起こさせることができます。

人間でいえば、市場を見ていてその状態が変化するにしたがって自分の仮説を変化させ、それによって行動が変わる。多数のひとびとの行動が変われば、市場の動き自体が変化し、そのことがまた個々人がもつ仮説や行動を変化させる。もっと複雑になると、個人というかエージェントと呼びますが、各エージェントが外部世界と同等な複雑さをもつマルチエージェント・システム（MAS）というものもある。わたしたちが今やっているのは、U-Mart というバーチャル市場を構築することです。ふたつ新しい試みをしていて、ひとつは人間がそこに入れるようにしたことと、もうひとつは現実の経済と接点をもたせたことです。詳しいことは U-Mart 研究会のホームページを見てください。URL は http://www.u-mart.econ.kyoto-u.ac.jp です。

――　まさに「複雑なものを複雑なものとして見よう」という発想ですね。

（よしなが・よしまさ／サイエンス・ライター）

初出一覧

序　負の遺産を受け継ぐこと……窓社編集部編『批評「左翼の滅び方について」』窓社、一九九二年
1　マルクス主義のバランスシート……『思想の科学』思想の科学社、一九九一年七月、四七九号
2　イデオロギーについて……『思想の科学』思想の科学社、一九七五年一一月、二六二号
3　生活の再生産と経済学……『思想の科学』思想の科学社、一九八〇年三月、三二四号
4　暴力と向かいあう政治思想……『思想の科学』思想の科学社、一九七五年一〇月、二六一・臨時増刊号
5　経営の思想と自主管理……『国民文化』国民文化会議、一九九三年二月、三九九号
6　戦後日本のマルクス主義……『戦後史大事典』三省堂、一九九一年
7　マルクス経済学の作風……『思想』岩波書店、一九八六年九月、七四七号
8　分析方法からみたマルクスの現代性……『経済セミナー』日本評論社、一九八四年五月、三五二号
9　現代古典派の経済学……『経済セミナー』日本評論社、一九八五年五月、三六四号
10　市場経済化と経済学の課題……『経済セミナー』日本評論社、一九九一年五月、四三六号
11　マルクスとペレストロイカ……『経済セミナー』日本評論社、一九八九年七月、四一四号
12　中国における「不足の経済」論争……『月刊フォーラム』フォーラム'90s、一九九三年九月号
13　都留重人をめぐるティー・タイム……『思想の科学』思想の科学社、一九九〇年三月、四六三号
14　アルチュセールにおける科学論の意味……アルチュセール著『科学者のための哲学講義』福村出版、一九七七年
補足　理論のカンガルー躍び……『現代思想』（連載「歩行と思索5」）青土社、一九八七年七月、一五巻八号
15　合理化と計画化……『岩波講座 社会科学の方法II 二〇世紀社会科学のパラダイム』岩波書店、一九九三年
16　A・ロンカッリア著『スラッファと経済学の革新』批判によるスラッファ理論の展開……『国民経済』国民経済協会、一九七七年一一月、一三八号
17　時間、認識、パタン……『フランスの社会主義の進化——渡辺慧初期論文集』思想の科学社、一九九〇年
18　マルクスから複雑系まで……『神奈川大学評論』神奈川大学広報委員会、一九九九年一一月、三四号
〈反歌〉　わたしの履歴書……『大学への数学』東京出版、二〇〇〇年六月〜八月、四四巻五号〜九号

わ　行

ら　行

や　行

ま　行

は　行

な　行

た　行

さ　行

か　行

索　引

著者紹介

塩沢由典（しおざわ・よしのり）

1943年長野県生まれ。1968年京都大学理学研究科修士課程修了。現在、大阪市立大学教授、進化経済学会副会長、関西ベンチャー学会会長。専攻、複雑系経済学。著書に『市場の秩序学』（筑摩書房）、『複雑さの帰結』（NTT 出版）等。

マルクスの遺産
——アルチュセールから複雑系まで——

2002年3月30日　初版第1刷発行©

著　者　塩沢由典
発行者　藤原良雄
発行所　株式会社 藤原書店
〒162-0041　東京都新宿区早稲田鶴巻町 523
TEL　03（5272）0301
FAX　03（5272）0450
振替　00160-4-17013
印刷・製本　モリモト印刷

落丁本・乱丁本はお取り替えします
定価はカバーに表示してあります
Printed in Japan
ISBN4-89434-275-8

新たな全体像を示す

哲学・政治著作集

L・アルチュセール

I 市田良彦・福井和美訳

II 市田良彦・福井和美・宇城輝人・前川真行・水嶋一憲・安川慶治訳

アルチュセール像を塗りかえる未刊原稿群の一大集成。第一巻は周知の六〇年代の仕事の「以前」と「以後」を発掘。第二巻はマキアヴェッリ、スピノザを二大焦点としたテーマ別編集。アルチュセールの全著作を対象にした、日本語版オリジナル「概念索引」を附す。

Ａ５上製　I六三二、II六二四頁

各八八〇〇円（一九九九年六月、七月刊）

I◇4-89434-138-7　II◇4-89434-141-7

ÉCRITS PHILOSOPHIQUES ET POLITIQUE TOME I・II Louis ALTHUSSER

初訳・傑作論文選

マキャヴェリの孤独

L・アルチュセール

福井和美訳

初訳論文群、伝説的名篇から浮かび上がる、あたらしいアルチュセールの姿。アルチュセールが公的に活動していた全期間におけるその時代時代の最も特色的な傑作の一大集成。「〈社会契約〉について」「レーニンと哲学」「自己批判の要素」「アミアンの口頭弁論」「マキャヴェリの孤独」他。

Ａ５上製　五六八頁　**八八〇〇円**

（二〇〇一年一〇月刊）

◇4-89434-255-3

SOLITUDE DE MACHIAVEL Louis ALTHUSSER

アルチュセールへの道標

ルイ・アルチュセール

（終わりなき切断のために）

E・バリバール　福井和美編訳

『マルクスのために』『資本論を読む』を遺し、哲学と社会科学の境界において現代思想の最も鮮烈な光源となったアルチュセールをよく識る著者にして初めて成った、本格的アルチュセール論。アルチュセール自身による用語解説（53語52頁）、年譜、文献目録を付す。

四六上製　四六四頁　**四六六〇円**

（一九九四年一〇月刊）

◇4-938661-99-3

ÉCRITS POUR ALTHUSSERE Étienne BALIBAR

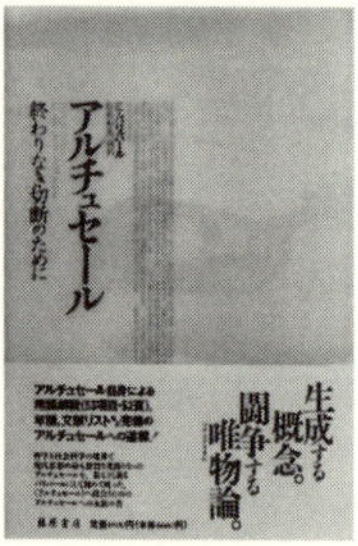

ブルデュー理論の基礎

社会学者のメチエ

（認識論上の前提条件）

P・ブルデュー他

田原音和・水島和則訳

ブルデューの隠れた理論体系を一望に収める基本文献。科学の根本問題としての認識論上の議論を、マルクス、ウェーバー、デュルケーム、バシュラールほか、45のテキストから引き出し、縦横に編み、その神髄を賦活する。

Ａ５上製　五二八頁　**五六三一円**

（一九九四年一月刊）

◇4-938661-84-5

LE MÉTIER DE SOCIOLOGUE Pierre BOURDIEU, Jean-Claude CHAMBOREDON et Jean-Claude PASSERON

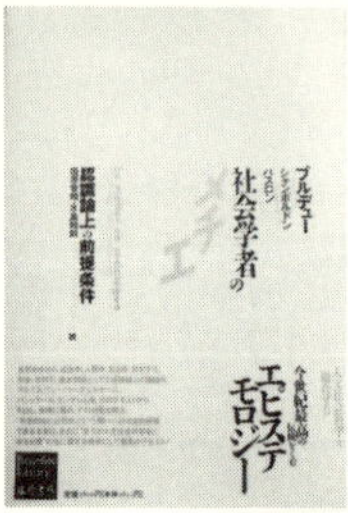